KB091585

양자 컴퓨팅 이론 해설

QUANTUM COMPUTING
EXPLAINED

양자 컴퓨팅 이론 해설

양자역학으로 알고리즘 구현하기

데이비드 맥마혼 지음   황정동 옮김

i!i
에이콘

에이콘출판의 기틀을 마련하신 故 정완재 선생님 (1935-2004)

| 지은이 소개 |

데이비드 맥마혼 David McMahon

현재 샌디아 국립 연구소의 연구원으로 일하고 있으며, 응용 양자역학과 양자 정보 이론을 연구한다. 물리학 석사 학위 및 전자 공학과 수학 학사 학위를 갖고 있다.

'21세기'에는 가장 중요한 과학적, 공학적 발전이 학제 간 연구를 통해 나올 것으로 기대된다. 이미 오랜 기간 진행돼 성과가 나온 연구 분야로 양자 컴퓨테이션이라는 재밌는 주제가 있다. 컴퓨터 과학과 물리학의 융합인 양자 컴퓨테이션은 간단한 생각에서 나왔다. 정보는 물리적이라는 인식이다. 즉, 정보는 물리적 매체 없이는 존재할 수도 없고, 처리될 수도 없다는 당연한 사실을 의미한다.

아직까지 양자 컴퓨터는 이론적 구상에 불과하다. 그러나 최소한 일부 상황에서는 양자 컴퓨테이션으로 고전 컴퓨터보다 더 빠르게 처리할 수 있다는 것이 이론적으로 증명됐다. 양자 컴퓨터를 만들 수 있다면 유명한 쇼어 인수 분해 알고리즘을 이용해 현재 데이터 보호에 널리 사용하는 암호화 시스템을 순식간에 무너뜨릴 수도 있다. 양자 정보 처리 시스템은 다른 어떤 시스템으로도 할 수 없는 입자 상태의 순간 이동, 깰 수 없는 암호 시스템 구축 등의 엄청난 일을 할 수 있다.

이 책은 다음의 이유로 완벽하지 않다. 우선 이 책은 주로 두 부류의 독자를 대상으로 한다. 첫 번째 대상은 물리학, 수학, 컴퓨터 과학을 전공하는 학부생이다. 학부생에겐 양자 컴퓨테이션 및 정보 과학의 표준 표현 방식을 소화하기 어려울 수 있다. 이 책은 학부생이 표준 형식을 좀 더 쉽게 따라갈 수 있도록 간극을 메워주고, 양자 정보 과학의 여러 기본 개념을 이해하도록 돕고자 한다.

두 번째 대상은 다른 전공 분야에 경력 있는 전문가다. 공학, 화학, 생물학 등을 전공하는 학생이나 종사자가 해당될 것이다. 이들에게는 양자 컴퓨테이션 전공자 수준의 물리학 및 수학의 배경 지식을 기대하기 어렵다. 이 책은 양자 컴퓨테이션의 기본 사항과 실제 필요한 계산 방법을 익히는 데 있어 좀 더 '손에 잡히는' 접근 방식을 사용해 거리감을 좁혀주고자 한다.

또한 이 책은 양자 컴퓨테이션 강좌를 수강하는 물리학 및 컴퓨터 과학 대학 원생에게 필요한 교과서 및 강의록을 보완하는 계산 중심의 보조 교재 역할도 충분히 할 수 있다.

이 책의 목적은 초심자에게 양자 컴퓨테이션을 소개하는 것이다. 따라서 이 책은 일반적인 양자 컴퓨테이션 전공 서적보다 난이도가 낮은 편이다. 양자 컴퓨테이션 개념 학습에 필요한 표현 방식을 간단히 제시하고, 명확한 예제를 통해 개념 동작 방식을 보여주고자 했다. 대학원 수준의 양자 컴퓨테이션 교 과서에서 접할 수 있는 어려운 내용과 일부 주제는 과감히 생략했다. 그러나 단열 양자 컴퓨테이션이나 클러스터 상태 컴퓨테이션 같은 깊이 있는 주제는 다루고 있다. 그러므로 이 책은 완벽하다고 말하기 어렵다. 하지만 양자 컴퓨 테이션 분야를 처음 접하는 독자에게 양자 컴퓨테이션 이해에 필요한 기초 사항을 전달하는 데는 충분할 것이다.

양자 컴퓨테이션에 대한 개요를 여러 측면으로 제시하려 했지만, 물리학적 관점을 많이 사용했다.

| 옮긴이 소개 |

황정동(jeongdong.hwang@gmail.com)

서울대학교에서 전산학과 물리학을 전공하고, 졸업 후 네오위즈에서 시스템 프로그래밍, 시스템 및 네트워크 운영 등의 업무를 맡아 대규모 리눅스 시스템과 네트워크를 관리하고 설계했다. 검색 전문 회사 첫눈에서 웹로봇을 개발했으며, NHN 검색센터에서는 언어 처리 관련 라이브러리 개발에 참여했다. Cauly 등의 모바일 광고 플랫폼 개발 경험이 있으며, LINE+에서 대규모 메시징 플랫폼 개발 및 운영에도 참여했다. 현재 삼성리서치 AI 센터 연구원으로 일하고 있다.

| 옮긴이의 말 |

어느덧 80년대 영화 <백 투더 퓨처>의 미래 시기인 2015년이 지났고, 애니메이션 <2020년 우주의 원더키디>에서 아이캔이 아버지를 구하러 떠났던 2020년을 맞이하는 시점에서, 먼 미래라면 가능하지 않을까 막연히 생각했던 당시의 상상력을 돌아봅니다. 아직 우리 집 차는 하늘을 날지 못하고, 인류는 태양계를 벗어나 본 적이 없지만, 막연하던 상상이 현실이 된 부분도 많습니다.

벽걸이 TV, 디지털 카메라, 지문 인식 결제, 드론 등은 이미 주변에서 쉽게 접할 수 있습니다. 또한 쉽게 상상하지 못했던 일이 실현되기도 했습니다. 인공지능이 바둑으로 인간을 이기는 날이 왔고, 구글은 무려 53큐비트 양자 컴퓨터를 만들어 양자 우위를 실증했습니다. 수많은 과학자, 공학자의 노력으로 여러 아이디어가 공상의 영역에서 상상을 거쳐 현실로 다가오고 있습니다. 그럼에도 양자 컴퓨터는 여전히 그 기반인 양자역학의 난해함으로 인해 동작 방식을 이해하기 쉽지 않습니다. 양자역학이 우리에게 익숙한 고전역학의 직관을 흔들기 때문에 양자 컴퓨터 역시 새로운 방식의 이해를 요구합니다.

이 책은 구체적 문제 풀이 과정을 통해 양자 컴퓨터의 이론적 기반이 되는 양자역학이 실제 어떤 의미를 갖는지 그리고 양자역학의 특성을 어떻게 활용하면 연산 결과를 얻어낼 수 있는지 알아봅니다. 아무래도 양자역학의 내용을 많이 다루고 있어 수식이 많이 등장합니다. 대신에 과정을 최대한 상세히 설명해서 이해를 높이는 데 주력합니다.

이 책이 양자 컴퓨터와 그 바탕이 되는 양자역학을 이해하는 데 조금이나마 도움이 되기를 바랍니다. 책을 준비하는 짧지 않은 기간 동안 신세를 진 많은 분께 이 자리를 빌려 감사 인사를 전합니다.

언제나 저를 지지하고 응원해주는 아내와 윤정, 현웅, 우리 가족에게 감사를 전합니다. 부족한 저에게 항상 좋은 기회를 마련해주시는 에이콘출판사 식구들께 감사의 마음을 전합니다. 번역 원고의 부족했던 부분을 꼼꼼히 챙겨주신 김형훈 님, 이승준 님, 이정문 님, 이태휘 님, 추정호 님께도 감사드립니다. 그리고 인연을 이끌어 주신 양석호 님께 늘 감사드립니다.

| 차례 |

정보 이론 입문

1장에서는 양자 정보 이론을 공부하는 데 유용한 기본적인 배경 지식 몇 가지를 소개한다. 주로 정보를 정량화하는 방법을 살펴본다. 이 정량화 작업에는 물리학에서 무질서한 정도를 측정하는 데 사용하는 양인 **엔트로피**^{entropy}라는 개념이 활용된다. 정보라는 것은 분명 무질서와 반대되는 개념인데, 어떻게 신호가 담고 있는 정보를 엔트로피라는 특성으로 나타낼 수 있는지, 그리고 신호를 온전하게 전달하는 데 얼마나 많은 비트가 필요한지 알아본다. 나중에 양자 정보 처리에서 이 개념들이 활용된다. 또한 컴퓨터 과학이 마주하는 문제들을 간단히 살펴보고, 어떻게 양자 컴퓨터가 이런 문제를 해결하는 데 유용할 수 있는지 살펴본다. 1장을 읽고 컴퓨터 공학자가 될 수는 없겠지만, 기초적인 기본 원리는 이해할 수 있을 것이다.

고전적 정보 개념

양자 컴퓨테이션^{quantum computation}은 완전히 새로운 정보 처리 방식이다. 따라서 익숙한 전통적 정보 처리 및 연산 방식을 **고전적 정보**라고 부르기로 한다. 정보 처리를 처음 접하는 독자를 위해 컴퓨터에서 정보를 저장하고 처리하는 방식을 간단히 살펴보자. 가장 기본적인 정보 단위는 어떤 질문에 대한 답을 예/아니오로 표현하는 비트^{bit}다. 2를 밑으로 하는 수, 즉 **이진수**를 사용해 두 가지 상태를 갖는 계^{system}의 정보를 수학적으로 표현할 수 있다. 이진수는 0이나 1의 값을 가지므로, 각각의 값으로 비트의 상태를 나타낼 수 있다. 접지 상태, 즉 전압이 0 볼트인 상태(이진수 0)와 전압이 +5 볼트(이진수 1)인 상태, 둘 중 하나를 갖는 전기 회로를 이용해 비트를 물리적으로 구현할 수 있다. 그러나 이 책의 관심사는 컴퓨터 시스템의 물리적 구현 방식이 아니라 시스템이 사용하는 수학과 논리다. 이진 세계와 친숙해지기 위한 첫걸음으로 이진법으로 수를 세는 방식을 배워보자.

그 전에 어떤 정보를 표현하는 데 필요한 비트 수가 정해지는 방식을 알아보자. m가지 다른 상태를 나타낼 수 있는 어떤 양에 대해 다음 식을 만족하는 n이 존재한다.

$$2^n \geq m \qquad\qquad (1.1)$$

이 식을 만족하는 가장 작은 n이 그 양을 표현하거나 인코딩하는 데 필요한 비트 수가 된다.

숫자 0, 1, 2, 3을 이진수로 표현한다고 하자. 가지 수가 4가지이므로, $2^2 = 4$가 성립한다. 따라서 이 숫자들을 표현하려면 최소한 2비트가 필요하다. 2비트를 이용한 한 가지 표현 방식을 표 1.1에서 볼 수 있다.

표 1.1 숫자 0–3의 이진 표현

십진수	이진수
0	00
1	01
2	10
3	11

0에서 7까지의 숫자를 표현한다면 $2^3 = 8$이므로, 3비트가 필요하다. 표 1.2에서는 숫자 0부터 7까지의 이진 표현 방식을 보여준다.

표 1.2 숫자 0–7의 이진 표현

십진수	이진수
0	000
1	001
2	010
3	011
4	100
5	101
6	110
7	111

신호에 들어 있는 정보의 내용

이제 정보를 표현하는 방식을 알아봤으므로 정보를 정량화하는 방법을 생각해보자. 즉, 메시지 m이 주어졌을 때 이 메시지가 담고 있는 실제 정보량은 얼마나 되는 것일까?

식(1.1)을 살펴보면 정량화 방법에 대한 단서를 찾을 수 있다. 등호가 성립하는 경우 양변에 밑이 2인 로그를 취해보자. 즉, 다음 식에서

$$m = 2^n$$

양변에 밑이 2인 로그를 취하면 다음 식을 얻을 수 있다.

$$\log_2 m = n \tag{1.2}$$

식(1.2)는 1927년에 랄프 하틀리$^{Ralph\ Hartley}$가 제안한 식이다. 이 식은 메시지

정보량을 정량화하는 최초의 시도였다. 식(1.2)를 통해 알 수 있는 것은 n개의 비트로 m개의 서로 다른 메시지를 저장할 수 있다는 것이다. 구체적으로 다음 식을 생각해보자.

$$\log_2 8 = 3$$

이 식을 통해 3비트로 8개의 서로 다른 메시지를 저장할 수 있음을 알 수 있다. 표 1.2에서는 숫자 0에서 7이라는 8가지 숫자를 담았다. 그러나 가짓수가 8가지인 무엇이든 이 코드로 표현할 수 있다.

컴퓨터의 정보 저장량을 표현하는 다양한 단위를 들어봤을 것이다. 가장 기본적인 정보 단위로 바이트^{byte}가 있다. 바이트는 비트 8개가 연결된 것이다. 그러므로 다음 관계가 성립한다.

$$\log_2 256 = 8$$

따라서 바이트로 256가지 메시지를 저장할 수 있다. 정보 측정에 로그를 이용하면 로그의 덧셈을 활용할 수 있다.

엔트로피와 섀넌의 정보 이론

하틀리의 방식을 통해 신호가 담고 있는 정보량에 대한 기본적 특성을 알 수 있었다. 또 다른 과학자 클로드 섀넌$^{Claude\ Shannon}$은 한 발 더 나아가 신호가 담고 있는 정보량에 대해 좀 더 정확한 추정 방법을 생각해냈다. 섀넌이 시도한 방식의 핵심은 "주어진 정보의 발생 가능성이 어느 정도인가?"라는 것이다. 이를 통해 신호에서 얼마나 많은 정보를 얻어낼 수 있는지를 양으로 표현할 수 있기 때문에 이는 아주 중요한 통찰이었다.

어떤 메시지의 출현 확률이 아주 크다면 이 메시지를 통해서는 그다지 새로운 정보를 얻지 못한다. 반면 어떤 메시지의 출현 확률이 아주 작다면 이 메시지를 통해 얻을 수 있는 정보가 상당히 많다. 구체적인 사례를 통해 확인해보자. 1812년, 세인트루이스 지역에 큰 지진이 있었다. 그 지역은 비교적 지진이 드문 지역이었다. 당시 지진을 언급한다면 미주리 주보다는 캘리포니아 주를 떠올리기 마련이었다.

따라서 미주리 주민들은 보통 지진에 대비하지 않았다. 일상적 조건이라면 미주리 주에서 지진이 일어날 확률은 낮고, 지진이 일어나지 않을 확률이 높다. 내일 미주리 주에 지진이 일어나지 않을 것이라는 메시지가 있다면 이 메시지는 실현 확률이 높은 메시지이고, 이 메시지에는 그다지 새로운 정보가 들어 있지 않다. 지난 200년 동안, 내일 지진이 일어나지 않았다. 반면 내일 지진이 발생할 것이라는 메시지가 있다면 이 메시지는 미주리 주민들에게 아주 극적인 뉴스가 된다. 이 경우 미주리 주민들은 **아주 많은** 정보를 얻을 수 있다.

섀넌은 메시지가 발생할 확률에 밑이 2인 로그를 취하는 방식으로 이를 정량화했다. 메시지의 정보량을 I이라고 하고, 메시지의 발생 확률을 p라고 표기한다면 다음과 같은 식으로 표현할 수 있다.

$$I = - \log_2 p \qquad (1.3)$$

정보량 값을 양수로 만들기 위해 - 부호를 추가했으며, 가능성이 낮은 메시지일수록 정보량 값이 커진다. 세인트루이스에서 내일 지진이 발생하지 않을 확률이 0.995라고 하자. 이 메시지가 담고 있는 정보량은 다음과 같다.

$$I = - \log_2 0.995 = 0.0072$$

이번에는 내일 지진이 발생할 확률이 0.005라고 하자. 이 메시지의 정보량은 다음과 같다.

$$I = - \log_2 0.005 = 7.6439$$

그러므로 로그를 이용해 신호가 담고 있는 정보량을 정량화하는 방식을 다음과 같이 정리할 수 있다.

- 발생 가능성이 낮은 메시지는 확률 값이 작으므로, 정보량 값이 크다.
- 발생 가능성이 높은 메시지는 확률 값이 크므로, 정보량 값이 작다.

좀 더 형식적인 정의를 유도해보자. 확률 분포 $\vec{p}$를 따르는 랜덤 변수를 X라 하고, 이 변수는 각각 확률이 $p_1, \ldots, p_n$인 $x_1, \ldots, x_n$ 값 중 하나를 갖는다고 하자. 이 확률들은 $0 \leqslant p_i \leqslant 1$, $\sum_i p_i = 1$ 조건을 만족한다.

X에 대한 섀넌의 엔트로피는 다음과 같이 정의한다.

$$H(X) = -\sum_i p_i \log_2 p_i \tag{1.4}$$

x_i의 확률이 0이라면 $0 \log 0 = 0$으로 간주한다. x에 대한 확률의 로그 값이 정보량을 나타낸다고 하면 섀넌의 엔트로피 함수는 신호가 담고 있는 임의성 또는 불확실성의 양을 측정한다고도 볼 수 있다.

이를 전송된 메시지 신호 관점에서 구체적으로 살펴보면 다음과 같다. 항상 '2'를 전송하는, 즉 신호 문자열이 222222222222...과 같은 신호가 있다고 하면 이때 엔트로피는 어떻게 될까? 2가 나올 확률이 1이므로, 엔트로피 또는 무질서도는 다음과 같이 계산할 수 있다.

$$H = -\log_2 1 = 0$$

섀넌의 엔트로피가 기대했던 대로 동작하는 것을 알 수 있다. 변화 없이 항상 같은 문자를 내보내는 신호에는 무질서도가 없기 때문에 엔트로피 값도 0이다.

이제 신호에 약간의 임의성을 넣어 보자. '1'이 나올 확률이 0.5이고, '2'가 나올 확률이 0.5라고 가정하면 신호는 대략 절반은 1이고, 절반은 2인

1121222121212122212121112...과 같은 형태가 된다. 이 경우의 엔트로피는 어떻게 될까? 다음과 같이 계산할 수 있다.

$$H = -\frac{1}{2}\log_2\frac{1}{2} - \frac{1}{2}\log_2\frac{1}{2} = \frac{1}{2} + \frac{1}{2} = 1$$

좀 더 나아가 확률이 동일한 3가지 가능성이 있다고 가정해보자. 이 경우의 엔트로피는 다음과 같다.

$$H = -\frac{1}{3}\log_2\frac{1}{3} - \frac{1}{3}\log_2\frac{1}{3} - \frac{1}{3}\log_2\frac{1}{3} = 0.528... + 0.528... + 0.528... \approx 1.585$$

지금까지 살펴본 각 경우를 보면 다음에 나올 문자가 무엇일지에 대한 불확실성이 점점 커지고 있기 때문에 엔트로피 역시 점점 커지고 있다. 이런 관점에서 섀넌의 엔트로피를 신호가 담고 있는 불확실성이나 임의성을 측정하는 양으로 볼 수 있다. 정리해보면 다음과 같다.

- 메시지 내용이 확실하다면 섀넌의 엔트로피는 0이다.
- 다음에 등장할 내용이 불확실할수록 섀넌의 엔트로피는 커진다.

섀넌의 엔트로피는 다음과 같이 정리할 수 있다.

불확실성 감소   =>   정보량 증가

불확실성 증가   =>   엔트로피 증가

이제 X의 원소 x_i를 나타내는 데 l_i 비트가 필요하다고 가정해보자. 그러면 X를 인코딩하는 데 필요한 **평균 비트율**^{average bit rate}을 다음과 같이 계산할 수 있다.

$$R_X = \sum_{i=1}^{n} l_i\, p_i \tag{1.5}$$

섀넌의 엔트로피는 이 평균 비트율의 하한이 된다.

$$H(X) \leqslant R_X \tag{1.6}$$

정보량이 가장 적은 최악의 경우는 각 항목의 확률이 동일한(균등 분포를 따르는) 경우가 된다. 원소의 개수가 n개라고 하자. 확률이 균등 분포이면 x_i 각각에 대한 확률은 $1/n$이 된다. 따라서 균등한 $1/n$ 확률을 가진 원소 n개의 집합인 순열 X의 엔트로피는 $-\sum \frac{1}{n} \log_2 \frac{1}{n} = \sum \frac{1}{n} \log n = \log n$이 된다. 이를 통해 섀넌의 엔트로피 값은 다음 범위 안에 속한다는 것을 알 수 있다.

$$0 \leqslant H(X) \leqslant \log_2 n \tag{1.7}$$

각 확률 분포 p와 q를 따르는 두 변수 X, Y에 대한 **상대 엔트로피**relative entropy는 다음과 같다.

$$H(X \| Y) = \sum p \log_2 \frac{p}{q} = -H(X) - \sum p \log_2 q \tag{1.8}$$

변수 Y가 y_i 값으로 고정됐다고 가정하자. 이러면 y_i가 확정됐을 때 X의 확률을 뜻하는 조건부 확률 분포 $p(X|y_i)$를 구할 수 있다. 이를 통해 다음과 같은 엔트로피를 계산할 수 있다.

$$H(X|Y) = -\sum_j p(x_j|y_i) \log_2(p(x_j|y_i)) \tag{1.9}$$

이 엔트로피를 **조건부 엔트로피**conditional entropy라고 한다. 조건부 엔트로피는 다음 식을 만족한다.

$$H(X|Y) \leqslant H(X) \tag{1.10}$$

식(1.10)에서 등호가 성립하려면 변수 X와 Y가 서로 독립이어야 한다. 즉, 다음 식을 만족해야 한다.

$$H(X, Y) = H(Y) + H(X|Y) \tag{1.11}$$

이제 변수 X와 Y의 **상호 정보**mutual information를 정의하자. 간단히 말하자면 이 값은 X에 대한 엔트로피 값과 특정 Y 값을 가정했을 때의 X에 대한 엔트로피 값의 차이를 뜻하므로, 다음과 같이 정리할 수 있다.

$$I(X|Y) = H(X) - H(X|Y) \tag{1.12}$$

이 식은 다음과 같이 바꿔 쓸 수 있다.

$$I(X|Y) = H(X) + H(Y) - H(X, Y) \tag{1.13}$$

확률론 기초

2장에서 양자역학으로 들어가기 전에 확률론 기초를 빠르게 알아보자. 양자 이론에서 측정 가능한 결과를 예측하는 데는 확률론이 무지막지하게 사용된다.

먼저 사건 x_i에 대한 확률 값 p_i는 다음 범위 안의 값을 가진다.

$$0 \leqslant p_i \leqslant 1 \tag{1.14}$$

이 범위 값의 양극단에 대한 의미는 다음과 같다. 불가능한 사건의 확률은 0이다. 일어날 것이 분명한 사건의 확률은 1이다. 다른 모든 사건의 확률 값은 이 범위 안에 속한다.

어떤 사건의 확률은 간단히 말해 사건의 상대적 출현 빈도라고 할 수 있다. 전체 n번의 사건이 있다고 하고, j번 사건이 n_j번 일어났다고 한다면 $\sum_{j=1}^{\infty} n_j = n$이 성립하고, j번째 사건이 발생할 확률은 다음과 같다.

$$p_j = \frac{n_j}{n} \tag{1.15}$$

다음 식에 따라 모든 확률의 합은 1이 된다.

$$\sum_{j=1}^{\infty} p_j = \sum_{j=1}^{\infty} \frac{n_j}{n} = \frac{1}{n} \sum_{j=1}^{\infty} n_j = \frac{n}{n} = 1 \tag{1.16}$$

분포의 평균값을 양자역학에서는 **기댓값**expectation value이라고 한다. 기댓값은 다음과 같이 계산할 수 있다.

$$\langle j \rangle = \sum_{j=1}^{\infty} \frac{j n_j}{n} = \sum_{j=1}^{\infty} j p_j \tag{1.17}$$

분포의 **분산**variance은 다음과 같다.

$$\langle (\Delta j)^2 \rangle = \langle j^2 \rangle - \langle j \rangle^2 \tag{1.18}$$

예제 1.1

학생들이 시험을 봤다. 점수별 학생 수는 다음과 같다.

점수	학생 수
95	1
85	3
77	7
71	10
56	3

가장 출현 가능성이 높은 점수는 얼마인가? 기댓값 혹은 평균 점수는 얼마 인가?

풀이

먼저 전체 학생 수를 구한다.

$$n = \sum n_j = 1 + 3 + 7 + 10 + 3 = 24$$

95점을 획득할 확률은 다음과 같다.

$$p_1 = \frac{n_1}{n} = \frac{1}{24} = 0.04$$

같은 방식으로 다른 점수에 대한 확률도 계산할 수 있다. 가장 출현 가능성이 높은 점수는 71점으로, 해당 확률은 다음과 같다.

$$p_4 = \frac{n_4}{n} = \frac{10}{24} = 0.42$$

식(1.17)을 이용해 기댓값을 계산할 수 있다.

$$\langle j \rangle = \sum j\, p_j = 95(0.04) + 85(0.13) + 77(0.29) + 71(0.42) + 56(0.13) = 74.3$$

2장에서 확률이 양자역학에서 어떻게 이용되는지 살펴본다.

연습문제

1.1. 알파벳 대문자만을 이진 코드로 표현하려면 몇 비트가 필요할까? 대문자와 소문자를 모두 표현한다면 몇 비트가 필요할까?

1.2. NOT 게이트와 AND 게이트를 이용해 OR 게이트를 만드는 방법을 설명해보라.

1.3. 1킬로바이트는 1024바이트다. 1킬로바이트로 저장할 수 있는 메시지는 몇 가지인가?

1.4. 이상적인 동전 던지기에 대한 엔트로피 값은 얼마인가?

1.5. 각각의 출현 확률이 0.1, 0.4, 0.25, 0.25인 문자 A, B, C, D로 구성된 신호 X를 생각해보자. 이 신호에 대한 섀넌의 엔트로피는 얼마인가?

1.6. 방에 있는 사람들의 소득 분포가 다음과 같다.

$$n(25.5) = 3$$
$$n(30) = 5$$
$$n(42) = 7$$
$$n(50) = 3$$
$$n(63) = 1$$
$$n(75) = 2$$
$$n(90) = 1$$

가장 출현 빈도가 높은 소득은 얼마인가? 평균 소득은 얼마인가? 이 소득 분포의 분산은 얼마인가?

02

큐비트와 양자 상태

2장에서는 논의 범위를 큐비트로 확장하고, 양자 상태를 다루는 방법을 배울 때 필요한 표기법 등의 기본 사항을 알아본다.

큐비트

1장에서 현대 컴퓨터의 정보 처리 기본 단위가 두 가지 상태로, 0이나 1로 표시하는 비트임을 알아봤다. 유사한 방식으로 양자 컴퓨테이션에서 사용하는 정보 처리 기본 단위를 정의할 수 있다. 양자 컴퓨테이션에서의 정보 처리 기본 단위는 **양자 비트**quantum bit라고 하는데, 줄여서 **큐비트**qubit라고 부른다. 앞으로 살펴보겠지만, 큐비트는 비트와 놀라울 정도로 유사한 면이 있지만 근본적인 차이점이 있기 때문에 흥미로운 새로운 방식의 정보 처리가 가능하다.

비트와 마찬가지로 큐비트도 두 가지 상태 중 하나가 될 수 있다. 두 상태는 $|0\rangle$, $|1\rangle$로 표기하며, 당장은 큐비트가 어느 상태에 있는지 완전히 밝혀지지 않았을 수 있다.

양자 이론에서 $|\rangle$로 둘러싸서 표기한 것을 **상태**state, **벡터**vector 또는 **켓**ket이라고 부른다.

그러면 큐비트는 평범한 비트와 어떻게 다를까? 일반적인 컴퓨터의 비트는 0 상태나 1 상태 중 하나에 있지만, 큐비트는 좀 더 일반적이다. 큐비트도 $|0\rangle$ 상태나 $|1\rangle$ 상태 중 하나에 있지만, 큐비트는 **중첩**superposition 상태에 있을 수도 있다. 중첩 상태는 0 상태와 1 상태가 선형 조합된 상태를 말한다. $|\psi\rangle$가 중첩 상태라면 이 상태는 다음과 같이 쓸 수 있다.

$$|\psi\rangle = \alpha|0\rangle + \beta|1\rangle \tag{2.1}$$

이 식에서 α, β는 복소수다. 복소수는 $z = x + iy$ 형태의 수를 말한다. 여기서 $i = \sqrt{-1}$이다.

큐비트는 $|0\rangle$과 $|1\rangle$의 중첩 상태에 있을 수 있지만, 측정을 할 때는 중첩 상태를 확인할 수 없다. 사실 큐비트를 측정하면 큐비트는 $|0\rangle$ 상태나 $|1\rangle$ 상태 둘 중 하나로 측정된다. 양자역학의 법칙에 따르면 식(2.1)의 α, β 계수coefficient의 절댓값을 제곱하면 큐비트의 $|0\rangle$ 상태와 $|1\rangle$ 상태 발견 확률을 구할 수 있다. 즉, $|\alpha|^2$은 ψ가 $|0\rangle$ 상태임을 발견할 확률이고, $|\beta|^2$은 ψ가 $|1\rangle$ 상태임을 발견할 확률이 된다.

확률의 합은 1이어야 하므로, 식(2.1)의 곱 계수에는 따라야 할 제약이 있다. 계수의 제곱 값이 측정 결과를 얻을 확률을 나타내기 때문에 α, β는 다음 관계를 만족해야 한다.

$$|\alpha|^2 + |\beta|^2 = 1 \tag{2.2}$$

일반적으로 N개의 결과가 가능한 사건에 대해 i번째 결과를 얻을 확률을 p_i로 표기한다면 확률의 합이 1이 돼야 하는 조건은 다음과 같이 표현할 수 있다.

$$\sum_{i=1}^{N} p_i = p_1 + p_2 + \cdots + p_N = 1 \tag{2.3}$$

큐비트 계수의 제곱 값이 이 관계를 만족한다면 **정규화된**normalized 큐비트라고 한다.

절댓값은 다음과 같이 계산할 수 있다.

$$|\alpha|^2 = (\alpha)(\alpha^*)$$
$$|\beta|^2 = (\beta)(\beta^*)$$

이 식에서 α^*는 α의 켤레 복소수, β^*는 β의 켤레 복소수를 뜻한다. 알다시피 $z = x + iy$ 형태를 갖는 복소수의 켤레 복소수는 i를 $-i$로 바꿔 구한다. 즉, 복소수 z의 절댓값은 다음과 같이 계산한다.

$$|z|^2 = (x + iy)(x - iy) = x^2 + ixy - ixy + y^2$$
$$\Rightarrow |z| = \sqrt{x^2 + y^2}$$

지금까지만 보면 고전 컴퓨터의 확실함을 확률 추측 게임으로 바꿔버린 것처럼 보인다. 그러나 사실은 그렇지 않으며, 골칫덩어리로 보이는 큐비트의 이이상한 특성이 사실 정보 처리를 위한 자산이 된다는 것을 나중에 알게 될 것이다. 우선은 기본 개념을 익히기 위한 예제를 몇 가지 살펴보자.

예제 2.1

다음 큐비트들을 측정했을 때 $|0\rangle$ 상태를 발견할 확률은 얼마인가? $|1\rangle$ 상태를 발견할 확률은 얼마인가?

(a) $|\psi\rangle = \dfrac{1}{\sqrt{3}}|0\rangle + \sqrt{\dfrac{2}{3}}|1\rangle$

(b) $|\phi\rangle = \dfrac{i}{2}|0\rangle + \dfrac{\sqrt{3}}{2}|1\rangle$

(c) $|\chi\rangle = \frac{(1+i)}{\sqrt{3}}|0\rangle - \frac{i}{\sqrt{3}}|1\rangle$

풀이

큐비트가 $|0\rangle$ 상태, $|1\rangle$ 상태에 있을 각각의 확률을 구하려면 각 계수의 절댓값 제곱을 계산한다.

(a) 이 경우 $|\psi\rangle$에서 $|0\rangle$ 상태를 발견할 확률은 다음과 같다.

$$\left|\frac{1}{\sqrt{3}}\right|^2 = \frac{1}{3}$$

$|\psi\rangle$에서 $|1\rangle$ 상태를 발견할 확률은 다음과 같다.

$$\left|\frac{\sqrt{2}}{\sqrt{3}}\right|^2 = \frac{2}{3}$$

양자역학이나 양자 컴퓨테이션에서 계산을 할 때는 확률의 합이 1이 되는지 항상 확인하는 것이 좋다. 계가 $|0\rangle$ 상태에 있을 확률을 p_0, $|1\rangle$ 상태에 있을 확률을 p_1이라 하자. 이 예에서는 $p_0 = 1/3$, $p_1 = 2/3$이므로, 다음 식이 성립한다.

$$\sum p_i = p_0 + p_1 = \frac{1}{3} + \frac{2}{3} = 1$$

(b) 두 번째 큐비트는 복소수 계수를 갖고 있다. 복소수의 절댓값 제곱을 계산할 때는 켤레 복소수를 사용한다. 이 계가 $|0\rangle$ 상태에 있을 확률은 다음과 같이 구할 수 있다.

$$|\phi\rangle = \frac{i}{2}|0\rangle + \frac{\sqrt{3}}{2}|1\rangle, \Rightarrow p_0 = \left|\frac{i}{2}\right|^2 = \left(\frac{i}{2}\right)^* \left(\frac{i}{2}\right) = \left(\frac{-i}{2}\right)\left(\frac{i}{2}\right) = \frac{1}{4}$$

이 계가 |1⟩ 상태에 있을 확률은 다음과 같다.

$$\left|\frac{\sqrt{3}}{2}\right|^2 = \frac{3}{4}$$

이번에도 확률의 합이 1이 되는지 확인해본다.

$$\sum p_i = p_0 + p_1 = \frac{1}{4} + \frac{3}{4} = 1$$

(c) 마지막 큐비트의 경우 계가 |0⟩ 상태에 있을 확률은 다음과 같다.

$$\left|\frac{1+i}{\sqrt{3}}\right|^2 = \left(\frac{1-i}{\sqrt{3}}\right)\left(\frac{1+i}{\sqrt{3}}\right) = \frac{1-i+i+1}{3} = \frac{2}{3}$$

이 계가 |1⟩ 상태에 있을 확률은 다음과 같다.

$$\left|\frac{-i}{\sqrt{3}}\right|^2 = \left(\frac{-i}{\sqrt{3}}\right)^* \left(\frac{-i}{\sqrt{3}}\right) = \left(\frac{i}{\sqrt{3}}\right)\left(\frac{-i}{\sqrt{3}}\right) = \frac{1}{3}$$

이번에도 확률의 총합은 1이 된다.

$$p_0 + p_1 = \frac{2}{3} + \frac{1}{3} = 1$$

벡터공간

양자 컴퓨테이션에서 기본 단위는 큐비트지만, 양자 컴퓨테이션이 벌어지는 경기장은 **벡터공간**vector space이라는 추상적 수학 공간이다. 기초 물리나 기초 공학 수업을 들은 적이 있다면 벡터의 의미를 알고 있을 것이다. 양자 상태는 수학적으로 물리적 벡터와 유사한 방식으로 동작한다. 그래서 벡터공간이라는 용어를 사용한다. 이런 유형의 공간은 길이 등의 물리적 벡터가 가진 기본 속성을 공유하는 공간이다. 이 절에서는 상태 벡터의 좀 더 일반적인 측면을 살펴보고, 상태 벡터가 존재하는 공간에 대해 좀 더 알아본다. 여기서 깊이 있는 내용을 다루기는 어려우므로, 기본 개념과 용어들을 소개하는 것을 목적으로 한다. 더 이상의 혼란을 피하고자 기본 사항들을 정의하자. 벡터공간 V는 다음 두 연산이 정의된 **벡터** u, v를 원소로 하는 공집합이 아닌 집합을 말한다.

1. **벡터 덧셈:** 두 벡터 u, v에 대한 연산 결과가 같은 벡터공간 V에 속하는 다른 벡터 w에 해당하는 덧셈 연산
2. **스칼라 곱셈:** 벡터에 숫자 α를 곱한 결과가 벡터공간 V에 속하는 αu에 해당하는 곱셈 연산

또한 벡터공간 V에 대한 다음 공리가 성립한다.

공리 1: 덧셈 결합 법칙. 모든 벡터 u, v, w에 대해 다음이 성립한다.

$$(u + v) + w = u + (v + w)$$

공리 2: 벡터공간 V에는 모든 벡터 $u \in V$에 대해 다음을 만족하는 영 벡터^{zero vector}가 들어 있다.

$$u + 0 = 0 + u = u$$

공리 3: 모든 벡터 $u \in V$에 대해 다음을 만족하는 덧셈의 역원이 존재한다.

$$u + (-u) = (-u) + u = 0$$

공리 4: 벡터 덧셈은 교환 법칙이 성립한다.

$$u + v = v + u$$

이 외에도 벡터공간에 대한 공리가 좀 더 있지만, 보통 이 정도면 충분하다.

양자 컴퓨테이션에서 특히 중요한 벡터공간은 복소수 'n개 쌍'으로 구성되는 벡터공간 $\mathbb{C}^n$이다. 'n개 쌍'은 순서가 의미 있는 숫자들이 나열된 것을 편하게 부르는 이름이다. 큐비트에서 사용했던 표기법을 따라 $\mathbb{C}^n$의 원소들을 $|a\rangle$, $|b\rangle$, $|c\rangle$로 표기할 수 있다. 이 벡터공간의 원소들을 적을 때는, 다음과 같은 방식으로 $a_1, \ldots, a_n$ 숫자를 나열하는 n차원 **열벡터**$^{\text{column vector}}$로 간단히 표기할 수 있다.

$$|a\rangle = \begin{pmatrix} a_1 \\ a_2 \\ \vdots \\ a_n \end{pmatrix} \tag{2.4}$$

이 표기법을 큐비트에도 사용할 수 있다. 식(2.1)에서 사용했던 일반적인 표기법을 생각해보자. $|0\rangle$의 계수를 첫째 줄에 쓰고 $|1\rangle$의 계수를 둘째 줄에 쓰면 열벡터 표기법이 된다.

$$|\psi\rangle = \begin{pmatrix} \alpha \\ \beta \end{pmatrix}$$

예제 2.1의 큐비트를 통해 좀 더 구체적인 사례를 살펴보자. 첫 번째 큐비트는 다음과 같다.

$$|\psi\rangle = \frac{1}{\sqrt{3}}|0\rangle + \sqrt{\frac{2}{3}}|1\rangle$$

그러므로 이 큐비트의 열벡터 표현은 다음과 같다.

$$|\psi\rangle = \begin{pmatrix} \dfrac{1}{\sqrt{3}} \\ \sqrt{\dfrac{2}{3}} \end{pmatrix} = \frac{1}{\sqrt{3}} \begin{pmatrix} 1 \\ \sqrt{2} \end{pmatrix}$$

벡터의 원소components라고 하는 식(2.4)의 숫자 a_i는 앞서 말했듯이 복소수다. 벡터에 대한 스칼라 곱셈 계산 방법은 다음과 같다.

$$\alpha|a\rangle = \alpha \begin{pmatrix} a_1 \\ a_2 \\ \vdots \\ a_n \end{pmatrix} = \begin{pmatrix} \alpha a_1 \\ \alpha a_2 \\ \vdots \\ \alpha a_n \end{pmatrix} \tag{2.5}$$

이 계산 결과는 복소수 n으로 구성된 또 다른 열벡터이므로, $\mathbb{C}^n$의 원소가 된다. 즉, $\mathbb{C}^n$은 스칼라 곱셈에 대해 닫혀있는 집합이다.

벡터 덧셈은 두 벡터의 원소 단위로 더하면 되고, 그 결과 새로운 벡터가 만들어진다.

$$|a\rangle + |b\rangle = \begin{pmatrix} a_1 \\ a_2 \\ \vdots \\ a_n \end{pmatrix} + \begin{pmatrix} b_1 \\ b_2 \\ \vdots \\ b_n \end{pmatrix} = \begin{pmatrix} a_1 + b_1 \\ a_2 + b_2 \\ \vdots \\ a_n + b_n \end{pmatrix} \tag{2.6}$$

상당히 직관적인 계산 과정이지만, 예제를 통해 다시 한 번 살펴보자.

예제 2.2

다음과 같이 정의된 벡터에 대해 $7|u\rangle + 2|v\rangle$를 계산해보자.

$$|u\rangle = \begin{pmatrix} -1 \\ 7i \\ 2 \end{pmatrix}, \quad |v\rangle = \begin{pmatrix} 0 \\ 2 \\ 4 \end{pmatrix}$$

풀이

먼저 벡터 $|u\rangle$의 각 원소에 7을 곱해 $7|u\rangle$를 계산한다.

$$7|u\rangle = 7\begin{pmatrix} -1 \\ 7i \\ 2 \end{pmatrix} = \begin{pmatrix} -7 \\ 49i \\ 14 \end{pmatrix}$$

그리고 두 번째 벡터의 스칼라 곱셈도 계산한다.

$$2|v\rangle = 2\begin{pmatrix} 0 \\ 2 \\ 4 \end{pmatrix} = \begin{pmatrix} 0 \\ 4 \\ 8 \end{pmatrix}$$

이제 벡터 덧셈 방식에 따라 두 벡터의 각 원소를 더한다.

$$7|u\rangle + 2|v\rangle = \begin{pmatrix} -7 \\ 49i \\ 14 \end{pmatrix} + \begin{pmatrix} 0 \\ 4 \\ 8 \end{pmatrix} = \begin{pmatrix} -7+0 \\ 49i+4 \\ 14+8 \end{pmatrix} = \begin{pmatrix} -7 \\ 4+49i \\ 22 \end{pmatrix}$$

벡터의 선형 조합

앞의 예제에서 벡터의 선형 조합linear combination이라는 아주 중요한 양을 계산했다. α_i를 복소수 계수 집합이라 하고, $|v_i\rangle$를 벡터 집합이라고 했을 때 다음과 같은 형태를 벡터의 선형 조합이라고 한다.

$$\alpha_1|v_1\rangle + \alpha_2|v_2\rangle + \cdots + \alpha_n|v_n\rangle = \sum_{i=1}^{n} \alpha_i|v_i\rangle \qquad (2.7)$$

중첩 상태의 큐비트를 설명할 때 이미 선형 조합을 접한 바 있다.

어떤 벡터 집합 $|v_1\rangle$, $|v_2\rangle$, ..., $|v_n\rangle$이 주어졌을 때 이 벡터들을 이용해 벡터공간에 속한 모든 벡터 $|u\rangle$를 표현할 수 있다면 이 집합 $\{|v_i\rangle\}$가 주어진 벡터공간을 생성span한다고 말한다. 예를 들어 3차원 벡터공간 $\mathbb{C}^3$를 생각해보자. 다음과 같은 방식으로 이 3차원 공간의 모든 열벡터를 표현할 수 있다.

$$|u\rangle = \begin{pmatrix} \alpha \\ \beta \\ \gamma \end{pmatrix} = \begin{pmatrix} \alpha \\ 0 \\ 0 \end{pmatrix} + \begin{pmatrix} 0 \\ \beta \\ 0 \end{pmatrix} + \begin{pmatrix} 0 \\ 0 \\ \gamma \end{pmatrix} = \alpha \begin{pmatrix} 1 \\ 0 \\ 0 \end{pmatrix} + \beta \begin{pmatrix} 0 \\ 1 \\ 0 \end{pmatrix} + \gamma \begin{pmatrix} 0 \\ 0 \\ 1 \end{pmatrix}$$

따라서 다음과 같이 벡터 집합을 정의하면

$$|v_1\rangle = \begin{pmatrix} 1 \\ 0 \\ 0 \end{pmatrix}, \quad |v_2\rangle = \begin{pmatrix} 0 \\ 1 \\ 0 \end{pmatrix}, \quad |v_3\rangle = \begin{pmatrix} 0 \\ 0 \\ 1 \end{pmatrix}$$

$\mathbb{C}^3$ 공간을 생성할 수 있다. 큐비트의 기본 상태를 알아볼 때 $\{|0\rangle, |1\rangle\}$ 집합이 전체 큐비트를 생성하는 것을 살펴본 바 있다. 식(2.1)에 따라 다음과 같이 모든 큐비트를 표현할 수 있다.

$$|\psi\rangle = \alpha|0\rangle + \beta|1\rangle$$

이 식을 열벡터 표기로 바꾸고, 벡터 덧셈과 스칼라 곱셈을 적용하면 다음 식을 얻을 수 있다.

$$|\psi\rangle = \begin{pmatrix} \alpha \\ \beta \end{pmatrix} = \begin{pmatrix} \alpha \\ 0 \end{pmatrix} + \begin{pmatrix} 0 \\ \beta \end{pmatrix} = \alpha \begin{pmatrix} 1 \\ 0 \end{pmatrix} + \beta \begin{pmatrix} 0 \\ 1 \end{pmatrix}$$

이를 통해 $|0\rangle$, $|1\rangle$ 벡터의 열벡터 표현이 다음과 같음을 알 수 있다.

$$|0\rangle = \begin{pmatrix} 1 \\ 0 \end{pmatrix}, \quad |1\rangle = \begin{pmatrix} 0 \\ 1 \end{pmatrix}$$

벡터 집합의 선형 조합에서 알아둬야 할 중요한 점 하나는 **선형 독립**^{linear independence}

<!-- -->

벡터 집합의 선형 조합에서 알아둬야 할 중요한 점 하나는 **선형 독립**[linear independence] 이다. 다음 식에서 $a_i = 0$인 경우가 있다면 집합 $\{|v_i\rangle\}$는 선형 종속이다.

$$\alpha_1|v_1\rangle + \alpha_2|v_2\rangle + \cdots + \alpha_n|v_n\rangle = 0$$

다르게 표현하면 집합의 벡터 중 어느 하나를 다른 벡터들의 선형 조합으로 표현할 수 있을 때 이 집합은 **선형 종속**[linearly dependent]이 된다.

예제 2.3

다음 집합이 선형 종속임을 보여라.

$$|a\rangle = \begin{pmatrix} 1 \\ 2 \end{pmatrix}, \quad |b\rangle = \begin{pmatrix} -1 \\ 1 \end{pmatrix}, \quad |c\rangle = \begin{pmatrix} 5 \\ 4 \end{pmatrix}$$

다시 말해 벡터 하나를 다른 두 벡터의 선형 조합으로 표현할 수 있음을 보여라.

풀이

벡터 $|c\rangle$를 다른 두 벡터의 선형 조합으로 표현할 수 있다. 임의 계수를 사용해 벡터 $|c\rangle$를 다른 두 벡터의 선형 조합으로 표현해보자.

$$\begin{pmatrix} 5 \\ 4 \end{pmatrix} = \alpha \begin{pmatrix} 1 \\ 2 \end{pmatrix} + \beta \begin{pmatrix} -1 \\ 1 \end{pmatrix}$$

이를 통해 다음 두 방정식을 얻을 수 있다.

$$\alpha - \beta = 5, \Rightarrow \beta = \alpha - 5$$

$$2\alpha + \beta = 4$$

$\beta = \alpha - 5$를 두 번째 식에 대입한다.

$$2\alpha + (\alpha - 5) = 3\alpha - 5 = 4, \Rightarrow \alpha = 3$$

그러므로 $\beta = -2$임은 바로 알 수 있다. 이 결과를 통해 다음 관계가 성립함을 알 수 있고, 이는 주어진 집합이 선형 종속임을 알려준다.

$$3|a\rangle - 2|\beta\rangle + |c\rangle = 0$$

생성 집합의 유일성

어떤 벡터공간 V의 생성 집합은 유일하지 않다. 원소가 둘인 열벡터로 구성된 복소수 벡터공간 $\mathbb{C}^2$를 생각해보자. 원소가 둘인 모든 열벡터를 다음과 같이 표현할 수 있다는 것은 이미 알고 있다.

$$\begin{pmatrix} \alpha \\ \beta \end{pmatrix} = \begin{pmatrix} \alpha \\ 0 \end{pmatrix} + \begin{pmatrix} 0 \\ \beta \end{pmatrix} = \alpha \begin{pmatrix} 1 \\ 0 \end{pmatrix} + \beta \begin{pmatrix} 0 \\ 1 \end{pmatrix}$$

그러므로 다음 집합은 큐비트가 들어 있는 벡터공간 $\mathbb{C}^2$를 생성한다.

$$|0\rangle = \begin{pmatrix} 1 \\ 0 \end{pmatrix}, \quad |1\rangle = \begin{pmatrix} 0 \\ 1 \end{pmatrix}$$

이제 다음 집합을 생각해보자.

$$|u_1\rangle = \begin{pmatrix} 1 \\ 1 \end{pmatrix}, \quad |u_2\rangle = \begin{pmatrix} 1 \\ -1 \end{pmatrix}$$

이 집합 역시 $\mathbb{C}^2$ 공간을 생성하며, 이는 이 벡터들을 사용해서 큐비트를 표현하는 것도 가능하다는 것을 뜻한다. 다음과 같은 방식으로 벡터공간의 모든 원소를 표현할 수 있다.

$$\begin{aligned} |\psi\rangle &= \begin{pmatrix} \alpha \\ \beta \end{pmatrix} \\ &= \begin{pmatrix} \alpha \\ 0 \end{pmatrix} + \begin{pmatrix} 0 \\ \beta \end{pmatrix} = \frac{1}{2}\begin{pmatrix} \alpha + \alpha \\ \alpha - \alpha \end{pmatrix} + \frac{1}{2}\begin{pmatrix} \beta - \beta \\ \beta + \beta \end{pmatrix} \\ &= \frac{1}{2}\begin{pmatrix} \alpha \\ \alpha \end{pmatrix} + \frac{1}{2}\begin{pmatrix} \alpha \\ -\alpha \end{pmatrix} + \frac{1}{2}\begin{pmatrix} \beta \\ \beta \end{pmatrix} - \frac{1}{2}\begin{pmatrix} \beta \\ -\beta \end{pmatrix} \end{aligned}$$

스칼라 곱셈 규칙을 이용해 상수 α, β를 벡터 밖으로 빼내보자.

$$\frac{1}{2}\begin{pmatrix} \alpha \\ \alpha \end{pmatrix} + \frac{1}{2}\begin{pmatrix} \alpha \\ -\alpha \end{pmatrix} + \frac{1}{2}\begin{pmatrix} \beta \\ \beta \end{pmatrix} - \frac{1}{2}\begin{pmatrix} \beta \\ -\beta \end{pmatrix}$$

$$= \frac{\alpha}{2}\begin{pmatrix} 1 \\ 1 \end{pmatrix} + \frac{\alpha}{2}\begin{pmatrix} 1 \\ -1 \end{pmatrix} + \frac{\beta}{2}\begin{pmatrix} 1 \\ 1 \end{pmatrix} - \frac{\beta}{2}\begin{pmatrix} 1 \\ -1 \end{pmatrix}$$

약간의 정리 작업을 거쳐 다음과 같은 관계식을 얻어낼 수 있다.

$$\left(\frac{\alpha+\beta}{2}\right)\begin{pmatrix} 1 \\ 1 \end{pmatrix} + \left(\frac{\alpha-\beta}{2}\right)\begin{pmatrix} 1 \\ -1 \end{pmatrix} = \left(\frac{\alpha+\beta}{2}\right)|u_1\rangle + \left(\frac{\alpha-\beta}{2}\right)|u_2\rangle$$

기저와 차원

선형 독립인 어떤 벡터 집합이 벡터공간을 생성할 때 이 집합을 기저basis라고
한다. 벡터공간 V의 모든 벡터는 기저 집합의 선형 조합으로 표현할 수 있다.
또한 벡터공간 V의 차원dimension은 기저 집합의 원소 수와 같다. 큐비트 상태
$|0\rangle$, $|1\rangle$로 구성된 $\mathbb{C}^2$의 기저 집합을 이미 살펴봤다.

$$|0\rangle = \begin{pmatrix} 1 \\ 0 \end{pmatrix}, \quad |1\rangle = \begin{pmatrix} 0 \\ 1 \end{pmatrix}$$

$\mathbb{C}^2$의 모든 벡터는 이 두 벡터의 선형 조합으로 표현할 수 있다. 즉, 벡터공간
을 생성한다. 두 벡터가 선형 독립이라는 것은 쉽게 증명할 수 있다. 따라서
이 두 벡터가 $\mathbb{C}^2$ 공간의 기저가 된다.

벡터공간에는 다수의 기저 집합이 존재한다. $\mathbb{C}^2$ 공간을 생성하는 (큐비트를
표현할 수 있는) 다른 기저 집합 하나를 이미 알고 있다.

$$|u_1\rangle = \begin{pmatrix} 1 \\ 1 \end{pmatrix}, \quad |u_2\rangle = \begin{pmatrix} 1 \\ -1 \end{pmatrix}$$

기저 벡터 관점에서 보면 n차원 양자 상태는 큐비트를 단순한 방식으로 일반
화한 것이다. 양자 상태 $|\psi\rangle$는 다음과 같이 복소수 확장 계수 c_i를 갖는 기저
집합 $|v_i\rangle$의 선형 조합으로 표현할 수 있다.

$$|\psi\rangle = \sum_{i=1}^{n} c_i |v_i\rangle = c_1|v_1\rangle + c_2|v_2\rangle + \cdots + c_n|v_n\rangle \qquad (2.8)$$

c_i의 제곱 계수는 해당 계를 측정했을 때 상태 $|v_i\rangle$를 관측할 확률을 나타낸다.

내적

벡터의 길이라는 것이 추상적인 개념이긴 하지만, 벡터의 길이를 알아내기 위해서는 벡터의 **내적**inner product 계산 방법을 알아야 한다. 친숙한 일반적인 유클리드 공간 벡터의 내적을 일반화해서 계산하면 된다. 유클리드 공간에 속한 두 벡터의 내적은 실수 값이지만, 지금 살펴보는 $\mathbb{C}^n$ 공간에 속한 두 벡터의 내적은 복소수 값이 된다. 두 벡터 $|u\rangle$, $|v\rangle$의 내적은 $\langle u|v\rangle$로 표기한다. 두 벡터의 내적이 다음과 같이 0이라면

$$\langle u|v\rangle = 0$$

두 벡터 $|u\rangle$, $|v\rangle$는 서로 **직교**orthogonal한다고 한다. 내적의 결과 값은 복소수다. 내적의 켤레 복소수는 다음 관계를 만족한다.

$$\langle u|v\rangle^* = \langle v|u\rangle \qquad (2.9)$$

벡터 자신의 내적을 계산하는 방식으로 벡터의 노름norm(길이)을 정의할 수 있다.

$$\|u\| = \sqrt{\langle u|u\rangle} \qquad (2.10)$$

노름 값은 실수 값이므로, 벡터의 길이를 정의하는 데 사용할 수 있다. 임의의 벡터 $|u\rangle$에 대해 다음 식이 성립하며,

$$\langle u|u\rangle \geq 0 \qquad (2.11)$$

등호가 성립할 때는 $|u\rangle = 0$일 때뿐이다. 중첩 상태, 즉 선형 조합 벡터의 내적을 다루는 경우 다음과 같은 **역선형**^{anti-linear} 관계가 성립한다.

$$\langle u|\alpha v + \beta w\rangle = \alpha\langle u|v\rangle + \beta\langle u|w\rangle$$
$$\langle \alpha u + \beta v|w\rangle = \alpha^*\langle u|w\rangle + \beta^*\langle v|w\rangle$$

(2.12)

두 벡터의 내적을 구하려면 한 벡터의 에르미트^{Hermitian} 켤레벡터를 구해야 한다.

$$(|u\rangle)^\dagger = \langle u|$$

양자 물리학에서 $\langle u|$는 벡터 $|u\rangle$의 **쌍대벡터**^{dual vector} 또는 **브라벡터**^{bra vector}라고 한다.

켓벡터가 열벡터라면 쌍대벡터 또는 브라벡터는 열벡터 원소의 켤레 복소수로 구성된 행벡터다. 정리하자면 열벡터의 경우 다음 두 단계를 거쳐 에르미트 켤레벡터를 구할 수 있다.

1. 벡터의 원소를 행으로 배열한다.
2. 각 원소의 켤레 복소수를 취하고, 행벡터를 만든다.

일반화하면 다음 식과 같이 쓸 수 있다.

$$\begin{pmatrix} a_1 \\ a_2 \\ \vdots \\ a_n \end{pmatrix}^\dagger = \begin{pmatrix} a_1^* & a_2^* & \cdots & a_n^* \end{pmatrix}$$

(2.13)

큐비트를 다루는 경우 이 과정은 상당히 간단하다. 다음 상태를 생각해보자.

$$|\phi\rangle = \frac{i}{2}|0\rangle + \frac{\sqrt{3}}{2}|1\rangle$$

이 상태의 열벡터 표현은 다음과 같다.

$$|\phi\rangle = \begin{pmatrix} \dfrac{i}{2} \\ \dfrac{\sqrt{3}}{2} \end{pmatrix}$$

각 원소의 켤레 복소수를 구하고 행벡터로 재배열하면 브라벡터 또는 쌍대벡터를 구할 수 있다. 그 결과는 다음과 같다.

$$\langle\phi| = \begin{pmatrix} -\dfrac{i}{2} & \dfrac{\sqrt{3}}{2} \end{pmatrix}$$

쌍대벡터를 이용하면 내적을 쉽게 계산할 수 있다. 내적 $\langle a|b\rangle$는 다음과 같이 계산한다.

$$\langle a|b\rangle = \begin{pmatrix} a_1^* & a_2^* & \cdots & a_n^* \end{pmatrix} \begin{pmatrix} b_1 \\ b_2 \\ \vdots \\ b_n \end{pmatrix} = a_1^* b_1 + a_2^* b_2 + \cdots + a_n^* b_n = \sum_{i=1}^{n} a_i^* b_i \tag{2.14}$$

예제 2.4

$\mathbb{C}^3$에 속한 다음 두 벡터가 있다.

$$|a\rangle = \begin{pmatrix} -2 \\ 4i \\ 1 \end{pmatrix}, \quad |b\rangle = \begin{pmatrix} 1 \\ 0 \\ i \end{pmatrix}$$

다음을 구하라.

(a) $\langle a|$, $\langle b|$

(b) $\langle a|b\rangle$, $\langle b|a\rangle$

(c) $|c\rangle = |a\rangle + 2|b\rangle$, $\langle c|a\rangle$

풀이

(a) 먼저 벡터 $|a\rangle$를 생각해보자. 원소를 행벡터 형식으로 다시 쓴다. 이 과정을 전치^{transpose} 연산이라고 한다.

$$(|a\rangle)^T = (-2 \quad 4i \quad 1)$$

에르미트 켤레벡터는 각 원소의 켤레 복소수를 취하면 구할 수 있다.

$$\langle a| = (|a\rangle)^\dagger = (|a\rangle^T)^* = (-2 \quad -4i \quad 1)$$

벡터 $|b\rangle$에 대해서도 유사한 과정을 거쳐 다음과 같은 결과를 얻을 수 있다.

$$\langle b| = (1 \quad 0 \quad -i)$$

(b) 식(2.14)에 따라 다음과 같이 내적을 구할 수 있다.

$$\langle a|b\rangle = (-2 \quad 4i \quad 1)\begin{pmatrix} 1 \\ 0 \\ i \end{pmatrix} = -2^*1 + 4i^*0 + 1^*i = -2 + i$$

복소 벡터공간의 내적은 $\langle a|b\rangle = \langle b|a\rangle^*$ 식을 만족한다. 따라서 $\langle b|a\rangle = -2 - i$이어야 한다. 직접 계산을 통해 이 사실을 확인할 수 있다.

$$\langle b|a\rangle = (1 \quad 0 \quad -i)\begin{pmatrix} -2 \\ 4i \\ 1 \end{pmatrix} = 1^* - 2 + 0^*4i + (-i)^*1 = -2 - i$$

(c) 벡터 덧셈과 스칼라 곱셈 규칙을 통해 다음과 같이 계산할 수 있다.

$$|c\rangle = |a\rangle + 2|b\rangle = \begin{pmatrix} -2 \\ 4i \\ 1 \end{pmatrix} + 2\begin{pmatrix} 1 \\ 0 \\ i \end{pmatrix} = \begin{pmatrix} -2 \\ 4i \\ 1 \end{pmatrix} + \begin{pmatrix} 2 \\ 0 \\ 2i \end{pmatrix} = \begin{pmatrix} -2+2 \\ 4i+0 \\ 1+2i \end{pmatrix} = \begin{pmatrix} 0 \\ 4i \\ 1+2i \end{pmatrix}$$

그러므로 내적 값은 다음과 같다.

$$\langle c|a\rangle = \begin{pmatrix} 0 & -4i & 1-2i \end{pmatrix}\begin{pmatrix} -2 \\ 4i \\ 1 \end{pmatrix} = 0^*(-2) + (-4i)(4i) + (1-2i)^*1$$

$$= 16 + 1 - 2i = 17 - 2i$$

연습 삼아 벡터 $|c\rangle$의 에르미트 켤레벡터 계산을 통해 벡터 $\langle c|$를 제대로 구했는지 확인해보자.

예제 2.5

다음 벡터의 노름을 계산하라.

$$|u\rangle = \begin{pmatrix} 2 \\ 4i \end{pmatrix}, \quad |v\rangle = \begin{pmatrix} -1 \\ 3i \\ i \end{pmatrix}$$

풀이

먼저 각 벡터의 에르미트 켤레벡터를 계산하자. 먼저 벡터를 전치해서 숫자를 행으로 나열한 다음, 각 원소의 켤레 복소수를 구하면 된다.

$$(|u\rangle)^T = \begin{pmatrix} 2 & 4i \end{pmatrix}, \quad \Rightarrow \langle u| = (|u\rangle)^\dagger = (|u\rangle^T)^* = \begin{pmatrix} 2 & -4i \end{pmatrix}$$

$$\langle v| = \begin{pmatrix} -1 & 3i & i \end{pmatrix}^* = \begin{pmatrix} -1 & -3i & -i \end{pmatrix}$$

이제 다음 값을 계산할 수 있다.

$$\langle u|u \rangle = (2 \quad -4i) \begin{pmatrix} 2 \\ 4i \end{pmatrix} = 2*2 + (-4i)^*4i = 4 + 16 = 20$$

$$\langle v|v \rangle = (-1 \quad -3i \quad -i) \begin{pmatrix} -1 \\ 3i \\ i \end{pmatrix} = -1^*(-1) + (-3i)*3i + (-i)*i = 1 + 9 + 1 = 11$$

이렇게 구한 값에 대해 양의 제곱근을 구하면 그 값이 노름이다.

$$\|u\| = \sqrt{\langle u|u \rangle} = \sqrt{20}$$
$$\|v\| = \sqrt{\langle v|v \rangle} = \sqrt{11}$$

정규 직교성

어떤 벡터의 노름 값이 1이면 이 벡터는 **정규화**됐다고 한다. 즉, 다음 관계가 성립한다면

$$\langle a|a \rangle = 1$$

벡터 $|a\rangle$는 정규화된 벡터다. 정규화되지 않은 벡터의 경우 (숫자인) 벡터의 노름 값을 계산하고, 이 값으로 벡터를 나누면 정규화 벡터를 얻을 수 있다. 앞의 예제에 등장했던 벡터 $|u\rangle$, $|v\rangle$는 각각 노름 값이 $\|u\| = \sqrt{20}$, $\|v\| = \sqrt{11}$ 이므로, 정규화되지 않은 벡터다. 그러나 다음 벡터들은 정규화된 벡터가 된다.

$$|\tilde{u}\rangle = \frac{|u\rangle}{\|u\|} = \frac{1}{\sqrt{20}}|u\rangle$$

$$|\tilde{v}\rangle = \frac{|v\rangle}{\|v\|} = \frac{1}{\sqrt{11}}|v\rangle$$

정규화 여부는 쉽게 확인할 수 있다. 첫 번째 경우를 확인해보자.

$$\langle \tilde{u} | \tilde{u} \rangle = \left(\frac{1}{\sqrt{20}} \langle u | \right) \left(\frac{1}{\sqrt{20}} | u \rangle \right) = \frac{1}{20} \langle u | u \rangle = \frac{20}{20} = 1$$

벡터 집합의 모든 원소가 정규화된 벡터이고 원소들이 서로 직교한다면 이 집합을 **정규 직교**orthonormal 집합이라고 한다. 집합 {|0⟩, |1⟩}을 예로 살펴보자. 각 벡터의 정의는 다음과 같았다.

$$|0\rangle = \begin{pmatrix} 1 \\ 0 \end{pmatrix}, \quad |1\rangle = \begin{pmatrix} 0 \\ 1 \end{pmatrix}$$

따라서 식(2.14)를 이용하면 다음 관계를 확인할 수 있다.

$$\langle 0 | 0 \rangle = \begin{pmatrix} 1 & 0 \end{pmatrix} \begin{pmatrix} 1 \\ 0 \end{pmatrix} = 1 * 1 + 0 * 0 = 1$$

$$\langle 0 | 1 \rangle = \begin{pmatrix} 1 & 0 \end{pmatrix} \begin{pmatrix} 0 \\ 1 \end{pmatrix} = 1 * 0 + 0 * 1 = 0$$

$$\langle 1 | 0 \rangle = \begin{pmatrix} 0 & 1 \end{pmatrix} \begin{pmatrix} 1 \\ 0 \end{pmatrix} = 0 * 1 + 1 * 0 = 0$$

$$\langle 1 | 1 \rangle = \begin{pmatrix} 0 & 1 \end{pmatrix} \begin{pmatrix} 0 \\ 1 \end{pmatrix} = 0 * 0 + 1 * 1 = 1$$

⟨0|0⟩ = ⟨1|1⟩ = 1을 통해 벡터들이 정규화됐음을 확인할 수 있고, ⟨0|1⟩ = ⟨1|0⟩ = 0을 통해 벡터들이 서로 직교함을 확인할 수 있다. 그러므로 이 집합은 정규 직교 집합이다. 앞에서 모든 큐비트를 다음 벡터의 선형 조합으로도 표현할 수 있다고 했다.

$$|u_1\rangle = \begin{pmatrix} 1 \\ 1 \end{pmatrix}, \quad |u_2\rangle = \begin{pmatrix} 1 \\ -1 \end{pmatrix}$$

이 벡터 집합도 정규 직교 집합일까? 벡터들이 다음 관계를 만족하므로, 직교하는 것은 맞다.

$$\langle u_1 | u_2 \rangle = (1 \quad 1) \begin{pmatrix} 1 \\ -1 \end{pmatrix} = 1 - 1 = 0$$

하지만 이 벡터들은 정규화돼 있지 않다. $\|u_1\| = \|u_2\| = \sqrt{2}$임을 쉽게 확인할 수 있다. 이 벡터들을 정규화해서 정규 직교 집합을 구할 수 있다.

이렇게 정규 직교화한 벡터를 $|+\rangle$, $|-\rangle$로 표기하자. 결국 $\mathbb{C}^2$에 대한(그리고 큐비트에 대한) 또 하나의 다음 정규 직교 기저 집합을 얻을 수 있다.

$$|+\rangle = \frac{1}{\sqrt{2}} \begin{pmatrix} 1 \\ 1 \end{pmatrix}, \quad |-\rangle = \frac{1}{\sqrt{2}} \begin{pmatrix} 1 \\ -1 \end{pmatrix}$$

그람-슈미트 직교화

어떤 기저라도 그람-슈미트 직교화^{Gram-Schmidt orthogonalization} 과정을 적용하면 정규 직교 기저를 만들 수 있다. $\{|v_1\rangle, |v_2\rangle, ..., |v_n\rangle\}$이 어떤 내적 공간 V의 기저라고 하자. 다음과 같이 그람-슈미트 과정을 적용해 정규 직교 기저 $|w_i\rangle$를 구할 수 있다.

$$|w_1\rangle = |v_1\rangle$$
$$|w_2\rangle = |v_2\rangle - \frac{\langle w_1 | v_2 \rangle}{\langle w_1 | w_1 \rangle} |w_1\rangle$$
$$\vdots$$
$$|w_n\rangle = |v_n\rangle - \frac{\langle w_1 | v_n \rangle}{\langle w_1 | w_1 \rangle} |w_1\rangle - \frac{\langle w_2 | v_n \rangle}{\langle w_2 | w_2 \rangle} |w_2\rangle - \cdots - \frac{\langle w_{n-1} | v_n \rangle}{\langle w_{n-1} | w_{n-1} \rangle} |w_{n-1}\rangle$$

그람-슈미트 과정을 이용해 정규 직교 집합을 구성하기 위해 각 벡터를 노름 값으로 나눠준다. 예를 들어 정규화된 벡터 $|w_2\rangle$는 다음과 같이 구할 수 있다.

$$|w_2\rangle = \frac{|v_2\rangle - \langle w_1 | v_2 \rangle |w_1\rangle}{\||v_2\rangle - \langle w_1 | v_2 \rangle |w_1\rangle\|}$$

약간 추상적이라 와 닿지 않는 독자가 많을 것 같으므로, 실제 사례를 통해 살펴보자.

예제 2.6

다음 기저 집합에 그람-슈미트 과정을 적용해 정규 직교 기저 집합을 구성하라.

$$|v_1\rangle = \begin{pmatrix} 1 \\ 2 \\ -1 \end{pmatrix}, \quad |v_2\rangle = \begin{pmatrix} 0 \\ 1 \\ -1 \end{pmatrix}, \quad |v_3\rangle = \begin{pmatrix} 3 \\ -7 \\ 1 \end{pmatrix}$$

풀이

물결 문자(~)를 사용해 정규화되지 않은 벡터를 표시하자. 다음 벡터가 첫 번째 기저 벡터가 된다.

$$|\tilde{w}_1\rangle = |v_1\rangle$$

이제 이 벡터를 정규화하자.

$$\langle v_1|v_1\rangle = (1 \quad 2 \quad -1)\begin{pmatrix} 1 \\ 2 \\ -1 \end{pmatrix} = 1*1 + 2*2 + (-1)*(-1) = 1+4+1 = 6$$

$$\Rightarrow |w_1\rangle = \frac{|\tilde{w}_1\rangle}{\sqrt{\langle v_1|v_1\rangle}} = \frac{1}{\sqrt{6}}\begin{pmatrix} 1 \\ 2 \\ -1 \end{pmatrix}$$

그람-슈미트 과정 알고리즘을 적용하면 두 번째 벡터는 다음 식을 통해 구할 수 있다.

$$|\tilde{w}_2\rangle = |v_2\rangle - \frac{\langle \tilde{w}_1 | v_2\rangle}{\langle \tilde{w}_1 | \tilde{w}_1\rangle} |\tilde{w}_1\rangle$$

먼저 다음 내적을 계산한다.

$$\langle \tilde{w}_1 | v_2\rangle = \begin{pmatrix} 1 & 2 & -1 \end{pmatrix} \begin{pmatrix} 0 \\ 1 \\ -1 \end{pmatrix} = [1*0 + 2*1 + (-1)*(-1)] = 3$$

벡터 $|w_1\rangle$는 이미 정규화됐으므로, 다음과 같이 계산할 수 있다.

$$|\tilde{w}_2\rangle = |v_2\rangle - \frac{\langle \tilde{w}_1 | v_2\rangle}{\langle \tilde{w}_1 | \tilde{w}_1\rangle} |\tilde{w}_1\rangle = \begin{pmatrix} 0 \\ 1 \\ -1 \end{pmatrix} - \frac{3}{6} \begin{pmatrix} 1 \\ 2 \\ -1 \end{pmatrix} = \begin{pmatrix} -\frac{1}{2} \\ 0 \\ -\frac{1}{2} \end{pmatrix}$$

이제 두 번째 벡터도 정규화하자.

$$\langle \tilde{w}_2 | \tilde{w}_2\rangle = \begin{pmatrix} -\frac{1}{2} & 0 & -\frac{1}{2} \end{pmatrix} \begin{pmatrix} -\frac{1}{2} \\ 0 \\ -\frac{1}{2} \end{pmatrix} = \frac{1}{4} + 0 + \frac{1}{4} = \frac{1}{2}$$

정규화한 두 번째 벡터는 다음과 같다.

$$|w_2\rangle = \frac{1}{\sqrt{\langle \tilde{w}_2 | \tilde{w}_2\rangle}} |\tilde{w}_2\rangle = \sqrt{2} \begin{pmatrix} -\frac{1}{2} \\ 0 \\ -\frac{1}{2} \end{pmatrix} = \begin{pmatrix} -\frac{1}{\sqrt{2}} \\ 0 \\ -\frac{1}{\sqrt{2}} \end{pmatrix}$$

두 번째 벡터가 $|w_1\rangle$과 직교하는지 확인해보자.

$$\langle w_1 | w_2 \rangle = \frac{1}{\sqrt{6}} \begin{pmatrix} 1 & 2 & -1 \end{pmatrix} \begin{pmatrix} -\dfrac{1}{\sqrt{2}} \\ 0 \\ -\dfrac{1}{\sqrt{2}} \end{pmatrix} = \frac{1}{\sqrt{6}} \left[-\frac{1}{\sqrt{2}} + \frac{1}{\sqrt{2}} \right] = 0$$

마지막으로 다음 식을 사용해 세 번째 벡터를 구해보자.

$$|\tilde{w}_3\rangle = |v_3\rangle - \frac{\langle \tilde{w}_1 | v_n \rangle}{\langle \tilde{w}_1 | \tilde{w}_1 \rangle} |\tilde{w}_1\rangle - \frac{\langle \tilde{w}_2 | v_3 \rangle}{\langle \tilde{w}_2 | \tilde{w}_2 \rangle} |\tilde{w}_2\rangle$$

내적을 계산해 보면 다음과 같으므로

$$\langle \tilde{w}_2 | v_3 \rangle = \begin{pmatrix} -\dfrac{1}{2} & 0 & -\dfrac{1}{2} \end{pmatrix} \begin{pmatrix} 3 \\ -7 \\ 1 \end{pmatrix} = -\frac{3}{2} - \frac{1}{2} = -\frac{4}{2} = -2$$

다음 결과를 얻을 수 있다.

$$|\tilde{w}_3\rangle = |v_3\rangle - \frac{\langle \tilde{w}_1 | v_3 \rangle}{\langle \tilde{w}_1 | \tilde{w}_1 \rangle} |\tilde{w}_1\rangle - \frac{\langle \tilde{w}_2 | v_3 \rangle}{\langle \tilde{w}_2 | \tilde{w}_2 \rangle} |\tilde{w}_2\rangle = \begin{pmatrix} 3 \\ -7 \\ 1 \end{pmatrix} + \frac{12}{6} \begin{pmatrix} 1 \\ 2 \\ -1 \end{pmatrix} + \frac{2}{\left(\dfrac{1}{2}\right)} \begin{pmatrix} -\dfrac{1}{2} \\ 0 \\ -\dfrac{1}{2} \end{pmatrix}$$

$$= \begin{pmatrix} 3 \\ -7 \\ 1 \end{pmatrix} + \begin{pmatrix} 2 \\ 4 \\ -2 \end{pmatrix} + \begin{pmatrix} -2 \\ 0 \\ -2 \end{pmatrix} = \begin{pmatrix} 3 \\ -3 \\ -3 \end{pmatrix}$$

정규화를 진행하면

$$\langle \tilde{w}_3 | \tilde{w}_3 \rangle = \begin{pmatrix} 3 & -3 & -3 \end{pmatrix} \begin{pmatrix} 3 \\ -3 \\ -3 \end{pmatrix} = 9 + 9 + 9 = 27$$

다음 결과를 얻을 수 있다.

$$|w_3\rangle = \frac{1}{\sqrt{\langle \tilde{w}_3 | \tilde{w}_3 \rangle}} |\tilde{w}_3\rangle = \frac{1}{\sqrt{27}} \begin{pmatrix} 3 \\ -3 \\ -3 \end{pmatrix} = \frac{1}{3\sqrt{3}} \begin{pmatrix} 3 \\ -3 \\ -3 \end{pmatrix} = \frac{1}{\sqrt{3}} \begin{pmatrix} 1 \\ -1 \\ -1 \end{pmatrix}$$

브라–켓 형식

양자역학에서 기저를 이용해 어떤 상태를 표현했다면 벡터의 원소를 직접 다룰 필요가 없어진다. 정규 직교 기저를 이용해 상태를 표현하고 나면 '브라', '켓' 벡터를 이용해 계산하는 방식을 쓸 수 있다.

이 책에서 벡터 표기 방법 중의 하나로 소개했던 켓벡터를 통해 이런 형식에 이미 익숙해졌을 것이다. 다음과 같은 켓벡터들이 있었다.

$$|\psi\rangle, \quad |\phi\rangle, \quad |0\rangle$$

켓벡터에 대응하는 에르미트 켤레벡터로 쌍대벡터 또는 '브라' 벡터를 접했다. 앞의 켓벡터에 대응하는 브라벡터는 다음과 같다.

$$\langle\psi|, \quad \langle\phi|, \quad \langle0|$$

예제를 통해 어떻게 이 형식을 활용하는지 살펴보자.

예제 2.7

$\{|u_1\rangle, |u_2\rangle, |u_3\rangle\}$이 3차원 힐베르트 공간(2차원인 유클리드 공간을 일반화한 공간 - 옮긴이)의 정규 직교 기저라고 하자. 계의 상태가 다음과 같다.

$$|\psi\rangle = \frac{1}{\sqrt{5}} |u_1\rangle - i\sqrt{\frac{7}{15}} |u_2\rangle + \frac{1}{\sqrt{3}} |u_3\rangle$$

(a) 이 상태는 정규화된 상태인가?

(b) 이 계를 측정했을 때 이 계가 $\{|u_1\rangle, |u_2\rangle, |u_3\rangle\}$ 각각의 상태로 드러날 확률들을 구하라.

풀이

(a) $\{|u_1\rangle, |u_2\rangle, |u_3\rangle\}$는 정규 직교 기저다. 따라서 다음 사실을 계산에 이용할 수 있다.

$$\langle u_1|u_1\rangle = \langle u_2|u_2\rangle = \langle u_3|u_3\rangle = 1$$
$$\langle u_1|u_2\rangle = \langle u_1|u_3\rangle = \langle u_2|u_3\rangle = 0$$

정규화된 상태인지를 확인하려면 다음 식이 성립하는지 확인하면 된다.

$$\langle \psi|\psi\rangle = 1$$

먼저 켓벡터 $|\psi\rangle$의 에르미트 컬레 벡터를 구하자.

$$|\psi\rangle^\dagger = \langle \psi| = \left(\frac{1}{\sqrt{5}}|u_1\rangle\right)^\dagger - \left(i\sqrt{\frac{7}{15}}|u_2\rangle\right)^\dagger + \left(\frac{1}{\sqrt{3}}|u_3\rangle\right)^\dagger$$
$$= \frac{1}{\sqrt{5}}\langle u_1| - \left(-i\sqrt{\frac{7}{15}}\right)\langle u_2| + \frac{1}{\sqrt{3}}\langle u_3|$$

그런 다음 내적을 계산한다.

$$\langle \psi|\psi\rangle = \left(\frac{1}{\sqrt{5}}\langle u_1| + i\sqrt{\frac{7}{15}}\langle u_2| + \frac{1}{\sqrt{3}}\langle u_3|\right)\left(\frac{1}{\sqrt{5}}|u_1\rangle - i\sqrt{\frac{7}{15}}|u_2\rangle + \frac{1}{\sqrt{3}}|u_3\rangle\right)$$
$$= \frac{1}{5}\langle u_1|u_1\rangle + \left(\frac{1}{\sqrt{5}}\right)\left(-i\sqrt{\frac{7}{15}}\right)\langle u_1|u_2\rangle + \left(\frac{1}{\sqrt{5}}\right)\left(\frac{1}{\sqrt{3}}\right)\langle u_1|u_3\rangle$$

$$+ \left(i\sqrt{\frac{7}{15}} \right)\left(\frac{1}{\sqrt{5}} \right) \langle u_2 | u_1 \rangle + \left(i\sqrt{\frac{7}{15}} \right)\left(-i\sqrt{\frac{7}{15}} \right) \langle u_2 | u_2 \rangle$$

$$+ \left(i\sqrt{\frac{7}{15}} \right)\left(\frac{1}{\sqrt{3}} \right) \langle u_2 | u_3 \rangle + \left(\frac{1}{\sqrt{3}} \right)\left(\frac{1}{\sqrt{5}} \right) \langle u_3 | u_1 \rangle$$

$$+ \left(\frac{1}{\sqrt{3}} \right)\left(-i\sqrt{\frac{7}{15}} \right) \langle u_3 | u_2 \rangle + \left(\frac{1}{3} \right) \langle u_3 | u_3 \rangle$$

정규 직교성으로 인해 이 식에서 살아남는 항은 다음 항들뿐이므로,

$$\langle u_1 | u_1 \rangle = \langle u_2 | u_2 \rangle = \langle u_3 | u_3 \rangle = 1$$

계산 결과는 다음과 같다.

$$\langle \psi | \psi \rangle = \frac{1}{5} \langle u_1 | u_1 \rangle + \left(i\sqrt{\frac{7}{15}} \right)\left(-i\sqrt{\frac{7}{15}} \right) \langle u_2 | u_2 \rangle + \frac{1}{3} \langle u_3 | u_3 \rangle$$

$$= \frac{1}{5} + \frac{7}{15} + \frac{1}{3} = \frac{3}{15} + \frac{7}{15} + \frac{5}{15} = \frac{15}{15} = 1$$

따라서 이 상태는 정규화된 상태다. 또 다른 간단한 방법으로 확률의 합이 1이 되는지 확인하는 방법이 있다.

(b) 측정을 진행했을 때 계의 상태가 $|u_1\rangle$로 드러날 확률은 다음과 같으므로,

$$|\langle u_1 | \psi \rangle|^2$$

다음 결과를 얻을 수 있다.

$$\langle u_1 | \psi \rangle = \langle u_1 | \left(\frac{1}{\sqrt{5}} |u_1\rangle + i\sqrt{\frac{7}{15}} |u_2\rangle + \frac{1}{\sqrt{3}} |u_3\rangle \right)$$

$$= \frac{1}{\sqrt{5}} \langle u_1 | u_1 \rangle + i \sqrt{\frac{7}{15}} \langle u_1 | u_2 \rangle + \frac{1}{\sqrt{3}} \langle u_1 | u_3 \rangle$$

$$= \frac{1}{\sqrt{5}} * 1 + i \sqrt{\frac{7}{15}} * 0 + \frac{1}{\sqrt{3}} * 0 = \frac{1}{\sqrt{5}}$$

이 항의 제곱을 계산하면 확률을 구할 수 있다.

$$p_1 = |\langle u_1 | \psi \rangle|^2 = \left| \frac{1}{\sqrt{5}} \right|^2 = \frac{1}{5}$$

$|u_2\rangle$에 대해서는 다음을 계산하면 되므로,

$$\langle u_2 | \psi \rangle = \langle u_2 | \left(\frac{1}{\sqrt{5}} | u_1 \rangle + i \sqrt{\frac{7}{15}} | u_2 \rangle + \frac{1}{\sqrt{3}} | u_3 \rangle \right)$$

$$= \frac{1}{\sqrt{5}} \langle u_2 | u_1 \rangle + i \sqrt{\frac{7}{15}} \langle u_2 | u_2 \rangle + \frac{1}{\sqrt{3}} \langle u_2 | u_3 \rangle$$

$$= \frac{1}{\sqrt{5}} * 0 + i \sqrt{\frac{7}{15}} * 1 + \frac{1}{\sqrt{3}} * 0 = i \sqrt{\frac{7}{15}}$$

다음 확률을 얻을 수 있다.

$$p_2 = |\langle u_2 | \psi \rangle|^2 = \left| i \sqrt{\frac{7}{15}} \right|^2 = \left(-i \sqrt{\frac{7}{15}} \right) \left(i \sqrt{\frac{7}{15}} \right) = \frac{7}{15}$$

마지막으로 $|u_3\rangle$에 대해서는 다음을 계산하면 되고,

$$\langle u_3 | \psi \rangle = \langle u_2 | \left(\frac{1}{\sqrt{5}} | u_1 \rangle + i \sqrt{\frac{7}{15}} | u_2 \rangle + \frac{1}{\sqrt{3}} | u_3 \rangle \right)$$

$$= \frac{1}{\sqrt{5}} \langle u_3 | u_1 \rangle + i \sqrt{\frac{7}{15}} \langle u_3 | u_2 \rangle + \frac{1}{\sqrt{3}} \langle u_3 | u_3 \rangle$$

$$= \frac{1}{\sqrt{5}} * 0 + i \sqrt{\frac{7}{15}} * 0 + \frac{1}{\sqrt{3}} * 1 = \frac{1}{\sqrt{3}}$$

상태 $|u_3\rangle$으로 드러날 확률은 다음과 같다.

$$p_3 = |\langle u_3|\psi\rangle|^2 = \left|\frac{1}{\sqrt{3}}\right|^2 = \frac{1}{3}$$

코시-슈바르츠 부등식과 삼각 부등식

중요한 두 가지 관계식으로, 코시-슈바르츠^{Cauchy-Schwarz} 부등식과

$$|\langle\psi|\phi\rangle|^2 \leq \langle\psi|\psi\rangle\langle\phi|\phi\rangle$$

삼각 부등식이 있다.

$$\sqrt{\langle\psi+\phi|\psi+\phi\rangle} \leq \sqrt{\langle\psi|\psi\rangle} + \sqrt{\langle\phi|\phi\rangle}$$

예제 2.8

다음과 같은 상태가 있다고 하자.

$$|\psi\rangle = 3|0\rangle - 2i|1\rangle, \quad |\phi\rangle = |0\rangle + 5|1\rangle$$

(a) 이 상태들이 코시-슈바르츠 부등식 및 삼각 부등식을 만족함을 보여라.

(b) 이 상태들을 정규화하라.

풀이

(a) 내적 $\langle\psi|\psi\rangle$, $\langle\phi|\phi\rangle$를 먼저 계산한다.

$$\langle\psi| = (3)^*\langle 0| + (-2i)^*\langle 1| = 3\langle 0| + 2i\langle 1|$$
$$\Rightarrow \langle\psi|\psi\rangle = (3\langle 0| + 2i\langle 1|)(3|0\rangle - 2i|1\rangle)$$
$$= 9\langle 0|0\rangle + (2i)(-2i)\langle 1|1\rangle$$
$$= 9 + 4 = 13$$

벡터 $|\phi\rangle$에 대해서는 다음 결과를 얻을 수 있다.

$$\langle\phi| = \langle 0| + 5\langle 1|$$
$$\Rightarrow \langle\phi|\phi\rangle = (\langle 0| + 5\langle 1|)(|0\rangle + 5|1\rangle)$$
$$= \langle 0|0\rangle + 25\langle 1|1\rangle$$
$$= 1 + 25 = 26$$

내적 $\langle\psi|\phi\rangle$는 다음과 같이 계산할 수 있다.

$$\langle\psi|\phi\rangle = (3\langle 0| + 2i\langle 1|)(|0\rangle + 5|1\rangle)$$
$$= 3\langle 0|0\rangle + (2i)(5)\langle 1|1\rangle$$
$$= 3 + 10i$$
$$\Rightarrow |\langle\psi|\phi\rangle|^2 = \langle\psi|\phi\rangle\langle\psi|\phi\rangle^* = (3 + 10i)(3 - 10i) = 9 + 100 = 109$$

그 결과 다음 관계를 확인할 수 있다.

$$\langle\psi|\psi\rangle\langle\phi|\phi\rangle = (13)(26) = 338 > 109$$

따라서 코시-슈바르츠 부등식을 만족한다. 이제 다음 삼각 부등식을 확인해보자.

$$\sqrt{\langle\psi|\psi\rangle} + \sqrt{\langle\phi|\phi\rangle} = \sqrt{13} + \sqrt{26} \cong 8.7$$

좌변의 항을 풀어보자.

$$|\psi + \phi\rangle = 3|0\rangle - 2i|1\rangle + |0\rangle + 5|1\rangle = (3 + 1)|0\rangle + (5 - 2i)|1\rangle = 4|0\rangle + (5 - 2i)|1\rangle$$

이 켓벡터에 대응하는 브라벡터는 다음과 같다.

$$\langle \psi + \phi | = 4\langle 0 | + (5 - 2i)^* \langle 1 | = 4\langle 0 | + (5 + 2i)\langle 1 |$$

이제 이 상태의 노름 값을 다음과 같이 계산할 수 있다.

$$\langle \psi + \phi | \psi + \phi \rangle = [4\langle 0 | + (5 + 2i)\langle 1 |][4|0\rangle + (5 - 2i)|1\rangle]$$
$$= 16\langle 0|0\rangle + (5 + 2i)(5 - 2i)\langle 1|1\rangle$$
$$= 16 + 10 + 4 = 30$$

이 결과들을 정리하면 다음 관계를 확인할 수 있다.

$$\sqrt{\langle \psi + \phi | \psi + \phi \rangle} = \sqrt{30} \simeq 5.5 < 8.7$$

따라서 삼각 부등식을 만족한다.

(b) 주어진 상태의 내적 값을 이용해 다음 결과를 얻을 수 있다.

$$\langle \psi | \psi \rangle = 13, \quad \Rightarrow \|\psi\| = \sqrt{\langle \psi | \psi \rangle} = \sqrt{13}$$

$$\langle \phi | \phi \rangle = 26, \quad \Rightarrow \|\phi\| = \sqrt{\langle \phi | \phi \rangle} = \sqrt{26}$$

결국 주어진 상태를 다음과 같이 정규화할 수 있다.

$$|\tilde{\psi}\rangle = \frac{|\psi\rangle}{\sqrt{\langle \psi | \psi \rangle}} = \frac{1}{\sqrt{13}}(3|0\rangle - 2i|1\rangle) = \frac{3}{\sqrt{13}}|0\rangle - \frac{2i}{\sqrt{13}}|1\rangle$$

$$|\tilde{\phi}\rangle = \frac{|\phi\rangle}{\sqrt{\langle \phi | \phi \rangle}} = \frac{1}{\sqrt{26}}(|0\rangle + 5|1\rangle) = \frac{1}{\sqrt{26}}|0\rangle + \frac{5}{\sqrt{26}}|1\rangle$$

예제 2.9

세 큐비트의 상태가 다음과 같다.

$$|\psi_0\rangle = |0\rangle$$

$$|\psi_1\rangle = -\frac{1}{2}|0\rangle - \frac{\sqrt{3}}{2}|1\rangle$$

$$|\psi_2\rangle = -\frac{1}{2}|0\rangle + \frac{\sqrt{3}}{2}|1\rangle$$

$|\psi_0\rangle$, $|\psi_1\rangle$, $|\psi_2\rangle$각 벡터와 직교하는, $\{|0\rangle, |1\rangle\}$의 중첩 상태인 정규화 벡터 $|\overline{\psi}_0\rangle$, $|\overline{\psi}_1\rangle$, $|\overline{\psi}_2\rangle$를 구하라.

풀이

구하려는 상태를 미지수 계수를 갖는 중첩 형태로 써보자.

$$|\overline{\psi}_0\rangle = \alpha_0|0\rangle + \beta_0|1\rangle$$

$$|\overline{\psi}_1\rangle = \alpha_1|0\rangle + \beta_1|1\rangle$$

$$|\overline{\psi}_2\rangle = \alpha_2|0\rangle + \beta_2|1\rangle$$

첫 번째 상태가 $|\psi_0\rangle$와 직교한다는 조건을 통해 다음 식을 얻을 수 있다.

$$\langle\overline{\psi}_0|\psi_0\rangle = (\alpha_0^*\langle 0| + \beta_0^*\langle 1|)(|0\rangle)) = \alpha_0^*\langle 0|0\rangle = \alpha_0^*$$

조건에 따라 $\langle\overline{\psi}_0|\psi_0\rangle$ = 0이어야 하므로, α_0 = 0이다. $|\overline{\psi}_0\rangle$ 상태는 다음과 같이 정리된다.

$$|\overline{\psi}_0\rangle = \beta_0|1\rangle$$

정규화된 상태여야 하므로, 다음을 만족해야 한다.

$$1 = \langle\overline{\psi}_0|\overline{\psi}_0\rangle = \beta_0^*\langle 1|(\beta_0|1\rangle) = |\beta_0|^2\langle 1|1\rangle = |\beta_0|^2$$

$$\Rightarrow \beta_0 = 1$$

$|\overline{\psi}_1\rangle$ 벡터의 직교 조건을 통해 다음 식을 얻는다.

$$\langle\overline{\psi}_1|\psi_1\rangle = (\alpha_1^*\langle 0| + \beta_1^*\langle 1|)\left(-\frac{1}{2}|0\rangle - \frac{\sqrt{3}}{2}|1\rangle\right)$$

$$= -\frac{\alpha_1^*}{2}\langle 0|0\rangle - \beta_1^*\frac{\sqrt{3}}{2}\langle 1|1\rangle$$

$$= -\frac{\alpha_1^*}{2} - \beta_1^*\frac{\sqrt{3}}{2}$$

우변의 값이 0이어야 하므로, 식은 다음과 같다.

$$\alpha_1^* = -\sqrt{3}\beta_1^*$$

상태 정규화 조건을 이용하면 다음 관계식을 얻는다.

$$1 = \langle\overline{\psi}_1|\overline{\psi}_1\rangle = (\alpha_1^*\langle 0| + \beta_1^*\langle 1|)(\alpha_1|0\rangle + \beta_1|1\rangle)$$

$$= |\alpha_1|^2\langle 0|0\rangle + |\beta_1|^2\langle 1|1\rangle$$

$$= |\alpha_1|^2 + |\beta_1|^2$$

$$\alpha_1^* = -\sqrt{3}\beta_1^*, \Rightarrow \alpha_1 = -\sqrt{3}\beta_1$$

$$1 = 3|\beta_1|^2 + |\beta_1|^2 = 4|\beta_1|^2$$

정리하면 다음 결과를 얻는다.

$$\beta_1 = -\frac{1}{2}$$

따라서 구하는 상태는 다음과 같다.

$$|\overline{\psi}_1\rangle = \frac{\sqrt{3}}{2}|0\rangle - \frac{1}{2}|1\rangle$$

마지막 상태에 직교 조건을 적용하면 다음 식을 얻을 수 있다.

$$\langle \overline{\psi}_2 | \psi_2 \rangle = (\alpha_2^* \langle 0| + \beta_2^* \langle 1|) \left(-\frac{1}{2}|0\rangle + \frac{\sqrt{3}}{2}|1\rangle \right)$$

$$= -\frac{\alpha_2^*}{2} \langle 0|0 \rangle + \beta_2^* \frac{\sqrt{3}}{2} \langle 1|1 \rangle$$

$$= -\frac{\alpha_2^*}{2} + \beta_2^* \frac{\sqrt{3}}{2}$$

이 경우에도 직교 조건에 의해 우변의 값이 0이어야 한다.

$$-\frac{\alpha_2^*}{2} + \frac{\sqrt{3}}{2}\beta_2^* = 0$$

$$\Rightarrow \alpha_2^* = \sqrt{3}\beta_2^*$$

상태 정규화 조건을 적용하면 다음 관계식을 얻을 수 있다.

$$1 = \langle \overline{\psi}_2 | \overline{\psi}_2 \rangle = (\alpha_2^* \langle 0| + \beta_2^* \langle 1|)(\alpha_2 |0\rangle + \beta_2 |1\rangle)$$

$$= |\alpha_2|^2 \langle 0|0 \rangle + |\beta_2|^2 \langle 1|1 \rangle$$

$$= |\alpha_2|^2 + |\beta_2|^2$$

$$\alpha_2^* = \sqrt{3}\beta_2^*, \quad \Rightarrow \alpha_2 = \sqrt{3}\beta_2$$

$$1 = 3|\beta_2|^2 + |\beta_2|^2 = 4|\beta_2|^2$$

$\beta_2 = \frac{1}{2}$이므로, 구하는 상태는 다음과 같다.

$$|\overline{\psi}_2\rangle = \frac{\sqrt{3}}{2}|0\rangle + \frac{1}{2}|1\rangle$$

정리

2장에서는 특히 두 가지 상태를 갖는 큐비트계를 중심으로 양자 상태 표기법에 대해 알아봤다. 모든 큐비트는 기저 상태 $|0\rangle$와 $|1\rangle$이 중첩된 $|\psi\rangle = \alpha|0\rangle + \beta|1\rangle$ 꼴로 표현할 수 있으며, $|\alpha|^2$은 $|\psi\rangle$가 $|0\rangle$ 상태로 드러날 확률을 뜻하며, $|\beta|^2$은 $|\psi\rangle$가 $|1\rangle$ 상태로 드러날 확률을 뜻한다.

그런 다음 생성 집합, 벡터 집합의 선형 독립 조건, 기저 등을 알아봤다. 3장에서는 큐비트를 비롯한 양자 상태의 연산과 측정을 알아본다.

연습문제

2.1. 양자계가 다음과 같은 상태에 있다.

$$\frac{(1-i)}{\sqrt{3}}|0\rangle + \frac{1}{\sqrt{3}}|1\rangle$$

이 계에 대해 측정을 진행한다면 계가 $|0\rangle$ 상태로 드러날 확률은 얼마이고, $|1\rangle$ 상태로 드러날 확률은 얼마인가?

2.2. 다음과 같은 두 양자 상태가 주어졌다고 하자.

$$|a\rangle = \begin{pmatrix} -4i \\ 2 \end{pmatrix}, \quad |b\rangle = \begin{pmatrix} 1 \\ -1+i \end{pmatrix}$$

(A) $|a + b\rangle$를 구하라.

(B) $3|a\rangle - 2|b\rangle$를 계산하라.

(C) $|a\rangle$, $|b\rangle$를 정규화하라.

2.3. 다음 벡터들도 $\mathbb{C}^2$ 공간의 기저가 될 수 있다.

$$|+\rangle = \frac{|0\rangle + |1\rangle}{\sqrt{2}}, \quad |-\rangle = \frac{|0\rangle - |1\rangle}{\sqrt{2}}$$

이 관계식을 뒤집어 $\{|0\rangle, |1\rangle\}$ 기저를 $\{|+\rangle, |-\rangle\}$ 기저로 표현해보자.

2.4. 양자계가 다음과 같은 상태에 있다.

$$|\psi\rangle = \frac{3i|0\rangle + 4|1\rangle}{5}$$

(A) 이 상태는 정규화된 상태인가?

(B) 이 상태를 $|+\rangle$, $|-\rangle$ 기저를 이용해 표현해보자.

2.5. 다음 기저가 생성하는 4차원 공간 $\mathbb{R}^4$의 부분공간에 대해 그람-슈미트 과정을 이용해 정규 직교 기저를 구하라.

$$|u_1\rangle = \begin{pmatrix} 1 \\ 1 \\ 1 \\ 1 \end{pmatrix}, \quad |u_2\rangle = \begin{pmatrix} 1 \\ 2 \\ 4 \\ 5 \end{pmatrix}, \quad |u_3\rangle = \begin{pmatrix} 1 \\ -3 \\ -4 \\ -2 \end{pmatrix}$$

2.6. 광자의 편광 상태를 수평, 수직 상태로 나눠 $|h\rangle$, $|v\rangle$로 쓸 수 있다. 다음과 같은 광자 상태가 있다고 할 때

$$|\psi_1\rangle = \frac{1}{2}|h\rangle + \frac{\sqrt{3}}{2}|v\rangle$$

$$|\psi_2\rangle = \frac{1}{2}|h\rangle - \frac{\sqrt{3}}{2}|v\rangle$$

$$|\psi_3\rangle = |h\rangle$$

다음 값들을 계산하라.

$$|\langle\psi_1|\psi_2\rangle|^2, \quad |\langle\psi_1|\psi_3\rangle|^2, \quad |\langle\psi_3|\psi_2\rangle|^2$$

행렬과 연산자

어떤 함수를 다른 함수로 바꿔주는 수학적 규칙을 **연산자**[operator]라고 한다. 보통 기호 문자 위에 캐럿(^) 부호를 붙여 연산자를 표기한다. 예를 들면 다음과 같이 미분 연산자를 정의할 수 있다.

$$\hat{D} = \frac{d}{dx} \tag{3.1}$$

이 미분 연산자를 $f(x) = x \cos x$ 같은 함수에 적용하면 다음 결과를 얻는다.

$$\hat{D}f = \hat{D}(x \cos x) = \frac{d}{dx}(x \cos x) = \cos x - x \sin x$$

이 개념을 벡터공간으로 확장할 수 있다. 켓벡터 $|\psi\rangle$를 다른 켓벡터 $|\phi\rangle$로 바꿔주는 수학적 규칙을 연산자 $\hat{A}$로 정의할 수 있다.

$$\hat{A}|\psi\rangle = |\phi\rangle \tag{3.2}$$

브라벡터에도 이 연산자를 적용할 수 있다. 그 결과는 또 다른 브라벡터가 된다.

$$\langle\mu|\hat{A} = \langle\nu| \tag{3.3}$$

대개의 경우 연산자는 해당 벡터가 속한 같은 공간의 다른 벡터로 변환한다.

연산자와 복소수 α, β, 상태 벡터 $|\psi_1\rangle$, $|\psi_2\rangle$에 대해 다음 관계가 성립한다면 이 연산자를 선형linear 연산자라고 한다.

$$\hat{A}(\alpha|\psi_1\rangle + \beta|\psi_2\rangle) = \alpha(\hat{A}|\psi_1\rangle) + \beta(\hat{A}|\psi_2\rangle) \tag{3.4}$$

좀 더 일반화하면 선형 연산자 $\hat{A}$는 상태 벡터에 다음과 같이 적용된다.

$$\hat{A}\left(\sum_i \alpha_i|u_i\rangle\right) = \sum_i \alpha_i\left(\hat{A}|u_i\rangle\right) \tag{3.5}$$

가장 간단한 연산자로 항등 연산자 $\hat{I}$가 있다. 이름에서 짐작할 수 있듯이 이 연산자는 주어진 상태를 그대로 둔다.

$$\hat{I}|\psi\rangle = |\psi\rangle \tag{3.6}$$

영zero 연산자는 주어진 벡터를 영 벡터로 변환한다.

$$\hat{O}|\psi\rangle = 0 \tag{3.7}$$

연산자를 이탤릭체 대문자로 표기하기도 한다. 따라서 $\hat{A}$, $\hat{B}$ 연산자를 A, B로도 표현할 수 있다.

관측 값

양자론에서는 위치, 운동량, 각운동량, 에너지 같은 동적 변수를 관측 값 observable이라고 한다. 입자의 양자 상태를 특정하고자 측정하는 물리량이 이런 관측 값들이기 때문이다. 양자론에는 물리적 관측 값마다 그에 해당하는 연산자가 있다는 중요한 공리가 있다.

연산자를 적을 때 캐럿 기호를 붙이는 것이 귀찮아 생략하는 경우도 많다. 어떤 객체가 연산자인지 아닌지는 문맥을 통해 파악해야 한다.

파울리 연산자

2차원 벡터공간의 상태 벡터나 켓벡터로 표현된 큐비트에도 연산자를 적용할 수 있다. 양자 컴퓨테이션에서 매우 중요한 기초적인 연산자로 **파울리 연산자** Pauli operator가 있다. 파울리 연산자는 항등 연산자를 포함해 모두 4 종류지만, 항등 연산자는 생략하는 경우가 많다. 파울리 연산자는 다양한 방식으로 표기할 수 있는데, 안타깝게도 모든 표기법을 알아둘 필요가 있다. 파울리 연산자는 σ_0, σ_1, σ_2, σ_3 또는 σ_x, σ_y, σ_z 또는 I, X, Y, Z로 표기한다.

첫 번째 파울리 연산자는 항등 연산자다. 앞에서 설명했듯이 항등 연산자는 σ_0로도 표기한다. 식(3.6)과 같이 이 연산자는 계산 기저에 대해 다음과 같이 동작한다.

$$\sigma_0|0\rangle = |0\rangle, \quad \sigma_0|1\rangle = |1\rangle \tag{3.8}$$

그다음 살펴볼 파울리 연산자는 $\sigma_1 = \sigma_x = X$로 표시하는 연산자다. 이 연산자의 동작은 다음과 같다.

$$\sigma_1|0\rangle = |1\rangle, \quad \sigma_1|1\rangle = |0\rangle \tag{3.9}$$

이런 동작 때문에 X 연산자를 NOT **연산자**라고 하기도 한다.

계속해서 $\sigma_2 = \sigma_y = Y$ 연산자를 살펴보면 계산 기저에 대한 이 연산자의 동작은 다음과 같다.

$$\sigma_2|0\rangle = -i|1\rangle, \quad \sigma_2|1\rangle = i|0\rangle \tag{3.10}$$

마지막 $\sigma_3 = \sigma_z = Z$ 연산자의 동작은 다음과 같다.

$$\sigma_3|0\rangle = |0\rangle, \quad \sigma_3|1\rangle = -|1\rangle \tag{3.11}$$

외적

켓벡터 $|\psi\rangle$에 브라벡터 $\langle\phi|$를 곱한 것을 외적$^{outer\ product}$이라고 하며, $|\psi\rangle\langle\phi|$로 표기한다. 이 곱셈의 결과는 연산자다. 임의의 켓벡터 $|\chi\rangle$에 이 결과를 적용해 보면 이 사실을 확인할 수 있다.

$$(|\psi\rangle\langle\phi|)|\chi\rangle = |\psi\rangle\langle\phi|\chi\rangle = ((\langle\phi|\phi|\chi\rangle))|\psi\rangle \tag{3.12}$$

내적 $\langle\phi|\chi\rangle$의 값은 복소수다. 이 연산은 벡터 $|\chi\rangle$를 벡터 $|\psi\rangle$에 비례한 벡터로 변환한다. $\langle\phi|\chi\rangle$ 값은 비례 상수 역할을 한다.

예제 3.1

큐비트에 $\hat{A}$ = $|0\rangle\langle 0|$ - $|1\rangle\langle 1|$ 연산자를 적용했을 때 그 동작을 설명해보자.

풀이

$|\psi\rangle$ = $\alpha|0\rangle$ + $\beta|1\rangle$ 형태인 어떤 큐비트에 이 연산자를 적용해보자. 식(3.4)의 선형 규칙과 $\langle 0|0\rangle$ = $\langle 1|1\rangle$ =1, $\langle 0|1\rangle$ = $\langle 1|0\rangle$ = 0이라는 점을 이용하면 다음과 같은 계산이 가능하다.

$$\begin{aligned}
\hat{A}|\psi\rangle &= (|0\rangle\langle 0| - |1\rangle\langle 1|)\,(\alpha|0\rangle + \beta|1\rangle) \\
&= \alpha\,(|0\rangle\langle 0| - |1\rangle\langle 1|)\,|0\rangle + \beta\,(|0\rangle\langle 0| - |1\rangle\langle 1|)\,|1\rangle \\
&= \alpha\,(|0\rangle\langle 0|0\rangle - |1\rangle\langle i|0\rangle) + \beta\,(|0\rangle\langle 0| - |1\rangle\langle 1|1\rangle)
\end{aligned}$$

$$= \alpha|0\rangle - \beta|1\rangle$$

이 연산자는 $|0\rangle$ 벡터를 $|0\rangle$으로, $|1\rangle$ 벡터를 $-|1\rangle$ 벡터로 바꾼다. 식(3.11)과 비교해보면 $\hat{A}$ 연산자는 Z 연산자의 외적 표현임을 알 수 있다.

직접 해보기

임의의 큐비트에 대한 $\hat{A} = |0\rangle\langle 0| + |1\rangle\langle 1|$ 연산자의 동작을 생각해보고, 이 동작이 항등 연산자의 외적 표현임을 확인해보자.

닫힌 관계

앞의 연습 문제는 완전성^{completeness} 또는 닫힌^{closure} 관계를 보여준다. 이는 n차원 기저 집합 $\{|u_i\rangle\}$이 주어졌을 때 항등 연산자를 다음과 같이 쓸 수 있음을 뜻한다.

$$\sum_{i=1}^{n} |u_i\rangle\langle u_i| = \hat{I} \tag{3.13}$$

표현식을 변형할 때 이 닫힌 관계가 유용한 경우가 많다. 내적이 $\langle u_i|\psi\rangle = c_i$와 같다면 어떤 상태 $|\psi\rangle$는 기저 집합 $\{|u_i\rangle\}$를 이용해 다음과 같이 전개할 수 있다.

$$|\psi\rangle = \hat{I}|\psi\rangle = \left(\sum_{i=1}^{n} |u_i\rangle\langle u_i|\right)|\psi\rangle = \sum_{i=1}^{n} |u_i\rangle\langle u_i|\psi\rangle = \sum_{i=1}^{n} c_i|u_i\rangle \tag{3.14}$$

따라서 2차원 힐베르트 공간을 이용하는 큐비트에 대한 항등 연산자는 계산 기저를 사용해 다음과 같이 쓸 수 있다.

$$\hat{I} = |0\rangle\langle 0| + |1\rangle\langle 1| \tag{3.15}$$

연산자의 행렬 표현

2장에서 켓벡터를 열벡터로 표현할 수 있음을 봤다. 연산자는 행렬을 이용해 표현할 수 있는데, 이렇게 하면 벡터에 연산자를 적용하는 과정을 단순한 행렬 곱셈으로 간주할 수 있다. 그러면 계산 과정이 비교적 간단해진다. n차원 벡터공간에서 연산자는 $n \times n$ 행렬로 표현한다. 기저 집합 $\{|u_i\rangle\}$에 대한 연산자 $\hat{A}$의 동작을 알고 있다면 닫힌 관계를 이용해 행렬로 표현된 연산자의 원소를 구할 수 있다.

$$\hat{A} = \hat{I}\hat{A}\hat{I} = \left(\sum_i |u_i\rangle\langle u_i|\right)\hat{A}\left(\sum_j |u_j\rangle\langle u_j|\right) = \sum_{i,j}\langle u_i|\hat{A}|u_j\rangle|u_i\rangle\langle u_j| \tag{3.16}$$

기저 집합 $\{|u_i\rangle\}$에 대해 연산자 $\hat{A}$를 행렬로 표현하면 i행 j열 원소는 $\langle u_i|\hat{A}|u_j\rangle = A_{ij}$ 값이 된다.

$$\hat{A} = \begin{pmatrix} \langle u_1|\hat{A}|u_1\rangle & \langle u_1|\hat{A}|u_2\rangle & \cdots & \langle u_1|\hat{A}|u_n\rangle \\ \langle u_2|\hat{A}|u_1\rangle & \langle u_2|\hat{A}|u_2\rangle & & \vdots \\ & & \ddots & \\ \langle u_n|\hat{A}|u_1\rangle & \cdots & & \langle u_n|\hat{A}|u_n\rangle \end{pmatrix} \tag{3.17}$$

연산자의 행렬 표현은 특정 기저에 대한 표현임을 잊지 말자. 기저가 달라지면 연산자의 행렬 표현도 바뀐다. 예를 들어 또 다른 기저 집합 $\{|v_i\rangle\}$가 있다고 하자. 이 기저를 이용해서도 연산자 $\hat{A}$를 행렬로 표현할 수 있다.

$$\hat{A} = \begin{pmatrix} \langle v_1|\hat{A}|v_1\rangle & \langle v_1|\hat{A}|v_2\rangle & \cdots & \langle v_1|\hat{A}|v_n\rangle \\ \langle v_2|\hat{A}|v_1\rangle & \langle v_2|\hat{A}|v_2\rangle & & \vdots \\ & & \ddots & \\ \langle v_n|\hat{A}|v_1\rangle & \cdots & & \langle v_n|\hat{A}|v_n\rangle \end{pmatrix}$$

행렬의 각 원소가 대부분 다른 값으로 바뀐다. 즉, $\langle u_i|\hat{A}|u_j\rangle \neq \langle v_i|\hat{A}|v_j\rangle$이다. 유니타리 변환unitary transformation을 이용해 한 행렬 표현을 다른 행렬 표현으로 바꾸는 방법을 뒤에서 알아볼 것이다.

외적과 행렬 표현

앞에서 켓벡터와 브라벡터의 외적은 연산자가 된다고 한 적이 있다. 행렬 관점에서 외적을 생각해보자. 다음 두 큐비트에 대해 직접 행렬 곱셈을 계산해보자.

$$|\psi\rangle = \begin{pmatrix} a \\ b \end{pmatrix}, \quad |\phi\rangle = \begin{pmatrix} c \\ d \end{pmatrix}$$

외적 $|\psi\rangle\langle\phi|$는 다음과 같이 계산할 수 있다.

$$|\psi\rangle\langle\phi| = \begin{pmatrix} a \\ b \end{pmatrix}\begin{pmatrix} c^* & d^* \end{pmatrix} = \begin{pmatrix} ac^* & ad^* \\ bc^* & bd^* \end{pmatrix}$$

마찬가지로 다음 관계도 성립한다.

$$|\phi\rangle\langle\psi| = \begin{pmatrix} c \\ d \end{pmatrix}\begin{pmatrix} a^* & b^* \end{pmatrix} = \begin{pmatrix} ca^* & cb^* \\ da^* & db^* \end{pmatrix}$$

직접 해보기

$|\psi\rangle = a|1\rangle + b|2\rangle + c|3\rangle$, $|\phi\rangle = e|1\rangle + f|2\rangle + g|3\rangle$이라고 하자. 외적 $|\psi\rangle\langle\phi|$가 다음과 같음을 보여라.

$$|\psi\rangle\langle\phi| = \begin{pmatrix} ae^* & af^* & ag^* \\ be^* & bf^* & bg^* \\ ce^* & cf^* & cg^* \end{pmatrix}$$

2차원 공간에서의 연산자 행렬 표현

대개의 경우 관심 대상은 큐비트가 존재하는 2차원 힐베르트 공간 $\mathbb{C}^2$이다. 큐비트에 적용하는 연산자는 2×2 행렬로 표현할 수 있다.

$$A = \begin{pmatrix} a & b \\ c & d \end{pmatrix} \tag{3.18}$$

연산자를 계산 기저에 대한 행렬로 표현할 때 행렬 원소는 다음과 같은 배열 방식을 따르기로 한다.

$$A = \begin{pmatrix} \langle 0|A|0\rangle & \langle 0|A|1\rangle \\ \langle 1|A|0\rangle & \langle 1|A|1\rangle \end{pmatrix} \tag{3.19}$$

예제 3.2

식(3.11)을 이용해 Z 연산자의 행렬 표현을 구하라.

풀이

먼저 식(3.11)을 다음과 같이 바꿔보자.

$$Z|0\rangle = |0\rangle, \quad Z|1\rangle = -|1\rangle$$

식(3.19)를 사용해 다음과 같이 계산하면 된다.

$$\begin{aligned}
Z &= \begin{pmatrix} \langle 0|Z|0\rangle & \langle 0|Z|1\rangle \\ \langle 1|Z|0\rangle & \langle 1|Z|1\rangle \end{pmatrix} = \begin{pmatrix} \langle 0|(Z|0\rangle) & \langle 0|(Z|1\rangle) \\ \langle 1|(Z|0\rangle) & \langle 1|(Z|1\rangle) \end{pmatrix} \\
&= \begin{pmatrix} \langle 0|(|0\rangle) & \langle 0|(-|1\rangle) \\ \langle 1|(|0\rangle) & \langle 1|(-|1\rangle) \end{pmatrix} = \begin{pmatrix} \langle 0|0\rangle & -\langle 0|1\rangle \\ \langle 1|0\rangle & -\langle 1|1\rangle \end{pmatrix} \\
&= \begin{pmatrix} 1 & 0 \\ 0 & -1 \end{pmatrix}
\end{aligned}$$

직접 해보기

항등 행렬은 대각 원소 값만 1이고, 다른 원소 값은 0인 행렬이다. 식(3.8)을 이용해 σ_0 연산자의 행렬 표현이 2 × 2 항등 행렬이 됨을 확인하라.

정의: 파울리 행렬

계산 기저에 대한 파울리 연산자 X, Y, Z의 행렬 표현은 다음과 같다.

$$X = \begin{pmatrix} 0 & 1 \\ 1 & 0 \end{pmatrix}, \quad Y = \begin{pmatrix} 0 & -i \\ i & 0 \end{pmatrix}, \quad Z = \begin{pmatrix} 1 & 0 \\ 0 & -1 \end{pmatrix} \tag{3.20}$$

예제 3.3

$\{|0\rangle, |1\rangle\}$ 기저에 대한 파울리 연산자의 행렬 표현은 다음과 같다.

$$X = \begin{pmatrix} 0 & 1 \\ 1 & 0 \end{pmatrix}, \quad Y = \begin{pmatrix} 0 & -i \\ i & 0 \end{pmatrix}, \quad Z = \begin{pmatrix} 1 & 0 \\ 0 & -1 \end{pmatrix}$$

$\{|0\rangle, |1\rangle\}$ 기저의 열벡터 표현을 바탕으로 이 연산자들의 동작을 설명해보자.

풀이

기저 상태의 열벡터는 다음과 같다.

$$|0\rangle = \begin{pmatrix} 1 \\ 0 \end{pmatrix}, \quad |1\rangle = \begin{pmatrix} 0 \\ 1 \end{pmatrix}$$

연산자 X에 대해 다음 관계를 확인할 수 있다.

$$X|0\rangle = \begin{pmatrix} 0 & 1 \\ 1 & 0 \end{pmatrix} \begin{pmatrix} 1 \\ 0 \end{pmatrix} = \begin{pmatrix} 0*1 + 1*0 \\ 1*1 + 0*0 \end{pmatrix} = \begin{pmatrix} 0 \\ 1 \end{pmatrix} = |1\rangle$$

$$X|1\rangle = \begin{pmatrix} 0 & 1 \\ 1 & 0 \end{pmatrix} \begin{pmatrix} 0 \\ 1 \end{pmatrix} = \begin{pmatrix} 0*0 + 1*1 \\ 1*0 + 0*1 \end{pmatrix} = \begin{pmatrix} 1 \\ 0 \end{pmatrix} = |0\rangle$$

위에서 볼 수 있듯이 X 연산자는 한 기저 상태를 다른 기저 상태로 변환하기 때문에 NOT 연산자 또는 비트 전환^{bit flip} 연산자라고 부르기도 한다.

Y 연산자에 대해서는 다음 관계를 확인할 수 있다.

$$Y|0\rangle = \begin{pmatrix} 0 & -i \\ i & 0 \end{pmatrix} \begin{pmatrix} 1 \\ 0 \end{pmatrix} = \begin{pmatrix} 0*1 - i*0 \\ i*1 + 0*0 \end{pmatrix} = \begin{pmatrix} 0 \\ i \end{pmatrix} = i|1\rangle$$

$$Y|1\rangle = \begin{pmatrix} 0 & -i \\ i & 0 \end{pmatrix} \begin{pmatrix} 0 \\ 1 \end{pmatrix} = \begin{pmatrix} 0*0 - i*1 \\ i*0 + 0*1 \end{pmatrix} = \begin{pmatrix} -i \\ 0 \end{pmatrix} = -i|0\rangle$$

Z 연산자에 대해서는 다음 관계를 확인할 수 있다.

$$Z|0\rangle = \begin{pmatrix} 1 & 0 \\ 0 & -1 \end{pmatrix} \begin{pmatrix} 1 \\ 0 \end{pmatrix} = \begin{pmatrix} 1*1 + 0*0 \\ 0*1 - 1*0 \end{pmatrix} = \begin{pmatrix} 1 \\ 0 \end{pmatrix} = |0\rangle$$

$$Z|1\rangle = \begin{pmatrix} 1 & 0 \\ 0 & -1 \end{pmatrix} \begin{pmatrix} 0 \\ 1 \end{pmatrix} = \begin{pmatrix} 1*0+0*1 \\ 0*0-1*1 \end{pmatrix} = \begin{pmatrix} 0 \\ -1 \end{pmatrix} = -|1\rangle$$

에르미트 연산자, 유니타리 연산자, 정규 연산자

양자론 및 양자 컴퓨테이션에서 중요한 역할을 하는 특별한 두 가지 연산자가 있다. 바로 에르미트Hermitian 연산자와 유니타리unitary 연산자다. 연산자 $\hat{A}$의 에르미트 수반Hermitian adjoint 연산자는 $\hat{A}^\dagger$로 표기하며, 다음과 같이 정의한다.

$$\langle a|\hat{A}^\dagger|b\rangle = \langle b|\hat{A}|a\rangle^* \tag{3.21}$$

주어진 식에 대한 에르미트 수반은 식에 있는 모든 상수의 켤레 복소수를 취하고, 모든 켓벡터를 브라벡터로, 모든 브라벡터를 켓벡터로, 모든 연산자를 수반 연산자로 바꿔 계산할 수 있다. 에르미트 수반을 계산할 때 연산자 곱이 있으면 연산자 순서를 바꿔야 한다. 이 내용들을 식으로 정리하면 다음과 같다.

$$(\alpha\hat{A})^\dagger = \alpha^* A^\dagger \tag{3.22}$$

$$(|\psi\rangle)^\dagger = \langle\psi| \tag{3.23}$$

$$(\langle\psi|)^\dagger = |\psi\rangle \tag{3.24}$$

$$(\hat{A}\hat{B})^\dagger = \hat{B}^\dagger \hat{A}^\dagger \tag{3.25}$$

$$(\hat{A}|\psi\rangle)^\dagger = \langle\psi|\hat{A}^\dagger \tag{3.26}$$

$$(\hat{A}\hat{B}|\psi\rangle)^\dagger = \langle\psi|\hat{B}^\dagger A^\dagger \tag{3.27}$$

연산자가 외적 형태로 표현돼 있다면 식(3.23), 식(3.24), 식(3.25)를 이용해 수반을 계산할 수 있다. 연산자 $\hat{A}$의 수반은 다음과 같이 쓸 수 있다.

$$\hat{A}^\dagger = |\phi\rangle\langle\psi| \tag{3.28}$$

마지막으로 알아둘 규칙은 연산자 합의 수반은 수반 연산자의 합과 같다는 점이다.

$$(\hat{A} + \hat{B} + \hat{C})^\dagger = \hat{A}^\dagger + \hat{B}^\dagger + \hat{C}^\dagger \tag{3.29}$$

예제 3.4

연산자 $\hat{A} = 2|0\rangle\langle 1| - i|1\rangle\langle 0|$의 수반 연산자를 구하라.

풀이

식(3.29)에 따라 다음과 같다.

$$\hat{A}^\dagger = (2|0\rangle\langle 1|)^\dagger - (i|1\rangle\langle 0|)^\dagger$$

수식의 각 항에 들어 있는 상수의 켤레 복소수를 취하고, 식(3.28)을 사용해 수반 연산자를 구할 수 있다. 그 결과는 다음과 같다.

$$\hat{A}^\dagger = 2|1\rangle\langle 0| + i|0\rangle\langle 1|$$

직접 해보기

연산자 $\hat{B} = 3i|0\rangle\langle 0| + 2i|0\rangle\langle 1|$의 수반 연산자가 $\hat{B} = -3i|0\rangle\langle 0| - 2i|1\rangle\langle 0|$임을 보여라.

연산자를 행렬로 표현한 경우 다음 두 단계를 통해 에르미트 수반 연산자를 구할 수 있다.

- 전치 행렬을 구한다(행과 열을 뒤바꾼다).

- 행렬 각 원소의 켤레 복소수를 구한다.

다음과 같은 일반적인 2×2 행렬에 대한

$$A = \begin{pmatrix} a & b \\ c & d \end{pmatrix} \tag{3.30}$$

에르미트 수반은 다음과 같다.

$$A^\dagger = \begin{pmatrix} a^* & c^* \\ b^* & d^* \end{pmatrix} \tag{3.31}$$

정의: 에르미트 연산자

연산자 $\hat{A}$가 다음을 만족하면 에르미트 연산자라고 한다.

$$\hat{A} = \hat{A}^\dagger \tag{3.32}$$

예제 3.3의 연산자 $\hat{A} = 2|0\rangle\langle 1| - i|1\rangle\langle 0|$는 당연히 에르미트 연산자가 아니다. 그러나 파울리 연산자는 에르미트 연산자가 맞다. 예를 들면 계산 기저를 이용하면 연산자 Y는 $Y = -i|0\rangle\langle 1| + i|1\rangle\langle 0|$로 쓸 수 있다. 이에 대한 수반 연산자를 다음과 같이 구할 수 있다.

$$Y^\dagger = (-i|0\rangle\langle 1| + i|1\rangle\langle 0|)^\dagger = i|1\rangle\langle 0| - i|0\rangle\langle 1| = Y \tag{3.33}$$

양자역학에서 물리적 관측 값은 에르미트 연산자로 나타낼 수 있다는 것이 밝혀져 있다.

에르미트 연산자를 행렬로 표현하면 행렬의 대각 원소는 실수 값이 된다. $\mathbb{C}^2$ 공간에서 행렬 표현이 식(3.30)과 같다면 a, d는 실수 값 ($a = a^*$, $d = d^*$)이 되고, $c = b^*$가 된다.

정의: 유니타리 연산자

연산자 A의 역연산자는 A^{-1}로 표기한다. 역연산자는 $AA^{-1} = A^{-1}A = I$ 조건을 만족한다(I는 항등 연산자). 수반 연산자와 역연산자가 동일한 연산자를 유니타리 연산자라고 한다. 유니타리 연산자는 보통 U로 표기하며, 다음과 같이 정의할 수 있다.

$$UU^{\dagger} = U^{\dagger}U = I \qquad (3.34)$$

유니타리 연산자는 양자 상태의 시간 변화를 설명하기 때문에 중요하다. 파울리 연산자는 에르미트 연산자이면서 동시에 유니타리 연산자다.

정의: 정규 연산자

연산자 A가 다음을 만족하면 정규^{normal} 연산자라고 한다.

$$AA^{\dagger} = A^{\dagger}A \qquad (3.35)$$

3장 후반부에서 두 연산자의 교환에 대해 살펴볼 때 이 식이 수반 연산자와 교환 가능한 연산자가 교환 연산자임을 뜻한다는 것을 알게 될 것이다. 에르미트 연산자와 유니타리 연산자는 정규 연산자다.

고윳값과 고유 벡터

어떤 벡터가 다음 식을 만족하면 이 벡터를 연산자 A의 고유 벡터^{eigenvector}라고 한다. 이 식에서 λ는 복소수다.

$$A|\psi\rangle = \lambda|\psi\rangle$$

숫자 λ 값은 연산자의 고윳값^{eigenvalue}이라고 한다. 예제 3.3의 식(3.11)을 보

면 계산 기저가 Z 연산자의 고유 벡터가 된다는 것을 알 수 있다.

일반적인 양자역학의 문제는 이런 식이다. "어떤 연산자가 주어졌을 때 그 고윳값과 고유 벡터를 구하라." 첫 번째 과정은 **특성 방정식**^{characteristic equation}을 이용해 고윳값을 구하는 것이다.

특성 방정식

연산자 A의 특성 방정식은 다음 식을 풀면 된다.

$$\det|A - \lambda I| = 0 \tag{3.36}$$

λ는 미지수, I는 항등 행렬, det는 행렬 $A - \lambda I$의 행렬식을 뜻한다. 이 방정식의 해인 λ 값이 연산자 A의 **고윳값**이다. 식(3.30)의 2×2 행렬에 대한 **행렬식**은 다음과 같다.

$$\det|A| = \det \begin{vmatrix} a & b \\ c & d \end{vmatrix} = ad - bc \tag{3.37}$$

예제 3.5

다음 행렬로 표현되는 연산자의 고윳값을 구하라.

$$A = \begin{pmatrix} 2 & 1 \\ -1 & -1 \end{pmatrix}$$

풀이

먼저 행렬 $A - \lambda I$를 구한다.

$$A - \lambda I = \begin{pmatrix} 2 & 1 \\ -1 & -1 \end{pmatrix} - \lambda \begin{pmatrix} 1 & 0 \\ 0 & 1 \end{pmatrix}$$

$$= \begin{pmatrix} 2 & 1 \\ -1 & -1 \end{pmatrix} - \begin{pmatrix} \lambda & 0 \\ 0 & \lambda \end{pmatrix} = \begin{pmatrix} 2 - \lambda & 1 \\ -1 & -1 - \lambda \end{pmatrix}$$

그런 다음 행렬식을 계산한다.

$$\det|A - \lambda I| = \det \begin{vmatrix} 2 - \lambda & 1 \\ -1 & -1 - \lambda \end{vmatrix} = (2 - \lambda)(-1 - \lambda) - (-1)(1)$$

$$= -2 + \lambda - 2\lambda + \lambda^2 + 1$$

항을 정리하면 다음 방정식을 얻게 된다.

$$\lambda^2 - \lambda - 1 = 0$$

그다음 단계는 미지수 λ에 대한 이 방정식을 푸는 것이다. 근의 공식을 이용하면 다음 해를 얻을 수 있다.

$$\lambda_{1,2} = \frac{-b \pm \sqrt{b^2 - 4ac}}{2a} = \frac{1 \pm \sqrt{1 - 4(1)(-1)}}{2} = \frac{1 \pm \sqrt{5}}{2}$$

직접 해보기

식(3.20) Z 연산자의 행렬 표현을 이용해 이 연산자의 고윳값이 ±1임을 보여라.

고윳값을 알면 고유 벡터를 구할 수 있다. 고윳값 λ마다 고윳값 방정식을 세우고, 미지수 a, b를 원소로 갖는 $|\psi\rangle$ 벡터를 구하면 된다.

$$A|\psi\rangle = \lambda|\psi\rangle$$

이렇게 하면 a, b를 구할 수 있는 연립 방정식을 얻는다. 보통은 이 방정식으로 두 변수의 관계를 구할 수 있지만, 변수 하나를 확정하지 못하는 경우가 있을 수 있다. 그러나 양자역학에서는 추가로 만족해야 하는 정규화 조건이 있다. 정규화 조건을 만족하려면 다음 식이 성립해야 한다.

$$|a|^2 + |b|^2 = 1$$

따라서 전체 과정은 다음과 같다.

- 특성 방정식을 풀어 고윳값을 구한다.
- 고윳값마다 고유 방정식을 적용해 해당 고유 벡터의 원소 값이 만족하는 관계를 구한다.
- 정규화 조건을 더해 고유 벡터의 원소 값을 구한다.

연산자의 고유 벡터가 각기 다른 고윳값을 갖는다면 고유 벡터들이 **비겹침** nondegenerate 상태라고 한다. 고유 벡터의 고윳값이 같은 경우가 있다면 **겹침** 상태라고 한다.

예제를 통해 행렬의 고윳값과 고유 벡터를 구하는 과정을 살펴보자.

예제 3.6

다음 행렬로 표현되는 '$\pi/8$' 게이트의 고윳값과 고유 벡터를 구하라.

$$T = \begin{pmatrix} 1 & 0 \\ 0 & e^{i\pi/4} \end{pmatrix}$$

풀이

먼저 특성 방정식부터 푼다.

$$0 = \det|T - \lambda I| = \det \left| \begin{pmatrix} 1 & 0 \\ 0 & e^{i\pi/4} \end{pmatrix} - \lambda \begin{pmatrix} 1 & 0 \\ 0 & 1 \end{pmatrix} \right|$$

$$= \det \begin{vmatrix} 1 - \lambda & 0 \\ 0 & e^{i\pi/4} - \lambda \end{vmatrix} = (1 - \lambda)(e^{i\pi/4} - \lambda)$$

특성 방정식이 인수분해됐으므로, 각 인수 항을 0으로 만드는 값이 고윳값이다. 고윳값은 다음과 같이 구할 수 있다.

$$1 - \lambda = 0$$
$$\Rightarrow \lambda_1 = 1$$

$$e^{i\pi/4} - \lambda = 0$$
$$\Rightarrow \lambda_2 = e^{i\pi/4}$$

이제 각 고윳값에 대한 고유 벡터를 구해보자. 구하는 고유 벡터를 $\{|\phi_1\rangle, |\phi_2\rangle\}$라 하자. 첫 번째 고윳값 $\lambda_1 = 1$에 대한 고유 방정식은 다음과 같다.

$$T|\phi_1\rangle = |\phi_1\rangle$$

고유 벡터를 구하려면 이 방정식을 행렬로 표현해야 한다. 미지수를 이용해 고유 벡터를 다음과 같이 쓰자.

$$|\phi_1\rangle = \begin{pmatrix} a \\ b \end{pmatrix}$$

미지수 a, b는 복소수다. 정리하면 다음 관계식을 얻는다.

$$T|\phi_1\rangle = \begin{pmatrix} 1 & 0 \\ 0 & e^{i\pi/4} \end{pmatrix} \begin{pmatrix} a \\ b \end{pmatrix} = \begin{pmatrix} a \\ b \end{pmatrix}$$

좌변의 행렬 곱셈 결과는 다음과 같다.

$$\begin{pmatrix} 1 & 0 \\ 0 & e^{i\pi/4} \end{pmatrix} \begin{pmatrix} a \\ b \end{pmatrix} = \begin{pmatrix} a \\ e^{i\pi/4}b \end{pmatrix}$$

이 결과를 우변의 열벡터와 맞춰보면 다음 두 방정식을 얻는다.

$$\begin{pmatrix} a \\ e^{i\pi/4}b \end{pmatrix} = \begin{pmatrix} a \\ b \end{pmatrix}$$
$$\Rightarrow a = a$$
$$e^{i\pi/4}b = b$$

두 번째 방정식의 양변을 b로 나눠보면 성립할 수 없는 부등식이 된다.

$$e^{i\pi/4} = 1$$
$$e^{i\pi/4} = \cos\left(\frac{\pi}{4}\right) + i\sin\left(\frac{\pi}{4}\right) = \frac{\sqrt{2}}{2} + i\frac{\sqrt{2}}{2} \neq 1$$

이 식은 성립할 수 없으므로, $b = 0$이어야 한다. 즉, 구하는 고유 벡터의 형태는 다음과 같다.

$$|\phi_1\rangle = \begin{pmatrix} a \\ 0 \end{pmatrix}$$

이제 정규화 조건을 통해 a 값을 구한다. 내적을 이용하면 정규화 조건은 다음과 같이 표현할 수 있다.

$$\langle\phi_1|\phi_1\rangle = 1$$

쌍대벡터 $\langle\phi_1|$는 다음 관계를 이용해 구할 수 있다.

$$|\phi\rangle = \begin{pmatrix} a \\ b \end{pmatrix}$$인 경우 $\langle\phi| = \begin{pmatrix} a^* & b^* \end{pmatrix}$이다.

지금 구하는 고유 벡터에 적용하면 다음과 같다.

$$1 = \langle\phi_1|\phi_1\rangle = \begin{pmatrix} a^* & 0 \end{pmatrix}\begin{pmatrix} a \\ 0 \end{pmatrix} = |a|^2, \Rightarrow a = 1$$

이제 $a = 1$, $b = 0$임을 구했다. 따라서 구하는 고유 벡터는 다음과 같다.

$$|\phi_1\rangle = \begin{pmatrix} 1 \\ 0 \end{pmatrix}$$

이제 두 번째 고윳값 $\lambda_2 = e^{i\pi/4}$를 살펴보자. 고유 방정식은 다음과 같다.

$$T|\phi_2\rangle = e^{i\pi/4}|\phi_2\rangle$$

이번에도 고유 벡터 $|\phi_2\rangle$를 다음과 같이 써보자.

$$|\phi_2\rangle = \begin{pmatrix} a \\ b \end{pmatrix}$$

다음 관계를 얻을 수 있다.

$$T|\phi_2\rangle = \begin{pmatrix} 1 & 0 \\ 0 & e^{i\pi/4} \end{pmatrix} \begin{pmatrix} a \\ b \end{pmatrix} = e^{i\pi/4} \begin{pmatrix} a \\ b \end{pmatrix}$$

좌변의 행렬을 곱해 다음 방정식을 얻는다.

$$a = e^{i\pi/4}a$$
$$e^{i\pi/4}b = e^{i\pi/4}b, \quad \Rightarrow b = b$$

첫 번째 방정식의 형태는 첫 번째 고유 벡터의 상수 b 값을 구할 때와 비슷하다. 동일한 논리에 따라 $a = 0$이 된다. 정규화 조건을 통해 b를 구한다.

$$1 = \langle\phi_2|\phi_2\rangle = \begin{pmatrix} 0 & b^* \end{pmatrix} \begin{pmatrix} 0 \\ b \end{pmatrix} = |b|^2$$
$$\Rightarrow b = 1$$

따라서 구하는 두 번째 고유 벡터는 다음과 같다.

$$|\phi_2\rangle = \begin{pmatrix} 0 \\ 1 \end{pmatrix}$$

항상 결과물을 재확인하는 것이 좋다. 구한 고유 벡터가 고유 방정식을 만족하는지 확인해보자.

$$T|\phi_1\rangle = \begin{pmatrix} 1 & 0 \\ 0 & e^{i\pi/4} \end{pmatrix} \begin{pmatrix} 1 \\ 0 \end{pmatrix} = \begin{pmatrix} 1*1 + 0*0 \\ 0*1 + e^{i\pi/4}*0 \end{pmatrix} = \begin{pmatrix} 1 \\ 0 \end{pmatrix} = |\phi_1\rangle$$

$$T|\phi_2\rangle = \begin{pmatrix} 1 & 0 \\ 0 & e^{i\pi/4} \end{pmatrix} \begin{pmatrix} 0 \\ 1 \end{pmatrix} = \begin{pmatrix} 1*0 + 0*1 \\ 0*0 + e^{i\pi/4}*1 \end{pmatrix} = \begin{pmatrix} 0 \\ e^{i\pi/4} \end{pmatrix} = e^{i\pi/4} \begin{pmatrix} 0 \\ 1 \end{pmatrix} = e^{i\pi/4}|\phi_2\rangle$$

에르미트 연산자의 고유 벡터는 해당 벡터공간의 정규 직교 기저 집합을 구성한다는 중요한 사실을 알아두자. 뿐만 아니라 에르미트 연산자의 고윳값과 고유 벡터는 다음과 같은 중요한 속성도 갖고 있다.

- 에르미트 연산자의 고윳값은 실수다.
- 에르미트 연산자의 서로 다른 고윳값에 해당하는 고유 벡터는 직교한다.

유니타리 연산자의 고윳값과 고유 벡터는 다음을 만족한다.

- 유니타리 연산자의 고윳값은 절댓값이 1인 복소수다.
- 고윳값이 겹치지 않는 유니타리 연산자는 직교하는 고유 벡터를 갖고 있다.

스펙트럼 분해

어떤 벡터공간에서 특정 기저에 대해 정규화된 대각 행렬로 표현된 연산자 A를 생각해보자. 이런 연산자가 존재한다는 것이 스펙트럼 분해 정리다. 연산자 A가 특정 기저 $|u_i\rangle$에 대해 스펙트럼 분해 정리를 만족한다고 하자. 그렇

다면 연산자를 다음과 같은 형식으로 표현할 수 있다.

$$A = \sum_{i=1}^{n} a_i |u_i\rangle\langle u_i|$$ (3.38)

이 식에서 a_i는 연산자의 고윳값을 뜻한다. 계산 기저를 사용할 때 Z 연산자는 대각 행렬로 표현된다. 예제 3.1을 통해 식(3.38)을 만족하는 $Z = |0\rangle\langle 0| - |1\rangle\langle 1|$ 형태로 쓸 수 있음을 살펴봤다.

예제 3.7

스펙트럼 분해 정리를 이용해 다음 연산자를 식(3.38) 형태로 표현하라.

$$A = \begin{pmatrix} 0 & 0 & i \\ 0 & 1 & 0 \\ -i & 0 & 0 \end{pmatrix}$$

풀이

이 행렬의 고유 벡터는 다음과 같다(직접 구해보자).

$$|u_1\rangle = \frac{1}{\sqrt{2}}\begin{pmatrix} 1 \\ 0 \\ i \end{pmatrix}, \quad |u_2\rangle = \frac{1}{\sqrt{2}}\begin{pmatrix} 1 \\ 0 \\ -i \end{pmatrix}, \quad |u_3\rangle = \begin{pmatrix} 0 \\ 1 \\ 0 \end{pmatrix}$$

각 고유 벡터에 해당하는 고윳값은 $a_1 = -1$, $a_2 = a_3 = 1$이다. 이 행렬은 에르미트 행렬이므로(확인해보자), 고유 벡터들은 정규 직교 기저를 구성한다. 따라서 연산자 A는 다음과 같이 쓸 수 있다.

$$A = \sum_i |u_i\rangle\langle u_i| = -|u_1\rangle\langle u_1| + |u_2\rangle\langle u_2| + |u_3\rangle\langle u_3|$$

연산자의 대각합

행렬로 연산자를 표현했을 때 대각 원소의 합을 대각합[trace]이라고 한다. 예를 들면 다음과 같다.

$$A = \begin{pmatrix} a & b \\ c & d \end{pmatrix}, \quad Tr(A) = a + d$$

$$B = \begin{pmatrix} a & b & c \\ d & e & f \\ g & h & i \end{pmatrix}, \quad Tr(B) = a + e + i$$

외적 형태로 연산자를 표현했다면 기저 벡터에 대한 내적 값을 더해서 대각합을 구할 수 있다. 기저 벡터가 $|u_i\rangle$라면 다음과 같이 쓸 수 있다.

$$Tr(A) = \sum_{i=1}^{n} \langle u_i | A | u_i \rangle$$

예제 3.8

$\{|0\rangle, \langle 1|\}$ 기저에 대해 다음과 같이 표현된 연산자가 있다.

$$A = 2i|0\rangle\langle 0| + 3|0\rangle\langle 1| - 2|1\rangle\langle 0| + 4|1\rangle\langle 1|$$

대각합을 구하라.

풀이

다음 식을 계산해 대각합을 구하자.

$$Tr(A) = \sum_{i=1}^{n} \langle \phi_i | A | \phi_i \rangle = \langle 0|A|0 \rangle + \langle 1|A|1 \rangle$$

개별적으로 각 항을 계산하고 그 결과를 더한다.

$$\langle 0|A|0\rangle = \langle 0|(2i|0\rangle\langle 0| + 3|0\rangle\langle 1| - 2|1\rangle\langle 0| + 4|1\rangle\langle 1|)|0\rangle$$
$$= 2i\langle 0|0\rangle\langle 0|0\rangle + 3\langle 0|0\rangle\langle 1|0\rangle - 2\langle 0|1\rangle\langle 0|0\rangle + 4\langle 0|1\rangle\langle 1|0\rangle$$

$\{|0\rangle, \langle 1|\}$ 기저는 정규 직교하므로 다음 조건이 성립한다.

$$\langle 0|1\rangle = \langle 1|0\rangle = 0$$

따라서 다음과 같이 정리할 수 있다.

$$\langle 0|A|0\rangle = 2i\langle 0|0\rangle\langle 0|0\rangle$$

다음 조건도 성립하므로,

$$\langle 0|0\rangle = \langle 1|1\rangle = 1$$

다음과 같이 정리할 수 있다.

$$\langle 0|A|0\rangle = 2i\langle 0|0\rangle\langle 0|0\rangle = 2i$$

같은 방식으로 나머지 항을 계산하면 다음 결과를 얻는다.

$$\langle 1|A|1\rangle = \langle 1|(2i|0\rangle\langle 0| + 3|0\rangle\langle 1| - 2|1\rangle\langle 0| + 4|1\rangle\langle 1|)|1\rangle$$
$$= 2i\langle 1|0\rangle\langle 0|1\rangle + 3\langle 1|0\rangle\langle 1|1\rangle - 2\langle 1|1\rangle\langle 0|1\rangle + 4\langle 1|1\rangle\langle 1|1\rangle$$
$$= 4\langle 1|1\rangle\langle 1|1\rangle = 4$$

그러므로 대각합은 다음과 같다.

$$Tr(A) = \langle 0|A|0\rangle + \langle 1|A|1\rangle = 2i + 4$$

예제 3.9

Z 연산자의 대각합을 구하라.

풀이

Z 연산자의 계산 기저에 대한 행렬 표현을 이용하자.

$$Z = \begin{pmatrix} 1 & 0 \\ 0 & -1 \end{pmatrix}$$

대각 원소를 모두 더해 대각합을 계산한다.

$$Tr(Z) = Tr \begin{pmatrix} 1 & 0 \\ 0 & -1 \end{pmatrix} = 1 + (-1) = 0$$

대각합의 중요 속성

알아두면 좋을 대각합의 속성에는 다음과 같은 것들이 있다.

- 대각합에는 순환 속성이 있다. 즉, $Tr(ABC) = Tr(CAB) = Tr(BCA)$를 만족한다.
- 외적의 대각합은 내적과 같다. 즉, $Tr(|\phi\rangle\langle\psi|) = \langle\phi|\phi\rangle$이다.
- 위 속성을 확장하면 $Tr(A|\psi\rangle\langle\phi|) = \langle\phi|A|\psi\rangle$도 성립한다.
- 대각합은 기저 선택과 독립적이다. 같은 힐베르트 공간에 대한 두 기저 $|u_i\rangle$, $|v_i\rangle$가 있다고 하자. 그러면 $Tr(A) = \sum \langle u_i|A|u_i\rangle = \sum \langle v_i|A|v_i\rangle$가 성립한다.
- 연산자의 대각합은 해당 연산자의 고윳값의 합과 같다. 연산자 A의 고윳값이 λ_i라면 $Tr(A) = \sum_{i=1}^{n} \lambda_i$가 된다.

- 대각합은 선형이다. 즉, $Tr(\alpha A) = \alpha Tr(A)$이며, $Tr(A+B) = Tr(A) + Tr(B)$이다.

예제 3.10

다음 행렬에 대해 대각합이 고윳값의 합과 같음을 보여라.

$$X = \begin{pmatrix} 0 & 1 \\ 1 & 0 \end{pmatrix}, \quad T = \begin{pmatrix} 1 & 0 \\ 0 & e^{i\pi/4} \end{pmatrix}, \quad B = \begin{pmatrix} 1 & 0 & 2 \\ 0 & 3 & 4 \\ 1 & 0 & 2 \end{pmatrix}$$

풀이

행렬 표현에서 대각합은 대각 원소를 모두 더해 구할 수 있다. 각 행렬의 대각합은 다음과 같다.

$$Tr(X) = Tr \begin{pmatrix} 0 & 1 \\ 1 & 0 \end{pmatrix} = 0 + 0 = 0,$$

$$Tr(T) = Tr \begin{pmatrix} 1 & 0 \\ 0 & e^{i\pi/4} \end{pmatrix} = 1 + e^{i\pi/4},$$

$$Tr(B) = Tr \begin{pmatrix} 1 & 0 & 2 \\ 0 & 3 & 4 \\ 1 & 0 & 2 \end{pmatrix} = 1 + 3 + 2 = 6$$

앞의 예제에서 X, T 행렬의 고윳값을 구한 적이 있다.

$$X의\ 고윳값 = 1, \quad -1 \Rightarrow$$

$$\sum \lambda_i = 1 - 1 = 0 = Tr(X)$$

$$T의\ 고윳값 = 1, \quad e^{i\pi/4} \Rightarrow$$

$$\sum \lambda_i = 1 + e^{i\pi/4} = Tr(T)$$

연습문제를 통해 B의 고윳값 $\{0, 3, 3\}$을 구할 수 있다. 따라서 다음 관계도 성립한다.

$$\sum \lambda_i = 0 + 3 + 3 = 6 = Tr(B)$$

예제 3.11

다음을 증명하라.

$$Tr(A|\phi\rangle\langle\psi|) = \langle\psi|A|\phi\rangle$$

풀이

임의의 기저를 하나 설정하고, 다음과 같이 계산할 수 있다.

$$Tr(A|\phi\rangle\langle\psi|) = \sum_{i=1}^{n} \langle u_i|A|\phi\rangle\langle\psi|u_i\rangle = \sum_{i=1}^{n} \langle\psi|u_i\rangle\langle u_i|A|\phi\rangle$$

$$= \langle\psi| \left(\sum_{i=1}^{n} |u_i\rangle\langle u_i| \right) A|\phi\rangle = \langle\psi|A|\phi\rangle$$

세 번째 등식에서 내적 값이 숫자라는 점을 활용해 항을 재배열했다. 그런 다음 기저 벡터 외적의 총합이 항등 행렬이라는 완전성 관계를 이용해 결론을 이끌어 냈다.

연산자의 기댓값

연산자의 **기댓값**expectation value이라 함은 주어진 양자 상태에 연산자를 적용했을 때 그 결과의 **평균값**을 말한다. 다음 질문을 생각해보자. 양자 상태 $|\psi\rangle$를

아주 많이 준비한 다음, 연산자 A를 이용해 이 상태를 여러 번 측정한다면 측정값의 평균은 얼마나 될까?

이 결과 값을 기댓값이라고 하며, 다음과 같이 표기한다.

$$\langle A \rangle = \langle \psi | A | \psi \rangle \tag{3.39}$$

예제 3.12

다음 상태의 양자계가 있다.

$$|\psi\rangle = \frac{1}{\sqrt{3}}|0\rangle + \sqrt{\frac{2}{3}}|1\rangle$$

이 상태에 대한 X 연산자의 평균값 또는 기댓값은 얼마인가?

풀이

$\langle X \rangle = \langle \psi | X | \psi \rangle$를 계산해야 한다. $X|0\rangle = |1\rangle$, $X|1\rangle = |0\rangle$임을 이용해 주어진 상태에 연산자 X를 적용한 결과를 계산해보자.

$$X|\psi\rangle = X\left(\frac{1}{\sqrt{3}}|0\rangle + \sqrt{\frac{2}{3}}|1\rangle\right) = \frac{1}{\sqrt{3}}X|0\rangle + \sqrt{\frac{2}{3}}X|1\rangle = \frac{1}{\sqrt{3}}|1\rangle + \sqrt{\frac{2}{3}}|0\rangle$$

$\langle 0|1\rangle = \langle 1|0\rangle = 0$임을 이용하면 다음과 같이 계산할 수 있다.

$$\langle \psi | X | \psi \rangle = \left(\frac{1}{\sqrt{3}}\langle 0| + \sqrt{\frac{2}{3}}\langle 1|\right)\left(\frac{1}{\sqrt{3}}|1\rangle + \sqrt{\frac{2}{3}}|0\rangle\right)$$

$$= \frac{1}{3}\langle 0|1\rangle + \frac{\sqrt{2}}{3}\langle 0|0\rangle + \frac{\sqrt{2}}{3}\langle 1|1\rangle + \frac{2}{3}\langle 1|0\rangle$$

$$= \frac{\sqrt{2}}{3} \langle 0|0 \rangle + \frac{\sqrt{2}}{3} \langle 1|1 \rangle$$

$$= \frac{\sqrt{2}}{3} + \frac{\sqrt{2}}{3} = \frac{2\sqrt{2}}{3}$$

기댓값이 실제 측정값과 같을 필요는 없다는 점을 알아두자. 실제 연산자 X 의 고윳값은 +1, −1이다. 연산자 X에 대해 다른 측정값이 나올 수 없으며, 지금 구한 평균값은 절대 실제로 측정되는 값이 아니다. 이 예제에서 알 수 있는 것은 $|\psi\rangle$ 상태인 계를 아주 많이 준비하고, 각각을 연산자 X로 측정한 결과 값을 평균내면 그 평균값이 $2\sqrt{2}/3$가 된다는 것이다.

더 높은 차수의 연산자에 대한 기댓값도 계산할 수 있다. 다음에 대한 기댓값을 계산하는 경우가 많다.

$$\langle A^2 \rangle$$

이 결과를 이용해 다음 식으로 표현되는 연산자 표준 편차 또는 **불확정성** uncertainty을 계산할 수 있다.

$$\Delta A = \sqrt{\langle A^2 \rangle - \langle A \rangle^2}$$

다음 예제에서는 양자 정보 이론에서 주목하는 3준위계의 **큐트리트 기저**qutrit basis를 알아본다.

예제 3.13

큐트리트 기저 상태에 아래와 같이 동작하는 연산자가 있다.

$$A|0\rangle = |1\rangle$$

$$A|1\rangle = \frac{|0\rangle + |1\rangle}{\sqrt{2}}$$

$$A|2\rangle = 0$$

다음 상태에 대한 $\langle A \rangle$ 값을 구하라.

$$|\psi\rangle = \frac{1}{2}|0\rangle - \frac{i}{2}|1\rangle + \frac{1}{\sqrt{2}}|2\rangle$$

풀이

먼저 다음 식을 계산하자.

$$A|\psi\rangle = \frac{1}{2}A|0\rangle - \frac{i}{2}A|1\rangle + \frac{1}{\sqrt{2}}A|2\rangle = \frac{1}{2}|1\rangle - \frac{i}{2}\frac{|0\rangle + |1\rangle}{\sqrt{2}} = -\frac{i}{2\sqrt{2}}|0\rangle + \left(\frac{\sqrt{2}-i}{2\sqrt{2}}\right)|1\rangle$$

구하는 기댓값은 다음과 같다.

$$\langle A \rangle = \langle \psi|A|\psi\rangle = \left(\frac{1}{2}\langle 0| + \frac{i}{2}\langle 1| + \frac{1}{\sqrt{2}}\langle 2|\right)\left(-\frac{i}{2\sqrt{2}}|0\rangle + \left(\frac{\sqrt{2}-i}{2\sqrt{2}}\right)|1\rangle\right)$$

$$= -\frac{i}{4\sqrt{2}}\langle 0|0\rangle + \left(\frac{\sqrt{2}-i}{4\sqrt{2}}\right)\langle 0|1\rangle + \frac{1}{4\sqrt{2}}\langle 1|0\rangle + \left(\frac{i\sqrt{2}+1}{2\sqrt{2}}\right)\langle 1|1\rangle$$

$$\quad -\frac{i}{4}\langle 2|0\rangle + \left(\frac{\sqrt{2}-i}{4}\right)\langle 2|1\rangle$$

$$= -\frac{i}{4\sqrt{2}}\langle 0|0\rangle + \left(\frac{i\sqrt{2}+1}{2\sqrt{2}}\right)\langle 1|1\rangle$$

$$= -\frac{i}{4\sqrt{2}} + \frac{i\sqrt{2}+1}{2\sqrt{2}} = \frac{2 + (2\sqrt{2}-1)i}{4\sqrt{2}}$$

연산자 함수

테일러 전개를 통해 연산자 함수를 구할 수 있다.

$$f(A) = \sum_{n=0}^{\infty} a_n A^n \tag{3.40}$$

e^{aA} 함수처럼 지수 함수의 인자에 연산자가 들어있는 경우가 있다. 테일러 전개를 이용하면 이 함수의 동작 방식을 알아낼 수 있다.

$$e^{aA} = I + aA + \frac{a^2}{2!}A^2 + \cdots + \frac{a^n}{n!}A^n + \cdots \tag{3.41}$$

A가 정규 연산자고, $A = \sum_i a_i |u_i\rangle\langle u_i|$ 행태로 스펙트럼 분해가 가능하다면 다음 식이 성립한다.

$$f(A) = \sum_i f(a_i)|u_i\rangle\langle u_i| \tag{3.42}$$

H가 에르미트 연산자라면 다음이 성립한다.

$$U = e^{i\varepsilon H} \tag{3.43}$$

ε은 스칼라 값이며, 이 연산자는 유니타리 연산자다. 에르미트 연산자 $H = \sum_i \phi_i |u_i\rangle\langle u_i|$라고 하면 식(3.42)를 이용해 다음과 같이 쓸 수 있다.

$$U = e^{i\varepsilon H} = \sum_i e^{i\varepsilon\phi_i} |u_i\rangle\langle u_i| \tag{3.44}$$

식(3.43)을 테일러 전개한 다음, 처음 두 항만 취하면 다음 극소 유니타리 변환 infinitesimal unitary transformation을 얻을 수 있다.

$$U = I + i\varepsilon H \tag{3.45}$$

연산자 H를 변환 생성자라고 한다.

연산자를 대각 행렬로 표현하는 기저를 사용한다면 식(3.42)를 좀 더 편하게 쓸 수 있다. 계산 기저에서 Z 연산자는 다음과 같다.

$$Z = \begin{pmatrix} 1 & 0 \\ 0 & -1 \end{pmatrix}$$

식(3.42)를 이용하면 다음을 얻을 수 있다.

$$e^Z = \begin{pmatrix} e & 0 \\ 0 & 1/e \end{pmatrix}$$

유니타리 변환

유니타리 **변환**unitary transformation을 이용하면 어떤 기저에 대한 연산자의 행렬 표현을 다른 기저에 대한 행렬 표현으로 바꿀 수 있다. 간단히 2차원 벡터공간 $\mathbb{C}^2$을 생각해보자. 기저 $|u_i\rangle$에서 기저 $|vi\rangle$로 바꾸는 **기저 변환** 행렬은 다음과 같다.

$$U = \begin{pmatrix} \langle v_1|u_1\rangle & \langle v_1|u_2\rangle \\ \langle v_2|u_1\rangle & \langle v_2|u_2\rangle \end{pmatrix} \tag{3.46}$$

$|u_i\rangle$ 기저로 표현된 상태 벡터 $|\psi\rangle$를 다음과 같이 새로운 $|v_i\rangle$ 기저로 표현된 벡터로 바꿀 수 있다.

$$|\psi'\rangle = U|\psi\rangle \tag{3.47}$$

이 식의 $|\psi'\rangle$ 벡터는 $|v_i\rangle$ 기저를 사용해 표현한 **동일한** 벡터다. 어떤 연산자가 $|u_i\rangle$ 기저를 사용해 표현됐다고 하자. $|v_i\rangle$ 기저를 사용해 이 연산자를 표현하려면 다음 식을 이용한다.

$$A' = UAU^\dagger \tag{3.48}$$

예제 3.14

계산 기저 $\{|0\rangle, |1\rangle\}$에서 $\{|\pm\rangle\}$ 기저로 바꾸는 기저 변환 행렬을 구하라. 이 행렬을 이용해 다음 상태와

$$|\psi\rangle = \frac{1}{\sqrt{3}}|0\rangle + \sqrt{\frac{2}{3}}|1\rangle$$

연산자 $T = \begin{pmatrix} 1 & 0 \\ 0 & e^{i\pi/4} \end{pmatrix}$를 $\{|\pm\rangle\}$ 기저를 사용해 표현해보자.

풀이

식(3.46) 따르면 기저 변환 행렬은 다음과 같이 구할 수 있다.

$$U = \begin{pmatrix} \langle+|0\rangle & \langle+|1\rangle \\ \langle-|0\rangle & \langle-|1\rangle \end{pmatrix} \tag{3.49}$$

기저 상태를 열벡터로 표현하면 다음과 쓸 수 있다.

$$\langle+|0\rangle = (1/\sqrt{2})\begin{pmatrix} 1 & 1 \end{pmatrix}\begin{pmatrix} 1 \\ 0 \end{pmatrix} = \frac{1}{\sqrt{2}} \tag{3.50}$$

$$\langle+|1\rangle = (1/\sqrt{2})\begin{pmatrix} 1 & 1 \end{pmatrix}\begin{pmatrix} 0 \\ 1 \end{pmatrix} = \frac{1}{\sqrt{2}} \tag{3.51}$$

$$\langle-|0\rangle = (1/\sqrt{2})\begin{pmatrix} 1 & -1 \end{pmatrix}\begin{pmatrix} 1 \\ 0 \end{pmatrix} = \frac{1}{\sqrt{2}} \tag{3.52}$$

$$\langle-|1\rangle = (1/\sqrt{2})\begin{pmatrix} 1 & -1 \end{pmatrix}\begin{pmatrix} 0 \\ 1 \end{pmatrix} = -\frac{1}{\sqrt{2}} \tag{3.53}$$

그 결과는 다음과 같다.

$$U = \frac{1}{\sqrt{2}}\begin{pmatrix} 1 & 1 \\ 1 & -1 \end{pmatrix}$$

$U = U^\dagger$임은 쉽게 알 수 있다(직접 확인해보자). 식(3.47)을 이용하면 $\{|\pm\rangle\}$ 기저를 사용해 $|\psi\rangle = \frac{1}{\sqrt{3}}|0\rangle + \sqrt{\frac{2}{3}}|1\rangle$로 쓸 수 있다. 계산 기저에서 주어진 상태의 열벡터 표현은 다음과 같다.

$$|\psi\rangle = \frac{1}{\sqrt{3}}|0\rangle + \sqrt{\frac{2}{3}}|1\rangle = \frac{1}{\sqrt{3}}\begin{pmatrix} 1 \\ \sqrt{2} \end{pmatrix}$$

따라서 $\{|\pm\rangle\}$ 기저에서의 열벡터 표현은 다음과 같이 구할 수 있다.

$$|\psi\rangle = \frac{1}{\sqrt{2}}\begin{pmatrix} 1 & 1 \\ 1 & -1 \end{pmatrix}\frac{1}{\sqrt{3}}\begin{pmatrix} 1 \\ \sqrt{2} \end{pmatrix} = \frac{1}{\sqrt{6}}\begin{pmatrix} 1 + \sqrt{2} \\ 1 - \sqrt{2} \end{pmatrix}$$

이제 T 연산자 표현을 구해보자. 먼저 다음을 계산한다.

$$TU^\dagger = \frac{1}{\sqrt{2}}\begin{pmatrix} 1 & 0 \\ 0 & e^{i\pi/4} \end{pmatrix}\begin{pmatrix} 1 & 1 \\ 1 & -1 \end{pmatrix} = \frac{1}{\sqrt{2}}\begin{pmatrix} 1 & 1 \\ e^{i\pi/4} & -e^{i\pi/4} \end{pmatrix}$$

따라서 T 연산자는 새 기저에 대해 다음과 같이 표현할 수 있다.

$$UTU^\dagger = \frac{1}{\sqrt{2}}\begin{pmatrix} 1 & 1 \\ 1 & -1 \end{pmatrix}\frac{1}{\sqrt{2}}\begin{pmatrix} 1 & 1 \\ e^{i\pi/4} & -e^{i\pi/4} \end{pmatrix}$$
$$= \frac{1}{2}\begin{pmatrix} 1 + e^{i\pi/4} & 1 - e^{i\pi/4} \\ 1 - e^{i\pi/4} & 1 + e^{i\pi/4} \end{pmatrix}$$

사영 연산자

식(3.12)의 외적을 쓰면 켓벡터 하나로 **사영 연산자**projection operator를 만들 수 있다. 즉, 상태 $|\psi\rangle$가 주어졌을 때 다음과 같이 사영 연산자를 만들 수 있다.

$$P = |\psi\rangle\langle\psi| \tag{3.54}$$

사영 연산자는 에르미트 연산자다. $|\psi\rangle$가 정규화된 상태라면 사영 연산자의 제곱은 자기 자신과 같다.

$$P^2 = P \tag{3.55}$$

P_1, P_2가 교환 가능한(즉, $P_1P_2 = P_2P_1$이 성립하는) 사영 연산자라면 두 연산자의 곱도 사영 연산자가 된다. 주어진 n차원 벡터공간의 한 기저가 $|1\rangle$, $|2\rangle$, ..., $|n\rangle$이라 하고, $m > n$이라고 하자. 다음 연산자는 기저 집합 $|1\rangle$, $|2\rangle$, ..., $|m\rangle$이 생성하는 부분공간으로 사영하는 연산자가 된다.

$$P = \sum_{i=1}^{m} |i\rangle\langle i| \qquad (3.56)$$

식(3.38)의 스펙트럼 분해 정리를 이용하면 사영 연산자로 연산자를 표현할 수 있다. 연산자 A는 다음과 같이 쓸 수 있었다.

$$A = \sum_{i=1}^{n} a_i |u_i\rangle\langle u_i|$$

사영 연산자 $P_i = |u_i\rangle\langle u_i|$는 고윳값 a_i로 정해지는 부분공간에 사영한다고 할 수 있다. 고윳값 a_i는 주어진 연산자 A의 측정 결과 중 하나다. 나중에 살펴보겠지만, 사영 연산자는 양자론에서 설명하는 측정의 한 형태라 할 수 있다. 사영 연산자를 이용해 연산자 A의 스펙트럼 분해를 다음과 같이 쓸 수 있다.

$$A = \sum_{i=1}^{n} a_i P_i \qquad (3.57)$$

기저 상태는 완전성 관계를 만족하기 때문에 연산자 A의 스펙트럼 분해에 쓰인 사영 연산자도 완전성 관계를 만족한다.

$$\sum_i P_i = I \qquad (3.58)$$

예제 3.15

계산 기저로 사영 연산자를 구성하고, 이 연산자가 완전성 관계를 만족함을 보여라.

풀이

계산 기저 상태는 $|0\rangle$와 $|1\rangle$이다. 이 상태로 다음 두 개의 사영 연산자를 구성할 수 있다.

$$P_0 = |0\rangle\langle 0| = \begin{pmatrix} 1 \\ 0 \end{pmatrix} \begin{pmatrix} 1 & 0 \end{pmatrix} = \begin{pmatrix} 1 & 0 \\ 0 & 0 \end{pmatrix}$$

$$P_1 = |1\rangle\langle 1| = \begin{pmatrix} 0 \\ 1 \end{pmatrix} \begin{pmatrix} 0 & 1 \end{pmatrix} = \begin{pmatrix} 0 & 0 \\ 0 & 1 \end{pmatrix}$$

완전성 관계를 바로 검증할 수 있다.

$$P_0 + P_1 = |0\rangle\langle 0| + |1\rangle\langle 1| = \begin{pmatrix} 1 & 0 \\ 0 & 0 \end{pmatrix} + \begin{pmatrix} 0 & 0 \\ 0 & 1 \end{pmatrix} = \begin{pmatrix} 1 & 0 \\ 0 & 1 \end{pmatrix} = I$$

직접 해보기

다음 기저 상태가 주어졌을 때

$$|+\rangle = \frac{1}{\sqrt{2}} \begin{pmatrix} 1 \\ 1 \end{pmatrix}, \quad |-\rangle = \frac{1}{\sqrt{2}} \begin{pmatrix} 1 \\ -1 \end{pmatrix}$$

사영 연산자 P_+, P_-를 만들고, 이 연산자가 완전성 관계를 만족함을 보여라.

계산 기저를 이용해 사영 연산자 P_+, P_-를 표현할 수 있다.

다음 관계가 있으므로,

$$|+\rangle = \frac{|0\rangle + |1\rangle}{\sqrt{2}}$$

P_+는 다음과 같이 쓸 수 있다.

$$P_+ = |+\rangle\langle +| = \frac{1}{2}\left(|0\rangle\langle 0| + |0\rangle\langle 1| + |1\rangle\langle 0| + |1\rangle\langle 1|\right) \tag{3.59}$$

또한 다음 관계를 이용해

$$|-\rangle = \frac{|0\rangle - |1\rangle}{\sqrt{2}} \tag{3.60}$$

P_-를 다음과 같이 쓸 수 있다.

$$P_- = |-\rangle\langle -| = \frac{1}{2}\left(|0\rangle\langle 0| - |0\rangle\langle 1| - |1\rangle\langle 0| + |1\rangle\langle 1|\right) \tag{3.61}$$

이 식을 활용해서 모든 연산자를 사영 연산자로 표현할 수 있다. Z 연산자를 예로 들면 다음과 같이 쓸 수 있다.

$$Z = |0\rangle\langle 0| - |1\rangle\langle 1| = P_0 - P_1$$

이는 스펙트럼 분해 정리의 또 다른 예로 볼 수 있다. 이번에는 $P_\pm$ 사영 연산자를 생각해보자. 식(3.59), 식(3.61)을 보면 이 연산자들은 다음과 같은 닫힘 관계를 만족함을 알 수 있다.

$$P_+ + P_- = |0\rangle\langle 0| + |1\rangle\langle 1| = I$$

측정 과정에서 사영 연산자의 역할은 6장에서 살펴본다. 일단은 정규 직교 기저 $|u_i\rangle$에 대해 다음 상태에 있는 계를 생각해보자.

$$|\psi\rangle = \sum_{i=1}^{n} c_i |u_i\rangle$$

다음 사영 연산자를 이용하면 측정이 이뤄졌을 때 i번째 결과를 얻을 확률을 구할 수 있다.

$$P_i = |u_i\rangle\langle u_i|$$

$|\psi\rangle$ 상태에 있는 계에 측정이 이뤄졌을 때 i번째 결과를 얻을 확률은 다음과 같다.

$$\Pr(i) = |P_i|\psi\rangle|^2 = \langle\psi|P_i^\dagger P_i|\psi\rangle = \langle\psi|P_i^2|\psi\rangle = \langle\psi|P_i|\psi\rangle \tag{3.62}$$

사영 연산자는 에르미트 연산자이어서 $P_i^\dagger = P_i$가 성립하고 $P_i^2 = P_i$이므로, 식(3.62)의 결과를 얻을 수 있다. $|\psi\rangle$ 상태를 기저 $|u_i\rangle$로 전개하면 i번째 결과의 확률은 다음과 같이 구할 수 있다.

$$\begin{aligned}
\Pr(i) = \langle\psi|P_i|\psi\rangle &= \left(\sum_{j=1}^n c_j^*\langle u_j|\right)(|u_i\rangle\langle u_i|)\left(\sum_{k=1}^n c_k|u_k\rangle\right) \\
&= \sum_{j=1}^n c_j^*\langle u_j|u_i\rangle \sum_{k=1}^n c_k\langle u_i|u_k\rangle = \sum_{j=1}^n c_j^*\delta_{ij} \sum_{k=1}^n c_k\delta_{ik} \\
&= c_i^* c_i = |c_i|^2
\end{aligned} \tag{3.63}$$

기대했던 대로 i번째 결과 확률은 c_i 계수의 제곱 값과 같음을 볼 수 있다.

예제 3.16

다음 상태의 큐비트가 있다고 하자.

$$|\psi\rangle = \frac{1}{\sqrt{3}}|0\rangle + \sqrt{\frac{2}{3}}|1\rangle$$

사영 연산자 P_0, P_1을 사용해 측정 결과 $|0\rangle$이 나올 확률과 $|1\rangle$이 나올 확률을 구하라.

풀이

예제 3.15를 통해 $P_0 = |0\rangle\langle 0|$, $P_1 = |1\rangle\langle 1|$임을 알고 있다. 문제의 확률은 $\Pr(0) = \langle\psi|P_0|\psi\rangle$, $\Pr(1) = \langle\psi|P_1|\psi\rangle$로 구할 수 있다. 먼저 다음을 계산하고,

$$P_0|\psi\rangle = (|0\rangle\langle 0|)\left(\frac{1}{\sqrt{3}}|0\rangle + \sqrt{\frac{2}{3}}|1\rangle\right) = \frac{1}{\sqrt{3}}|0\rangle\langle 0|0\rangle + \sqrt{\frac{2}{3}}|0\rangle\langle 0|1\rangle$$

$$= \frac{1}{\sqrt{3}}|0\rangle$$

다음 결과를 얻을 수 있다.

$$\Pr(0) = \langle\psi|P_0|\psi\rangle = \left(\frac{1}{\sqrt{3}}\langle 0| + \sqrt{\frac{2}{3}}\langle 1|\right)\frac{1}{\sqrt{3}}|0\rangle = \frac{1}{3}\langle 0|0\rangle + \frac{\sqrt{2}}{3}\langle 1|0\rangle = \frac{1}{3}$$

마찬가지로 두 번째도 계산해보면

$$P_1|\psi\rangle = (|1\rangle\langle 1|)\left(\frac{1}{\sqrt{3}}|0\rangle + \sqrt{\frac{2}{3}}|1\rangle\right) = \frac{1}{\sqrt{3}}|1\rangle\langle 1|0\rangle + \sqrt{\frac{2}{3}}|1\rangle\langle 1|1\rangle$$

$$= \sqrt{\frac{2}{3}}|1\rangle$$

$|1\rangle$이 나올 확률을 다음과 같이 구할 수 있다.

$$\Pr(1) = \langle\psi|P_1|\psi\rangle = \left(\frac{1}{\sqrt{3}}\langle 0| + \sqrt{\frac{2}{3}}\langle 1|\right)\sqrt{\frac{2}{3}}|1\rangle = \frac{2}{3}\langle 1|1\rangle = \frac{2}{3}$$

양의 연산자

벡터공간 $\mathbb{C}^n$을 생각해보자. 모든 벡터 $|\psi\rangle \in \mathbb{C}^n$에 대해 다음 조건을 만족하는 연산자 A를 양의 준정부호positive semidefinite 연산자라고 한다.

$$\langle \psi | A | \psi \rangle \geq 0 \qquad (3.64)$$

6장에서 양자 측정론을 공부해보면 양의 연산자 값 측정[POVM, positive operator valued measure]이라 하는 특정 연산자가 매우 중요하다는 것을 알게 될 것이다. POVM은 양의 준정부호 연산자 E_i로 구성된 집합이다.

$$\{E_1, E_2, \ldots, E_n\}$$

POVM 연산자 집합은 다음 관계를 만족한다.

$$\sum_i E_i = I \qquad (3.65)$$

POVM에 대해서는 6장에서 자세히 알아본다.

교환자 연산

연산자 A, B의 교환자[commutator]는 다음과 같이 정의한다.

$$[A, B] = AB - BA \qquad (3.66)$$

$[A, B] = 0$이면 연산자 A, B는 교환 가능[commute]하다고 한다. 교환 가능하면 $AB = BA$가 성립하므로, 식의 연산자 순서를 바꿀 수 있다. 하지만 $[A, B] \neq 0$인 경우가 일반적이기 때문에 연산자 순서는 중요하다. 연산자가 교환 가능하지 않으면 **호환 불가능**[incompatible]하다고 한다. 교환자는 반대칭 관계다. 즉, 다음이 성립한다.

$$[A, B] = -[B, A] \qquad (3.67)$$

교환자에는 선형성이 있으므로, 다음 관계가 성립한다.

$$[A, B + C] = [A, B] + [A, C] \tag{3.68}$$

다음과 같은 분배 법칙도 성립한다.

$$[A, BC] = [A, B]C + B[A, C] \tag{3.69}$$

위치 연산자 X와 운동량 연산자 P 사이에 존재하는 다음 관계가 가장 유명한 교환자 관계일 것이다.

$$[X, P] = i\hbar I \tag{3.70}$$

(이 식의 연산자 X는 파울리 연산자 σ_1이 아니다) 행렬로 연산자를 표현할 수 있으므로, 두 연산자의 교환자는 행렬 곱셈으로 계산할 수 있다.

예제 3.17

$[\sigma_1, \sigma_2] = 2i\sigma_3$ 임을 보여라.

풀이

계산 기저에 대한 파울리 연산자의 행렬 표현은 다음과 같다.

$$\sigma_1 = \begin{pmatrix} 0 & 1 \\ 1 & 0 \end{pmatrix}, \quad \sigma_2 = \begin{pmatrix} 0 & -i \\ i & 0 \end{pmatrix}, \quad \sigma_3 = \begin{pmatrix} 1 & 0 \\ 0 & -1 \end{pmatrix}$$

연산자 곱을 계산한 결과는 다음과 같다.

$$\sigma_1 \sigma_2 = \begin{pmatrix} 0 & 1 \\ 1 & 0 \end{pmatrix} \begin{pmatrix} 0 & -i \\ i & 0 \end{pmatrix} = \begin{pmatrix} i & 0 \\ 0 & -i \end{pmatrix}$$

$$\sigma_2 \sigma_1 = \begin{pmatrix} 0 & -i \\ i & 0 \end{pmatrix} \begin{pmatrix} 0 & 1 \\ 1 & 0 \end{pmatrix} = \begin{pmatrix} -i & 0 \\ 0 & i \end{pmatrix}$$

그러므로 다음과 같이 교환자를 구할 수 있다.

$$[\sigma_1, \sigma_2] = \sigma_1\sigma_2 - \sigma_2\sigma_1 = \begin{pmatrix} i & 0 \\ 0 & -i \end{pmatrix} - \begin{pmatrix} -i & 0 \\ 0 & i \end{pmatrix}$$

$$= \begin{pmatrix} 2i & 0 \\ 0 & -2i \end{pmatrix} = 2i \begin{pmatrix} 1 & 0 \\ 0 & -1 \end{pmatrix} = 2i\sigma_3$$

앞에서 $AA^\dagger = A^\dagger A$를 만족하는 정규 연산자 A를 정의한 바 있다. 교환자 정의를 이용하면 정규 연산자는 수반 연산자와 교환 가능한 연산자라고 할 수 있다. 즉, 다음 조건을 만족하는 연산자는 정규 연산자가 된다.

$$[A, A^\dagger] = 0 \tag{3.71}$$

교환 가능한 두 연산자는 **공통 고유 벡터**를 갖는다. 연산자 A, B가 $[A, B] = 0$ 조건을 만족한다고 하자. 그리고 $|u_i\rangle$가 $A|u_i\rangle = a_i|u_i\rangle$를 만족하는 고윳값 a_n의 비중첩 고유 벡터라고 하자. 연산자 A, B가 에르미트 연산자라고 가정하면 다음과 같은 관계가 성립한다.

$$\langle u_i|[A, B]|u_j\rangle = \langle u_i|(AB - BA)|u_j\rangle = (a_i - a_j)\langle u_i|B|u_j\rangle \tag{3.72}$$

$[A, B] = 0$이므로, $\langle u_i|[A, B]|u_j\rangle = \langle u_i|0|u_j\rangle = 0$이 되고, $(a_i - a_j)\langle u_i|B|u_j\rangle = 0$이 된다. 이는 $i \neq j$라면 $\langle u_i|B|u_j\rangle = 0$이라는 뜻이다. 즉, 다음 관계가 성립한다.

$$\langle u_i|B|u_j\rangle \propto \delta_{ij} \tag{3.73}$$

이 식은 A의 고유 벡터 $|u_i\rangle$가 B의 고유 벡터도 됨을 뜻한다. A, B의 공통 고유 벡터를 $|u_n^{(a)}, u_m^{(b)}\rangle$라 쓰면 이 벡터는 다음 관계를 만족한다.

$$A|u_n^{(a)}, u_m^{(b)}\rangle = a_n|u_n^{(a)}, u_m^{(b)}\rangle$$
$$B|u_n^{(a)}, u_m^{(b)}\rangle = b_m|u_n^{(a)}, u_m^{(b)}\rangle \tag{3.74}$$

이제 두 연산자와 그 교환자를 승수로 하는 지수를 생각해보자. 연산자 A,

B가 교환 가능하다면 다음 관계가 성립한다.

$$e^A e^B = e^B e^A = e^{A+B} \tag{3.75}$$

$[A, B] \neq 0$라는 더 큰 제약 조건이 있긴 하지만, 연산자 A, B 각각은 $[A, B]$ 연산자와 교환 가능하다(즉, $[A, [A, B]] = 0$이 성립한다). 따라서 다음과 같이 쓸 수 있다.

$$e^A e^B = e^{A+B} e^{1/2[A,B]} \tag{3.76}$$

연산자 A, B의 반교환자는 다음과 같다.

$$\{A, B\} = AB + BA \tag{3.77}$$

하이젠베르크 불확정성 원리

연산자 A의 기댓값 또는 평균값은 식(3.39)에서 정의했듯이 $\langle A \rangle = \langle \psi | A | \psi \rangle$ 이다. A^2과 같은 고차항의 평균값은 다음과 같이 계산할 수 있다.

$$\langle A^2 \rangle = \langle \psi | A^2 | \psi \rangle \tag{3.78}$$

평균을 중심으로 한 측정값의 통계적 분포를 나타내는 값인 **불확정성**uncertainty 은 다음과 같이 주어진다.

$$\Delta A = \sqrt{\langle A^2 \rangle - \langle A \rangle^2} \tag{3.79}$$

이때 두 연산자 A, B의 불확정성의 곱은 다음 관계를 만족한다는 것을 증명할 수 있다.

$$\Delta A \Delta B \geq \frac{1}{2} | \langle [A, B] \rangle | \tag{3.80}$$

이것이 바로 그 유명한 하이젠베르크 불확정성 원리[Heisenberg uncertainty principle]를 일반화한 것이다. 이 규칙에 따르면 서로 호환 불가능한 두 관측 값을 동시에 측정하는 정확도에는 한계가 있다.

식(3.80)에 따라 측정의 정확도에는 하한이 존재한다. $[A, B] \neq 0$이면 A의 불확정성이 줄어들수록($\triangle A$가 작아질수록), B의 불확정성이 커져야 식(3.80)을 만족하게 된다. 가장 유명한 불확정성 관계는 위치와 운동량에 대한 다음 관계다.

$$\Delta x \Delta p \geq \frac{\hbar}{2}$$

극분해와 특이값

연산자 A의 행렬 표현이 특이값을 갖지 않으면 극분해 정리에 따라 연산자 A를 다음과 같이 유니타리 연산자와 양의 준정부호 에르미트 연산자로 분해할 수 있다.

$$A = UP \tag{3.81}$$

이런 형태의 극분해를 연산자 A의 좌극분해[left polar decomposition]라 한다. 이 식의 연산자 P는 다음과 같이 구할 수 있다.

$$P = \sqrt{A^\dagger A} \tag{3.82}$$

연산자 A의 우극분해[right polar decomposition]도 가능하다. $Q = \sqrt{AA^\dagger}$라 하면 다음 관계를 만족한다.

$$A = QU \tag{3.83}$$

다음 식에서 연산자 U를 결정할 수 있다.

$$U = AP^{-1} = A(\sqrt{A^\dagger A})^{-1} \tag{3.84}$$

이 식을 연산자 A의 극분해라고 부르는 이유는 복소수를 다음과 같이 표현하는 극좌표 방식과 비슷한 부분이 있기 때문이다.

$$\det A = \det U \det P = re^{i\theta} \tag{3.85}$$

예제 3.18

다음 행렬을 극분해하라.

$$A = \begin{pmatrix} a & -b \\ b & a \end{pmatrix}$$

풀이

$r = \sqrt{a^2 + b^2}$, $\theta = \tan^{-1}(b/a)$라 하면 주어진 행렬은 다음과 같이 극분해할 수 있다.

$$A = \begin{pmatrix} a & -b \\ b & a \end{pmatrix} = \begin{pmatrix} r\cos\theta & -r\sin\theta \\ r\sin\theta & r\cos\theta \end{pmatrix} = \begin{pmatrix} \cos\theta & -\sin\theta \\ \sin\theta & \cos\theta \end{pmatrix} \begin{pmatrix} r & 0 \\ 0 & r \end{pmatrix}$$

행렬 A를 다음과 같이 분해하는 것을 특이값 분해라고 한다.

$$A = UDV \tag{3.86}$$

이 식에서 행렬 D는 A의 특이값으로 구성된 대각 행렬을 나타낸다.

양자역학의 공준

지금까지 양자 상태(큐비트)와 관측 값(연산자)에 대해 알아봤으니, 이 둘이 어떻게 물리 이론의 뼈대를 구성하는지 살펴보면서 3장을 마무리한다. 양자역학의 '공준postulate'을 통해 이 과정을 알아본다. 양자역학의 공준은 양자론이 동작하는 방식을 정의한 공리들로 이뤄져 있다.

공준 1: 계의 상태

양자계의 상태는 (시간 흐름에 따라 변할 수 있는) 힐베르트 공간의 상태 벡터 $|\psi(t)\rangle$로 표현한다. 상태 벡터 $|\psi(t)\rangle$는 계에서 얻을 수 있는 모든 정보를 담고 있다. $\langle\psi|\psi\rangle$ = 1을 만족하는 정규화된 상태 벡터를 대상으로 한다. 큐비트는 2차원 복소 벡터공간의 정규화된 상태 벡터이므로, $|\psi\rangle = a|0\rangle + b|1\rangle$이라 쓸 수 있으며, $|a|^2 + |b|^2$ = 1이다.

공준 2: 연산자로 표현하는 관측량

물리적으로 측정 가능한 모든 동적 변수 A에는 그에 해당하는 연산자 A가 존재한다. 이 연산자 A는 에르미트 연산자며, 연산자의 고유 벡터는 해당 벡터공간의 완전한 정규 직교 기저를 구성한다.

공준 3: 측정

동적 변수 A의 가능한 측정 결과는 그 변수에 해당하는 연산자 A의 고윳값 a_n이다. 스펙트럼 분해 정리를 이용하면 연산자 A의 고윳값과 그 사영 연산자 $P_n = |u_n\rangle\langle u_n|$ 항을 사용해 $A = \sum_n a_n P_n$와 같이 쓸 수 있다. 측정 결과 a_n을 얻을 확률은 다음과 같다.

$$\Pr(a_n) = \langle\psi|P_n|\psi\rangle = Tr(P_n|\psi\rangle\langle\psi|) \tag{3.87}$$

확률 진폭 $c_n = \langle u_n|\psi\rangle$이라 하면 측정 결과 a_n을 얻을 확률을 다음과 같이 쓸 수 있다.

$$\Pr(a_n) = \frac{|\langle u_n|\psi\rangle|^2}{\langle\psi|\psi\rangle} = \frac{|c_n|^2}{\langle\psi|\psi\rangle} \tag{3.88}$$

(정규화된 상태이므로, $\langle\psi|\psi\rangle = 1$이다) 측정 결과 a_n은 파동 함수를 붕괴시킨다. 계가 $|u_n\rangle$ 상태로 확정된다는 뜻이다. 측정 이후 계의 상태는 사영 연산자 $P_n = |u_n\rangle\langle u_n|$을 이용해 다음과 같이 쓸 수 있다.

$$|\psi\rangle \stackrel{measurement}{\rightarrow} \frac{P_n|\psi\rangle}{\sqrt{\langle\psi|P_n|\psi\rangle}} \tag{3.89}$$

공준 4: 계의 시간 변화

닫힌(물리적으로 고립된) 양자계의 시간 변화는 슈뢰딩거 방정식$^{Schrödinger\ equation}$을 따른다. 슈뢰딩거 방정식은 다음과 같다.

$$i\hbar\frac{\partial}{\partial t}|\psi\rangle = H|\psi\rangle \tag{3.90}$$

이 식에서 H는 계의 해밀토니안^{Hamiltonian} 연산자를 뜻한다. 해밀토니안 연산자는 계의 전체 에너지를 나타내는 연산자다. 계가 가질 수 있는 에너지 값은 연산자 H의 고윳값이다. t의 시간이 흐른 이후 계의 상태는 다음과 같다.

$$|\psi(t)\rangle = e^{-iHt/\hbar}|\psi(0)\rangle \tag{3.91}$$

따라서 양자 상태의 시간 변화는 다음 유니타리 연산자에 의해 결정된다.

$$U = e^{-iHt/\hbar} \tag{3.92}$$

이 식의 H 역시 계의 전체 에너지를 나타내는 해밀토니안 연산자다.

연습문제

3.1. 연산자 X와 Y의 외적 표현이 $X = |0\rangle\langle 1| + |1\rangle\langle 0|$, $Y = -i|0\rangle\langle 1| + |1\rangle\langle 0|$ 임을 상태 $|\psi\rangle = \alpha|0\rangle + \beta|1\rangle$에 적용해 확인하고, 그 결과를 식(3.9), 식(3.10)과 비교하라.

3.2. 계산 기저에 대한 연산자 X의 행렬 표현이 다음과 같음을 보여라.

$$X = \begin{pmatrix} 0 & 1 \\ 1 & 0 \end{pmatrix}$$

3.3. 기저 상태가 다음과 같이 주어졌다고 하자.

$$|+\rangle = \frac{|0\rangle + |1\rangle}{\sqrt{2}}, \quad |-\rangle = \frac{|0\rangle - |1\rangle}{\sqrt{2}}$$

이 기저에 대한 연산자 X의 행렬 표현이 다음과 같음을 보여라

$$X = \begin{pmatrix} 1 & 0 \\ 0 & -1 \end{pmatrix}$$

3.4. 기저가 $\{|1\rangle, |2\rangle, |3\rangle\}$인 $\mathbb{C}^3$ 공간을 생각해보자. 연산자 $\hat{A} = i|1\rangle\langle 1| + \frac{\sqrt{3}}{2}|1\rangle\langle 2| + 2|2\rangle\langle 1| - |2\rangle\langle 3|$이 주어졌을 때 이 연산자의 수반 연산자 $\hat{A}^\dagger$를 구하라.

3.5. 연산자 X의 고웃값과 고유 벡터를 구하라.

3.6. 연산자 Y는 대각합이 없음을 보여라.

3.7. 다음 행렬의 고웃값을 구하라.

$$B = \begin{pmatrix} 1 & 0 & 2 \\ 0 & 3 & 4 \\ 1 & 0 & 2 \end{pmatrix}$$

3.8. 대각합 연산에 대해 다음 관계들을 증명하라.

$$Tr(A + B) = Tr(A) + Tr(B)$$
$$Tr(\lambda A) = \lambda Tr(A)$$
$$Tr(AB) = Tr(BA)$$

3.9. $X = |0\rangle\langle 1| + |1\rangle\langle 0| = P_+ - P_-$임을 보여라.

3.10. 3가지 상태를 갖는 계가 다음과 같은 상태에 있다.

$$|\psi\rangle = \frac{1}{2}|0\rangle + \frac{1}{2}|1\rangle - \frac{i}{\sqrt{2}}|2\rangle$$

사영 연산자를 구하고, Pr(0), Pr(1), Pr(2) 확률을 계산하라.

3.11. 예제 3.17에서 $[\sigma_1, \sigma_2] = 2i\sigma_3$임을 증명했다. 같은 과정을 통해 $[\sigma_2, \sigma_3]$ $= 2i\sigma_1$이고, $[\sigma_3, \sigma_1] = 2i\sigma_2$임을 보여라.

3.12. $i = j$일 때 $\{\sigma_i, \sigma_j\} = 0$임을 보여라.

04
텐서곱

양자역학은 고립된 단일 입자만을 다루지 않는다. 양자 정보 처리 과정에서 흔히 접할 수 있는 다입자 상태도 처리해야 한다. 양자역학의 다입자계는 수학적으로 개별 입자의 독립된 힐베르트 공간을 조합해 구축한 또 다른 힐베르트 공간 H로 이해할 수 있다. 이 과정에서 사용하는 도구가 **크로넥커 곱**^{Kronecker product} 또는 **텐서곱**^{tensor product}이다. 4장에서는 입자가 둘인 경우를 생각해본다.

차원이 N_1, N_2인 두 힐베르트 공간을 각각 H_1, H_2라고 하자. 이 두 힐베르트 공간을 조합해 더 큰 힐베르트 공간을 구축할 수 있다. 이렇게 만들어진 공간을 H라 하고, 조합 연산인 텐서곱을 $\otimes$ 기호로 표시하자. 그러면 다음과 같이 쓸 수 있다.

$$H = H_1 \otimes H_2 \tag{4.1}$$

H_1의 차원과 H_2의 차원을 곱한 값이 더 큰 힐베르트 공간의 차원이 된다. 두 공간의 차원이 $\dim(H_1) = N_1$, $\dim(H_2) = N_2$라면 다음과 같이 정리할 수 있다.

$$\dim(H) = N_1 N_2 \tag{4.2}$$

이제부터 본격적으로 복합 힐베르트 공간의 상태 벡터 표시 방법을 배워 보자.

양자역학의 복합 상태 표현

공간 H에 속한 상태 벡터는 H_1, H_2에 속한 상태 벡터의 텐서곱이 된다. 이런 벡터를 명시적으로 표현하는 방법도 곧 알아볼 것이다. 일단은 좀 더 추상적인 디랙 표기법을 사용해 표현하는 방법을 알아보자. 공간 H를 구축하는 두 힐베르트 공간에 속한 각 벡터를 $|\phi\rangle \in H_1$, $|\chi\rangle \in H_2$라고 하자. 텐서곱을 이용해 다음과 같이 H 공간의 벡터 $|\psi\rangle$를 만들 수 있다.

$$|\psi\rangle = |\phi\rangle \otimes |\chi\rangle \tag{4.3}$$

두 벡터의 텐서곱은 선형이다. 따라서 다음 관계를 만족한다.

$$\begin{aligned} |\phi\rangle \otimes [|\chi_1\rangle + |\chi_2\rangle] &= |\phi\rangle \otimes |\chi_1\rangle + |\phi\rangle \otimes |\chi_2\rangle \\ [|\phi_1\rangle + |\phi_2\rangle] \otimes |\chi\rangle &= |\phi_1\rangle \otimes |\chi\rangle + |\phi_2\rangle \otimes |\chi\rangle \end{aligned} \tag{4.4}$$

뿐만 아니라 텐서곱은 스칼라 값에 대해서도 선형이다.

$$|\phi\rangle \otimes (\alpha|\chi\rangle) = \alpha|\phi\rangle \otimes |\chi\rangle \tag{4.5}$$

복합 힐베르트 공간의 기저는 간단히 공간 H_1, H_2 기저 벡터의 텐서곱으로 구성할 수 있다. H_1의 기저를 $|u_i\rangle$, H_2의 기저를 $|v_i\rangle$라 하자. 그러면 $H = H_1 \otimes H_2$의 기저 $|w_i\rangle$는 다음과 같이 구성할 수 있다.

$$|w_i\rangle = |u_i\rangle \otimes |v_i\rangle \tag{4.6}$$

이 식에서 텐서곱의 순서는 중요하지 않다. 즉, 다음 관계가 성립한다.

$$|\phi\rangle \otimes |\chi\rangle = |\chi\rangle \otimes |\phi\rangle$$

$\otimes$ 기호 사용이 번거로울 때가 많다. 이 때문에 텐서곱을 $|\phi\rangle \otimes |\chi\rangle$ 형태로 쓰기보다는 더 간단히 $|\phi\rangle|\chi\rangle$, $|\phi\chi\rangle$ 형태로 쓰는 경우가 많다.

예제 4.1

큐비트가 존재하는 두 힐베르트 공간 H_1, H_2가 있다. 공간 $H = H_1 \otimes H_2$의 기저를 표시하라.

풀이

두 큐비트 각각의 기저는 $\{|0\rangle, |1\rangle\}$이다. 공간 $H = H_1 \otimes H_2$의 기저는 H_1, H_2 기저 상태의 가능한 모든 곱으로 구성된다. 구하는 기저 벡터들은 다음과 같다.

$$|w_1\rangle = |0\rangle \otimes |0\rangle$$
$$|w_2\rangle = |0\rangle \otimes |1\rangle$$
$$|w_3\rangle = |1\rangle \otimes |0\rangle$$
$$|w_4\rangle = |1\rangle \otimes |1\rangle$$

이제 H_1, H_2에 속하는 임의의 벡터로 확장해서 생각해보자. H_1의 기저를 $|u_i\rangle$, H_2의 기저를 $|v_i\rangle$라 하면 이 벡터들은 다음과 같이 쓸 수 있다.

$$|\phi\rangle = \sum_i \alpha_i |u_i\rangle, \quad |\chi\rangle = \sum_i \beta_i |v_i\rangle$$

복합 힐베르트 공간 H에 속한 벡터 $|\psi\rangle = |\phi\rangle \otimes |\chi\rangle$는 다음과 같이 각 항의 곱을 더한 것으로 쓸 수 있다.

$$|\psi\rangle = \sum_{i,j} \alpha_i \beta_j |u_i\rangle \otimes |v_j\rangle \tag{4.7}$$

이 결과를 정리해보면 벡터 $|\psi\rangle = |\phi\rangle\otimes|\chi\rangle$가 텐서곱 벡터라면 $|\psi\rangle$의 원소는 두 벡터 $|\phi\rangle$, $|\chi\rangle$ 원소들을 곱해서 구할 수 있음을 알 수 있다.

예제 4.2

H_1에 속한 벡터 $|\phi\rangle$가 기저 벡터 $\{|x\rangle, |y\rangle\}$를 이용해 다음과 같이 표현된다고 하자.

$$|\phi\rangle = a_x|x\rangle + a_y|y\rangle$$

그리고 H_2에 속한 벡터 $|\chi\rangle$는 기저 벡터 $\{|u\rangle, |v\rangle\}$를 이용해 다음과 같이 표현된다고 하자.

$$|\chi\rangle = b_u|u\rangle + b_v|v\rangle$$

벡터 $|\psi\rangle = |\phi\rangle \otimes |\chi\rangle$를 구하라.

풀이

식(4.7)을 이용하면 벡터 $|\psi\rangle = |\phi\rangle \otimes |\chi\rangle$를 주어진 기저 벡터와 계수를 이용해 전개할 수 있다. 기저 벡터들의 가능한 모든 곱셈 조합을 더하면 된다. 예제의 경우 다음과 같은 네 가지 조합이 가능하다.

$$a_x|x\rangle \otimes b_u|u\rangle$$
$$a_x|x\rangle \otimes b_v|v\rangle$$
$$a_y|y\rangle \otimes b_u|u\rangle$$
$$a_y|y\rangle \otimes b_v|v\rangle$$

이 조합들을 선형성을 이용해 더하면 다음 결과를 얻는다.

$$|\psi\rangle = a_x b_u |x\rangle \otimes |u\rangle + a_x b_v |x\rangle \otimes |v\rangle + a_y b_u |y\rangle \otimes |u\rangle + a_y b_v |y\rangle \otimes |v\rangle$$

내적 계산

다음 관심사는 복합 힐베르트 공간 H에 속한 벡터의 내적 계산 방법이다.
이 방법은 사실 매우 단순한데, H_1, H_2의 각 벡터들의 내적을 취한 다음 모두
곱하면 된다. 즉, 주어진 복합 공간의 벡터가 다음과 같다고 할 때

$$|\psi_1\rangle = |\phi_1\rangle \otimes |\chi_1\rangle$$
$$|\psi_2\rangle = |\phi_2\rangle \otimes |\chi_2\rangle$$

이 두 벡터의 내적은 다음과 같이 계산한다.

$$\langle\psi_1|\psi_2\rangle = ((\langle\phi_1| \otimes \langle\chi_1|)(|\phi_2\rangle \otimes |\chi_2\rangle)) = \langle\phi_1|\phi_2\rangle\langle\chi_1|\chi_2\rangle \tag{4.8}$$

보통 $\mathbb{C}^2$ 기저로 $\mathbb{C}^4$ 기저를 구성한다. 다음 예제를 통해 그 방법을 알아보자.

예제 4.3

기저 상태 $|+\rangle$, $|-\rangle$를 이용해 $\mathbb{C}^4$ 기저를 구성하고, 이 기저가 정규 직교함을
확인하라.

풀이

공간 $H = \mathbb{C}^4$의 기저 상태를 H_1, H_2의 기저인 $|+\rangle$, $|-\rangle$로 구성할 수 있다.
예제 4.1에 따르면 다음 결과를 얻을 수 있다.

$$|w_1\rangle = |+\rangle|+\rangle$$
$$|w_2\rangle = |+\rangle|-\rangle$$
$$|w_3\rangle = |-\rangle|+\rangle$$
$$|w_4\rangle = |-\rangle|-\rangle$$

이 기저가 정규 직교 기저라면 $\langle w_1|w_1\rangle = \langle w_2|w_2\rangle = \langle w_3|w_3\rangle = \langle w_4|w_4\rangle = 1$이고, 나머지 조합의 내적은 0이어야 한다. 그중 $\langle w_1|w_1\rangle$, $\langle w_2|w_2\rangle$, $\langle w_1|w_2\rangle$에 대해 살펴보자. 식(4.8)을 적용해보면 다음 결과를 얻을 수 있다.

$$\langle w_1|w_1\rangle = ((\langle +|\langle +|)(|+\rangle|+\rangle)) = \langle +|+\rangle\langle +|+\rangle = (1)(1) = 1$$

$$\langle w_2|w_2\rangle = ((\langle +|\langle -|)(|+\rangle|-\rangle)) = \langle +|+\rangle\langle -|-\rangle = (1)(1) = 1$$

$$\langle w_1|w_2\rangle = ((\langle +|\langle +|)(|+\rangle|+\rangle)) = \langle +|+\rangle\langle +|-\rangle = (1)(0) = 0$$

$$\langle w_2|w_1\rangle = ((\langle +|\langle -|)(|+\rangle|-\rangle)) = \langle +|+\rangle\langle -|+\rangle = (1)(0) = 0$$

직접 해보기

$\langle w_3|w_3\rangle = \langle w_4|w_4\rangle = 1$이고, $\langle w_2|w_3\rangle = \langle w_3|w_3 w_2\rangle = 0$임을 보여라.

예제 4.4

$\langle a|b\rangle$ = 4이고, $\langle c|d\rangle$ = 7일 때 다음 $|\psi\rangle$, $|\phi\rangle$ 벡터에 대해 $\langle \psi|\phi\rangle$ 값을 계산하라.

$$|\psi\rangle = |a\rangle \otimes |c\rangle, \quad |\phi\rangle = |b\rangle \otimes |d\rangle$$

풀이

식(4.8)을 이용하면 다음과 같이 구할 수 있다.

$$\langle \psi|\phi\rangle = ((\langle a| \otimes \langle c|)(|b\rangle \otimes |d\rangle)) = \langle a|b\rangle\langle c|d\rangle = (4)(7) = 28$$

$\langle a|b \rangle$ = 1이고, $\langle c|d \rangle$ = −2일 때 다음 $|\psi\rangle$, $|\phi\rangle$ 벡터에 대해 $\langle \psi|\phi \rangle$ 값을 계산하라.

$$|\psi\rangle = |a\rangle \otimes |c\rangle, \ |\phi\rangle = |b\rangle \otimes |d\rangle$$

나중에 보겠지만, 모든 상태를 $|\phi\rangle|\chi\rangle$와 같이 바로 곱하는 형태로 쓸 수 있는 것은 아니다. 이렇게 쓸 수 있는 상태들을 **곱 상태**product state라고 한다.

예제 4.5

$|\psi\rangle = \frac{1}{2}(|0\rangle|0\rangle - |0\rangle|1\rangle + |1\rangle|0\rangle - |1\rangle|1\rangle)$이라면 이 상태는 곱 상태로 쓸 수 있는가?

풀이

쓸 수 있다. 두 벡터가 다음과 같다고 하면

$$|\phi\rangle = \frac{|0\rangle + |1\rangle}{\sqrt{2}}, \ |\chi\rangle = \frac{|0\rangle - |1\rangle}{\sqrt{2}}$$

이렇게 쓸 수 있다.

$$|\psi\rangle = |\phi\rangle \otimes |\chi\rangle = \left(\frac{|0\rangle + |1\rangle}{\sqrt{2}} \right) \otimes \left(\frac{|0\rangle - |1\rangle}{\sqrt{2}} \right) = \frac{1}{2}(|0\rangle|0\rangle - |0\rangle|1\rangle + |1\rangle|0\rangle - |1\rangle|1\rangle)$$

직접 해보기

$|\psi\rangle = \frac{1}{2}(|0\rangle|0\rangle + |0\rangle|1\rangle + |1\rangle|0\rangle + |1\rangle|1\rangle)$ 상태를 두 상태의 텐서곱으로 표현해 보자.

열벡터의 텐서곱

이번에는 상태 벡터를 행렬로, 즉 열벡터로 표현했을 때의 텐서곱 계산 방법을 알아본다. $\mathbb{C}^2$에서 $\mathbb{C}^4$로 가는 경우가 관심 대상이므로, 이 경우에 대해서만 알아두면 충분하다.

다음 상태가 주어졌다고 하자.

$$|\phi\rangle = \begin{pmatrix} a \\ b \end{pmatrix}, \ |\chi\rangle = \begin{pmatrix} c \\ d \end{pmatrix}$$

이 상태들의 텐서곱은 다음과 같이 구한다.

$$|\phi\rangle \otimes |\chi\rangle = \begin{pmatrix} a \\ b \end{pmatrix} \otimes \begin{pmatrix} c \\ d \end{pmatrix} = \begin{pmatrix} ac \\ ad \\ bc \\ bd \end{pmatrix} \tag{4.9}$$

예제 4.6

다음 상태들의 텐서곱을 계산하라.

$$|a\rangle = \frac{1}{\sqrt{2}} \begin{pmatrix} 1 \\ -1 \end{pmatrix}, \ |b\rangle = \frac{1}{\sqrt{3}} \begin{pmatrix} \sqrt{2} \\ 1 \end{pmatrix}$$

풀이

텐서곱은 스칼라 값에 대해 선형임을 기억하자. 따라서 다음과 같이 쓸 수 있다.

$$|a\rangle \otimes |b\rangle = \frac{1}{\sqrt{2}} \begin{pmatrix} 1 \\ -1 \end{pmatrix} \otimes \frac{1}{\sqrt{3}} \begin{pmatrix} \sqrt{2} \\ 1 \end{pmatrix} = \left(\frac{1}{\sqrt{2}} \right) \left(\frac{1}{\sqrt{3}} \right) \left[\begin{pmatrix} 1 \\ -1 \end{pmatrix} \otimes \begin{pmatrix} \sqrt{2} \\ 1 \end{pmatrix} \right]$$

예기에 식(4.9)를 적용하면 된다.

$$|a\rangle \otimes |b\rangle = \left(\frac{1}{\sqrt{2}} \right) \left(\frac{1}{\sqrt{3}} \right) \left[\begin{pmatrix} 1 \\ -1 \end{pmatrix} \otimes \begin{pmatrix} \sqrt{2} \\ 1 \end{pmatrix} \right] = \left(\frac{1}{\sqrt{6}} \right) \begin{pmatrix} \sqrt{2} \\ 1 \\ -\sqrt{2} \\ -1 \end{pmatrix}$$

직접 해보기

다음 상태들의 텐서곱을 계산하라.

$$|a\rangle = \frac{1}{\sqrt{2}} \begin{pmatrix} 1 \\ 1 \end{pmatrix}, \ |b\rangle = \begin{pmatrix} 2 \\ 3 \end{pmatrix}$$

연산자와 텐서곱

텐서곱에 대해 연산자는 다음 방식으로 동작한다. 이번에도 힐베르트 공간에 속한 두 벡터 $|\phi\rangle \in H_1$, $|\chi\rangle \in H_2$를 이용해 공간 H를 구성한다고 하자. 벡터 $|\phi\rangle \in H_1$에 적용하는 연산자를 A, $|\chi\rangle \in H_2$에 적용하는 연산자를 B라 하자. 벡터 $|\psi\rangle \in H$에 적용할 수 있는 연산자 $A \times B$를 다음과 같이 만들 수 있다.

$$(A \otimes B)|\psi\rangle = (A \otimes B)(|\phi\rangle \otimes |\chi\rangle) = (A|\phi\rangle) \otimes (B|\chi\rangle) \qquad (4.10)$$

예제 4.7

$|\psi\rangle = |a\rangle \otimes |b\rangle$이고, $A|a\rangle = a|a\rangle$, $B|b\rangle = b|b\rangle$라 하자. $A \otimes B|\psi\rangle$의 결과는 어떻게 되는가?

풀이

식(4.10)을 이용해서 각 공간의 벡터에 해당 연산자를 적용할 수 있다. 먼저 $|\psi\rangle$를 텐서곱으로 써보자.

$$A \otimes B|\psi\rangle = (A \otimes B)(|a\rangle \otimes |b\rangle)$$

이제 식(4.10)을 이용해 연산자를 분배한다.

$$A \otimes B|\psi\rangle = (A \otimes B)(|a\rangle \otimes |b\rangle) = A|a\rangle \otimes B|b\rangle$$

그런 다음 $A|a\rangle = a|a\rangle$, $B|b\rangle = b|b\rangle$ 관계를 사용한다.

$$A|a\rangle \otimes B|b\rangle = a|a\rangle \otimes b|b\rangle$$

식(4.5)에 따르면 $|\phi\rangle \otimes (\alpha|\chi\rangle) = \alpha|\phi\rangle \otimes |\chi\rangle$이므로, 스칼라 값을 밖으로 뺄 수 있다.

$$a|a\rangle \otimes b|b\rangle = ab(|a\rangle \otimes |b\rangle) = ab|\psi\rangle$$

따라서 다음 결과를 얻을 수 있다.

$$A \otimes B|\psi\rangle = ab|\psi\rangle$$

직접 해보기

$X|0\rangle = |1\rangle$이고, $Z|1\rangle = -|1\rangle$이라 하자. $|\psi\rangle = |0\rangle \otimes |1\rangle$에 대해 $X \otimes Z|\psi\rangle$를 구하라.

연산자의 텐서곱은 식(4.11)처럼 일반적인 선형성을 갖고 있다.

$$(A \otimes B)\left(\sum_i c_i |\phi_i\rangle \otimes |\chi_i\rangle\right) = \sum_i c_i (A \otimes B)|\phi_i\rangle \otimes |\chi_i\rangle = \sum_i c_i A|\phi_i\rangle \otimes B|\chi_i\rangle \qquad (4.11)$$

예제 4.8

다음 벡터 $|\psi\rangle$에 대해 $X \otimes Z|\psi\rangle$를 구하라.

$$|\psi\rangle = \frac{|0\rangle|0\rangle - |1\rangle|1\rangle}{\sqrt{2}}$$

풀이

먼저 다음과 같이 써보자.

$$X \otimes Z|\psi\rangle = (X \otimes Z)\left(\frac{|0\rangle|0\rangle - |1\rangle|1\rangle}{\sqrt{2}}\right)$$

식(4.11)을 이용해 연산자를 다음과 같이 분배할 수 있다.

$$(X \otimes Z)\left(\frac{|0\rangle|0\rangle - |1\rangle|1\rangle}{\sqrt{2}}\right) = \frac{1}{\sqrt{2}}(X \otimes Z)|0\rangle|0\rangle - \frac{1}{\sqrt{2}}(X \otimes Z)|1\rangle|1\rangle$$

그런 다음 식(4.10)을 사용하면 각 연산자를 해당 공간의 상태 벡터에 적용할 수 있다.

$$\frac{1}{\sqrt{2}}(X \otimes Z)|0\rangle|0\rangle - \frac{1}{\sqrt{2}}(X \otimes Z)|1\rangle|1\rangle = \frac{1}{\sqrt{2}}(X|0\rangle)(Z|0\rangle) - \frac{1}{\sqrt{2}}(X|1\rangle)(Z|1\rangle)$$

$X|0\rangle = |1\rangle$, $X|1\rangle = |0\rangle$, $Z|0\rangle = |0\rangle$, $Z|1\rangle = -|1\rangle$이므로,

$$\frac{1}{\sqrt{2}}(X|0\rangle)(Z|0\rangle) - \frac{1}{\sqrt{2}}(X|1\rangle)(Z|1\rangle) = \frac{1}{\sqrt{2}}|1\rangle|0\rangle + \frac{1}{\sqrt{2}}|0\rangle|1\rangle$$

결국 다음 결과를 얻을 수 있다.

$$X \otimes Z|\psi\rangle = \frac{|1\rangle|0\rangle + |0\rangle|1\rangle}{\sqrt{2}}$$

두 연산자의 텐서곱 $A \otimes B$는 다음 속성을 갖고 있다.

- A와 B가 에르미트 연산자면 $A \otimes B$도 에르미트 연산자다.
- A와 B가 사영 연산자면 $A \otimes B$도 사영 연산자다.
- A와 B가 유니타리 연산자면 $A \otimes B$도 유니타리 연산자다.
- A와 B가 양의 연산자면 $A \otimes B$도 양의 연산자다.

예제 4.9

연산자 $A = |0\rangle\langle 0|$가 H_1에 속한 사영 연산자이고, 연산자 $B = |1\rangle\langle 1|$이 H_2에 속한 사영 연산자라고 하자. 다음 벡터 $|\psi\rangle$에 대해 $A \otimes B|\psi\rangle$를 구하라.

$$|\psi\rangle = \frac{|01\rangle + |10\rangle}{\sqrt{2}}$$

풀이

익숙해진 텐서곱 적용 방식을 이용하면 구하는 식을 다음과 같이 쓸 수 있다.

$$A \otimes B |\psi\rangle = A \otimes B \left(\frac{|01\rangle + |10\rangle}{\sqrt{2}} \right) = \frac{1}{\sqrt{2}} [(A|0\rangle)(B|1\rangle) + (A|1\rangle)(B|0\rangle)]$$

다음 관계를 활용하면

$$A|0\rangle = (|0\rangle\langle0|)|0\rangle = |0\rangle\langle0|0\rangle = |0\rangle$$
$$A|1\rangle = (|0\rangle\langle0|)|1\rangle = |0\rangle\langle0|1\rangle = 0$$
$$B|0\rangle = (|1\rangle\langle1|)|0\rangle = |0\rangle\langle1|0\rangle = 0$$
$$B|1\rangle = (|1\rangle\langle1|)|1\rangle = |1\rangle\langle1|1\rangle = |1\rangle$$

다음 결과를 얻을 수 있다.

$$A \otimes B |\psi\rangle = \frac{1}{\sqrt{2}} |0\rangle|1\rangle$$

예제 4.10

A와 B가 에르미트 연산자면 $A \otimes B$도 에르미트 연산자임을 보여라.

풀이

다음 두 텐서곱 상태를 생각해보자.

$$|\psi\rangle = |\alpha\rangle \otimes |\beta\rangle$$
$$|\phi\rangle = |\mu\rangle \otimes |\nu\rangle$$

그리고 $C = A \otimes B$라고 하자. 두 연산자의 텐서곱이 에르미트 연산자임을 보이려면 다음 관계를 증명해야 한다.

$$\langle\phi|C|\psi\rangle^\dagger = \langle\psi|C^\dagger|\phi\rangle = \langle\psi|C|\phi\rangle$$

첫 번째 항부터 계산해보자.

$$C|\psi\rangle = C|\alpha\rangle \otimes |\beta\rangle = A \otimes B|\alpha\rangle \otimes |\beta\rangle = (A|\alpha\rangle)(B|\beta\rangle)$$

식(4.8) 텐서곱 벡터의 내적 계산 방법을 이용하면 다음 결과를 얻을 수 있다.

$$\langle\phi|C|\psi\rangle = \langle\phi|(A|\alpha\rangle B|\beta\rangle) = ((\langle\mu|\langle\nu|)(A|\alpha\rangle B|\beta\rangle)) = \langle\mu|A|\alpha\rangle\langle\nu|B|\beta\rangle$$

이 식의 에르미트 켤레는 다음과 같다.

$$\langle\phi|C|\psi\rangle^{\dagger} = ((\langle\mu|A|\alpha\rangle\langle\nu|B|\beta\rangle))^{\dagger} = \langle\beta|B^{\dagger}|\nu\rangle\langle\alpha|A^{\dagger}|\mu\rangle$$

A, B가 에르미트 연산자고, 내적 값은 스칼라 값이므로 자리를 옮길 수 있다. 따라서 다음과 같이 쓸 수 있다.

$$\langle\phi|C|\psi\rangle^{\dagger} = \langle\alpha|A|\mu\rangle\langle\beta|B|\nu\rangle$$

식(4.8)을 역으로 적용하면 다음 결과를 얻을 수 있다.

$$\langle\phi|C|\psi\rangle^{\dagger} = ((\langle\alpha|\langle\beta|)A \otimes B(|\mu\rangle|\nu\rangle)) = \langle\psi|(A \otimes B)|\phi\rangle = \langle\psi|C|\phi\rangle$$

따라서 $A \otimes B$는 에르미트 연산자가 된다.

직접 해보기

A와 B가 유니타리 연산자면 $A \otimes B$도 유니타리 연산자임을 보여라.

H_2에 속한 벡터는 그대로 두고, H_1에 속한 벡터만 영향을 미치는 텐서곱 연산자를 구성할 수 있다. H_2의 항등 연산자 I를 이용한 텐서곱 연산자 $A \otimes I$를 만들면 된다. 마찬가지로 텐서곱 연산자 $I \otimes B$는 H_1에 속한 벡터는 그대로 두고, H_2에 속한 벡터만 영향을 준다.

예제 4.11

다음과 같은 상태에 대해

$$|\psi\rangle = \frac{|00\rangle - |11\rangle}{\sqrt{2}}$$

$X \otimes I$ 연산자를 적용한 결과를 설명하라.

풀이

$|00\rangle$은 $|0\rangle \otimes |0\rangle$를 간단히 표기한 것이며, $|11\rangle$도 마찬가지다. $X \otimes I$ 연산자의 동작은 다음과 같다.

$$X \otimes I |\psi\rangle = X \otimes I \left(\frac{|00\rangle - |11\rangle}{\sqrt{2}} \right) = \frac{1}{\sqrt{2}}[(X|0\rangle)|0\rangle - (X|1\rangle)|1\rangle)]$$
$$= \frac{|10\rangle - |01\rangle}{\sqrt{2}}$$

직접 해보기

다음 상태에 대해

$$|\psi\rangle = \frac{|00\rangle + |11\rangle}{\sqrt{2}}$$

다음 관계가 성립함을 보여라.

$$Z \otimes I |\psi\rangle = \frac{|00\rangle - |11\rangle}{\sqrt{2}}$$

행렬의 텐서곱

나중에 자주 접하게 될 행렬의 텐서곱 계산법을 알아보면서 4장을 마무리하자. 너무 복잡하지. 않도록 2차원 힐베르트 공간의 연산자를 텐서곱했을 때 얻어지는 4차원 힐베르트 공간의 연산자를 생각해보자.

두 연산자 A, B의 행렬 표현이 다음과 같다고 하자.

$$A = \begin{pmatrix} a_{11} & a_{12} \\ a_{21} & a_{22} \end{pmatrix}, \quad B = \begin{pmatrix} b_{11} & b_{12} \\ b_{21} & b_{22} \end{pmatrix}$$

텐서곱 $A \otimes B$를 행렬로 표현하면 다음과 같다.

$$A \otimes B = \begin{pmatrix} a_{11}B & a_{12}B \\ a_{21}B & a_{22}B \end{pmatrix} = \begin{pmatrix} a_{11}b_{11} & a_{11}b_{12} & a_{12}b_{11} & a_{12}b_{12} \\ a_{11}b_{21} & a_{11}b_{22} & a_{12}b_{21} & a_{12}b_{22} \\ a_{21}b_{11} & a_{21}b_{12} & a_{22}b_{11} & a_{22}b_{12} \\ a_{21}b_{21} & a_{21}b_{22} & a_{22}b_{21} & a_{22}b_{22} \end{pmatrix} \tag{4.12}$$

예제 4.12

파울리 행렬 X와 Z의 텐서곱을 구하라.

풀이

먼저 파울리 행렬을 써보자.

$$X = \begin{pmatrix} 0 & 1 \\ 1 & 0 \end{pmatrix}, \quad Z = \begin{pmatrix} 1 & 0 \\ 0 & -1 \end{pmatrix}$$

식(4.12)를 적용하면 다음 결과를 얻을 수 있다.

$$X \otimes Z = \begin{pmatrix} (0)Z & (1)Z \\ (1)Z & (0)Z \end{pmatrix} = \begin{pmatrix} 0 & 0 & 1 & 0 \\ 0 & 0 & 0 & -1 \\ 1 & 0 & 0 & 0 \\ 0 & -1 & 0 & 0 \end{pmatrix}$$

직접 해보기

$Z \otimes X$의 행렬 표현을 계산해 보고, $X \otimes Z = Z \otimes X$가 성립함을 보여라.

연습 문제

4.1. 예제 4.1의 기저가 정규 직교함을 보여라.

4.2. 예제 4.1에서 $\langle w_2|w_4 \rangle = \langle w_4|w_4w_3 \rangle = 0$임을 보여라.

4.3. $\langle a|b \rangle = 1/2$, $\langle c|d \rangle = 3/4$이고, $|\psi\rangle = |a\rangle \otimes |c\rangle$, $|\phi\rangle = |b\rangle \otimes |d\rangle$일 때 $\langle \psi|\phi \rangle$를 계산하라.

4.4. 다음 두 벡터의 텐서곱을 계산하라.

$$|\psi\rangle = \frac{1}{\sqrt{2}} \begin{pmatrix} 1 \\ 1 \end{pmatrix}, \ |\phi\rangle = \frac{1}{2} \begin{pmatrix} 1 \\ \sqrt{3} \end{pmatrix}$$

4.5. 상태 $|\psi\rangle = \frac{1}{2}(|0\rangle|0\rangle - |0\rangle|1\rangle - |1\rangle|0\rangle + |1\rangle|1\rangle)$를 곱 상태로 표현할 수 있는가?

4.6. 다음 상태 $|\psi\rangle$를 곱 상태로 표현할 수 있는가?

$$|\psi\rangle = \frac{|0\rangle|0\rangle + |1\rangle|1\rangle}{\sqrt{2}}$$

4.7. 다음 상태 $|\psi\rangle$에 대해 $X \otimes Y|\psi\rangle$를 구하라.

$$|\psi\rangle = \frac{|0\rangle|1\rangle - |1\rangle|0\rangle}{\sqrt{2}}$$

4.8. $\langle A \otimes B\rangle^\dagger = A^\dagger \otimes B^\dagger$임을 보여라.

4.9. 다음 상태 $|\psi\rangle$에 대해 $I \otimes Y|\psi\rangle$를 구하라.

$$|\psi\rangle = \frac{|00\rangle + |11\rangle}{\sqrt{2}}$$

4.10. $X \otimes Y$의 행렬 표현을 구하라.

밀도 연산자

실질적 연구 대상은 단일 양자계보다는 **앙상블**ensemble이라는 복수 양자계인 경우가 많다. 게다가 앙상블을 구성하는 계도 하나 이상의 양자 상태를 가질 수 있다. 앙상블이 가질 수 있는 이 모든 상태에 대해서도 존재 확률이 있다. 간단한 예를 통해 구체적인 내용을 알아보자.

기저 벡터 {$|x\rangle$, $|y\rangle$}를 갖는 2차원 힐베르트 공간을 생각해보자. 다음 두 벡터 중 하나의 상태를 갖는 계가 아주 많이 N개 준비돼 있다.

$$|a\rangle = \alpha|x\rangle + \beta|y\rangle$$
$$|b\rangle = \gamma|x\rangle + \delta|y\rangle$$

주어진 상태는 정규화된 상태이므로, $|\alpha|^2 + |\beta|^2 = |\gamma|^2 + |\delta|^2 = 1$을 만족하며, 일반적인 양자론의 규칙들을 따른다. $|a\rangle$ 상태에 있는 계를 측정하면 $|x\rangle$의 발견 확률은 $|\alpha|^2$이고, $|y\rangle$의 발견 확률은 $|\beta|^2$이며, $|b\rangle$ 상태도 같은 방식으로 확률이 주어진다.

이제 $|a\rangle$ 상태의 계를 n_a개, $|b\rangle$ 상태의 계를 n_b개 준비했다고 하자. 전체 N개의 계를 준비했으므로, 다음 관계가 있다.

$$n_a + n_b = N$$

양변을 N으로 나누자.

$$\frac{n_a}{N} + \frac{n_b}{N} = 1$$

이 관계식을 통해 앙상블에서 하나의 계를 임의로 선택할 경우 $|a\rangle$ 상태에 있는 계가 나올 확률 $p = n_a/N$임을 알 수 있다. 전체 확률의 합은 1이어야 한다. 따라서 앙상블의 한 계가 $|b\rangle$ 상태일 확률은 $1 - n_a/N = 1 - p$가 된다.

따라서 둘 이상의 상태를 갖는 계를 모아서 구성한 앙상블 계에서는 두 단계에 걸쳐 확률이 사용된다는 것을 볼 수 있다: "보른 규칙에 따르면 진폭의 제곱 값으로 주어지는 확률은 다음 각 단계의 확률을 더한 값과 같아야 한다."

- 보른 규칙으로 주어진 측정 결과를 얻을 확률을 구할 수 있는 단일 양자계 단계
- 앙상블에서 한 계를 뽑았을 때 그 계가 특정 상태 벡터를 갖는 확률을 구하는 앙상블 단계

앙상블 단계의 확률은 **고전적인** 방식으로 구한다. 즉, 이 확률은 단순한 정보의 불완전성을 뜻한다. 그러므로 앙상블 단계는 단순한 혼합 통계를 사용하면 된다.

문제는 고전적 확률에 따라 상태가 정해지는 계들로 구성된 양자계를 어떻게 표현할 것인가다. 양자계에서는 통상적으로 연산자 기댓값이나 다양한 측정 결과를 얻을 확률 등을 계산한다. 그러나 여러 상태가 존재하는 혼합 통계를 사용하는 경우에는 상태별 확률을 이용해 가중치를 적용해야 한다. 이를 적용하는 적절한 방법이 바로 밀도 **연산자**density operator다.

순수 상태의 밀도 연산자

밀도 연산자의 수학적 표현을 알아보기 위해 먼저 단일 상태를 생각해보자. 계가 알려진 상태 $|\psi\rangle$에 있다고 하자. 정규 직교 기저 $|u_i\rangle$가 존재한다면 이 기저를 사용해 상태를 다음과 같이 전개할 수 있다.

$$|\psi\rangle = c_1|u_1\rangle + c_2|u_2\rangle + \cdots + c_n|u_n\rangle$$

그러면 보른 규칙에 따라 측정을 통해 이 계가 $|u_i\rangle$에 있는 것으로 밝혀질 확률은 $|c_i|^2$임을 알 수 있다. 이처럼 확정적인 상태에 있는 경우 계가 순수 상태에 있다고 한다. 앞에서 말한 내용에 따라 또 다른 방법으로 통계적 혼합 상태에 있는 일반적인 양자 상태를 설명할 수 있다. 문자 ρ로 표기하는 밀도 연산자를 사용하는 방법이다. 밀도 연산자는 평균 연산자로, 이를 이용해 통계적 혼합을 표현할 수 있다. 순수 상태의 경우 상태의 외적을 통해 표현한다. 이 과정을 살펴보기 위해 어떤 연산자 A의 기댓값 또는 **평균값**을 구해보자.

$$\langle A \rangle = \langle \psi | A | \psi \rangle$$

이 상태를 정규 직교 기저를 이용해 $|\psi\rangle = c_1|u_1\rangle + c_2|u_2\rangle + \ldots + c_n|u_n\rangle$로 확장하면 다음과 같이 쓸 수 있다.

$$
\begin{aligned}
\langle A \rangle = \langle \psi | A | \psi \rangle &= \left(c_1^*\langle u_1| + c_2^*\langle u_2| + \cdots + c_n^*\langle u_n| \right) A \left(c_1|u_1\rangle + c_2|u_2\rangle + \cdots + c_n|u_n\rangle \right) \\
&= \sum_{k,l=1}^{n} c_k^* c_l \langle u_k | A | u_l \rangle \\
&= \sum_{k,l=1}^{n} c_k^* c_l A_{kl}
\end{aligned}
$$

상태 벡터의 확장 계수를 구하는 방법을 떠올려보자.

$$c_m = \langle u_m | \psi \rangle$$

켤레 복소수를 구하면 $c_m^* = \langle \psi | u_m \rangle$이다. 이를 이용하면 다음과 같이 쓸 수 있다.

$$c_k^* c_l = \langle \psi | u_k \rangle \langle u_l | \psi \rangle = \langle u_l | \psi \rangle \langle \psi | u_k \rangle$$

$c_m = \langle u_m | \psi \rangle$는 복소수이므로 항의 순서를 바꿀 수 있다. 기저 벡터 사이에 사영 연산자가 끼어들어간 형태가 된다.

$$c_k^* c_l = \langle u_l | \psi \rangle \langle \psi | u_k \rangle = \langle u_l | (| \psi \rangle \langle \psi |) | u_k \rangle$$

이 연산자를 밀도 연산자라 하며, $\rho = | \psi \rangle \langle \psi |$로 표기한다. 그러므로 상태 $| \psi \rangle$에 대한 연산자 A의 기댓값 또는 평균값은 다음과 같이 쓸 수 있다.

$$\langle A \rangle = \sum_{k,l=1}^{n} c_k^* c_l A_{kl} = \sum_{k,l=1}^{n} \langle u_l | (| \psi \rangle \langle \psi |) | u_k \rangle A_{kl} = \sum_{k,l=1}^{n} \langle u_l | \rho | u_k \rangle A_{kl}$$

방금 살펴본 내용에 대한 정의를 정리해보자.

정의: 순수 상태의 밀도 연산자

$| \psi \rangle$ 상태에 대한 밀도 연산자는 다음과 같다.

$$\rho = | \psi \rangle \langle \psi | \tag{5.1}$$

연산자 A의 기댓값을 쓰고, 약간 조정해서 대각 연산자를 이용해서 표현해보자. 그러면 연산자 A의 기댓값이나 평균값을 다음과 같이 쓸 수 있다.

$$\langle A \rangle = \sum_{k,l=1}^{n} c_k^* c_l \langle u_k | A | u_l \rangle$$
$$= \sum_{k,l=1}^{n} \langle u_l | \psi \rangle \langle \psi | u_k \rangle \langle u_k | A | u_l \rangle$$

$$= \sum_{k,l=1}^{n} \langle u_l | \rho | u_k \rangle \langle u_k | A | u_l \rangle$$

완전성 관계를 이용하면 대각합을 이용해 기댓값을 표현할 수 있다. 정규 직교 기저 $|u_k\rangle$에 대해서는 $\sum_k |u_k\rangle\langle u_k| = 1$이 성립한다는 점을 기억하자. 이를 통해 다음 정의를 끌어낼 수 있다.

정의: 밀도 연산자를 이용한 기댓값 계산

밀도 연산자를 이용하면 다음과 같이 연산자 A의 기댓값을 쓸 수 있다.

$$\begin{aligned}
\langle A \rangle &= \sum_{k,l=1}^{n} \langle u_l | \rho | u_k \rangle \langle u_k | A | u_l \rangle \\
&= \sum_{l=1}^{n} \langle u_l | \rho \left(\sum_{k=1}^{n} |u_k\rangle\langle u_k| \right) A | u_l \rangle \\
&= \sum_{l=1}^{n} \langle u_l | \rho A | u_l \rangle \\
&= Tr(\rho A)
\end{aligned} \tag{5.2}$$

밀도 연산자 자신의 대각합을 취하면 어떻게 될까? 위 식을 반대 방향으로 적용하면 $|\psi\rangle$ 상태를 기저 항으로 전개할 수 있다. 정규화된 상태라고 가정해 보자. 그러면 $\sum_j |c_j|^2 = 1$이라는 사실을 이용해 밀도 연산자의 대각합을 구할 수 있다. 그 결과는 다음과 같다.

$$Tr(\rho) = \sum_j \langle u_j | \rho | u_j \rangle = \sum_j \langle u_j | \psi \rangle \langle \psi | u_j \rangle = \sum_j c_j c_j^* = \sum_j |c_j|^2 = 1 \tag{5.3}$$

이 식의 의미를 정리해보면 확률 보존 때문에 밀도 연산자의 대각합은 항상 1이 된다는 뜻이다.

예제 5.1

계의 상태가 $|\psi\rangle = \frac{1}{\sqrt{3}}|u_1\rangle + i\sqrt{\frac{2}{3}}|u_2\rangle$이고, $|u_k\rangle$는 정규 직교 기저 집합이다. 밀도 연산자를 구하고, 이 연산자의 대각합이 1임을 보여라.

풀이

주어진 상태에 해당하는 브라벡터를 써보자. 이때 복소수 항은 켤레 복소수로 바뀐다. 그 결과는 다음과 같다.

$$\langle\psi| = \frac{1}{\sqrt{3}}\langle u_1| - i\sqrt{\frac{2}{3}}\langle u_2|$$

그런 다음 식(5.1)을 이용하면 다음 결과를 얻을 수 있다.

$$\rho = |\psi\rangle\langle\psi| = \left(\frac{1}{\sqrt{3}}|u_1\rangle + i\sqrt{\frac{2}{3}}|u_2\rangle\right)\left(\frac{1}{\sqrt{3}}\langle u_1| - i\sqrt{\frac{2}{3}}\langle u_2|\right)$$

$$= \frac{1}{3}|u_1\rangle\langle u_1| - i\frac{\sqrt{2}}{3}|u_1\rangle\langle u_2| + i\frac{\sqrt{2}}{3}|u_2\rangle\langle u_1| + \frac{2}{3}|u_2\rangle\langle u_2|$$

대각합을 구하면

$$Tr(\rho) = \sum_{i=1}^{2}\langle u_i|\rho|u_i\rangle = \langle u_1|\rho|u_1\rangle + \langle u_2|\rho|u_2\rangle$$

$$= \frac{1}{3}\langle u_1|u_1\rangle\langle u_1|u_1\rangle - i\frac{\sqrt{2}}{3}\langle u_1|u_1\rangle\langle u_2|u_1\rangle + i\frac{\sqrt{2}}{3}\langle u_1|u_2\rangle\langle u_1|u_1\rangle + \frac{2}{3}\langle u_1|u_2\rangle\langle u_2|u_1\rangle$$

$$+ \frac{1}{3}\langle u_2|u_1\rangle\langle u_1|u_2\rangle - i\frac{\sqrt{2}}{3}\langle u_2|u_1\rangle\langle u_2|u_2\rangle + i\frac{\sqrt{2}}{3}\langle u_2|u_2\rangle\langle u_1|u_2\rangle + \frac{2}{3}\langle u_2|u_2\rangle\langle u_2|u_2\rangle$$

$$= \frac{1}{3} + \frac{2}{3} = 1$$

정규 직교 기저이므로 $\langle u_i|u_j\rangle = \delta_{ij}$가 되고, $\langle u_1|u_2\rangle$ 교차 항은 사라진다.

직접 해보기

$|\psi\rangle = \frac{1}{2}|u_1\rangle + \frac{1}{\sqrt{2}}|u_2\rangle + \frac{1}{2}|u_3\rangle$이면 다음과 같음을 보여라.

$$\rho = \frac{1}{4}|u_1\rangle\langle u_1| + \frac{1}{2}|u_2\rangle\langle u_2| + \frac{1}{4}|u_3\rangle\langle u_3|$$
$$+ \frac{1}{2\sqrt{2}}(|u_1\rangle\langle u_2| + |u_2\rangle\langle u_1| + |u_2\rangle\langle u_3| + |u_3\rangle\langle u_2|) + \frac{1}{4}(|u_1\rangle\langle u_3| + |u_3\rangle\langle u_1|)$$

그런 다음 밀도 연산자의 대각합이 1임을 보여라.

밀도 연산자의 행렬 표현을 살펴보자. 이 표현을 **밀도 행렬**^{density matrix}이라고 한다. 예제 5.1의 다음과 같은 밀도 연산자가 있을 때

$$\rho = \frac{1}{3}|u_1\rangle\langle u_1| - i\frac{\sqrt{2}}{3}|u_1\rangle\langle u_2| + i\frac{\sqrt{2}}{3}|u_2\rangle\langle u_1| + \frac{2}{3}|u_2\rangle\langle u_2|$$

행렬 표현은 다음과 같다.

$$[\rho] = \begin{pmatrix} \langle u_1|\rho|u_1\rangle & \langle u_1|\rho|u_2\rangle \\ \langle u_2|\rho|u_1\rangle & \langle u_2|\rho|u_2\rangle \end{pmatrix} = \begin{pmatrix} 1/3 & -i\sqrt{2}/3 \\ i\sqrt{2}/3 & 2/3 \end{pmatrix}$$

다음과 같은 두 가지를 알아둬야 한다.

- 행렬의 대각 원소 합은 1이다. 당연한 것이 앞에서 확률의 합은 1이 므로 $Tr(\rho)$ =1이 됨을 보인 바 있기 때문이다.
- 대각 원소의 값은 계가 각각의 상태에 있는 것을 발견할 확률이다. 예를 들어 예제 5.1의 상태를 보면 계가 $|u_1\rangle$ 상태일 확률은 $\langle u_1|\rho|u_1\rangle$, 1/3임을 알 수 있다. 일반적으로 행렬 원소 ρ_{nn}은 시스템이 상태 $|u_n\rangle$에 있음을 발견할 평균 확률을 뜻한다.

밀도 행렬의 비대각 원소는 간섭 항(결합 항)이라 한다. 이 항들은 다른 상태들 사이(이 경우에는 $|u_m\rangle$과 $|u_n\rangle$ 사이)의 간섭 효과를 나타낸다. 밀도 행렬의 비대각 원소 ρ_{mn}은 이 교차 항의 평균값이 된다. 예제의 상태는 순수 상태이므로 값이 0인 교차 항이 없다. 밀도 행렬에 0이 아닌 대각항이 존재한다면이 상태는 결맞음 상태이거나, 통계적 혼합의 영향을 받지 않은 간섭 효과가들어있는 상태다. 그러나 연산자의 행렬 표현은 기저에 따라 달라질 수 있으므로, 대각 행렬 형태로 표현되는 밀도 행렬을 구할 수 있다. 아래에서 순수 상태와 혼합 상태를 구별하는 더 좋은 방법을 살펴볼 것이다.

밀도 연산자의 시간 변화

밀도 연산자의 시간 변화는 슈뢰딩거 방정식^{Schrödinger equation}을 적용해 바로 구할 수 있다.

$$i\hbar\frac{d}{dt}|\psi\rangle = H|\psi\rangle$$

$H = H^\dagger$이므로, 다음과 같이 쓸 수 있다.

$$-i\hbar\frac{d}{dt}\langle\psi| = \langle\psi|H$$

밀도 연산자를 $\rho = |\psi\rangle\langle\psi|$로 쓰고, 미분의 곱셈 법칙을 적용한다.

$$\frac{d\rho}{dt} = \frac{d}{dt}(|\psi\rangle\langle\psi|) = \left(\frac{d}{dt}|\psi\rangle\right)\langle\psi| + |\psi\rangle\left(\frac{d}{dt}\langle\psi|\right)$$

슈뢰딩거 방정식에 이 결과를 사용하면 다음 식을 얻을 수 있다.

$$\frac{d\rho}{dt} = \left(\frac{H}{i\hbar}|\psi\rangle\right)\langle\psi| + |\psi\rangle\left(\langle\psi|\frac{H}{-i\hbar}\right) = \frac{H}{i\hbar}\rho - \rho\frac{H}{i\hbar} = \frac{1}{i\hbar}[H, \rho]$$

정의: 밀도 연산자의 시간 변화

$$ i\hbar \frac{d\rho}{dt} = [H, \rho] \qquad (5.4) $$

닫힌계에서 밀도 연산자의 시간 변화는 유니타리 연산자 U를 이용해 쓸 수 있다. 시간 t 이후의 밀도 연산자를 $\rho(t)$라 하고, 초기 t_0 시점의 밀도 연산자를 $\rho(t_0)$라 하면 다음 식이 성립한다.

$$ \rho(t) = U\rho(t_o)U^\dagger \qquad (5.5) $$

밀도 연산자의 정의 $\rho = |\psi\rangle\langle\psi|$를 보면 이 연산자는 에르미트 연산자임이 분명하므로 $\rho = \rho^\dagger$이 성립한다. 순수 상태 대해서는 다음 식이 성립하므로,

$$ \rho^2 = (|\psi\rangle\langle\psi|)(|\psi\rangle\langle\psi|) = |\psi\rangle((\langle\psi|\psi\rangle))\langle\psi| = |\psi\rangle\langle\psi| = \rho $$

다음 정의를 얻을 수 있다. 밀도 연산자가 $\rho = |\psi\rangle\langle\psi|$인 순수 상태의 계 $|\psi\rangle$에 대해 다음이 성립한다.

$$ Tr(\rho^2) = 1(\text{순수 상태일 때만}) \qquad (5.6) $$

혼합 상태의 밀도 연산자

처음 밀도 연산자를 필요로 하게 된 (통계적 혼합이 포함된 상태를 표현할 방법이 필요한) 시점으로 돌아가보자. 앙상블 상태를 표현할 수 있는 밀도 연산자가 필요하다. 이 연산자는 다음 세 과정을 거쳐 구할 수 있다.

- 앙상블에 포함된 개별 상태 각각의 밀도 연산자를 구한다.
- 앙상블을 구성하는 각 상태의 발견 확률을 가중한다.
- 가중된 확률을 합산한다.

5장 초반에 언급했던 예제를 통해 이 과정을 살펴보자. 주어진 앙상블에 포함된 벡터는 다음 두 상태 중 하나에 속한다.

$$|a\rangle = \alpha|x\rangle + \beta|y\rangle$$
$$|b\rangle = \gamma|x\rangle + \delta|y\rangle$$

각 상태에 대한 밀도 연산자는 다음과 같다.

$$\rho_a = |a\rangle\langle a|$$
$$\rho_b = |b\rangle\langle b|$$

이를 기저 상태로 표현하면 다음과 같다.

$$
\begin{aligned}
\rho_a &= |a\rangle\langle a| = (\alpha|x\rangle + \beta|y\rangle))(\alpha^*\langle x| + \beta^*\langle y|) \\
&= |\alpha|^2|x\rangle\langle x| + \alpha\beta^*|x\rangle\langle y| + \alpha^*\beta|y\rangle\langle x| + |\beta|^2|y\rangle\langle y| \\
\rho_b &= |b\rangle\langle b| = (\gamma|x\rangle + \delta|y\rangle))(\gamma^*\langle x| + \delta^*\langle y|) \\
&= |\gamma|^2|x\rangle\langle x| + \gamma\delta^*|x\rangle\langle y| + \gamma^*\delta|y\rangle\langle x| + |\delta|^2|y\rangle\langle y|
\end{aligned}
$$

앙상블의 상태가 $|a\rangle$에 속할 확률은 p이고, $|b\rangle$에 속할 확률은 $1 - p$다. 앙상블의 밀도 연산자는 $|a\rangle$, $|b\rangle$를 이용해 다음과 같이 쓸 수 있다.

$$\rho = p\rho_a + (1 - p)\rho_b = p|a\rangle\langle a| + (1 - p)|b\rangle\langle b|$$

기저 상태 $\{|x\rangle, |y\rangle\}$ 항으로도 표현할 수 있겠지만, 이에 대한 수식은 생략하기로 한다. 중요한 점은 앙상블을 구성하는 순수 상태에 대한 밀도 연산자 각각을 확률로 가중해 더하는 방식을 사용한다는 점이다.

일반적으로 n가지 상태가 가능하다고 하자. 한 상태 $|\psi_i\rangle$에 (1)을 적용하면 밀도 연산자는 $\rho_i = |\psi_i\rangle\langle\psi_i|$로 쓸 수 있다. 앙상블의 구성 상태가 $|\psi_i\rangle$일 확률은 p_i였다. 그렇다면 전체 계의 밀도 연산자는 다음과 같다.

$$\rho = \sum_{i=1}^{n} p_i \rho_i = \sum_{i=1}^{n} p_i |\psi_i\rangle\langle\psi_i| \qquad (5.7)$$

이제 밀도 연산자가 무엇인지 알았으니 밀도 연산자의 중요한 특성을 알아보자.

밀도 연산자의 주요 특징

다음 세 조건을 만족하는 연산자 ρ는 밀도 연산자며, ρ가 밀도 연산자라면 다음 세 조건을 만족한다.

- 밀도 연산자는 에르미트 연산자다, 즉 $\rho = \rho^{\dagger}$이다.
- $Tr(\rho) = 1$
- ρ는 정부호 연산자다. 즉, 모든 상태 벡터 $|u\rangle$에 대해 $\langle u|\rho|u\rangle \geq 0$이 성립한다.

정부호 연산자는 음수가 아닌 고윳값을 가진 에르미트 연산자를 말한다.

예제 5.2

다음 상태를 생각하자.

$$|a\rangle = \begin{pmatrix} e^{-i\phi}\sin\theta \\ \cos\theta \end{pmatrix}$$

$\rho = |a\rangle\langle a|$는 밀도 연산자인가?

풀이

주어진 상태는 $\{|0\rangle, |1\rangle\}$ 기저로 다음과 같이 쓸 수 있다.

$$|a\rangle = \begin{pmatrix} e^{-i\phi}\sin\theta \\ \cos\theta \end{pmatrix} = e^{-i\phi}\sin\theta\begin{pmatrix} 1 \\ 0 \end{pmatrix} + \cos\theta\begin{pmatrix} 0 \\ 1 \end{pmatrix} = e^{-i\phi}\sin\theta|0\rangle + \cos\theta|1\rangle$$

쌍대벡터는 다음과 같다.

$$\langle a| = e^{i\phi}\sin\theta\langle 0| + \cos\theta\langle 1|$$

따라서 다음 결과를 얻을 수 있다.

$$\rho = |a\rangle\langle a| = (e^{-i\phi}\sin\theta|0\rangle + \cos\theta|1\rangle)(e^{i\phi}\sin\theta\langle 0| + \cos\theta\langle 1|)$$

$$= \sin^2\theta|0\rangle\langle 0| + e^{-i\phi}\sin\theta\cos\theta|0\rangle\langle 1| + e^{i\phi}\sin\theta\cos\theta|1\rangle\langle 0| + \cos^2\theta|1\rangle\langle 1|$$

이 밀도 연산자의 행렬 표현은 다음과 같다.

$$\begin{pmatrix} \langle 0|\rho|0\rangle & \langle 0|\rho|1\rangle \\ \langle 1|\rho|0\rangle & \langle 1|\rho|1\rangle \end{pmatrix} = \begin{pmatrix} \sin^2\theta & e^{-i\phi}\sin\theta\cos\theta \\ e^{i\phi}\sin\theta\cos\theta & \cos^2\theta \end{pmatrix}$$

먼저 행렬이 에르미트 행렬인지를 확인한다. 전치 행렬은 다음과 같다.

$$\rho^T = \begin{pmatrix} \sin^2\theta & e^{-i\phi}\sin\theta\cos\theta \\ e^{i\phi}\sin\theta\cos\theta & \cos^2\theta \end{pmatrix}^T = \begin{pmatrix} \sin^2\theta & e^{i\phi}\sin\theta\cos\theta \\ e^{-i\phi}\sin\theta\cos\theta & \cos^2\theta \end{pmatrix}$$

켤레 복소수를 취하면

$$\rho^\dagger = (\rho^T)^* = \begin{pmatrix} \sin^2\theta & e^{i\phi}\sin\theta\cos\theta \\ e^{-i\phi}\sin\theta\cos\theta & \cos^2\theta \end{pmatrix}^* = \begin{pmatrix} \sin^2\theta & e^{-i\phi}\sin\theta\cos\theta \\ e^{i\phi}\sin\theta\cos\theta & \cos^2\theta \end{pmatrix}$$

$\rho = \rho^\dagger$이므로 이 행렬은 에르미트 행렬이다. 두 번째로 $Tr(\rho) = \sin^2\theta + \cos^2\theta$

= 1임을 확인할 수 있다. 밀도 행렬의 대각합은 항상 단위 값이 된다.

마지막으로 다음과 같은 임의의 상태를 생각해보자.

$$|\psi\rangle = \begin{pmatrix} a \\ b \end{pmatrix}$$

그러면 다음처럼 쓸 수 있다.

$$\langle\psi|\rho|\psi\rangle = |a|^2\sin^2\theta + ab^*e^{i\phi}\sin\theta\cos\theta + a^*be^{-i\phi}\sin\theta\cos\theta + |b|^2\cos^2\theta$$

복소수 z, w에 대해 다음 관계가 성립한다.

$$(z+w)(z^*+w^*) = zz^* + wz^* + w^*z + ww^* = |z+w|^2$$

또한 모든 복소수의 절댓값은 $|\varsigma|^2 \geq 0$ 부등식을 만족하므로, $|z+w|^2 \geq 0$이다. 이제 다음과 같이 정의해보자.

$$z = ae^{-i\phi}\sin\theta, \quad \Rightarrow zz^* = |a|^2\sin^2\theta$$
$$w = b\cos\theta, \quad \Rightarrow ww^* = |b|^2\cos^2\theta$$

그러면 다음 관계를 확인할 수 있다.

$$ab^*e^{i\phi}\sin\theta\cos\theta = wz^*$$
$$a^*be^{-i\phi}\sin\theta\cos\theta = zw^*$$

모든 복소수 z에 대해 $|z|^2 \geq 0$이 성립하므로 $|z+w|^2 \geq 0$이어야 하므로, 다음 부등식이 성립한다.

$$\langle\psi|\rho|\psi\rangle = |ae^{-i\phi}\sin\theta + b\cos\theta|^2 \geq 0$$

따라서 이 연산자는 정부호 연산자다. 연산자 ρ는 에르미트 연산자고 대각합이 1이며 정부호 연산자이므로, 밀도 연산자가 되는 조건을 만족한다. 밀도 연산자의 고윳값을 확인하는 방법으로도 정부호 연산자임을 확인할 수 있다. 다음 연산자의 고윳값이 $\lambda_{1,2}$ = {1, 0}임을 확인할 수 있다.

$$\rho = \begin{pmatrix} \sin^2 \theta & e^{-i\phi} \sin \theta \cos \theta \\ e^{i\phi} \sin \theta \cos \theta & \cos^2 \theta \end{pmatrix}$$

주어진 행렬이 에르미트 행렬이고 두 고윳값이 모두 음수가 아니므로, 이 연산자는 정부호 연산자라 할 수 있다.

순수 상태에서 대각합 조건이 확률 보존을 나타내는 것을 이미 살펴봤다. 주어진 연산자 A와 스칼라 값 a에 대해 $Tr(aA) = aTr(A)$가 성립함을 이용하면 통계적 혼합 상태에서도 확률 보존 관계를 빠르게 확인할 수 있다. 외적 대각합이 내적으로 바뀌는 $Tr(|\psi\rangle\langle\phi|) = \langle\psi|\phi\rangle$ 관계를 떠올리자. 대각합은 선형성을 갖고 있으므로 $Tr(A + B) = Tr(A) + Tr(B)$이고, 스칼라 값 a에 대해 $Tr(aA) = aTr(A)$가 성립한다. 이 관계들을 조합하면 식(5.7)의 대각합을 계산할 수 있다.

$$Tr(\rho) = Tr\left(\sum_{i=1}^{n} p_i |\psi_i\rangle\langle\psi_i|\right) = \sum_{i=1}^{n} p_i Tr(|\psi_i\rangle\langle\psi_i|) = \sum_{i=1}^{n} p_i \langle\psi_i|\psi_i\rangle = \sum_{i=1}^{n} p_i = 1$$

이 결과를 얻으려고 정규화 상태, 즉 $\langle\psi_i|\psi_i\rangle$ = 1이라는 합리적인 가정을 사용했다.

이번에는 밀도 연산자가 정부호 연산자임을 보이자. 임의의 상태 벡터 $|\phi\rangle$에 대해 $\langle\phi|\rho|\phi\rangle$를 생각해보자. 식(5.7)에 따르면 다음과 같다.

$$\langle\phi|\rho|\phi\rangle = \sum_{i=1}^{n} p_i \langle\phi|\psi_i\rangle\langle\psi_i|\phi\rangle = \sum_{i=1}^{n} p_i |\langle\phi|\psi_i\rangle|^2$$

p_i는 확률 값이므로 모두 $0 \leq p_i \leq 1$을 만족한다. 그리고 내적 값 $\langle\phi|\psi_i\rangle$는 $|\langle\phi|\psi_i\rangle|^2 \geq 0$ 부등식을 만족한다. 따라서 임의의 상태 벡터 $|\phi\rangle$에 대해 $\langle\phi|\rho|\phi\rangle$

= 0이 됨을 알 수 있다. 결론적으로 ρ는 정부호 연산자다.

ρ가 정부호 연산자이므로 밀도 연산자의 첫 번째 속성(ρ는 에르미트 연산자)은 자동으로 만족한다. 이를 통해 이 연산자의 고윳값은 $\lambda_i \geq 0$을 만족하고, 스펙트럼 분해를 이용해 다음과 같이 대각 행렬로 표현할 수 있음을 알 수 있다.

$$\rho = \sum_i \lambda_i |u_i\rangle\langle u_i|$$

기댓값

순수 상태 연산자에 대한 기댓값 계산 방식은 좀 더 일반적인 통계적 혼합 상태에 대해서도 성립한다. 즉, 다음과 같은 방식으로 통계적 혼합 상태의 연산자에 대한 기댓값을 구할 수 있다.

$$\langle A \rangle = Tr(\rho A) \tag{5.8}$$

주어진 측정 결과를 얻을 확률

측정 결과 a_n에 해당하는 사영 연산자 $P_n = |u_n\rangle\langle u_n|$이 주어졌을 때 a_n을 발견할 확률은 밀도 연산자를 이용해 다음과 같이 계산할 수 있다.

$$p(a_n) = \langle u_n|\rho|u_n\rangle = Tr(|u_n\rangle\langle u_n|\rho) = Tr(P_n\rho) \tag{5.9}$$

측정 연산을 좀 더 일반적인 형태로 쓰면 측정 연산 M_m으로 측정 결과 m을 얻기 위한 확률은 다음과 쓸 수 있다.

$$P(m) = Tr(M_m^\dagger M_m \rho) \tag{5.10}$$

사영 연산자로 측정이 이뤄진 이후 계의 상태는 다음과 같이 표현할 수 있다.

$$\rho \rightarrow \frac{P_n \rho P_n}{Tr(P_n \rho)} \qquad (5.11)$$

측정 연산으로 인한 측정 이후 계의 상태는 다음과 같이 쓸 수 있다.

$$\frac{M_m \rho M_m^\dagger}{Tr(M_m^\dagger M_m \rho)} \qquad (5.12)$$

예제 5.3

다음 행렬은 밀도 연산자를 나타낸 것인가?

$$\rho = \begin{pmatrix} \dfrac{1}{4} & \dfrac{1-i}{4} \\ \dfrac{1-i}{4} & \dfrac{3}{4} \end{pmatrix}$$

풀이

행렬의 대각합을 확인해보면 1이다.

$$Tr(\rho) = \frac{1}{4} + \frac{3}{4} = 1$$

따라서 밀도 연산자가 될 수 있을 것 같다. 하지만 다음 행렬을 확인해보면 이 행렬이 나타내는 연산자는 에르미트 연산자가 아니다. 따라서 밀도 연산자가 될 수 없다.

$$\rho^\dagger = \begin{pmatrix} \dfrac{1}{4} & \dfrac{1+i}{4} \\ \dfrac{1+i}{4} & \dfrac{3}{4} \end{pmatrix} \neq \rho$$

다음은 밀도 연산자를 나타낸 것인가? 그렇지 않다면 왜 그런가?

$$\rho = \begin{pmatrix} 1 & 0 \\ 0 & 1 \end{pmatrix}$$

예제 5.4

계의 상태가 다음과 같다.

$$|\psi\rangle = \frac{1}{\sqrt{5}}|0\rangle + \frac{2}{\sqrt{5}}|1\rangle$$

(a) 이 상태에 대한 밀도 연산자를 써보자.

(b) $\{|0\rangle, |1\rangle\}$ 기저에서 밀도 연산자의 행렬 표현을 적어보자. $Tr(\rho) = 1$임을 확인하고, 이 상태가 순수한 상태임을 보여라.

(c) Z 측정이 이뤄졌다. 계가 상태 $|0\rangle$에 있을 확률을 계산하고, 계가 상태 $|1\rangle$에 있을 확률을 계산하라.

(d) X를 구하라.

풀이

(a) 밀도 연산자를 적기 위해 먼저 쌍대벡터 $\langle\psi|$를 만든다. 주어진 벡터를 이용해 만들 수 있다.

$$\langle\psi| = \frac{1}{\sqrt{5}}\langle 0| + \frac{2}{\sqrt{5}}\langle 1|$$

밀도 연산자는 다음과 같다.

$$\rho = |\psi\rangle\langle\psi| = \left(\frac{1}{\sqrt{5}}|0\rangle + \frac{2}{\sqrt{5}}|1\rangle\right)\left(\frac{1}{\sqrt{5}}\langle0| + \frac{2}{\sqrt{5}}\langle1|\right)$$

$$= \frac{1}{5}|0\rangle\langle0| + \frac{2}{5}|0\rangle\langle1| + \frac{2}{5}|1\rangle\langle0| + \frac{4}{5}|1\rangle\langle1|$$

(b) $\{|0\rangle, |1\rangle\}$ 기저에서 밀도 연산자의 행렬 표현은 다음과 같이 쓸 수 있다.

$$[\rho] = \begin{pmatrix} \langle0|\rho|0\rangle & \langle0|\rho|1\rangle \\ \langle1|\rho|0\rangle & \langle1|\rho|1\rangle \end{pmatrix}$$

문제의 상태에 대한 계산 값은 다음과 같으므로,

$$\langle0|\rho|0\rangle = \frac{1}{5}$$

$$\langle0|\rho|1\rangle = \frac{2}{5} = \langle1|\rho|0\rangle$$

$$\langle1|\rho|1\rangle = \frac{4}{5}$$

$\{|0\rangle, |1\rangle\}$ 기저에서의 밀도 행렬은 다음과 같다.

$$\rho = \begin{pmatrix} \dfrac{1}{5} & \dfrac{2}{5} \\ \dfrac{2}{5} & \dfrac{4}{5} \end{pmatrix}$$

대각합은 해당 원소의 값을 모두 더하면 된다. 계산 결과는 다음과 같다.

$$Tr(\rho) = \frac{1}{5} + \frac{4}{5} = 1$$

순수 상태 여부를 확인하려면 $Tr(\rho^2) = 1$인지 확인해야 한다. 이 경우

$$\rho^2 = \begin{pmatrix} \dfrac{1}{5} & \dfrac{2}{5} \\ \dfrac{2}{5} & \dfrac{4}{5} \end{pmatrix} \begin{pmatrix} \dfrac{1}{5} & \dfrac{2}{5} \\ \dfrac{2}{5} & \dfrac{4}{5} \end{pmatrix} = \begin{pmatrix} \dfrac{1}{25} + \dfrac{4}{25} & \dfrac{2}{25} + \dfrac{8}{25} \\ \dfrac{2}{25} + \dfrac{8}{25} & \dfrac{4}{25} + \dfrac{16}{25} \end{pmatrix}$$

$$= \begin{pmatrix} \dfrac{5}{25} & \dfrac{10}{25} \\ \dfrac{10}{25} & \dfrac{20}{25} \end{pmatrix} = \begin{pmatrix} \dfrac{1}{5} & \dfrac{2}{5} \\ \dfrac{2}{5} & \dfrac{4}{5} \end{pmatrix} = \rho$$

$\rho^2 = \rho$이므로 이 연산자는 $Tr(\rho^2) = 1$을 만족한다. 따라서 순수 상태다.

(c) 이 간단한 예제에서 계가 $|0\rangle$ 상태일 확률은 1/5이고, $|1\rangle$ 상태일 확률은 4/5임을 알 수 있다. 밀도 연산자 공식을 통해서도 같은 결과를 얻을 수 있는지 확인해보자. 측정 결과 $|0\rangle$에 해당하는 측정 연산자 $P_0 = |0\rangle\langle0|$이고, $|1\rangle$에 해당하는 연산자는 $P_1 = |1\rangle\langle1|$이다. 주어진 기저에서의 행렬 표현은 다음과 같다.

$$P_0 = \begin{pmatrix} \langle0|P_0|0\rangle & \langle0|P_0|1\rangle \\ \langle1|P_0|0\rangle & \langle1|P_0|1\rangle \end{pmatrix} = \begin{pmatrix} 1 & 0 \\ 0 & 0 \end{pmatrix},$$

$$P_1 = \begin{pmatrix} \langle0|P_1|0\rangle & \langle0|P_1|1\rangle \\ \langle1|P_1|0\rangle & \langle1|P_1|1\rangle \end{pmatrix} = \begin{pmatrix} 0 & 0 \\ 0 & 1 \end{pmatrix}$$

계가 $|0\rangle$ 상태에 있을 확률은 다음과 같다.

$$p(0) = Tr(P_0\rho) = Tr\left[\begin{pmatrix} 1 & 0 \\ 0 & 0 \end{pmatrix} \begin{pmatrix} \dfrac{1}{5} & \dfrac{2}{5} \\ \dfrac{2}{5} & \dfrac{4}{5} \end{pmatrix} \right] = Tr \begin{pmatrix} \dfrac{1}{5} & \dfrac{2}{5} \\ 0 & 0 \end{pmatrix} = \dfrac{1}{5}$$

계가 $|1\rangle$ 상태에 있을 확률은 다음과 같다.

$$p(1) = Tr(P_1\rho) = Tr\left[\begin{pmatrix} 0 & 0 \\ 0 & 1 \end{pmatrix}\begin{pmatrix} \dfrac{1}{5} & \dfrac{2}{5} \\ \dfrac{2}{5} & \dfrac{4}{5} \end{pmatrix}\right] = Tr\begin{pmatrix} 0 & 0 \\ \dfrac{2}{5} & \dfrac{4}{5} \end{pmatrix} = \dfrac{4}{5}$$

(d) X의 기댓값은 $Tr(X\rho)$를 계산하면 구할 수 있다. 먼저 행렬 곱셈을 수행하자.

$$X\rho = \begin{pmatrix} 0 & 1 \\ 1 & 0 \end{pmatrix}\begin{pmatrix} \dfrac{1}{5} & \dfrac{2}{5} \\ \dfrac{2}{5} & \dfrac{4}{5} \end{pmatrix} = \begin{pmatrix} \dfrac{2}{5} & \dfrac{4}{5} \\ \dfrac{1}{5} & \dfrac{2}{5} \end{pmatrix}$$

이 행렬의 대각 원소들을 더하면 대각합을 구할 수 있다.

$$\langle X \rangle = Tr(X\rho) = Tr\begin{pmatrix} \dfrac{2}{5} & \dfrac{4}{5} \\ \dfrac{1}{5} & \dfrac{2}{5} \end{pmatrix} = \dfrac{2}{5} + \dfrac{2}{5} = \dfrac{4}{5}$$

직접 해보기

$|\psi\rangle = \frac{2}{3}|0\rangle + \frac{\sqrt{5}}{3}|1\rangle$ 상태가 정규화된 상태임을 보이고, 밀도 행렬이 다음과 같음을 보여라.

$$\rho = \begin{pmatrix} \dfrac{4}{9} & \dfrac{2\sqrt{5}}{9} \\ \dfrac{2\sqrt{5}}{9} & \dfrac{5}{9} \end{pmatrix}$$

직접 해보기

예제 5.2의 상태에 대해 $\langle Z \rangle = -3/5$임을 보여라.

직접 해보기

예제 5.2의 상태를 계속 사용하자. $\{|+\rangle, |-\rangle\}$ 기저는 다음과 같았다.

$$|+\rangle = \frac{1}{\sqrt{2}} \begin{pmatrix} 1 \\ 1 \end{pmatrix}, \quad |-\rangle = \frac{1}{\sqrt{2}} \begin{pmatrix} 1 \\ -1 \end{pmatrix}$$

(a) $|-\rangle$ 상태로 사영하는 연산자의 행렬 표현이 $\{|0\rangle, |1\rangle\}$ 기저에서 다음과 같음을 보여라.

$$P_- = \frac{1}{2} \begin{pmatrix} 1 & -1 \\ -1 & 1 \end{pmatrix}$$

(b) 예제 5.2의 상태에 대해 계가 $|-\rangle$ 상태에 있을 확률이 1/10임을 보여라.

혼합 상태의 특징

결맞음^{coherence}은 상태를 구성하는 요소들이 서로 간섭을 일으키는 것을 말한다. 통계적 혼합으로는 결맞음이 발생하지 않는다는 것을 강조하기 위해 통계적 혼합을 결어긋남 혼합$^{\text{incoherent mixture}}$이라 부르기도 한다. 통계적 혼합은 결맞음과 상관이 없지만, 순수 상태나 선형 중첩 상태에서는 결맞음이 발생할 수 있다. 순수 상태와 혼합 상태를 구별할 수 있는 기준 중에 밀도 연산자 행렬 표현의 비대각항 존재 여부가 있다. 지금까지 내용을 정리해보자.

- 혼합 상태는 둘 이상의 상태가 고전적 방식으로 혼합된 통계적 혼합 상태다. 이 상태는 결맞음이 없다. 따라서 밀도 연산자의 비대각항들은 0이다. 즉, $m \neq n$이면 $\rho_{mn} = 0$이다.
- 순수 상태는 0이 아닌 비대각항이 존재한다.

3장에서 특정 기저에 대한 연산자의 행렬 원소를 구해 표현하는 방법을 살펴 봤다. 공간을 대표하는 유효한 기저 중 하나를 선택해 연산자를 표현하기 때문에 행렬 표현은 일정하지 않다. 밀도 연산자를 대각 행렬로 표현하는 방법도 알아봤다. 따라서 밀도 연산자의 혼합 상태 표현 여부를 확인하려면 행렬의 비대각항 확인보다 더 강한 기준이 필요하다.

순수 상태의 밀도 연산자는 사영 연산자로 $\rho^2 = \rho$가 성립했다. 또한 모든 밀도 연산자에 대해 $Tr(\rho) = 1$이 성립하므로, 순수 상태에서는 $Tr(\rho^2) = 1$이 성립한다.

혼합 상태에서는 이 식들이 성립하지 않으므로, 이를 이용해 밀도 연산자가 표현하는 상태가 혼합 상태인지 순수 상태인지 확실하게 검증하는 방법을 생각해낼 수 있다.

- 혼합 상태에서는 $Tr(\rho^2) < 1$
- 순수 상태에서는 $Tr(\rho^2) = 1$

예제 5.5

다음 기저 상태를 생각해보자.

$$|+\rangle = \frac{1}{\sqrt{2}}(|0\rangle + |1\rangle), \quad |-\rangle = \frac{1}{\sqrt{2}}(|0\rangle - |1\rangle)$$

75%의 $|+\rangle$ 상태와 25%의 $|-\rangle$ 상태가 혼합된 통계적 혼합 상태에 있다고 가정하자. 이 앙상블을 구성하고 있는 상태 하나를 뽑았다. 이 상태가 $|0\rangle$ 상태일 확률과 $|1\rangle$ 상태일 확률은 각각 얼마인가? 이 상태가 혼합 상태임을 보이고, 확인 과정이 어떤 기저를 선택해 사용하는가에 영향 받지 않음을 보여라.

75%의 $|+\rangle$ 상태와 25%의 $|-\rangle$ 상태가 섞인 통계적 혼합 상태와 달리 다음과

같이 표현된 순수 상태가 있다.

$$|\psi\rangle = \sqrt{\frac{3}{4}}|+\rangle + \sqrt{\frac{1}{4}}|-\rangle$$

순수 상태 $|\psi\rangle$를 측정했을 때 계가 $|0\rangle$ 상태로 측정될 확률을 구하라.

풀이

앙상블의 밀도 연산자는 다음과 같다.

$$\rho = \frac{3}{4}|+\rangle\langle+| + \frac{1}{4}|-\rangle\langle-|$$

각 항은 다음과 같이 계산할 수 있다.

$$|+\rangle\langle+| = \left(\frac{1}{\sqrt{2}}(|0\rangle + |1\rangle)\right)\left(\frac{1}{\sqrt{2}}(\langle0| + \langle1|)\right)$$
$$= \frac{1}{2}(|0\rangle\langle0| + |0\rangle\langle1| + |1\rangle\langle0| + |1\rangle\langle1|)$$

$$|-\rangle\langle-| = \left(\frac{1}{\sqrt{2}}(|0\rangle - |1\rangle)\right)\left(\frac{1}{\sqrt{2}}(\langle0| - \langle1|)\right)$$
$$= \frac{1}{2}(|0\rangle\langle0| - |0\rangle\langle1| - |1\rangle\langle0| + |1\rangle\langle1|)$$

그러므로 밀도 연산자는 다음과 같이 계산할 수 있다.

$$\rho = \frac{3}{4}|+\rangle\langle+| + \frac{1}{4}|-\rangle\langle-|$$
$$= \left(\frac{3}{4}\right)\left(\frac{1}{2}\right)(|0\rangle\langle0| + |0\rangle\langle1| + |1\rangle\langle0| + |1\rangle\langle1|)$$
$$+ \left(\frac{1}{4}\right)\left(\frac{1}{2}\right)((|0\rangle\langle0| - |0\rangle\langle1| - |1\rangle\langle0| + |1\rangle\langle1|))$$

$$= \frac{1}{2}|0\rangle\langle 0| + \frac{1}{4}|0\rangle\langle 1| + \frac{1}{4}|1\rangle\langle 0| + \frac{1}{2}|1\rangle\langle 1|$$

상태별 측정 확률은 다음과 같다.

$$p(0) = Tr(\rho|0\rangle\langle 0|)$$
$$= \langle 0|\rho|0\rangle$$
$$= \langle 0| \left(\frac{1}{2}|0\rangle\langle 0| + \frac{1}{4}|0\rangle\langle 1| + \frac{1}{4}|1\rangle\langle 0| + \frac{1}{2}|1\rangle\langle 1| \right) |0\rangle = \frac{1}{2}$$
$$p(1) = Tr(\rho|1\rangle\langle 1|)$$
$$= \langle 1|\rho|1\rangle$$
$$= \langle 1| \left(\frac{1}{2}|0\rangle\langle 0| + \frac{1}{4}|0\rangle\langle 1| + \frac{1}{4}|1\rangle\langle 0| + \frac{1}{2}|1\rangle\langle 1| \right) |1\rangle = \frac{1}{2}$$

밀도 행렬을 $\{|+\rangle, |-\rangle\}$ 기저로 표현하면 다음과 같다.

$$\rho = \begin{pmatrix} \frac{3}{4} & 0 \\ 0 & \frac{1}{4} \end{pmatrix}$$

예상대로 밀도 행렬의 대각합은 1이다. 또한 비대각항이 0임을 볼 수 있다. 이 행렬을 제곱하면 다음 결과를 얻을 수 있다.

$$\rho^2 = \begin{pmatrix} \frac{3}{4} & 0 \\ 0 & \frac{1}{4} \end{pmatrix} \begin{pmatrix} \frac{3}{4} & 0 \\ 0 & \frac{1}{4} \end{pmatrix} = \begin{pmatrix} \frac{9}{16} & 0 \\ 0 & \frac{1}{16} \end{pmatrix}$$
$$\Rightarrow Tr(\rho^2) = \frac{9}{16} + \frac{1}{16} = \frac{10}{16} = \frac{5}{8}$$

행렬의 비대각항이 0임에도 불구하고, $Tr(\rho^2) < 1$이므로, 이 상태는 혼합 상태다. $\{|0\rangle, |1\rangle\}$ 기저로 표현한 밀도 행렬을 살펴보자. 다음 행렬로 표현할 수 있다.

$$\rho = \begin{pmatrix} \dfrac{1}{2} & \dfrac{1}{4} \\ \dfrac{1}{4} & \dfrac{1}{2} \end{pmatrix}$$

같은 방식으로 계산하면 다음과 같다.

$$\rho^2 = \begin{pmatrix} \dfrac{1}{2} & \dfrac{1}{4} \\ \dfrac{1}{4} & \dfrac{1}{2} \end{pmatrix} \begin{pmatrix} \dfrac{1}{2} & \dfrac{1}{4} \\ \dfrac{1}{4} & \dfrac{1}{2} \end{pmatrix} = \begin{pmatrix} \dfrac{5}{16} & \dfrac{1}{4} \\ \dfrac{1}{4} & \dfrac{5}{16} \end{pmatrix}$$

$$\Rightarrow Tr(\rho^2) = \frac{5}{16} + \frac{5}{16} = \frac{10}{16} = \frac{5}{8}$$

이번에도 $Tr(\rho^2)$ = 5/8 < 1이므로, 이 상태는 혼합 상태임을 확인할 수 있다.

문제의 마지막 항목을 살펴보면 통계적 혼합 상태에서 측정 결과가 0일 확률 $p_m(0)$ = 1/2이었다. 혼합 상태에 대한 확률임을 표시하기 위해 아래첨자 m을 사용했다. 이제 순수 상태를 생각해보자.

$$|\psi\rangle = \sqrt{\frac{3}{4}}|+\rangle + \sqrt{\frac{1}{4}}|-\rangle$$

이 상태는 얼핏 보면 75%가 $|+\rangle$ 상태이고 25%가 $|-\rangle$ 상태인 통계적 혼합 상태와 상당히 비슷해 보이는데, {$|+\rangle$, $|-\rangle$} 기저에서 $|+\rangle$ 상태의 측정 확률 $p(+)$ = 3/4 = 0.75이고 $|-\rangle$ 상태의 측정 확률 $p(-)$ = 1/4 = 0.25이기 때문이다. 혼합 상태의 밀도 연산자를 살펴보자.

$$\rho = \frac{3}{4}|+\rangle\langle+| + \frac{1}{4}|-\rangle\langle-|$$

$|+\rangle$를 발견할 확률은 다음과 같다.

$$p_m(+) = Tr(|+\rangle\langle+|\rho) = \langle+|\rho|+\rangle = \langle+|\left(\frac{3}{4}|+\rangle\langle+| + \frac{1}{4}|-\rangle\langle-|\right)|+\rangle = \frac{3}{4}$$

그러나 {|0⟩, |1⟩} 기저에 대한 측정을 생각해보면 결과가 극적으로 달라짐을 볼 수 있다. 순수 상태를 해당 기저를 사용해 다시 표현해보자. 다음과 같은 결과를 얻는다.

$$|\psi\rangle = \sqrt{\frac{3}{4}}|+\rangle + \sqrt{\frac{1}{4}}|-\rangle = \sqrt{\frac{3}{4}}\left(\frac{|0\rangle + |1\rangle}{\sqrt{2}}\right) + \sqrt{\frac{1}{4}}\left(\frac{|0\rangle - |1\rangle}{\sqrt{2}}\right)$$

$$= \left(\sqrt{\frac{3}{4}}\frac{1}{\sqrt{2}} + \sqrt{\frac{1}{4}}\frac{1}{\sqrt{2}}\right)|0\rangle + \left(\sqrt{\frac{3}{4}}\frac{1}{\sqrt{2}} - \sqrt{\frac{1}{4}}\frac{1}{\sqrt{2}}\right)|1\rangle$$

$$= \left(\frac{\sqrt{3} + 1}{2\sqrt{2}}\right)|0\rangle + \left(\frac{\sqrt{3} - 1}{2\sqrt{2}}\right)|1\rangle$$

$|\psi\rangle$가 $|0\rangle$ 상태임을 발견할 확률은 다음과 같다.

$$p(0) = \left(\frac{\sqrt{3} + 1}{2\sqrt{2}}\right)^2 = \frac{2 + \sqrt{2}}{4} \approx 0.85$$

따라서 $p(+) = p_m(+)$임에도 $p(0) \neq p_m(0)$인 경우를 볼 수 있다.

예제 5.6

앞 예제와 동일한 다음 앙상블을 생각해보자.

$$\rho = \frac{3}{4}|+\rangle\langle+| + \frac{1}{4}|-\rangle\langle-|$$

{|0⟩, |1⟩} 기저에 대한 측정 결과가 |0⟩이었다. 밀도 연산자 공식을 사용해 측정 이후 계의 상태가 사실 |0⟩⟨0|임을 보여라.

풀이

측정 이후 계의 상태는 $\rho \rightarrow P_n \rho P_n / Tr(P_n \rho)$로 바뀐다.

$\{|0\rangle, |1\rangle\}$ 기저로 밀도 연산자를 표현하면 다음과 같다.

$$\rho = \frac{1}{2}|0\rangle\langle 0| + \frac{1}{4}|0\rangle\langle 1| + \frac{1}{4}|1\rangle\langle 0| + \frac{1}{2}|1\rangle\langle 1|$$

$|0\rangle$ 상태에 대한 사영 연산자는 $P_0 = |0\rangle\langle 0|$이다. 따라서 다음 결과를 얻을 수 있고,

$$\rho P_0 = \left(\frac{1}{2}|0\rangle\langle 0| + \frac{1}{4}|0\rangle\langle 1| + \frac{1}{4}|1\rangle\langle 0| + \frac{1}{2}|1\rangle\langle 1|\right)|0\rangle\langle 0| = \frac{1}{2}|0\rangle\langle 0| + \frac{1}{4}|1\rangle\langle 0|$$

다음과 같이 정리할 수 있다.

$$P_0 \rho P_0 = |0\rangle\langle 0| \left(\frac{1}{2}|0\rangle\langle 0| + \frac{1}{4}|1\rangle\langle 0|\right) = \frac{1}{2}|0\rangle\langle 0|$$

이제 다음 결과를 이용하면

$$Tr(\rho P_0) = Tr(\rho|0\rangle\langle 0|) = \langle 0|\rho|0\rangle$$
$$= \langle 0| \left(\frac{1}{2}|0\rangle\langle 0| + \frac{1}{4}|0\rangle\langle 1| + \frac{1}{4}|1\rangle\langle 0| + \frac{1}{2}|1\rangle\langle 1|\right)|0\rangle = \frac{1}{2}$$

측정 이후 계는 다음 상태로 바뀐다.

$$\rho \rightarrow \frac{P_0 \rho P_0}{Tr(P_0 \rho)} = \frac{(1/2)|0\rangle\langle 0|}{(1/2)} = |0\rangle\langle 0|$$

밀도 연산자 $\rho = \frac{3}{8}|+\rangle\langle+| + \frac{5}{8}|-\rangle\langle-|$으로 표현된 앙상블이 있다. $\{|0\rangle, |1\rangle\}$ 기저 앙상블에서 하나를 뽑고, 측정을 수행했을 때 $|1\rangle$ 상태일 확률을 구하라. 측정 결과가 $|1\rangle$ 상태라면 밀도 연산자는 $|1\rangle\langle1|$ 임을 보여라.

예제 5.7

다음 두 상태가 있을 때

$$|a\rangle = \frac{1}{\sqrt{3}}|+\rangle + \sqrt{\frac{2}{3}}|-\rangle, \quad |b\rangle = \frac{2}{3}|+\rangle - \frac{\sqrt{5}}{9}|-\rangle$$

계를 구성하는 상태의 75%는 $|a\rangle$, 25%는 $|b\rangle$라고 하자.

(a) 밀도 연산자 ρ_a, ρ_b를 써보자.

(b) 앙상블의 밀도 연산자를 계산하라.

(c) 측정을 실행했다. $|+\rangle$ 상태와 $|-\rangle$ 상태일 확률은 각각 얼마인가?

(d) (c) 문항과 달리 $|0\rangle$ 상태와 $|1\rangle$ 상태일 확률은 각각 얼마인가?

풀이

(a) $\{|+\rangle, |-\rangle\}$ 기저로 밀도 연산자를 표현하면 다음과 같다.

$$\rho_a = |a\rangle\langle a| = \left(\frac{1}{\sqrt{3}}|+\rangle + \sqrt{\frac{2}{3}}|-\rangle\right)\left(\frac{1}{\sqrt{3}}\langle+| + \sqrt{\frac{2}{3}}\langle-|\right)$$

$$= \frac{1}{3}|+\rangle\langle+| + \frac{\sqrt{2}}{3}|+\rangle\langle-| + \frac{\sqrt{2}}{3}|-\rangle\langle+| + \frac{2}{3}|-\rangle\langle-|$$

$$\rho_b = |b\rangle\langle b| = \left(\frac{2}{3}|+\rangle - \frac{\sqrt{5}}{3}|-\rangle\right)\left(\frac{2}{3}\langle+| - \frac{\sqrt{5}}{3}\langle-|\right)$$

$$= \frac{4}{9}|+\rangle\langle+| - \frac{2\sqrt{5}}{9}|+\rangle\langle-| - \frac{2\sqrt{5}}{9}|-\rangle\langle+| + \frac{5}{9}|-\rangle\langle-|$$

$\{|+\rangle, |-\rangle\}$ 기저에서 밀도 행렬 표현은 다음과 같다.

$$\rho_a = \begin{pmatrix} \dfrac{1}{3} & \dfrac{\sqrt{2}}{3} \\ \dfrac{\sqrt{2}}{3} & \dfrac{2}{3} \end{pmatrix}, \quad \rho_b = \begin{pmatrix} \dfrac{4}{9} & \dfrac{-2\sqrt{5}}{9} \\ \dfrac{-2\sqrt{5}}{9} & \dfrac{5}{9} \end{pmatrix}$$

밀도 연산자라면 만족해야 하는 $Tr(\rho_a) = Tr(\rho_b) = 1$ 조건이 성립한다.

(b) 앙상블의 밀도 연산자는 다음과 같다.

$$\rho = (3/4)\rho_a + (1/4)\,\rho_b$$

$$= (3/4)\left[\frac{1}{3}|+\rangle\langle+| + \frac{\sqrt{2}}{3}|+\rangle\langle-| + \frac{\sqrt{2}}{3}|-\rangle\langle+| + \frac{2}{3}|-\rangle\langle-|\right]$$

$$+ (1/4)\left[\frac{4}{9}|+\rangle\langle+| - \frac{2\sqrt{5}}{9}|+\rangle\langle-| - \frac{2\sqrt{5}}{9}|-\rangle\langle+| + \frac{5}{9}|-\rangle\langle-|\right]$$

$$= \frac{13}{36}|+\rangle\langle+| + \frac{(9\sqrt{2} - 2\sqrt{5})}{36}(|+\rangle\langle-| + |-\rangle\langle+|) + \frac{23}{36}|-\rangle\langle-|$$

이 경우에도 대각합 1이 유지됨을 확인할 수 있다.

$$Tr(\rho) = \langle+|\rho|+\rangle + \langle-|\rho|-\rangle = \frac{13}{36} + \frac{23}{36} = \frac{36}{36} = 1$$

(c) 앙상블의 한 멤버를 뽑아 측정했을 때 $|+\rangle$ 상태가 나올 확률은 다음과 같다.

$$p(+) = Tr(\rho|+\rangle\langle+|)$$

$$= \langle+|\left(\frac{13}{36}|+\rangle\langle+| + \frac{(9\sqrt{2}-2\sqrt{5})}{36}(|+\rangle\langle-| + |-\rangle\langle+|) + \frac{23}{36}|-\rangle\langle-|\right)|+\rangle$$

$$= \frac{13}{36} \approx 0.36$$

앙상블의 한 멤버를 측정했을 때 $|-\rangle$ 상태가 나올 확률은 다음과 같다.

$$p(-) = Tr(\rho|-\rangle\langle-|)$$

$$= \langle-|\left(\frac{13}{36}|+\rangle\langle+| + \frac{(9\sqrt{2}-2\sqrt{5})}{36}(|+\rangle\langle-| + |-\rangle\langle+|) + \frac{23}{36}|-\rangle\langle-|\right)|-\rangle$$

$$= \frac{23}{36} \approx 0.64$$

두 확률의 합은 당연히 1이다.

예제 5.8

혼합 상태에 대해 $Tr(\rho^2) < 1$임을 증명하라.

풀이

밀도 연산자는 스펙트럼 분해 형식으로 표현할 수 있다.

$$\rho = \sum_i \lambda_i |u_i\rangle\langle u_i|$$

$\{|u_i\rangle\}$는 정규 직교 기저를 구성하므로, $\langle u_i|u_j\rangle = \delta_{ij}$이다. 밀도 연산자의 대각합은 1이다. 따라서 다음 식이 성립한다.

$$Tr(\rho) = Tr\left(\sum_i \lambda_i |u_i\rangle\langle u_i|\right) = \sum_j \langle u_j|\left(\sum_i \lambda_i |u_i\rangle\langle u_i|\right)|u_j\rangle$$

$$= \sum_{i,j} \lambda_i \langle u_j|u_i\rangle\langle u_i|u_j\rangle$$

$$= \sum_{i,j} \lambda_i \langle u_j|u_i\rangle\delta_{ij} = \sum_i \lambda_i \langle u_i|u_i\rangle = \sum_i \lambda_i$$

따라서 $\sum_i \lambda_i = 1$임을 알 수 있는데, 이 식이 성립하려면 밀도 연산자의 모든 고윳값이 $\lambda_i < 1$이어야 한다. $\lambda_i < 1$이면 $\lambda_i^2 < 1$이므로 $\sum_i \lambda_i^2$이 성립함을 알 수 있다.

혼합 상태에서 성립하는 예제 5.8의 관계식을 염두에 두고 밀도 연산자의 제곱을 생각해보자. 다음과 같이 계산할 수 있다.

$$Tr(\rho^2) = \sum_i \langle u_i|\left(\sum_j \lambda_j |u_j\rangle\langle u_j|\right)\left(\sum_k \lambda_k |u_k\rangle\langle u_k|\right)|u_i\rangle$$

$$= \sum_{i,j,k} \lambda_j \lambda_k \langle u_i|u_j\rangle\langle u_j|u_k\rangle\langle u_k|u_i\rangle$$

$$= \sum_{i,j,k} \lambda_j \lambda_k \langle u_i|u_j\rangle\langle u_j|u_k\rangle\delta_{ki}$$

$$= \sum_{i,j} \lambda_j \lambda_i \langle u_i|u_j\rangle\langle u_j|u_i\rangle$$

$$= \sum_{i,j} \lambda_j \lambda_i \langle u_i|u_j\rangle\delta_{ij}$$

$$= \sum_{i,j} \lambda_i \lambda_i \langle u_i|u_i\rangle$$

$$= \sum_{i,j} \lambda_i \lambda_i$$

$$= \sum_{i,j} \lambda_i^2 < 1$$

예제 5.9

다음과 같은 연산자가 있다.

$$\rho = \begin{pmatrix} \dfrac{1}{3} & \dfrac{i}{3} \\ \dfrac{-i}{3} & \dfrac{2}{3} \end{pmatrix}$$

(a) ρ는 에르미트 연산자이며 $0 \leq \lambda_i \leq 1$, $\lambda_i = 1$을 만족하는 양수 고윳 값을 갖고 있음을 보여라.

(b) 이 상태는 혼합 상태인가?

(c) 이 상태에 대해 $\langle X \rangle$ 값을 구하라.

풀이

(a) 주어진 행렬이 유효한 밀도 연산자 표현인지 알아보고자 이 행렬이 에르미트 행렬인지, 대각합이 1인지, 정부호 연산자인지 확인해보자. 먼저 ρ의 에르미트 행렬 여부를 확인하자. 행렬을 전치해서 행과 열을 바꾼다.

$$\rho^T = \begin{pmatrix} \dfrac{1}{3} & \dfrac{-i}{3} \\ \dfrac{i}{3} & \dfrac{2}{3} \end{pmatrix}$$

그런 다음 켤레 복소수를 취하면 $\rho^\dagger$를 구할 수 있다.

$$\rho^\dagger = \begin{pmatrix} \dfrac{1}{3} & \dfrac{i}{3} \\ \dfrac{-i}{3} & \dfrac{2}{3} \end{pmatrix}$$

$\rho = \rho^\dagger$이 확인됐다. 이제 대각합을 구해보자.

$$Tr(\rho) = \frac{1}{3} + \frac{2}{3} = 1$$

대각합이 1이므로 이 행렬은 밀도 연산자를 표현한 것으로 보인다. 이제 정부호 연산자인지만 확인하면 된다. 먼저 고윳값을 구해보자. 특성 방정식 $\det|\rho - \lambda I| = 0$을 풀면 된다.

$$\det|\rho - \lambda I| = \det\left|\begin{pmatrix} \frac{1}{3} & \frac{i}{3} \\ \frac{-i}{3} & \frac{2}{3} \end{pmatrix} - \begin{pmatrix} \lambda & 0 \\ 0 & \lambda \end{pmatrix}\right| = \det\left|\begin{matrix} \frac{1}{3} - \lambda & \frac{i}{3} \\ \frac{-i}{3} & \frac{2}{3} - \lambda \end{matrix}\right|$$

$$= \left(\frac{1}{3} - \lambda\right)\left(\frac{2}{3} - \lambda\right) - \left(\frac{-i}{3}\right)\left(\frac{i}{3}\right)$$

$$= \lambda^2 - \lambda + \frac{1}{9}$$

따라서 고윳값은 다음과 같다.

$$\lambda_{1,2} = \frac{1}{2} \pm \frac{\sqrt{5}}{6}$$

두 고윳값의 근삿값을 계산해보면

$$\lambda_1 = \frac{1}{2} + \frac{\sqrt{5}}{6} \approx 0.87$$

$$\lambda_2 = \frac{1}{2} - \frac{\sqrt{5}}{6} \approx 0.13$$

모두 실수이며, 음수가 아니고 1보다 작다. 따라서 당연히 다음 식이 성립한다.

$$\sum_{i=1}^{2} \lambda_i = \left(\frac{1}{2} + \frac{\sqrt{5}}{6}\right) + \left(\frac{1}{2} - \frac{\sqrt{5}}{6}\right) = \frac{1}{2} + \frac{1}{2} = 1$$

(b) 행렬을 제곱해보자.

$$\rho^2 = \begin{pmatrix} \dfrac{1}{3} & \dfrac{i}{3} \\ \dfrac{-i}{3} & \dfrac{2}{3} \end{pmatrix} \begin{pmatrix} \dfrac{1}{3} & \dfrac{i}{3} \\ \dfrac{-i}{3} & \dfrac{2}{3} \end{pmatrix} = \begin{pmatrix} \dfrac{2}{9} & \dfrac{i}{3} \\ \dfrac{-i}{3} & \dfrac{5}{9} \end{pmatrix}$$

대각합은 다음과 같다.

$$Tr(\rho^2) = \frac{2}{9} + \frac{5}{9} = \frac{7}{9} < 1$$

따라서 이 상태는 혼합 상태다.

(c) $X = Tr(X\rho)$를 이용해 기댓값을 계산할 수 있다. $X\rho$를 계산해보면

$$X\rho = \begin{pmatrix} 0 & 1 \\ 1 & 0 \end{pmatrix} \begin{pmatrix} \dfrac{1}{3} & \dfrac{i}{3} \\ \dfrac{-i}{3} & \dfrac{2}{3} \end{pmatrix} = \begin{pmatrix} \dfrac{-i}{3} & \dfrac{2}{3} \\ \dfrac{1}{3} & \dfrac{i}{3} \end{pmatrix}$$

이 행렬의 대각합은 0이므로, $\langle X \rangle$ = 0임을 알 수 있다.

직접 해보기

다음과 같은 연산자가 있다.

$$\rho = \begin{pmatrix} \dfrac{3}{5} & \dfrac{1}{5} \\ \dfrac{1}{5} & \dfrac{2}{5} \end{pmatrix}$$

이 연산자가 유효한 밀도 연산자임을 보여라. 고윳값 $\lambda_{1,2} = 5 \pm \sqrt{5}/10$를 구해야 한다. 이 상태가 혼합 상태며, $\langle Z \rangle = 1/5$임을 보여라.

앙상블의 원소에서 주어진 상태를 발견할 확률

질문을 다시 던져보자. 앙상블에서 한 상태를 뽑아 측정을 수행했을 때 가능한 측정 결과들의 확률은 각각 얼마일까? 이번에는 밀도 행렬을 이용해 답을 구해보자.

식(5.7)을 이용하면 앙상블 상태에 대한 밀도 연산자를 계산할 수 있다. 주어진 기저로 밀도 행렬을 표현하면 편리하다. $\{|0\rangle, |1\rangle\}$ 기저로 밀도 행렬을 계산한다면 행렬의 형태는 다음과 같다.

$$\rho = \begin{pmatrix} \langle 0|\rho|0 \rangle & \langle 0|\rho|1 \rangle \\ \langle 1|\rho|0 \rangle & \langle 1|\rho|1 \rangle \end{pmatrix}$$

앙상블의 한 구성 상태를 뽑아 측정했을 때 입자의 상태가 $|0\rangle$일 확률은 $\langle 0|\rho|0 \rangle$ 값으로 계산할 수 있다(앙상블 구성원의 상태가 $|0\rangle$일 확률).

앙상블의 한 구성 상태를 뽑아 측정했을 때 입자의 상태가 $|1\rangle$일 확률은 $\langle 1|\rho|1 \rangle$ 값으로 계산할 수 있다(앙상블 구성원의 상태가 $|1\rangle$일 확률).

이 명제는 전에 대각합과 사영 연산자로 다양한 확률을 계산할 때 사용했던 정의와 같은 것이다.

예제 5.10

계의 40%가 다음 상태로 준비돼 있고,

$$|\psi\rangle = \frac{1}{\sqrt{3}}|0\rangle + \sqrt{\frac{2}{3}}|1\rangle$$

계의 60%가 다음 상태로 준비돼 있는 앙상블을 생각해보자.

$$|\phi\rangle = \frac{1}{2}|0\rangle + \frac{\sqrt{3}}{2}|1\rangle$$

(a) 각 상태의 밀도 연산자를 구하고 이 상태들이 순수 상태임을 보여라. 각 상태에 측정을 수행했을 때 $|0\rangle$ 상태 및 $|1\rangle$ 상태가 측정될 확률은 각각 얼마인가?

(b) 앙상블의 밀도 행렬을 구하라.

(c) $Tr(\rho)$ = 1임을 보여라.

(d) 앙상블 구성원을 하나 뽑아 Z 측정을 했다. $|0\rangle$ 상태 및 $|1\rangle$ 상태가 측정될 확률은 각각 얼마인가?

풀이

(a) $|\psi\rangle$ 상태에 대해 보른 규칙을 적용하면 계가 $|0\rangle$ 상태일 확률은 1/3, $|1\rangle$ 상태일 확률은 2/3임을 알 수 있다. $|\phi\rangle$ 상태로 준비된 상태라면 계가 $|0\rangle$ 상태일 확률은 1/4이고, $|1\rangle$ 상태일 확률은 3/4이다. 주어진 상태 각각의 밀도 연산자는 $\rho_\psi = |\psi\rangle\langle\psi|$, $\rho_\phi = |\phi\rangle\langle\phi|$가 된다. 따라서 다음과 같이 계산할 수 있다.

$$\rho_\psi = |\psi\rangle\langle\psi| = \left(\frac{1}{\sqrt{3}}|0\rangle + \sqrt{\frac{2}{3}}|1\rangle\right)\left(\frac{1}{\sqrt{3}}\langle0| + \sqrt{\frac{2}{3}}\langle1|\right)$$

$$= \frac{1}{3}|0\rangle\langle0| + \frac{\sqrt{2}}{3}|0\rangle\langle1| + \frac{\sqrt{2}}{3}|1\rangle\langle0| + \frac{2}{3}|1\rangle\langle1|$$

$$\rho_\phi = |\phi\rangle\langle\phi| = \left(\frac{1}{2}|0\rangle + \frac{\sqrt{3}}{2}|1\rangle\right)\left(\frac{1}{2}\langle0| + \frac{\sqrt{3}}{2}\langle1|\right)$$

$$= \frac{1}{4}|0\rangle\langle0| + \frac{\sqrt{3}}{4}|0\rangle\langle1| + \frac{\sqrt{3}}{4}|1\rangle\langle0| + \frac{3}{4}|1\rangle\langle1|$$

행렬 표현은 다음과 같다.

$$\rho_\psi = \begin{pmatrix} \langle 0|\rho_\psi|0\rangle & \langle 0|\rho_\psi|1\rangle \\ \langle 1|\rho_\psi|0\rangle & \langle 1|\rho_\psi|1\rangle \end{pmatrix} = \begin{pmatrix} \dfrac{1}{3} & \dfrac{\sqrt{2}}{3} \\ \dfrac{\sqrt{2}}{3} & \dfrac{2}{3} \end{pmatrix}$$

$$\rho_\phi = \begin{pmatrix} \langle 0|\rho_\phi|0\rangle & \langle 0|\rho_\phi|1\rangle \\ \langle 1|\rho_\phi|0\rangle & \langle 1|\rho_\phi|1\rangle \end{pmatrix} = \begin{pmatrix} \dfrac{1}{4} & \dfrac{\sqrt{3}}{4} \\ \dfrac{\sqrt{3}}{4} & \dfrac{3}{4} \end{pmatrix}$$

이 행렬들이 순수 상태인지 아닌지를 확인하려면 각각의 밀도 행렬을 제곱하고 대각합을 계산한다. 첫 번째 행렬에 대한 결과는 다음과 같다.

$$\rho_\psi^2 = \begin{pmatrix} \dfrac{1}{3} & \dfrac{\sqrt{2}}{3} \\ \dfrac{\sqrt{2}}{3} & \dfrac{2}{3} \end{pmatrix} \begin{pmatrix} \dfrac{1}{3} & \dfrac{\sqrt{2}}{3} \\ \dfrac{\sqrt{2}}{3} & \dfrac{2}{3} \end{pmatrix} = \begin{pmatrix} \dfrac{1}{3} & \dfrac{\sqrt{2}}{3} \\ \dfrac{\sqrt{2}}{3} & \dfrac{2}{3} \end{pmatrix}$$

$\rho_\psi = \rho_\psi^2$이고 $Tr(\rho_\psi)=1$이므로, 이 상태는 순수 상태다. ρ_ϕ 역시 순수 상태임을 쉽게 확인할 수 있다.

(b) 식(5.7)을 사용하자.

$$\rho = \sum_{i=1}^{n} p_i \rho_i = \sum_{i=1}^{n} p_i |\psi_i\rangle\langle\psi_i|$$

문제에 주어진 확률은 다음과 같다.

$$p_\psi = 40\% = \frac{2}{5}$$
$$p_\phi = 60\% = \frac{3}{5}$$

앙상블의 밀도 행렬은 다음과 같다.

$$\rho = p_\psi \rho_\psi + p_\phi \rho = \frac{2}{5} \begin{pmatrix} \dfrac{1}{3} & \dfrac{\sqrt{2}}{3} \\ \dfrac{\sqrt{2}}{3} & \dfrac{2}{3} \end{pmatrix} + \frac{3}{5} \begin{pmatrix} \dfrac{1}{4} & \dfrac{\sqrt{3}}{4} \\ \dfrac{\sqrt{3}}{4} & \dfrac{3}{4} \end{pmatrix}$$

$$= \begin{pmatrix} \dfrac{17}{60} & \dfrac{(8\sqrt{2}+9\sqrt{3})}{60} \\ \dfrac{(8\sqrt{2}+9\sqrt{3})}{60} & \dfrac{43}{60} \end{pmatrix}$$

(c) $Tr(\rho)$ = 17/60 + 43/60 = 60/60 =1이고, 이는 밀도 행렬이라면 당연히 만족해야 하는 조건이다.

(d) 각각에 대한 확률을 구하고자 행렬을 {|0⟩, |1⟩} 기저로 표현해야한다.

$$\rho = \begin{pmatrix} \langle 0|\rho|0\rangle & \langle 0|\rho|1\rangle \\ \langle 1|\rho|0\rangle & \langle 1|\rho|1\rangle \end{pmatrix}$$

앙상블 구성원의 상태가 |0⟩일 확률은 ⟨0|ρ|0⟩이 된다. (c) 문항에서 계산한 밀도 행렬을 보면 이 확률 값은 17/60 ≈ 0.28이다.
마찬가지로 앙상블 구성원의 상태가 |1⟩일 확률은 ⟨1|ρ|1⟩이 된다. (c) 문항의 계산 결과를 보면 이 확률 값은 43/60 ≈ 0.72이다.

완전 혼합 상태

완전 혼합 상태는 밀도 연산자 세상에서 순수 상태의 반대편 끝으로 생각할 수 있다. 완전 혼합 상태인 계에서는 각 상태의 확률이 동일하다. 이런 상황을 나타내는 밀도 연산자는 항등 행렬에 비례한 꼴이 된다. n차원 상태 공간이라면 다음과 같은 형태가 된다.

$$\rho = \frac{1}{n} I \tag{5.13}$$

$I^2 = I$이므로, $\rho^2 = \frac{1}{n^2}I$이다. 또한 n차원 항등 연산자에 대해 $Tr(I) = n$이다. 따라서 완전 혼합 상태에서는 다음 관계가 성립한다.

$$Tr(\rho^2) = Tr\left(\frac{1}{n^2}I\right) = \frac{1}{n^2}Tr(I) = \frac{1}{n} \tag{5.14}$$

대개 관심을 두는 경우는 $n = 2$일 때다. $n = 2$일 때 $Tr(\rho^2)$ 값은 완전 혼합 상태일 때 1/2이 되고, 순수 상태일 때 가장 큰 1이 된다.

부분 대각합과 축소 밀도 연산자

아주 중요한 밀도 연산자 적용 사례는 (둘 이상의 개별 하부계로 구성된) 합성계의 특성을 다루는 것이다.

밀도 연산자는 하부계의 상태와 특성을 다루는 데 유용하다. 구체적으로 계의 한 부분을 앨리스가 갖고, 다른 부분을 밥이 가진 상태에서 서로 반대 방향으로 멀어지는 복합계를 생각해보자. 완전한 전체 계의 상태에는 두 하부계의 정보가 모두 담겨 있지만, 앨리스와 멀어지는 밥은 앨리스에 속한 절반의 계에 대해서는 알지 못한다. 앨리스가 밥에게 자신의 상태를 알려주지 못하는 상황에서도 전체 계의 밀도 연산자를 구하고, 밥 자신의 계만을 표현하는 밀도 연산자를 구하는 방법이 필요하다. 부분 대각합을 이용하면 밥의 계에 해당하는 밀도 연산자를 구할 수 있다. 이 밀도 연산자를 축소 밀도 연산자라고 한다.

앨리스와 밥이 얽힌 EPR 쌍 하나씩을 갖고 있는 전형적인 경우를 생각해보자. 계가 다음 벨 상태에 있다고 가정하자.

$$|\beta_{10}\rangle = \frac{|0_A\rangle|0_B\rangle - |1_A\rangle|1_B\rangle}{\sqrt{2}}$$

단일계에서와 같은 방법으로 복합계의 밀도 연산자를 구축하자. 앞 상태의 밀도 연산자는 다음과 같이 구할 수 있다.

$$
\begin{aligned}
\rho &= |\beta_{10}\rangle\langle\beta_{10}| \\
&= \left(\frac{|0_A\rangle|0_B\rangle - |1_A\rangle|1_B\rangle}{\sqrt{2}}\right)\left(\frac{\langle 0_A|\langle 0_B| - \langle 1_A|\langle 1_B|}{\sqrt{2}}\right) \\
&= \frac{|0_A\rangle|0_B\rangle\langle 0_A|\langle 0_B| - |0_A\rangle|0_B\rangle\langle 1_A|\langle 1_B| - |1_A\rangle|1_B\rangle\langle 0_A|\langle 0_B| + |1_A\rangle|1_B\rangle\langle 1_A|\langle 1_B|}{2}
\end{aligned}
\tag{5.15}
$$

부분 대각합을 통해 복합계를 구성하는 한 계의 밀도 연산자를 구하고자 하므로 복합계의 관측량을 다룰 수학적 도구가 필요하다. 기본적으로 ρ는 완전한 계를 표현하는 양이다. 앨리스와 밥이 반대 방향으로 멀어진다면 혼자서는 완전한 전체 계를 볼 수 없다. 앨리스만이 볼 수 있는 계와 밥만이 볼 수 있는 계를 설명하는 도구가 필요하다. 어느 한쪽에 속한 기저 상태에 해당하는 원소를 더해 부분 대각합을 구할 수 있다. 밥을 따라가는 경우를 생각해보자. 앨리스의 기저 상태에 대한 대각합을 구해야 한다. 다음과 같이 계산할 수 있다.

$$\rho_B = Tr_A(\rho) = Tr_A(|\beta_{10}\rangle\langle\beta_{10}|) = \langle 0_A|(|\beta_{10}\rangle\langle\beta_{10}|)|0_A\rangle + \langle 1_A|(|\beta_{10}\rangle\langle\beta_{10}|)|1_A\rangle$$

식(5.15)에서 구한 ρ를 이용하면 첫 번째 항을 계산할 수 있고,

$$
\begin{aligned}
&\langle 0_A|(|\beta_{10}\rangle\langle\beta_{10}|)|0_A\rangle \\
&= \langle 0_A|\left(\frac{|0_A\rangle|0_B\rangle\langle 0_A|\langle 0_B| - |0_A\rangle|0_B\rangle\langle 1_A|\langle 1_B| - |1_A\rangle|1_B\rangle\langle 0_A|\langle 0_B| + |1_A\rangle|1_B\rangle\langle 1_A|\langle 1_B|}{2}\right)|0_A\rangle \\
&= \frac{1}{2}\left(\frac{\langle 0_A|0_A\rangle|0_B\rangle\langle 0_B|\langle 0_A|0_A\rangle - \langle 0_A|0_A\rangle|0_B\rangle\langle 1_B|\langle 0_A|1_A\rangle - \langle 0_A|1_A\rangle|1_B\rangle\langle 0_B|\langle 0_A|0_A\rangle + \langle 0_A|1_A\rangle|1_B\rangle\langle 1_B|\langle 1_A|0_A\rangle}{2}\right) \\
&= \frac{|0_B\rangle\langle 0_B|}{2}
\end{aligned}
$$

두 번째 항도 다음과 같이 계산할 수 있다.

$$\langle 1_A | (|\beta_{10}\rangle\langle\beta_{10}|) | 1_A\rangle$$

$$= \langle 1_A | \left(\frac{|0_A\rangle|0_B\rangle\langle 0_A|\langle 0_B| - |0_A\rangle|0_B\rangle\langle 1_A|\langle 1_B| - |1_A\rangle|1_B\rangle\langle 0_A|\langle 0_B| + |1_A\rangle|1_B\rangle\langle 1_A|\langle 1_B|}{2} \right) |1_A\rangle$$

$$= \frac{1}{2} \left(\frac{\langle 1_A|0_A\rangle|0_B\rangle\langle 0_B|\langle 0_A|1_A\rangle - \langle 1_A|0_A\rangle|0_B\rangle\langle 1_B|\langle 0_A|1_A\rangle - \langle 1_A|1_A\rangle|1_B\rangle\langle 0_B|\langle 0_A|1_A\rangle + \langle 1_A|1_A\rangle|1_B\rangle\langle 1_B|\langle 1_A|1_A\rangle}{2} \right)$$

$$= \frac{|1_B\rangle\langle 1_B|}{2}$$

따라서 밥의 밀도 연산자는 다음과 같다.

$$\rho_B = Tr_A(\rho) = Tr_A(|\beta_{10}\rangle\langle\beta_{10}|) = \langle 0_A|(|\beta_{10}\rangle\langle\beta_{10}|)|0_A\rangle + \langle 1_A|(|\beta_{10}\rangle\langle\beta_{10}|)|1_A\rangle$$

$$= \frac{|0\rangle\langle 0| + |1\rangle\langle 1|}{2}$$

밥의 상태만을 표현한 것이므로 아래첨자를 생략했다. 밥의 $\{|0\rangle, |1\rangle\}$ 기저에 대한 행렬 표현은 다음과 같다.

$$\rho_B = \frac{1}{2} \begin{pmatrix} 1 & 0 \\ 0 & 1 \end{pmatrix}$$

$Tr(\rho_B)$ = 1/2 + 1/2 = 1이다(밀도 행렬의 대각합은 항상 1이다). 이제 이 행렬을 제곱하자. 항등 행렬이 포함돼 있으므로 간단히 계산할 수 있다.

$$\rho_B = \frac{1}{2} \begin{pmatrix} 1 & 0 \\ 0 & 1 \end{pmatrix} = \frac{I}{2}, \Rightarrow \rho_B^2 = \frac{I^2}{4} = \frac{1}{4} \begin{pmatrix} 1 & 0 \\ 0 & 1 \end{pmatrix}$$

그 결과 다음 관계를 확인할 수 있다.

$$Tr(\rho_B^2) = \frac{1}{4} + \frac{1}{4} = \frac{1}{2} < 1$$

즉, 밥의 상태는 완전 혼합 상태다.

직접 해보기

밥의 기저에 해당하는 부분 대각합을 취하는 방식으로 앨리스의 밀도 행렬을
계산하자. 앨리스의 상태도 마찬가지로 동일한 완전 혼합 상태임을 보여라.

결합계의 상태는 어떻게 될까? 식(5.15)의 밀도 연산자 ρ의 행렬 표현은 다음
과 같다.

$$
[\rho] = \begin{pmatrix} \langle 00|\rho|00 \rangle & \langle 00|\rho|01 \rangle & \langle 00|\rho|10 \rangle & \langle 00|\rho|11 \rangle \\ \langle 01|\rho|00 \rangle & \langle 01|\rho|01 \rangle & \langle 01|\rho|10 \rangle & \langle 01|\rho|11 \rangle \\ \langle 10|\rho|00 \rangle & \langle 10|\rho|01 \rangle & \langle 10|\rho|10 \rangle & \langle 10|\rho|11 \rangle \\ \langle 11|\rho|00 \rangle & \langle 11|\rho|01 \rangle & \langle 11|\rho|10 \rangle & \langle 11|\rho|11 \rangle \end{pmatrix}
$$

$$
= \begin{pmatrix} \frac{1}{2} & 0 & 0 & \frac{-1}{2} \\ 0 & 0 & 0 & 0 \\ 0 & 0 & 0 & 0 \\ \frac{-1}{2} & 0 & 0 & \frac{1}{2} \end{pmatrix}
$$

다음을 쉽게 확인할 수 있다.

$$
\rho^2 = \begin{pmatrix} \frac{1}{2} & 0 & 0 & \frac{-1}{2} \\ 0 & 0 & 0 & 0 \\ 0 & 0 & 0 & 0 \\ \frac{-1}{2} & 0 & 0 & \frac{1}{2} \end{pmatrix} \begin{pmatrix} \frac{1}{2} & 0 & 0 & \frac{-1}{2} \\ 0 & 0 & 0 & 0 \\ 0 & 0 & 0 & 0 \\ \frac{-1}{2} & 0 & 0 & \frac{1}{2} \end{pmatrix} = \begin{pmatrix} \frac{1}{2} & 0 & 0 & \frac{-1}{2} \\ 0 & 0 & 0 & 0 \\ 0 & 0 & 0 & 0 \\ \frac{-1}{2} & 0 & 0 & \frac{1}{2} \end{pmatrix}
$$

따라서 $Tr(\rho^2) = 1$이다. 즉, $|\beta_{10}\rangle$ 상태로 표현되는 결합계는 순수 상태지만,
앨리스와 밥 단독으로는 완전 혼합 상태를 보게 된다는 것이다. 결합계에 대
해서는 얽힘을 공부할 때 더 자세히 살펴볼 것이다.

예제 5.11

다음 상태를 생각해보자.

$$|A\rangle = \frac{|0\rangle - i|1\rangle}{\sqrt{2}}, \quad |B\rangle = \sqrt{\frac{2}{3}}|0\rangle + \frac{1}{\sqrt{3}}|1\rangle$$

(a) 곱 상태 $|A\rangle|B\rangle$를 써라.

(b) 밀도 연산자를 계산하라. 이 상태는 순수 상태인가?

풀이

(a) 곱 상태는 다음과 같다.

$$|A\rangle \otimes |B\rangle = \left(\frac{|0\rangle - i|1\rangle}{\sqrt{2}} \right) \otimes \left(\sqrt{\frac{2}{3}}|0\rangle + \frac{1}{\sqrt{3}}|1\rangle \right)$$

$$= \frac{1}{\sqrt{3}}|00\rangle + \frac{1}{\sqrt{6}}|01\rangle - \frac{i}{\sqrt{3}}|10\rangle - \frac{i}{\sqrt{6}}|11\rangle$$

(b) 밀도 연산자는 다음과 같이 구할 수 있다.

$$\rho = \left(\frac{1}{\sqrt{3}}|00\rangle + \frac{1}{\sqrt{6}}|01\rangle - \frac{i}{\sqrt{3}}|10\rangle - \frac{i}{\sqrt{6}}|11\rangle \right) \left(\frac{1}{\sqrt{3}}\langle 00| + \frac{1}{\sqrt{6}}\langle 01| + \frac{i}{\sqrt{3}}\langle 10| + \frac{i}{\sqrt{6}}\langle 11| \right)$$

$$= \frac{1}{3}|00\rangle\langle 00| + \frac{1}{\sqrt{18}}|00\rangle\langle 01| + \frac{i}{3}|00\rangle\langle 10| + \frac{i}{\sqrt{18}}|00\rangle\langle 11| + \frac{1}{\sqrt{18}}|01\rangle\langle 00|$$

$$+ \frac{1}{6}|01\rangle\langle 01| + \frac{i}{\sqrt{18}}|01\rangle\langle 10| + \frac{i}{6}|01\rangle\langle 11|$$

$$- \frac{i}{3}|10\rangle\langle 00| - \frac{i}{\sqrt{18}}|10\rangle\langle 01| + \frac{1}{3}|10\rangle\langle 10| + \frac{1}{\sqrt{18}}|10\rangle\langle 11| - \frac{i}{\sqrt{18}}|11\rangle\langle 00|$$

$$- \frac{i}{6}|11\rangle\langle 01| + \frac{1}{\sqrt{18}}|11\rangle\langle 10| + \frac{1}{6}|11\rangle\langle 11|$$

이 밀도 연산자는 다음 행렬로 표현할 수 있다.

$$\rho = \begin{pmatrix} \dfrac{1}{3} & \dfrac{1}{\sqrt{18}} & \dfrac{i}{3} & \dfrac{i}{\sqrt{18}} \\[2mm] \dfrac{1}{\sqrt{18}} & \dfrac{1}{6} & \dfrac{i}{\sqrt{18}} & \dfrac{i}{6} \\[2mm] \dfrac{-i}{3} & \dfrac{-i}{\sqrt{18}} & \dfrac{1}{3} & \dfrac{1}{\sqrt{18}} \\[2mm] \dfrac{-i}{\sqrt{18}} & \dfrac{-i}{6} & \dfrac{1}{\sqrt{18}} & \dfrac{1}{6} \end{pmatrix}$$

대각합은 1이 된다.

$$Tr(\rho) = \frac{1}{3} + \frac{1}{6} + \frac{1}{3} + \frac{1}{6} = 1$$

제곱하면 다음과 같다.

$$\rho^2 = \begin{pmatrix} \dfrac{1}{3} & \dfrac{1}{3\sqrt{2}} & \dfrac{i}{3} & \dfrac{i}{3\sqrt{2}} \\[2mm] \dfrac{1}{3\sqrt{2}} & \dfrac{1}{6} & \dfrac{i}{3\sqrt{2}} & \dfrac{i}{6} \\[2mm] \dfrac{-i}{3} & \dfrac{-i}{3\sqrt{2}} & \dfrac{1}{3} & \dfrac{1}{3\sqrt{2}} \\[2mm] \dfrac{-i}{3\sqrt{2}} & \dfrac{-i}{6} & \dfrac{1}{3\sqrt{2}} & \dfrac{1}{6} \end{pmatrix}$$

원래의 밀도 행렬과 같으므로, 당연히 다음 관계가 성립한다.

$$Tr(\rho^2) = \frac{1}{3} + \frac{1}{6} + \frac{1}{3} + \frac{1}{6} = 1$$

문제의 곱 상태는 순수 상태다.

밀도 연산자와 블로흐 벡터

2장에서 2차원 양자 상태를 그림으로 표현하는 블로흐 구$^{\text{Bloch sphere}}$를 살펴봤다. 계의 밀도 연산자와 블로흐 구와의 관계를 살펴보자.

2차원 힐베르트 공간에 있는 계의 밀도 연산자는 다음과 같은 방식으로 분해할 수 있다. 먼저 다음과 같은 형태의 벡터를 정의한다.

$$\vec{\sigma} = \sigma_x \hat{x} + \sigma_y \hat{y} + \sigma_z \hat{z}$$

그러면 밀도 연산자는 다음과 같이 분해할 수 있다.

$$\rho = \frac{1}{2}(I + \vec{S} \cdot \vec{\sigma})$$

$\vec{S}$는 **블로흐 벡터**라고 한다. 블로흐 벡터의 크기는 $|\vec{S}| \leq 1$을 만족하며, 순수 상태일 때 등호가 성립하고, 혼합 상태일 때는 $|\vec{S}| < 1$이 된다. 블로흐 벡터의 원소는 연산자 X, Y, Z의 기댓값을 이용해 계산한다. 즉, 다음과 같다,

$$\vec{S} = S_x \hat{x} + S_y \hat{y} + S_z \hat{z} = \langle X \rangle \hat{x} + \langle Y \rangle \hat{y} + \langle Z \rangle \hat{z}$$

밀도 연산자에 대해 배운 바를 이용하면 블로흐 벡터의 원소는 다음과 같이 쓸 수 있다.

$$S_x = Tr(\rho X), \quad S_y = Tr(\rho Y), \quad S_z = Tr(\rho Z)$$

다음 예제에서 볼 수 있듯이 순수 상태와 혼합 상태를 구별하는 수단으로 블로흐 벡터를 활용할 수 있다.

예제 5.12

다음 행렬을 생각해보자.

$$\rho = \begin{pmatrix} \dfrac{5}{8} & \dfrac{i}{4} \\ \dfrac{-i}{4} & \dfrac{3}{8} \end{pmatrix}$$

(a) 이 행렬은 유효한 밀도 연산자인가?

(b) 이 행렬은 순수 상태를 나타내고 있는가? 아니면 혼합 상태를 나타내고 있는가?

풀이

(a) 에르미트 행렬 여부는 쉽게 확인할 수 있다. 전치 행렬은 다음과 같다.

$$\rho^T = \begin{pmatrix} \dfrac{5}{8} & \dfrac{-i}{4} \\ \dfrac{i}{4} & \dfrac{3}{8} \end{pmatrix}$$

켤레 복소수를 취하면 $\rho = \rho^\dagger$이 성립하므로, 이 행렬은 에르미트 행렬이다. 그리고 밀도 연산자가 다음 조건을 만족한다.

$$Tr(\rho) = \frac{5}{8} + \frac{3}{8} = 1$$

마지막으로 고윳값을 확인한다. 간단한 계산을 통해 행렬의 고윳값을 구할 수 있다.

$$\lambda_{1,2} = \frac{4 \pm \sqrt{5}}{8}$$

두 고윳값 모두 $0 < \lambda_{1,2} < 1$을 만족하므로 이 행렬은 정부호 연산자를 표현하고 있다. 따라서 이 행렬은 유효한 밀도 행렬이다.

(b) 블로흐 벡터의 원소를 계산하자.

$$S_x = Tr(X\rho) = Tr\left[\begin{pmatrix} 0 & 1 \\ 1 & 0 \end{pmatrix} \begin{pmatrix} \dfrac{5}{8} & \dfrac{i}{4} \\ \dfrac{-i}{4} & \dfrac{3}{8} \end{pmatrix} \right] = Tr\begin{pmatrix} \dfrac{-i}{4} & \dfrac{3}{8} \\ \dfrac{5}{8} & \dfrac{i}{4} \end{pmatrix} = 0$$

$$S_y = Tr(Y\rho) = Tr\left[\begin{pmatrix} 0 & -i \\ i & 0 \end{pmatrix} \begin{pmatrix} \dfrac{5}{8} & \dfrac{i}{4} \\ \dfrac{-i}{4} & \dfrac{3}{8} \end{pmatrix} \right] = Tr\begin{pmatrix} \dfrac{-1}{4} & \dfrac{-i3}{8} \\ \dfrac{i5}{8} & \dfrac{-1}{4} \end{pmatrix} = \dfrac{-1}{2}$$

$$S_z = Tr(Z\rho) = Tr\left[\begin{pmatrix} 1 & 0 \\ 0 & -1 \end{pmatrix} \begin{pmatrix} \dfrac{5}{8} & \dfrac{i}{4} \\ \dfrac{-i}{4} & \dfrac{3}{8} \end{pmatrix} \right] = Tr\begin{pmatrix} \dfrac{5}{8} & \dfrac{i}{4} \\ \dfrac{i}{4} & \dfrac{-3}{8} \end{pmatrix} = \dfrac{1}{4}$$

블로흐 벡터의 크기를 구하면

$$
\begin{aligned}
|\vec{S}| &= \sqrt{S_x^2 + S_y^2 + S_z^2} \\
&= \sqrt{\left(\dfrac{-1+}{2}\right)^2 + \left(\dfrac{1}{4}\right)^2} \\
&= \sqrt{\dfrac{1}{4} + \dfrac{1}{16}} \\
&= \sqrt{\dfrac{5}{16}} \\
&= \dfrac{\sqrt{5}}{4} \approx 0.56 < 1
\end{aligned}
$$

$|\vec{S}| < 1$이므로 이 밀도 행렬은 혼합 상태를 표현하고 있다.

연습 문제

5.1. 다음 상태 벡터를 생각해보자.

$$|\psi\rangle = \sqrt{\tfrac{5}{6}}|0\rangle + \tfrac{1}{\sqrt{6}}|1\rangle$$

(A) 정규화된 상태인가?

(B) Z 측정을 진행했을 때 계의 상태가 $|0\rangle$일 확률은 얼마인가?

(C) 밀도 연산자를 쓰라.

(D) $\{|0\rangle, |1\rangle\}$ 기저에서 밀도 행렬을 구하고 $Tr(\rho) = 1$임을 보여라.

5.2. 다음 상태 벡터를 생각해보자.

$$|\psi\rangle = \begin{pmatrix} \cos\theta \\ i\sin\theta \end{pmatrix}$$

이는 정규화된 상태인가? $\rho = |\psi\rangle\langle\psi|$는 밀도 연산자인가?

5.3. 다음 상태 벡터를 생각해보자.

$$|\psi\rangle = \sqrt{\tfrac{3}{7}}|0\rangle + \tfrac{2}{\sqrt{7}}|1\rangle$$

(A) $\{|0\rangle, |1\rangle\}$ 기저로 밀도 행렬을 표현해보라.

(B) 이 상태가 순수 상태인지 아닌지 판별하라.

(C) $\{|+\rangle, |-\rangle\}$ 기저로 밀도 행렬을 표현하고, 여전히 $Tr(\rho) = 1$이 성립함을 보이고, (B) 문항과 동일한 결과를 얻을 수 있는지 확인하라.

5.4. 계의 상태가 다음과 같다.

$$|\psi\rangle = \sqrt{\tfrac{2}{3}}|0\rangle + \tfrac{1}{\sqrt{3}}|1\rangle$$

(A) $Tr(\rho)$, $Tr(\rho^2)$을 계산하라. 이 상태는 혼합 상태인가?

(B) 이 상태에 대한 $\langle X \rangle$ 값을 구하라.

5.5. 다음 행렬을 생각해보자.

$$\rho = \begin{pmatrix} \dfrac{1}{3} & \dfrac{i}{4} \\ \dfrac{-i}{4} & \dfrac{2}{3} \end{pmatrix}$$

(A) 이 행렬은 유효한 밀도 행렬인가? 그렇지 않다면 이유는 무엇인가?

(B) 이 행렬이 유효한 밀도 행렬이라면 이 행렬은 순수 상태를 표현하고 있는가? 혼합 상태를 표현하고 있는가?

5.6. 다음 밀도 행렬을 생각해보자.

$$\rho = \frac{1}{5} \begin{pmatrix} 3 & 1-i \\ 1+i & 2 \end{pmatrix}$$

(A) 이 상태는 혼합 상태인가?

(B) 이 상태에 대한 $\langle X \rangle$, $\langle Y \rangle$, $\langle Z \rangle$를 구하라.

5.7. 앙상블을 구성하는 계의 25%가 다음 상태에 있고,

$$|\psi\rangle = \frac{2}{\sqrt{5}}|0\rangle + \frac{1}{\sqrt{5}}|1\rangle$$

75%가 다음 상태에 있다고 하자.

$$|\phi\rangle = \frac{1}{\sqrt{2}}|0\rangle + \frac{1}{\sqrt{2}}|1\rangle$$

(A) 각 상태의 밀도 연산자를 구하고, 각 상태가 순수 상태임을 보여라. 계의 상태를 측정했을 때 $|0\rangle$ 상태 및 $|1\rangle$ 상태일 확률은 각각 얼마인가?

(B) 앙상블의 밀도 연산자를 구하라.

(C) $Tr(\rho) = 1$임을 보여라.

(D) 앙상블의 구성원을 하나 뽑아 Z 측정을 했다. $|0\rangle$ 상태 및 $|1\rangle$ 상태일 확률은 각각 얼마인가?

5.8. 앙상블을 구성하는 계의 60%가 다음 상태에 있고,

$$|a\rangle = \sqrt{\frac{2}{5}}|+\rangle - \sqrt{\frac{3}{5}}|-\rangle$$

40%가 다음 상태에 있다고 하자.

$$|b\rangle = \sqrt{\frac{5}{8}}|+\rangle + \sqrt{\frac{3}{8}}|-\rangle$$

앙상블의 구성원을 하나 뽑아 측정을 했을 때 $|0\rangle$ 상태일 확률은 얼마인가?

5.9. 앨리스와 밥이 얽힘 상태를 공유한다고 가정하자.

$$|\psi\rangle = \frac{|00\rangle + |11\rangle}{\sqrt{2}}$$

(A) 이 상태에 대한 밀도 연산자를 써라.

(B) 밀도 행렬을 계산하라. $Tr(\rho) = 1$임을 확인하고, 순수 상태 여부를 확인하라.

(C) 앨리스가 바라보는 축소 밀도 연산자를 표현하는 밀도 행렬을 구하라.

(D) 앨리스가 바라보는 축소 밀도 연산자가 완전 혼합 상태임을 보여라.

5.10. 다음 행렬을 생각하자.

$$\rho = \begin{pmatrix} \dfrac{2}{5} & \dfrac{-i}{8} \\ \dfrac{i}{8} & \dfrac{3}{5} \end{pmatrix}$$

(A) 이 행렬이 에르미트 행렬임을 보여라.

(B) 고윳값 $\lambda_{1,2} = 20 \pm \sqrt{41}/40$임을 확인하라.

(C) 이 행렬은 유효한 밀도 연산자를 표현하고 있는가?

(D) 계의 측정 결과가 $|0\rangle$ 상태일 확률이 0.66임을 보여라.

(E) 블로흐 벡터의 원소 값을 계산하고, 이 벡터가 혼합 상태를 가리킴을 보여라.

06

양자 측정 이론

양자역학을 이용하면 물리량 측정 시에 측정 가능한 값과 그 측정 확률을 알아낼 수 있다. 측정 이후 계가 어떤 상태가 되는지도 중요한 주제다. 고전 역학(즉, 일반적인 거시계)에서는 측정이 계에 아무런 영향을 끼치지 않지만, 양자역학계에서는 (불가역적으로 상태를 변화시키는) 엄청난 영향을 끼친다. 6장의 내용 대부분은 앞서 소개한 개념들의 복습이다. 하지만 이 책으로 양자역학을 처음 접한다면 이 주제들을 확실하게 알아두고 넘어가는 편이 좋다. 연산 시스템은 특정 순간에 필요한 정보를 얻을 수 있어야 하기 때문에 측정은 양자 컴퓨테이션의 바탕을 이루는 요소다. 여기서는 양자 이론의 다양한 측정 모델에 대한 기본 사항들을 알아본다.

양자 상태 구별과 측정

양자역학에서 측정은 중요한 역할을 한다. 측정이라는 행위는 양자계를 근본적으로 뒤흔든다. 다음과 같은 일반적인 큐비트를 생각해보자.

$$|\psi\rangle = \alpha|0\rangle + \beta|1\rangle \tag{6.1}$$

측정이 이뤄지면 큐비트의 상태는 $|\psi\rangle$에서 $|0\rangle$, 또는 $|\psi\rangle$에서 $|1\rangle$ 둘 중 하나로 변경된다. 측정 이후 이전 상태 식(6.1)은 사라진다. α, β 값이 얼마인지는 측정을 통해 알아낼 수 없다.

양자계의 측정 과정에서는 측정 장비와 양자계 사이에 일종의 상호작용이나 결합이 발생한다. 측정 장비는 대상 양자계를 포함하는 더 큰 외부 **환경**environment으로 생각할 수 있다. 이런 측정 장비나 외부 환경을 **보조계**ancilla라고 한다. 환경과 결합된 계는 **열린계**open system라고 한다.

3장과 5장에서 시간 흐름에 따른 양자계의 변화를 다뤘다. 그 때 고려한 계는 **닫힌**closed 양자계(즉, 외부 환경과 고립된 계)였다. 닫힌 양자계의 시간 변화는 식(3.90)의 슈뢰딩거 방정식을 따른다고 할 수 있으므로, 닫힌 양자계의 시간 변화는 식(3.91)와 식(3.92)의 유니타리 변환을 따른다.

측정 이론을 논하는 데 필요한 부분을 중심으로 양자역학의 공리를 짧게 정리해보자. 먼저 양자계는 힐베르트 공간상의 벡터(상태 벡터)로 표현할 수 있다. 시간 t에서 계의 상태를 $|\psi(t)\rangle$라 하자. 양자계의 동적 변화는 계의 전체 에너지를 나타내는 해밀토니안 연산자에 따라 정해진다. 고립된 혹은 닫힌계의 시간 변화는 슈뢰딩거 방정식을 이용해 다음과 같이 표현할 수 있다.

$$i\hbar\frac{\partial}{\partial t}|\psi\rangle = H\psi \tag{6.2}$$

해밀토니안 연산자의 실제 형태는 해당 계의 구체적인 속성에 따라 달라진다. 하지만 식(6.2)의 일반 해를 구하면 시간 t에 대한 계의 상태를 알 수 있다. 초기 시간 $t = 0$일 때 계의 상태가 $|\psi(0)\rangle$이라면 식(6.2)의 해를 통해 양자 상태의 시간 흐름에 따른 변화를 다음과 같이 구할 수 있다.

$$|\psi(t)\rangle = e^{-iHt/\hbar}|\psi(0)\rangle \tag{6.3}$$

해밀토니안 연산자가 에르미트 연산자라는 사실을 떠올려 보면 식(6.3)의

$e^{-iHt/\hbar}$가 유니타리 연산자가 된다는 것을 알 수 있다. 이 연산자를 유니타리 **변화 연산자**unitary evolution operator라고 한다.

$$U = e^{-iHt/\hbar} \tag{6.4}$$

5장에서 양자계의 변화를 밀도 연산자를 이용해 표현했다. 밀도 연산자 ρ_0로 계의 초기 상태를 표현했다면 시간 t에 대한 계의 상태는 다음과 같이 변하게 될 것이다.

$$\rho_t = U\rho_0 U^\dagger \tag{6.5}$$

양자계의 **동역학**dynamics은 **대각합 보존**trace-preserving을 만족한다. 즉, 계의 초기 상태를 $Tr(\rho_0) = 1$인 밀도 연산자 ρ_0로 표현했다면 계의 최종 상태를 표현하는 연산자 ρ_t도 $Tr(\rho_t) = 1$을 만족한다는 뜻이다.

시간 변화는 대각합을 보존하지만, 측정은 대각합을 감소시키는 양자적 연산이라 할 수 있다. 측정을 나타내는 양자적 연산을 M_m이라는 양자 연산자로 표기한다면 밀도 연산자 ρ는 $\rho' = M_m \rho M_m^\dagger$ 관계식에 따라 변환된다고 할 수 있다. 이 경우 $Tr(\rho') \leq 1$이 된다.

사영 측정 또는 폰 노이만 측정을 통해 자세한 논의를 시작해보자.

사영 측정

처음 알아볼 측정 모델은 **사영 측정**projective measurement과 관련이 있다. 이 모델부터 시작하는 것은 이 모델이 가장 이해하기 쉬운 일반적인 양자역학 입문 과정에서 가르치는 방식이며, 역사적으로도 가장 오래된 측정 모델이기 때문이다. 사영 측정은 최초로 설명한 수학자의 이름을 따서 **폰 노이만 측정**이라고도 한다. 5장에서 사영 측정의 기본적인 표기 방법을 살펴본 바 있으므로,

다음 내용 중 대부분은 복습이라 할 수 있다. 하지만 양자 정보 이론에서 차지하는 사영 측정의 근본적 역할을 생각해보면 복습으로 손해볼 일은 없다.

사영 측정은 다음과 같은 발상에 바탕을 두고 있다: 상호 배타적인 상태 집합이 있다면 주어진 계는 어느 상태에 있는 것일까? 원자를 예로 들면 $|g\rangle$로 표시한 낮은 에너지의 바닥 상태와 $|e\rangle$로 표시한 높은 에너지의 들뜬 상태라는 상호 배타적인 두 상태가 있을 수 있다. 사영 측정을 하면 원자가 $|g\rangle$ 상태에 있는지 $|e\rangle$ 상태에 있는지 확정할 수 있다. 또 다른 예로 입자의 위치를 생각해볼 수 있다. 주어진 입자의 위치가 x_1인가, 아니면 x_2인가? 큐비트의 경우라면 다음과 같은 질문을 생각해볼 수 있다: 주어진 큐비트의 상태가 $|0\rangle$인가, $|1\rangle$인가?

양자 측정 이론에서는 이런 상호 배타적인 확률을 사영 연산자로 표현할 수 있다. 사영 연산자 P는 에르미트 연산자며,

$$P = P^\dagger \tag{6.6}$$

제곱하면 자기 자신이 된다.

$$P^2 = P \tag{6.7}$$

두 사영 연산자 P_1, P_2의 곱이 0이면 두 사영 연산자는 **직교**^{orthogonal}한다고 말한다. 즉, 모든 상태 $|\psi\rangle$에 대해 다음을 만족할 때 P_1, P_2는 직교한다.

$$P_1 P_2 |\psi\rangle = 0 \tag{6.8}$$

상호 배타적인 측정 결과들은 해당 계의 상태 공간에 작용하는 서로 직교하는 사영 연산자에 대응한다. 직교하는 사영 연산자의 완전 집합은 다음 관계를 만족한다.

$$\sum_i P_i = I \tag{6.9}$$

직교 사영 연산자의 완전 집합 각각은 실제 수행할 수 있는 하나의 측정 작업을 나타낸다. 어떤 직교 사영 연산자 집합이 완전 집합이라면 식(6.9)는 가능한 측정 결과 중 최소한 하나는 참이 된다는 것을 뜻한다. 이는 확률의 총합이 1이어야 한다는 것을 다르게 표현한 것이다. 사영 연산자의 개수는 계를 표현하는 힐베르트 공간의 차원에 따라 결정된다. 힐베르트 공간이 d차원이고, 사영 연산자가 m개 있다면 둘 사이에는 다음 관계가 성립한다.

$$m \leq d \tag{6.10}$$

예를 들어 $|\psi\rangle = \alpha|0\rangle + \beta|1\rangle$인 큐비트가 있다면 이 큐비트의 공간은 2차원이며, 상호 배타적인 측정 결과 $|0\rangle$, $|1\rangle$ 각각에 대한 사영 연산자는 다음과 같다고 할 수 있다.

$$P_0 = |0\rangle\langle 0|, \quad P_1 = |1\rangle\langle 1| \tag{6.11}$$

원자의 바닥 상태와 들뜬 상태에 해당하는 사영 연산자는 다음과 같이 쓸 수 있다.

$$P_g = |g\rangle\langle g|, \quad P_e = |e\rangle\langle e| \tag{6.12}$$

두 사영 연산자 사이에 교환 법칙이 성립한다면 이 두 연산자의 곱인 P_1P_2 또한 사영 연산자가 된다. 그러나 둘 이상의 사영 연산자 합은 일반적으로 사영 연산자가 아니다. 사영 연산자 집합의 합이 사영 연산자가 되기 위한 필요 충분 조건은 연산자들이 서로 직교하는 것이다. 사영 연산자 집합 $\{P_1, P_2, P_3, \ldots\}$이 있을 때 이 연산자들이 서로 직교한다는 것을 다음과 같이 표기할 수 있다.

$$P_i P_j = \delta_{ij} P_i \tag{6.13}$$

이제 n차원 계에 대해 상호 직교하는 사영 연산자 집합 $\{P_1, P_2, P_3, \ldots, P_n\}$을

생각해보자. 계의 상태가 $|\psi\rangle$로 주어졌다고 하자. 측정이 이뤄졌을 때 i번째 결과를 얻을 확률은 다음과 같다.

$$\Pr(i) = |P_i|\psi\rangle|^2 = (P_i|\psi\rangle)^\dagger (P_i|\psi\rangle) = \langle\psi|P_i^2|\psi\rangle = \langle\psi|P_i|\psi\rangle \tag{6.14}$$

그다음 어떤 사영 연산자 집합을 생각해보고, 이 연산자를 A로 표기한 후 A의 고유 벡터와 고윳값을 각각 $|u_i\rangle$, a_i라고 하자. A를 스펙트럼 분해하면 이 연산자는 다음과 같이 쓸 수 있다.

$$A = \sum_{i=1}^{n} a_i |u_i\rangle\langle u_i| = \sum_{i=1}^{n} a_i P_i \tag{6.15}$$

측정 결과 a_i에 해당하는 사영 연산자 $P_i = |u_i\rangle\langle u_i|$가 된다. A의 고유 벡터를 이용하면 계의 상태 $|\psi\rangle$를 다음과 같이 전개할 수 있다.

$$|\psi\rangle = \sum_{i=1}^{n} (\langle u_i|\psi\rangle)|u_i\rangle = \sum_{i=1}^{n} c_i |u_i\rangle \tag{6.16}$$

$c_i = \langle u_i|\psi\rangle$는 계가 $|\psi\rangle$ 상태에 있을 때 측정 결과 a_i를 얻을 확률의 진폭을 뜻한다. 주어진 측정 결과를 얻을 실제 확률은 이 값의 제곱 계수를 계산해 구할 수 있다. 즉, 다음과 같이 계산한다.

$$\Pr(i) = |\langle u_i|\psi\rangle|^2 \tag{6.17}$$

(정규화 상태를 가정했을 경우, 그렇지 않다면 $\langle\psi|\psi\rangle$로 나눠야 한다) 식(6.17)을 **보른 규칙**Born rule이라고 한다. 고윳값이 중첩된 상태라면 고윳값에 해당하는 고유 벡터를 모두 더해 확률을 구할 수 있다.

$$\Pr(i) = \sum_j |\langle u_j|\psi\rangle|^2 \tag{6.18}$$

식(6.14)와 외적의 대각합이 내적과 같다는(즉, $Tr(A|\psi\rangle\langle\phi|) = \langle\phi|A|\psi\rangle$) 사실을 이용하면 측정 결과를 얻을 확률 a_i는 다음과 같이 쓸 수 있다.

$$\Pr(i) = \langle\psi|P_i|\psi\rangle = Tr(P_i|\psi\rangle\langle\psi|) \tag{6.19}$$

이제 측정 이후 계의 상태를 생각해보자. 사영 측정을 논할 때 **파동 함수의 붕괴**^{collapse of the wave function}라고 하는 신기한 현상을 많이 듣게 된다. 이 현상은 계의 상태가 측정 이전에는 식(6.16)과 같이 기저 상태가 중첩된 모양이지만, 측정 이후에는 측정 결과에 해당하는 기저 상태로 바뀌어 버리는 것을 말한다. 측정 이후 계의 상태 $|\psi'\rangle$는 다음 수식으로 표현한다.

$$|\psi'\rangle = \frac{P_i|\psi\rangle}{\sqrt{\langle\psi|P_i|\psi\rangle}} \tag{6.20}$$

분모에 $\langle\psi|P_i|\psi\rangle$ 항이 있기 때문에 $|\psi\rangle$는 정규화된 상태다. 상태 $|\psi\rangle$에 대한 관측 가능 값 A의 기댓값 혹은 평균은 다음과 같다.

$$\langle A \rangle = \sum_i a_i \langle\psi|P_i|\psi\rangle \tag{6.21}$$

예제 6.1

계의 상태가 다음과 같다.

$$|\psi\rangle = \frac{2}{\sqrt{19}}|u_1\rangle + \frac{2}{\sqrt{19}}|u_2\rangle + \frac{1}{\sqrt{19}}|u_3\rangle + \frac{2}{\sqrt{19}}|u_4\rangle + \sqrt{\frac{6}{19}}|u_5\rangle$$

이 식에서 $\{|u_1\rangle, |u_2\rangle, |u_3\rangle, |u_4\rangle, |u_5\rangle\}$는 완전한 정규 직교 벡터 집합을 구성한다. $|u_i\rangle$ 각각은 계의 가능한 측정 결과 $H|u_n\rangle = n\varepsilon|u_n\rangle$, $n = 1, 2, 3, 4, 5$에 해당하는 해밀토니안 고유 벡터를 뜻한다.

(a) 가능한 측정 결과에 해당하는 사영 연산자 집합을 설명하라.

(b) 각 측정 결과를 얻을 확률을 구하라. 측정된 에너지 값이 3ε라면 측정 이후 계의 상태는 어떻게 되는가?

(c) 계의 평균 에너지는 얼마인가?

풀이

(a) 가능한 측정 결과는 ε, 2ε, 3ε, 4ε, 5ε이다. 측정 결과 각각은 기저 상태 $|u_1\rangle$, $|u_2\rangle$, $|u_3\rangle$, $|u_4\rangle$, $|u_5\rangle$에 대응한다. 그러므로 각 측정 결과에 대한 사영 연산자는 다음과 같다.

$$P_1 = |u_1\rangle\langle u_1|$$
$$P_2 = |u_2\rangle\langle u_2|$$
$$P_3 = |u_3\rangle\langle u_3|$$
$$P_4 = |u_4\rangle\langle u_4|$$
$$P_5 = |u_5\rangle\langle u_5|$$

$|u_i\rangle$는 정규 직교 기저 벡터 집합이고 완전성 관계를 만족하므로, 다음 식이 성립한다.

$$\sum_i P_i = I$$

(b) 식(6.14) 혹은 식(6.17)을 이용하면 각 측정 결과를 얻을 확률을 계산할 수 있다. 식(6.17)을 이용해 ε 또는 2ε를 얻을 확률을 계산해보자. 먼저 정규화 상태인지를 확인할 필요가 있다. 다음 식을 계산하고, 결과가 1인지 확인한다.

$$\sum_{i=1}^{5} |c_i|^2$$

결과가 1이면 다음 관계가 성립한다.

$$\sum_{i=1}^{5} |c_i|^2 = \left|\frac{2}{\sqrt{19}}\right|^2 + \left|\frac{2}{\sqrt{19}}\right|^2 + \left|\frac{1}{\sqrt{19}}\right|^2 + \left|\frac{2}{\sqrt{19}}\right|^2 + \left|\sqrt{\frac{6}{19}}\right|^2$$

$$= \frac{4}{19} + \frac{4}{19} + \frac{1}{19} + \frac{4}{19} + \frac{6}{19}$$

$$= \frac{19}{19} = 1$$

정규화 상태이므로 계속 진행하자. 그 전에 기저 상태가 직교한다는 사실은 다음 식이 성립함을 뜻한다.

$$\langle u_i | u_j \rangle = \delta_{ij}$$

그러므로 첫 번째 경우에 보른 규칙을 적용하면 다음 결과를 얻을 수 있다.

$$\Pr(\varepsilon) = |\langle u_2 | \psi \rangle|^2 = \left| \langle u_1 | \left(\frac{2}{\sqrt{19}}|u_1\rangle + \frac{2}{\sqrt{19}}|u_2\rangle + \frac{1}{\sqrt{19}}|u_3\rangle + \frac{2}{\sqrt{19}}|u_4\rangle + \sqrt{\frac{6}{19}}|u_5\rangle \right) \right|^2$$

$$= \left| \frac{2}{\sqrt{19}}\langle u_1|u_1\rangle + \frac{2}{\sqrt{19}}\langle u_1|u_2\rangle + \frac{1}{\sqrt{19}}\langle u_1|u_3\rangle + \frac{2}{\sqrt{19}}\langle u_1|u_4\rangle + \sqrt{\frac{6}{19}}\langle u_1|u_5\rangle \right|^2$$

$$= \left| \frac{2}{\sqrt{19}}(1) + \frac{2}{\sqrt{19}}(0) + \frac{1}{\sqrt{19}}(0) + \frac{2}{\sqrt{19}}(0) + \sqrt{\frac{6}{19}}(0) \right|^2$$

$$= \left| \frac{2}{\sqrt{19}} \right|^2$$

$$= \frac{4}{19}$$

두 번째 측정 결과를 얻을 확률은 다음과 같이 구할 수 있다.

$$\Pr(\varepsilon) = |\langle u_2 | \psi \rangle|^2 = \left| \langle u_2 | \left(\frac{2}{\sqrt{19}}|u_1\rangle + \frac{2}{\sqrt{19}}|u_2\rangle + \frac{1}{\sqrt{19}}|u_3\rangle + \frac{2}{\sqrt{19}}|u_4\rangle + \sqrt{\frac{6}{19}}|u_5\rangle \right) \right|^2$$

$$= \left| \frac{2}{\sqrt{19}} \langle u_2 | u_2 \rangle \right|^2$$

$$= \left| \frac{2}{\sqrt{19}} \right|^2$$

$$= \frac{4}{19}$$

나머지 경우에 대한 확률을 구하고자 사영 연산자와 식(6.14)를 이용하자. 그러면 다음 식을 얻을 수 있고,

$$P_3 |\psi\rangle = (|u_3\rangle\langle u_3|) \left(|\psi\rangle = \frac{2}{\sqrt{19}} |u_1\rangle + \frac{2}{\sqrt{19}} |u_2\rangle + \frac{1}{\sqrt{19}} |u_3\rangle + \frac{2}{\sqrt{19}} |u_4\rangle + \sqrt{\frac{6}{19}} |u_5\rangle \right)$$

$$= |u_3\rangle \left(\frac{1}{\sqrt{19}} \langle u_3 | u_3 \rangle \right) = \frac{1}{\sqrt{19}} |u_3\rangle$$

따라서 다음 결과를 얻을 수 있다.

$$\Pr(3\varepsilon) = \langle \psi | P_3 | \psi \rangle$$

$$= \left(\frac{2}{\sqrt{19}} \langle u_1 | + \frac{2}{\sqrt{19}} \langle u_2 | + \frac{1}{\sqrt{19}} \langle u_3 | + \frac{2}{\sqrt{19}} \langle u_4 | + \sqrt{\frac{6}{19}} \langle u_5 | \right) \left(\frac{1}{\sqrt{19}} |u_3\rangle \right)$$

$$= \left(\frac{2}{\sqrt{19}} \right) \left(\frac{1}{\sqrt{19}} \right) \langle u_1 | u_3 \rangle + \left(\frac{2}{\sqrt{19}} \right) \left(\frac{1}{\sqrt{19}} \right) \langle u_2 | u_3 \rangle + \frac{1}{19} \langle u_3 | u_3 \rangle$$

$$+ \left(\frac{2}{\sqrt{19}} \right) \left(\frac{1}{\sqrt{19}} \right) \langle u_4 | u_3 \rangle + \left(\sqrt{\frac{6}{19}} \right) \left(\frac{1}{\sqrt{19}} \right) \langle u_5 | u_3 \rangle$$

$$= \frac{1}{19}$$

같은 방식으로 다음 식을 얻을 수 있다.

$$P_4 |\psi\rangle = (|u_4\rangle\langle u_4|) |\psi\rangle = \frac{2}{\sqrt{19}} |u_4\rangle$$

$$P_5 |\psi\rangle = (|u_5\rangle\langle u_5|) |\psi\rangle = \sqrt{\frac{6}{19}} |u_4\rangle$$

그 결과는 다음과 같다.

$$\Pr(4\varepsilon) = \langle\psi|P_4|\psi\rangle = \frac{4}{19}$$

$$\Pr(5\varepsilon) = \langle\psi|P_5|\psi\rangle = \frac{6}{19}$$

측정 결과 에너지 값이 3ε라면 식(6.20)을 적용한다. 측정 후 계의 상태는 다음과 같다.

$$|\psi'\rangle = \frac{P_3|\psi\rangle}{\sqrt{\langle\psi|P_3|\psi\rangle}} = \frac{1/\sqrt{19}[|\mu_3\rangle}{\sqrt{1/19}} = |\mu_3\rangle$$

(c) 식(6.21)을 이용해 계의 평균 에너지를 구할 수 있다. 그 결과는 다음과 같다.

$$\begin{aligned}
\langle H\rangle &= \sum_{i=1}^{5} E_i\langle\psi|P_i|\psi\rangle = \varepsilon\langle\psi|P_1|\psi\rangle + 2\varepsilon\langle\psi|P_2|\psi\rangle + 3\varepsilon\langle\psi|P_3|\psi\rangle \\
&\quad + 4\varepsilon\langle\psi|P_4|\psi\rangle + 5\varepsilon\langle\psi|P_5|\psi\rangle \\
&= \varepsilon\frac{4}{19} + 2\varepsilon\frac{4}{19} + 3\varepsilon\frac{1}{19} + 4\varepsilon\frac{4}{19} + 5\varepsilon\frac{6}{19} \\
&= \frac{61}{19}\varepsilon
\end{aligned}$$

예제 6.2

큐비트의 상태가 다음과 같다.

$$|\psi\rangle = \frac{\sqrt{3}}{2}|0\rangle - \frac{1}{2}|1\rangle$$

Y축에 대한 측정을 진행했다. Y 행렬의 고윳값이 ±1이라고 할 때 측정 결과가 $+1$일 확률과 -1일 확률을 각각 구하라.

풀이

먼저 상태의 정규화 여부를 확인한다.

$$\langle\psi|\psi\rangle = \left(\frac{\sqrt{3}}{2}\langle 0| - \frac{1}{2}\langle 1|\right)\left(\frac{\sqrt{3}}{2}|0\rangle - \frac{1}{2}|1\rangle\right)$$

$$= \frac{3}{4}\langle 0|0\rangle - \frac{\sqrt{3}}{4}\langle 1|0\rangle - \frac{\sqrt{3}}{4}\langle 0|1\rangle + \frac{1}{4}\langle 1|1\rangle$$

$$= \frac{3}{4} + \frac{1}{4} = 1$$

$\langle\psi|\psi\rangle$ = 1이므로 정규화된 상태다. $Y = \begin{pmatrix} 0 & i \\ -i & 0 \end{pmatrix}$이다. Y 행렬의 고윳값 ± 1 에 대한 각 고유 벡터가 다음과 같음을 보여야 한다.

$$|u_1\rangle = \frac{1}{\sqrt{2}}\begin{pmatrix} 1 \\ i \end{pmatrix}, \quad |u_2\rangle = \frac{1}{\sqrt{2}}\begin{pmatrix} 1 \\ -i \end{pmatrix}$$

벡터의 원소를 전치하고 켤레 복소수를 취한 쌍대벡터를 구하면 다음과 같다.

$$\langle u_1| = (|u_1\rangle)^\dagger = \frac{1}{\sqrt{2}}(1 \quad -i), \quad \langle u_2| = (|u_2\rangle)^\dagger = \frac{1}{\sqrt{2}}(1 \quad i)$$

각 측정 가능 결과에 대한 사영 연산자는 다음과 같다.

$$P_{+1} = |u_1\rangle\langle u_1| = \frac{1}{2}\begin{pmatrix} 1 \\ i \end{pmatrix}(1 \quad -i) = \frac{1}{2}\begin{pmatrix} 1 & -i \\ i & 1 \end{pmatrix}$$

$$P_{-1} = |u_2\rangle\langle u_2| = \frac{1}{2}\begin{pmatrix} 1 \\ -i \end{pmatrix}(1 \quad i) = \frac{1}{2}\begin{pmatrix} 1 & i \\ -i & 1 \end{pmatrix}$$

$|\psi\rangle$ 상태를 열벡터로 쓰면

$$|\psi\rangle = \frac{\sqrt{3}}{2}|0\rangle - \frac{1}{2}|1\rangle = \frac{\sqrt{3}}{2}\begin{pmatrix} 1 \\ 0 \end{pmatrix} - \frac{1}{2}\begin{pmatrix} 0 \\ 1 \end{pmatrix} = \frac{1}{2}\begin{pmatrix} \sqrt{3} \\ -1 \end{pmatrix}$$

다음 결과를 얻을 수 있다.

$$P_{+1}|\psi\rangle = \frac{1}{2}\begin{pmatrix} 1 & -i \\ i & 1 \end{pmatrix}\frac{1}{2}\begin{pmatrix} \sqrt{3} \\ -1 \end{pmatrix} = \frac{1}{4}\begin{pmatrix} 1 & -i \\ i & 1 \end{pmatrix}\begin{pmatrix} \sqrt{3} \\ -1 \end{pmatrix} = \frac{1}{4}\begin{pmatrix} \sqrt{3}+i \\ -1+i\sqrt{3} \end{pmatrix}$$

$$P_{-1}|\psi\rangle = \frac{1}{2}\begin{pmatrix} 1 & i \\ -i & 1 \end{pmatrix}\frac{1}{2}\begin{pmatrix} \sqrt{3} \\ -1 \end{pmatrix} = \frac{1}{4}\begin{pmatrix} 1 & i \\ -i & 1 \end{pmatrix}\begin{pmatrix} \sqrt{3} \\ -1 \end{pmatrix} = \frac{1}{4}\begin{pmatrix} \sqrt{3}-i \\ -1-i\sqrt{3} \end{pmatrix}$$

이제 관측량 Y에 대한 측정을 수행했을 때 +1이 나올 확률을 구해보자.

$$\Pr(+1) = \langle\psi|P_{+1}|\psi\rangle = \frac{1}{2}\begin{pmatrix} \sqrt{3} & -1 \end{pmatrix}\frac{1}{4}\begin{pmatrix} \sqrt{3}+i \\ -1+i\sqrt{3} \end{pmatrix}$$

$$= \frac{1}{8}(3+i\sqrt{3}+1-i\sqrt{3}) = \frac{1}{8}(3+1) = \frac{1}{2}$$

유사한 방식으로 다음 확률도 구할 수 있다.

$$\Pr(-1) = \langle\psi|P_{-1}|\psi\rangle = \frac{1}{2}\begin{pmatrix} \sqrt{3} & -1 \end{pmatrix}\frac{1}{4}\begin{pmatrix} \sqrt{3}-i \\ -1-i\sqrt{3} \end{pmatrix}$$

$$= \frac{1}{8}(3-i\sqrt{3}+1+i\sqrt{3}) = \frac{1}{8}(3+1) = \frac{1}{2}$$

직접 해보기

$Y = \begin{pmatrix} 0 & i \\ -i & 0 \end{pmatrix}$의 고유 벡터가 다음과 같음을 보여라.

$$|u_1\rangle = \frac{1}{\sqrt{2}}\begin{pmatrix} 1 \\ i \end{pmatrix}, \quad |u_2\rangle = \frac{1}{\sqrt{2}}\begin{pmatrix} 1 \\ -i \end{pmatrix}$$

예제 6.3

계의 상태가 다음과 같다.

$$|\psi\rangle = \frac{1}{\sqrt{6}}|0\rangle + \sqrt{\frac{5}{6}}|1\rangle$$

관측량 X에 대한 측정을 수행했다. 기댓값 혹은 평균값은 얼마일까?

풀이

$X = \begin{pmatrix} 0 & 1 \\ 1 & 0 \end{pmatrix}$의 고유 벡터는 다음과 같다.

$$|+_x\rangle = \frac{|0\rangle + |1\rangle}{\sqrt{2}}, \quad |-_x\rangle = \frac{|0\rangle - |1\rangle}{\sqrt{2}} \tag{6.22}$$

측정값 +1에 해당하는 사영 연산자는 다음과 같다.

$$\begin{aligned} P_+ = |+_x\rangle\langle+_x| &= \left(\frac{|0\rangle + |1\rangle}{\sqrt{2}}\right)\left(\frac{\langle0| + \langle1|}{\sqrt{2}}\right) \\ &= \frac{1}{2}\left(|0\rangle\langle0| + |0\rangle\langle1| + |1\rangle\langle0| + |1\rangle\langle1|\right) \end{aligned} \tag{6.23}$$

측정값 −1에 해당하는 사영 연산자는 다음과 같다.

$$\begin{aligned} P_- = |-_x\rangle\langle-_x| &= \left(\frac{|0\rangle - |1\rangle}{\sqrt{2}}\right)\left(\frac{\langle0| - \langle1|}{\sqrt{2}}\right) \\ &= \frac{1}{2}\left(|0\rangle\langle0| - |0\rangle\langle1| - |1\rangle\langle0| + |1\rangle\langle1|\right) \end{aligned} \tag{6.24}$$

각 측정 결과를 얻을 확률은 다음과 같다.

$$\begin{aligned} \Pr(+1) &= \langle\psi|P_+|\psi\rangle \\ &= \left(\frac{1}{\sqrt{6}}\langle0| + \sqrt{\frac{5}{6}}\langle1|\right)\left(\frac{1}{2}\left(|0\rangle\langle0| + |0\rangle\langle1| + |1\rangle\langle0| + |1\rangle\langle1|\right)\right)\left(\frac{1}{\sqrt{6}}|0\rangle + \sqrt{\frac{5}{6}}|1\rangle\right) \\ &= \left(\frac{1}{\sqrt{6}}\langle0| + \sqrt{\frac{5}{6}}\langle1|\right)\left(\frac{1+\sqrt{5}}{2\sqrt{6}}|0\rangle + \frac{1+\sqrt{5}}{2\sqrt{6}}|1\rangle\right) \end{aligned}$$

$$= \frac{6 + 2\sqrt{5}}{12}$$

$$\Pr(-1) = \langle\psi|P_-|\psi\rangle$$

$$= \left(\frac{1}{\sqrt{6}}\langle 0| + \sqrt{\frac{5}{6}}\langle 1|\right)\left(\frac{1}{2}(|0\rangle\langle 0| - |0\rangle\langle 1| - |1\rangle\langle 0| + |1\rangle\langle 1|)\right)\left(\frac{1}{\sqrt{6}}|0\rangle + \sqrt{\frac{5}{6}}|1\rangle\right)$$

$$= \left(\frac{1}{\sqrt{6}}\langle 0| + \sqrt{\frac{5}{6}}\langle 1|\right)\left(\frac{1-\sqrt{5}}{2\sqrt{6}}|0\rangle + \frac{-1+\sqrt{5}}{2\sqrt{6}}|1\rangle\right)$$

$$= \frac{6 - 2\sqrt{5}}{12}$$

확률의 총합이 1이 됨을 확인할 수 있다.

$$\langle\psi|P_+|\psi\rangle + \langle\psi|P_-|\psi\rangle = \frac{6 + 2\sqrt{5}}{12} + \frac{6 - 2\sqrt{5}}{12} = 1$$

평균값은 다음과 같이 계산할 수 있다.

$$\langle X\rangle = (+1)\Pr(+1) + (-1)\Pr(-1)$$

$$= \frac{6 + 2\sqrt{5}}{12} - \left(\frac{6 - 2\sqrt{5}}{12}\right) = \frac{\sqrt{5}}{3} \approx 0.75$$

단일 큐비트계에 대한 직교 사영 연산자는 다음과 같이 쓸 수 있다.

$$P_\pm = \frac{I \pm \vec{n} \cdot \vec{\sigma}}{2} \tag{6.25}$$

이 식에서 $\vec{n}$은 블로흐 구의 축을 가리킨다. $\vec{n}$을 x축 방향 단위 벡터로 설정했다고 가정하고, 외적을 이용해 $X = \sigma_x = |1\rangle\langle 0| + |0\rangle\langle 1|$로 표현할 수 있다는 사실을 이용하자.

$$P_\pm = \frac{I \pm \hat{x} \cdot \vec{\sigma}}{2} = \frac{1}{2}(|0\rangle\langle 0| + |1\rangle\langle 1| \pm |0\rangle\langle 1| \pm |1\rangle\langle 0|)$$

식(6.23)과 식(6.24)를 비교해보면 이 연산자가 바로 X의 고유 벡터 |±〉로 사영하는 연산자임을 알 수 있다.

복합계 측정

4장에서 복합계를 소개한 바 있다. 다수의 양자 컴퓨테이션 적용 사례는 복합계를 대상으로 한다. 이 절에서는 기본적인 복합계 측정 연산을 알아본다. 다음 복합계 사례들을 통해 앞 절에서 살펴본 관계들의 유용성이 더 명확해질 것이다.

예제 6.4

다음 상태에 대해 $P_0 \otimes I$ 연산자와 $I \otimes P_1$ 연산자의 동작을 설명하라.

$$|\psi\rangle = \frac{|01\rangle - |10\rangle}{\sqrt{2}}$$

풀이

첫 번째 연산자 $P_0 \otimes I$는 첫 번째 큐비트에는 사영 연산자 $P_0 = |0\rangle\langle0|$을 적용하고, 두 번째 큐비트는 그대로 둠을 나타낸다. 그 결과는 다음과 같다.

$$P_0 \otimes I|\psi\rangle = \frac{1}{\sqrt{2}}[(|0\rangle\langle0|0\rangle) \otimes |1\rangle - (|0\rangle\langle0|1\rangle \otimes |0\rangle)] = \frac{|01\rangle}{\sqrt{2}}$$

재밌게도 첫 번째 큐비트를 사영 측정함으로써 두 번째 큐비트의 상태도 한정 상태로 바뀐다. 7장에서 살펴보겠지만 이는 얽힌계에서 나타나는 특성이다. 계의 붕괴 현상은 큐비트 사이의 공간 거리와 관계가 없음이 명확히 드러난다.

식(6.20)을 이용해 측정 이후 계의 정규 상태를 구할 수 있다.

$$\langle\psi|P_0 \otimes I|\psi\rangle = \left(\frac{\langle 01| - \langle 10|}{\sqrt{2}}\right)\frac{|01\rangle}{\sqrt{2}} = \frac{\langle 0|0\rangle\langle 1|1\rangle - \langle 1|0\rangle\langle 0|1\rangle}{2} = \frac{1}{2}$$

측정 이후 상태는 다음과 같다.

$$|\psi'\rangle = \frac{P_0 \otimes I|\psi\rangle}{\sqrt{\langle\psi|P_0 \otimes I|\psi\rangle}} = \frac{|01\rangle/\sqrt{2}}{(1/\sqrt{2})} = |01\rangle$$

단일 큐비트에 대해 식(6.20)을 적용하는 것이 과하기는 하지만, 이를 이용하면 측정 이후의 정규화 상태를 빠르게 구할 수 있음을 알 수 있다.

두 번째 $I \otimes P_1$ 연산자는 첫 번째 큐비트를 그대로 두고 두 번째 큐비트에 사영 연산자 P_1을 적용함을 뜻한다.

$$I \otimes P_1|\psi\rangle = \frac{1}{\sqrt{2}}[|0\rangle \otimes (|1\rangle\langle 1|1\rangle) - |1\rangle \otimes (|1\rangle\langle 1|0\rangle)] = \frac{|01\rangle}{\sqrt{2}}$$

같은 상태였지만 이번에는 두 번째 큐비트에 $P_1 = |1\rangle\langle 1|$이라는 사영 연산자를 적용함으로써 첫 번째 큐비트의 상태가 $|0\rangle$로 한정된다. 행렬을 이용해 다시 계산해보자. 주어진 연산자의 행렬 표현은 다음과 같다.

$$I \otimes P_1 = \begin{pmatrix} 1 \cdot P_1 & 0 \cdot P_1 \\ 0 \cdot P_1 & 1 \cdot P_1 \end{pmatrix} = \begin{pmatrix} 0 & 0 & 0 & 0 \\ 0 & 1 & 0 & 0 \\ 0 & 0 & 0 & 0 \\ 0 & 0 & 0 & 1 \end{pmatrix}$$

다음 관계를 알고 있으므로,

$$|01\rangle = |0\rangle \otimes |1\rangle = \begin{pmatrix} 1 \\ 0 \end{pmatrix} \otimes \begin{pmatrix} 0 \\ 1 \end{pmatrix} = \begin{pmatrix} 0 \\ 1 \\ 0 \\ 0 \end{pmatrix}$$

$$|10\rangle = |1\rangle \otimes |0\rangle = \begin{pmatrix} 0 \\ 1 \end{pmatrix} \otimes \begin{pmatrix} 1 \\ 0 \end{pmatrix} = \begin{pmatrix} 0 \\ 0 \\ 1 \\ 0 \end{pmatrix}$$

측정하기 전 계의 상태는 다음과 같이 쓸 수 있고,

$$|\psi\rangle = \frac{|01\rangle - |10\rangle}{\sqrt{2}} = \frac{1}{\sqrt{2}} \begin{pmatrix} 0 \\ 1 \\ -1 \\ 0 \end{pmatrix}$$

$I \otimes P_1$ 연산자의 동작은 다음과 같이 계산할 수 있다.

$$I \otimes P_1 |\psi\rangle = \frac{1}{\sqrt{2}} \begin{pmatrix} 0 & 0 & 0 & 0 \\ 0 & 1 & 0 & 0 \\ 0 & 0 & 0 & 0 \\ 0 & 0 & 0 & 1 \end{pmatrix} \begin{pmatrix} 0 \\ 1 \\ -1 \\ 0 \end{pmatrix} = \frac{1}{\sqrt{2}} \begin{pmatrix} 0 \\ 1 \\ 0 \\ 0 \end{pmatrix} = \frac{1}{\sqrt{2}} |01\rangle$$

예제 6.5

계의 상태가 다음과 같다.

$$|\psi\rangle = \frac{1}{\sqrt{8}} |00\rangle + \sqrt{\frac{3}{8}} |01\rangle + \frac{1}{2} |10\rangle + \frac{1}{2} |11\rangle$$

(a) 측정을 통해 계가 $|\phi\rangle = |01\rangle$ 상태임을 발견할 확률은 얼마인가?

(b) 측정을 통해 첫 번째 큐비트가 $|0\rangle$ 상태임을 발견할 확률은 얼마인가? 측정 이후 계의 상태는 어떻게 되는가?

풀이

(a) 계의 상태가 $|\psi\rangle$일 때 계가 $|\phi\rangle = |01\rangle$ 상태임을 발견할 확률은 보른 규칙에 따라 $\Pr = |\langle\phi|\psi\rangle|^2$ 식으로 계산할 수 있다. $\langle 0|1\rangle = \langle 1|0\rangle = 0$이므로 다음과 같이 계산할 수 있다.

$$
\begin{aligned}
\langle\phi|\psi\rangle &= \langle 01| \left(\frac{1}{\sqrt{8}}|00\rangle + \sqrt{\frac{3}{8}}|01\rangle + \frac{1}{2}|10\rangle + \frac{1}{2}|11\rangle \right) \\
&= \frac{1}{\sqrt{8}}\langle 0|0\rangle\langle 1|0\rangle + \sqrt{\frac{3}{8}}\langle 0|0\rangle\langle 1|1\rangle + \frac{1}{2}\langle 0|1\rangle\langle 1|0\rangle + \frac{1}{2}\langle 0|1\rangle\langle 1|1\rangle \\
&= \sqrt{\frac{3}{8}}
\end{aligned}
$$

따라서 구하는 확률은 다음과 같다.

$$
\Pr = |\langle\phi|\psi\rangle|^2 = \frac{3}{8}
$$

(b) 측정을 통해 첫 번째 큐비트가 $|0\rangle$ 상태에 있음을 발견할 확률을 구하고자 주어진 상태에 $P_0 \otimes I = |0\rangle\langle 0| \otimes I$ 연산자를 적용할 수 있다. 이렇게 하면 첫 번째 큐비트에는 사영 연산자 P_0가 적용되고, 두 번째 큐비트에는 항등 연산자가 적용되므로 변화가 없다. 그 결과는 다음과 같다.

$$
\begin{aligned}
P_0 \otimes I|\psi\rangle &= (|0\rangle\langle 0| \otimes I) \left(\frac{1}{\sqrt{8}}|00\rangle + \sqrt{\frac{3}{8}}|01\rangle + \frac{1}{2}|10\rangle + \frac{1}{2}|11\rangle \right) \\
&= \frac{1}{\sqrt{8}}|0\rangle\langle 0|0\rangle \otimes |0\rangle + \sqrt{\frac{3}{8}}|0\rangle\langle 0|0\rangle \otimes |1\rangle + \frac{1}{2}|0\rangle\langle 0|1\rangle \otimes |0\rangle + \frac{1}{2}|0\rangle\langle 0|1\rangle \otimes |1\rangle \\
&= \frac{1}{\sqrt{8}}|00\rangle + \sqrt{\frac{3}{8}}|01\rangle
\end{aligned}
$$

이 결과를 얻을 확률은 다음과 같다.

$$\Pr = \langle \psi | P_0 \otimes I | \psi \rangle$$

$$= \left(\frac{1}{\sqrt{8}} \langle 00 | + \sqrt{\frac{3}{8}} \langle 01 | + \frac{1}{2} \langle 10 | + \frac{1}{2} \langle 11 | \right) \left(\frac{1}{\sqrt{8}} | 00 \rangle + \sqrt{\frac{3}{8}} | 01 \rangle \right)$$

$$= \frac{1}{8} + \frac{3}{8} = \frac{1}{2}$$

식(6.20)을 이용해 측정 이후 계의 상태를 구할 수 있다.

$$| \psi' \rangle = \frac{\frac{1}{\sqrt{8}} | 00 \rangle + \sqrt{\frac{3}{8}} | 01 \rangle}{\sqrt{\langle \psi | P_0 \otimes I | \psi \rangle}} = \sqrt{2} \left(\frac{1}{\sqrt{8}} | 00 \rangle + \sqrt{\frac{3}{8}} | 01 \rangle \right)$$

$$= \frac{1}{2} | 00 \rangle + \frac{\sqrt{3}}{2} | 01 \rangle$$

예제 6.6

3큐비트계의 상태가 다음과 같다.

$$| \psi \rangle = \left(\frac{\sqrt{2} + i}{\sqrt{20}} \right) | 000 \rangle + \frac{1}{\sqrt{2}} | 001 \rangle + \frac{1}{\sqrt{10}} | 011 \rangle + \frac{i}{2} | 111 \rangle$$

(a) 이 상태는 정규화된 상태인가? 세 큐비트에 대해 측정이 이뤄졌을 때 계가 $| 000 \rangle$ 상태에 있을 확률은 얼마인가?

(b) 첫 번째 큐비트에 대해서만 측정했을 때 결과가 0일 확률은 얼마인가? 측정 이후 계의 상태는 어떻게 되는가?

풀이

(a) 상태의 정규화 여부를 확인하고자 계수의 제곱 합을 계산한다.

$$\sum_i |c_i|^2 = \left(\frac{\sqrt{2}+i}{\sqrt{20}}\right)\left(\frac{\sqrt{2}-i}{\sqrt{20}}\right) + \left(\frac{1}{\sqrt{2}}\right)\left(\frac{1}{\sqrt{2}}\right) + \left(\frac{1}{\sqrt{10}}\right)\left(\frac{1}{\sqrt{10}}\right)$$

$$+ \left(\frac{i}{2}\right)\left(-\frac{i}{2}\right)$$

$$= \frac{3}{20} + \frac{1}{2} + \frac{1}{10} + \frac{1}{4} = \frac{20}{20} = 1$$

따라서 주어진 상태는 정규화된 상태다. 세 큐비트 모두에 대해 측정이 이뤄졌을 때 계가 $|000\rangle$ 상태에 있을 확률은 다음과 같다.

$$\Pr(000) = \left(\frac{\sqrt{2}+i}{\sqrt{20}}\right)\left(\frac{\sqrt{2}-i}{\sqrt{20}}\right) = \frac{3}{20} = 0.15$$

(b) 첫 번째 큐비트의 측정 결과가 0일 확률은 주어진 상태에 $P_0 \otimes I \otimes I$ 연산자를 적용하고, $\langle\psi|P_0 \otimes I \otimes I|\psi\rangle$ 값을 계산하면 구할 수 있다. 이 연산자는 두 번째, 세 번째 큐비트는 그대로 두고 첫 번째 큐비트만 $|0\rangle$ 상태로 사영한다. 결과는 다음과 같다.

$$P_0 \otimes I \otimes I|\psi\rangle = \left(\frac{\sqrt{2}+i}{\sqrt{20}}\right)(|0\rangle\langle0| \otimes I \otimes I)|000\rangle + \frac{1}{\sqrt{2}}(|0\rangle\langle0| \otimes I \otimes I)|001\rangle$$

$$+ \frac{1}{\sqrt{10}}(|0\rangle\langle0| \otimes I \otimes I)|011\rangle + \frac{i}{2}(|0\rangle\langle0| \otimes I \otimes I)|111\rangle$$

$$= \left(\frac{\sqrt{2}+i}{\sqrt{20}}\right)|000\rangle + \frac{1}{\sqrt{2}}|001\rangle + \frac{1}{\sqrt{10}}|011\rangle$$

$\langle0|1\rangle = 0$이므로 마지막 항은 사라지게 되고, 따라서 다음과 같다.

$$\frac{i}{2}(|0\rangle\langle0| \otimes I \otimes I)|111\rangle = \frac{i}{2}(|0\rangle\langle0|1\rangle) \otimes |1\rangle \otimes |1\rangle = 0$$

첫 번째 큐비트의 측정 결과가 0일 확률은 다음과 같다.

$$\langle\psi|P_0 \otimes I \otimes I|\psi\rangle = \left|\frac{\sqrt{2}+i}{\sqrt{20}}\right|^2 + \left|\frac{1}{\sqrt{2}}\right|^2 + \left|\frac{1}{\sqrt{10}}\right|^2 = \frac{3}{20} + \frac{1}{2} + \frac{1}{10} = \frac{3}{4}$$

측정 후 계의 상태는 다음과 같다.

$$|\psi'\rangle = \frac{P_0 \otimes I \otimes I|\psi\rangle}{\sqrt{\langle\psi|P_0 \otimes I \otimes I|\psi\rangle}} = \sqrt{\frac{4}{3}}\left(\left(\frac{\sqrt{2}+i}{\sqrt{20}}\right)|000\rangle + \frac{1}{\sqrt{2}}|001\rangle + \frac{1}{\sqrt{10}}|011\rangle\right)$$

$$= \left(\frac{\sqrt{2}+i}{\sqrt{15}}\right)|000\rangle + \sqrt{\frac{2}{3}}|001\rangle + \sqrt{\frac{2}{15}}|011\rangle$$

직접 해보기

예제 6.6의 측정 후 계의 상태가 정규화된 상태인지 확인해보자.

예제 6.7

어떤 계가 다음과 같은 GHZ 상태(그린버거-혼-차일링거^{Greenberger-Horne-Zeilinger}

상태로, 세 개의 양자가 얽혀 있는 상태 – 옮긴이)에 있다.

$$|\psi\rangle = \frac{1}{\sqrt{2}}(|000\rangle + |111\rangle)$$

어떤 관측량 $A = \sigma_x \otimes \sigma_y \otimes \sigma_z$를 생각해보자. $|\pm\rangle = |0\rangle \pm |1\rangle/\sqrt{2}$라 했을 때 측정을 통해 계가 $|+++\rangle$ 상태에 있음을 발견할 확률과 $|---\rangle$ 상태에 있음을 발견할 확률은 각각 얼마인가? 관측량 A의 기댓값은 얼마인가?

풀이

파울리 연산자의 동작을 떠올려 보면 다음과 같고

218

$$\sigma_x|0\rangle = |1\rangle, \qquad \sigma_x|1\rangle = |0\rangle$$

$$\sigma_y|0\rangle = -i|1\rangle, \quad \sigma_y|1\rangle = i|0\rangle$$

$$\sigma_z|0\rangle = |0\rangle, \qquad \sigma_z|1\rangle = -|1\rangle$$

주어진 관측량에 대해 다음과 같이 쓸 수 있다.

$$A|\psi\rangle = (\sigma_x \otimes \sigma_y \otimes \sigma_z)\left(\frac{1}{\sqrt{2}}(|000\rangle + |111\rangle)\right)$$

$$= -\frac{i}{\sqrt{2}}(|110\rangle + |001\rangle)$$

이 식을 $|\pm\rangle = \dfrac{|0\rangle \pm |1\rangle}{\sqrt{2}}$ 기저로 다시 써보자. 첫 항은 다음과 같이 바꿀 수 있고,

$$|110\rangle = \left(\frac{|+\rangle - |-\rangle}{\sqrt{2}}\right) \otimes \left(\frac{|+\rangle - |-\rangle}{\sqrt{2}}\right) \otimes \left(\frac{|+\rangle + |-\rangle}{\sqrt{2}}\right)$$

$$= \left(\frac{|+\rangle - |-\rangle}{\sqrt{2}}\right) \otimes \left(\frac{|++\rangle + |+-\rangle - |-+\rangle - |--\rangle}{2}\right)$$

$$= \frac{1}{2\sqrt{2}}(|+++\rangle + |++-\rangle - |+-+\rangle - |+--\rangle - |-++\rangle$$

$$- |-+-\rangle + |--+\rangle + |---\rangle)$$

두 번째 항은 다음과 같이 바꿀 수 있다.

$$|001\rangle = \left(\frac{|+\rangle + |-\rangle}{\sqrt{2}}\right) \otimes \left(\frac{|+\rangle + |-\rangle}{\sqrt{2}}\right) \otimes \left(\frac{|+\rangle - |-\rangle}{\sqrt{2}}\right)$$

$$= \frac{1}{2\sqrt{2}}(|+++\rangle - |++-\rangle + |+-+\rangle - |+--\rangle + |-++\rangle$$

$$- |-+-\rangle + |--+\rangle - |---\rangle)$$

따라서 주어진 상태는 $|\pm\rangle$ 기저로 다음과 같이 쓸 수 있다.

$$A|\psi\rangle = -\frac{i}{2}(|{+}{+}{+}\rangle - |{+}{-}{-}\rangle - |{-}{+}{-}\rangle + |{-}{-}{+}\rangle)$$

계가 $|{-}{-}{-}\rangle$ 상태일 확률은 0이고, $|{+}{+}{+}\rangle$ 상태일 확률은 다음과 같다.

$$|\langle {+}{+}{+}|A|\psi\rangle|^2 = \left|-\frac{i}{2}\right|^2 = \frac{1}{4}$$

초기 상태를 $|{\pm}\rangle$ 기저로 표현하면 다음과 같다.

$$|\psi\rangle = \frac{1}{2\sqrt{2}}(|{+}{+}{+}\rangle + |{+}{-}{-}\rangle + |{-}{+}{-}\rangle + |{-}{-}{+}\rangle)$$

관측량 A의 기댓값은 다음과 같이 계산할 수 있다.

$$\langle\psi|A|\psi\rangle = \frac{1}{2\sqrt{2}}(\langle{+}{+}{+}| + \langle{+}{-}{-}| + \langle{-}{+}{-}| + \langle{-}{-}{+}|)$$

$$-\frac{i}{2}(|{+}{+}{+}\rangle - |{+}{-}{-}\rangle - |{-}{+}{-}\rangle + |{-}{-}{+}\rangle)$$

$$= -\frac{i}{4\sqrt{2}}(1 - 1 - 1 + 1) = 0$$

직접 해보기

GHZ 상태를 $|{\pm}\rangle$ 기저로 써보자.

예제 6.8

2큐비트 계의 상태가 다음과 같다.

$$|\phi\rangle = \frac{\sqrt{3}}{2}|00\rangle + \frac{1}{2}|11\rangle$$

첫 번째 큐비트에 Y 게이트를 적용했다. 이후 두 큐비트 모두에 대해 측정을 수행한다면 가능한 측정 결과는 무엇이며, 각 측정 결과에 대한 확률은 얼마인가?

풀이

계산 기저 상태에 대한 Y 게이트의 동작은 다음과 같다.

$$Y|0\rangle = i|1\rangle, \quad Y|1\rangle = -i|0\rangle$$

따라서 다음과 같은 결과를 얻을 수 있으므로,

$$Y \otimes I|\phi\rangle = \frac{\sqrt{3}}{2}(Y \otimes I)|00\rangle + \frac{1}{2}(Y \otimes I)|11\rangle = i\frac{\sqrt{3}}{2}|10\rangle - \frac{i}{2}|01\rangle$$

두 큐비트 모두에 대해 측정을 수행할 때 얻을 수 있는 측정 결과는 10과 01이 된다. 10을 얻을 확률을 계산해보면 다음과 같다.

$$\left| i\frac{\sqrt{3}}{2} \right|^2 = \left(i\frac{\sqrt{3}}{2} \right)\left(-i\frac{\sqrt{3}}{2} \right) = \frac{3}{4}$$

01을 발견할 확률은 다음과 같다.

$$\left| \frac{i}{2} \right|^2 = \left(\frac{i}{2} \right)\left(-\frac{i}{2} \right) = \frac{1}{4}$$

이 확률을 모두 더하면 당연히 1이 된다.

측정의 일반화

좀 더 일반적인 방식으로 측정을 설명할 수 있다. 통상적인 표기법을 따르면 m번째 측정 가능한 결과에 대한 측정 연산자를 M_m으로 표기할 수 있다. 어떤 상태 $|\psi\rangle$가 주어졌을 때 m번째 측정 결과를 얻을 확률은 다음과 같이 쓸 수 있다.

$$\Pr(m) = \langle\psi|M_m^\dagger M_m|\psi\rangle \tag{6.26}$$

사영 연산자는 에르미트 연산자며, 제곱하면 자기 자신이 된다는 점과 식 (6.14) 및 식(6.26)을 비교해보면 사영 연산자를 이 수식에 어떻게 맞춰 넣을지 알 수 있다.

측정 이후 계의 상태는 다음과 같다.

$$|\psi'\rangle = \frac{M_m|\psi\rangle}{\sqrt{\langle\psi|M_m^\dagger M_m|\psi\rangle}} \tag{6.27}$$

사영 연산자와 마찬가지로 측정 연산자도 확률의 총합이 1이라는 사실에서 따라 나오는 완전성 조건을 만족한다. 일반적인 측정 연산자에 대해 이 관계를 다음과 같이 쓸 수 있다.

$$\sum_m M_m^\dagger M_m = I \tag{6.28}$$

이제 밀도 연산자로 기술된 계에 대한 측정을 생각해보자. 어떤 양자계를 밀도 연산자 ρ로 기술했다면 측정 결과 m을 얻을 확률은 다음과 같다.

$$\Pr(m) = Tr(M_m^\dagger M_m \rho) \tag{6.29}$$

서로 직교하는 i번째 측정 결과에 대한 사영 연산자 $P_i = |u_i\rangle\langle u_i|$ 집합으로 문제의 측정 작업을 서술할 수 있다면 각 측정 결과를 얻을 확률은 다음과

같이 쓸 수 있다.

$$\Pr(i) = Tr(P_i^\dagger P_i \rho) = Tr(|u_i\rangle\langle u_i|\rho) = \langle u_i|\rho|u_i\rangle \tag{6.30}$$

측정 결과 m을 얻은 이후 계의 상태는 다음 밀도 연산자로 표현할 수 있다.

$$\rho' = \frac{M_m \rho M_m^\dagger}{Tr(M_m^\dagger M_m \rho)} \tag{6.31}$$

직교하는 사영 연산자 집합으로 측정 작업을 서술하고, i번째 측정 결과를 얻은 경우라면 측정 이후 계의 상태는 다음과 같이 쓸 수 있다.

$$\rho' = \frac{|u_i\rangle\langle u_i|_i \rho|u_i\rangle\langle u_i|}{\langle u_i|\rho|u_i\rangle} \tag{6.32}$$

예제 6.9

어떤 양자계의 밀도 행렬이 다음과 같다.

$$\rho = \frac{5}{6}|0\rangle\langle 0| + \frac{1}{6}|1\rangle\langle 1|$$

이 계가 $|0\rangle$ 상태에 있을 확률은 얼마인가?

풀이

물론 주어진 계가 $|0\rangle$ 상태에 있을 확률이 5/6라는 것은 식에서 바로 알 수 있다. 그렇지만 식(6.30)을 적용해서 구해보자. 이 역시 어렵지 않다.

$$\Pr(0) = Tr(|0\rangle\langle 0|\rho) = \langle 0|\rho|0\rangle$$

$$= \langle 0 | \left(\frac{5}{6} |0\rangle \langle 0| + \frac{1}{6} |1\rangle \langle 1| \right) |0\rangle$$

$$= \frac{5}{6} \langle 0|0\rangle \langle 0|0\rangle + \frac{1}{6} \langle 0|1\rangle \langle 1|0\rangle = \frac{5}{6}$$

예제 6.10

어떤 계의 밀도 연산자가 다음과 같다.

$$\rho = \frac{1}{3} |u_1\rangle \langle u_1| - i \frac{\sqrt{2}}{3} |u_1\rangle \langle u_2| + i \frac{\sqrt{2}}{3} |u_2\rangle \langle u_1| + \frac{2}{3} |u_2\rangle \langle u_2|$$

이 식의 $|u_k\rangle$ 정규 직교 기저 집합을 구성한다. 측정을 통해 계의 상태가 $|u_2\rangle$ 를 얻을 확률은 얼마인가?

풀이

해당 측정 결과에 대한 사영 연산자는 다음과 같다.

$$P_2 = |u_2\rangle \langle u_2|$$

따라서 구하는 확률은 다음과 같다.

$$\Pr(|u_2\rangle) = Tr(|u_2\rangle \langle u_2|\rho) = \langle u_2|\rho|u_2\rangle = \frac{2}{3}$$

양의 연산자 값 측정(POVM)

지금까지 집중적으로 살펴봤던 사영 측정보다 더 일반적인 측정 방식으로 양의 연산자 값 측정^{POVM, Positive Operator-Valued Measure}이 있다. POVM은 양의 연산자 E_m의 집합으로 이뤄진다. 이 경우 측정 결과 m을 얻을 확률은 다음과 같이 구할 수 있다.

$$\Pr(m) = \langle \psi | E_m | \psi \rangle \tag{6.33}$$

어떤 계가 밀도 연산자 ρ로 서술되는 혼합 상태라면 측정 결과 m을 얻을 확률은 $Tr(E_m\rho)$가 된다. 집합을 구성하는 E_m은 양의 연산자라는 조건 외에 다음 조건도 만족한다.

$$\sum_m E_m = I \tag{6.34}$$

임의의 측정 연산자에 대해 다음 과정을 거치면 POVM을 구성하는 측정 연산자들을 얻을 수 있다.

$$E_m = M_m^\dagger M_m \tag{6.35}$$

사영 측정을 나타내는 POVM을 구성하는 것도 가능하긴 하지만, E_m 연산자가 사영 연산자일 필요는 없다. POVM을 이용하면 사영 측정을 적용하기 힘든 좀 더 일반적인 실세계의 측정 연산자를 구성할 수 있다. 예를 들어 $|\psi\rangle = \sum_i c_i |u_i\rangle$ 상태에 있는 어떤 계가 있다면 사영 측정 $|u_k\rangle\langle u_k|$는 파동 함수를 $|u_k\rangle$로 붕괴시키게 된다. 측정된 계에 측정을 반복하면 계의 상태가 $|u_k\rangle$라는 측정 결과를 반복적으로 얻을 수 있다.

실제 실험에서 모든 측정이 반복 가능하지는 않다. 대표적으로 광자 검출을 예로 들 수 있다. 광자는 검출된 이후 사라진다. 이런 계에서는 반복 측정이 불가능하다. 이런 경우 POVM이 적절할 수 있는데, 이를 이용하면 과거의 측정 상태와 무관하게 계에 대한 측정을 기술할 수 있기 때문이다.

예제 6.11

어떤 계의 상태가 다음과 같다.

$$|\psi\rangle = \frac{2}{\sqrt{5}}|0\rangle + \frac{1}{\sqrt{5}}|1\rangle$$

이 상태에서 0과 1을 측정할 확률을 POVM 형식으로 서술하라.

풀이

이 단순한 단일 큐비트 예제에서는 사영 연산자를 이용해 POVM을 구성할 수 있다. 다음과 같이 써보자.

$$E_0 = |0\rangle\langle 0|, \quad E_1 = |1\rangle\langle 1|$$

$\sum_m E_m = E_0 + E_1 = |0\rangle\langle 0| + |1\rangle\langle 1| = I$가 됨을 알 수 있다. 이 연산자들의 행렬 표현을 계산 기저에 대해 써보면 다음과 같다.

$$E_0 = \begin{pmatrix} 1 & 0 \\ 0 & 0 \end{pmatrix}, \quad E_1 = \begin{pmatrix} 0 & 0 \\ 0 & 1 \end{pmatrix}$$

각 행렬은 두 개의 고윳값 {1, 0}을 가지며, 이를 통해 해당 연산자들이 준정부호 연산자임을 알 수 있다.

식(6.33)을 통해 원하는 확률 각각을 계산할 수 있다.

$$\begin{aligned}
\Pr(0) = \langle\psi|E_0|\psi\rangle &= \left(\frac{2}{\sqrt{5}}\langle 0| + \frac{1}{\sqrt{5}}\langle 1|\right)(|0\rangle\langle 0|)\left(\frac{2}{\sqrt{5}}|0\rangle + \frac{1}{\sqrt{5}}|1\rangle\right) \\
&= \left(\frac{2}{\sqrt{5}}\langle 0| + \frac{1}{\sqrt{5}}\langle 1|\right)\left(\frac{2}{\sqrt{5}}|0\rangle\langle 0|0\rangle + \frac{1}{\sqrt{5}}|1\rangle\langle 0|1\rangle\right) \\
&= \left(\frac{2}{\sqrt{5}}\langle 0| + \frac{1}{\sqrt{5}}\langle 1|\right)\frac{2}{\sqrt{5}}|0\rangle
\end{aligned}$$

$$= \left(\frac{2}{\sqrt{5}} \langle 0| + \frac{1}{\sqrt{5}} \langle 1| \right) \frac{2}{\sqrt{5}} |0\rangle$$

$$\Pr(1) = \langle \psi | E_1 | \psi \rangle = \left(\frac{2}{\sqrt{5}} \langle 0| + \frac{1}{\sqrt{5}} \langle 1| \right) (|1\rangle\langle 1|) \left(\frac{2}{\sqrt{5}} |0\rangle + \frac{1}{\sqrt{5}} |1\rangle \right)$$

$$= \left(\frac{2}{\sqrt{5}} \langle 0| + \frac{1}{\sqrt{5}} \langle 1| \right) \left(\frac{2}{\sqrt{5}} |0\rangle\langle 1|0\rangle + \frac{1}{\sqrt{5}} |1\rangle\langle 1|1\rangle \right)$$

$$= \left(\frac{2}{\sqrt{5}} \langle 0| + \frac{1}{\sqrt{5}} \langle 1| \right) \frac{1}{\sqrt{5}} |1\rangle$$

$$= \frac{2}{5} \langle 0|1\rangle + \frac{1}{5} \langle 1|1\rangle = \frac{1}{5}$$

POVM은 사영 측정이 아닐 때 유용하다. 예를 들어 POVM을 이용하면 비직교 상태를 구별해낼 수 있다.

예제 6.12

어떤 계의 상태가 $|\psi\rangle$, $|\phi\rangle$ 둘 중 하나다. 이 두 상태는 직교하지 않는다. 사실 $|\langle \psi | \phi \rangle| = \cos\theta$다. 이 두 상태를 구별할 수 있는 POVM을 기술하라. 주어진 상태는 정규화됐다고 가정하자.

풀이

다음과 같은 측정 연산자로 구성된 POVM을 생각해보자.

$$E_1 = \frac{I - |\phi\rangle\langle\phi|}{1 + \cos\theta}, \quad E_2 = \frac{I - |\psi\rangle\langle\psi|}{1 + \cos\theta}, \quad E_3 = I - E_1 - E_2$$

각 연산자는 각기 다른 측정 결과에 해당한다. 이 연산자들은 $\sum_m E_m = E_1 + E_2 + E_3 = I$를 만족하므로 완전성 관계를 만족한다. 이제 E_1에 대한 측정 결과를 먼저 생각해보자. 각 상태별 확률은 $\langle \psi | E_1 | \psi \rangle$, $\langle \phi | E_1 | \phi \rangle$가 된다. 첫 번째

상태부터 계산해보자.

$$\langle\psi|E_1|\psi\rangle = \langle\psi|\frac{I - |\phi\rangle\langle\phi|}{1 + \cos\theta}|\psi\rangle$$

$$= \frac{\langle\psi\psi\rangle - \langle\psi\phi\rangle\langle\phi\psi\rangle}{1 + \cos\theta} = \frac{1 - |\langle\psi\phi\rangle|^2}{1 + \cos\theta}$$

$$= \frac{1 - \cos\theta^2}{1 + \cos\theta} = \frac{(1 - \cos\theta)(1 + \cos\theta)}{1 + \cos\theta} = 1 - \cos\theta$$

두 번째 상태의 경우는 다음과 같다.

$$\langle\phi|E_1|\phi\rangle = \langle\phi|\frac{I - |\phi\rangle\langle\phi|}{1 + \cos\theta}|\phi\rangle$$

$$= \frac{\langle\phi\phi\rangle - \langle\phi\phi\rangle\langle\phi\phi\rangle}{1 + \cos\theta} = \frac{1 - 1}{1 + \cos\theta} = 0$$

그러므로 E_1 연산자를 이용하면 $1 - \cos\theta$ 확률로 $|\psi\rangle$ 상태를 식별할 수 있다. 계가 $|\phi\rangle$ 상태에 있다면 해당 확률은 0이 된다. 이 측정 연산자로는 절대로 $|\phi\rangle$ 상태를 식별할 수 없다. 비슷한 과정을 통해 다음 연산자는 절대 $|\psi\rangle$ 상태를 식별할 수 없지만, $|\phi\rangle$ 상태는 $1 - \cos\theta$ 확률로 식별할 수 있음을 알 수 있다.

$$E_2 = \frac{1 - |\psi\rangle\langle\psi|}{1 + \cos\theta}$$

이 연산자들을 이용하면 비직교 상태인 두 양자 상태를 불완전하게나마 구별할 수 있다.

측정 결과로 E_3을 얻는다면 상태에 대해 어떤 정보도 얻을 수 없게 된다.

예제 6.13

약한 측정으로 상태에 대한 정보를 얻는 데 POVM을 사용할 수 있다. 약한 측정이란 '파동 함수의 붕괴'가 필연적이지 않은, 최소한의 교란으로 상태에 대한 약간의 정보를 얻어내는 측정을 말한다. 단일 큐비트에 대해 이런 측정을 수행하는 POVM을 기술하라.

풀이

$|a|^2 + |b|^2 = 1$을 만족하는 다음과 같은 단일 큐비트 계가 이런 경우에 해당한다.

$$|\psi\rangle = a|0\rangle + b|1\rangle$$

아주 작은 양의 매개변수 $\varepsilon \ll 1$이 있고, 다음 두 측정 연산자가 있다고 하자.

$$A_0 = A|0\rangle\langle 0| + \sqrt{1-\varepsilon}|1\rangle\langle 1|$$
$$A_1 = \sqrt{\varepsilon}|1\rangle\langle 1|$$

이 연산자들로 다음과 같이 POVM을 구성한다.

$$E_0 = A_0^2 = |0\rangle\langle 0| + (1-\varepsilon)|1\rangle\langle 1|$$
$$E_1 = A_1^2 = \varepsilon|1\rangle\langle 1|$$

그러면 다음 관계가 성립한다.

$$E_0 + E_1 = |0\rangle\langle 0| + (1-\varepsilon)|1\rangle\langle 1| + \varepsilon|1\rangle\langle 1| = |0\rangle\langle 0| + |1\rangle\langle 1| = I$$

즉, 완전성 관계를 만족한다. 이 연산자들은 준정부호 연산자다. E_0의 고웃값은 $\{1, 1-\varepsilon\}$이고, E_1의 고웃값은 $\{0, \varepsilon\}$이다. 측정 결과 E_0를 얻을 확률은 다음과 같다.

$$\langle\psi|E_0|\psi\rangle = (a^*\langle 0| + b^*\langle 1|)(a|0\rangle + b(1-\varepsilon)|1\rangle) = |a|^2 + |b|^2(1-\varepsilon)$$

측정 후 계의 상태는 다음과 같다.

$$\frac{E_0|\psi\rangle}{\sqrt{\langle\psi|E_0|\psi\rangle}} = \frac{a|0\rangle + b(1-\varepsilon)|1\rangle}{\sqrt{|a|^2 + |b|^2(1-\varepsilon)}} = \frac{a}{\sqrt{|a|^2 + |b|^2(1-\varepsilon)}}|0\rangle + \frac{b(1-\varepsilon)}{\sqrt{|a|^2 + |b|^2(1-\varepsilon)}}|1\rangle$$

따라서 E_0에 대한 측정은 중첩 상태를 유지한다는 것을 알 수 있다. 파동 함수의 초기 상태에서 간섭을 받은 상태이긴 하지만, 파동 함수가 0이나 1로 '붕괴'하는 일은 벌어지지 않았다.

측정 결과 E_1을 얻을 확률은 다음과 같다.

$$\langle\psi|E_1|\psi\rangle = (a^*\langle 0| + b^*\langle 1|)(b(\varepsilon)|1\rangle) = |b|^2(\varepsilon)$$

$\varepsilon \ll 1$이므로, 이 측정 결과를 얻을 확률은 매우 낮다. 게다가 이 경우에는 파동 함수가 붕괴한다. 측정 후 계의 상태가 $|1\rangle$이 된다.

지금까지 살펴봤듯이 POVM은 양자역학에서 일반적인 사영 측정으로는 가능하지 않은 일들을 할 수 있게 해주는 좀 더 일반적인 측정 유형이다. 언급한 세 가지 예제는 측정 후 상태를 알 필요도 없고, 알 수도 없는 계를 올바르게 서술했고, 비직교 상태를 불완전하게나마 구별할 수 있는 가능성을 설명했으며, 파동 함수를 붕괴시키지 않으면서 계의 상태에 대한 정보를 얻을 수 있는 약한 측정의 가능성을 제시했다. 7장에서는 양자 컴퓨테이션 및 정보에 대한 더 많은 POVM의 적용 사례를 살펴본다.

연습문제

6.1. 두 연산자 P_1, P_2가 사영 연산자라고 하자. 이 두 연산의 교환자 $[P_1, P_2] = 0$이면 두 연산자의 곱 P_1P_2도 역시 사영 연산자임을 보여라.

6.2. 어떤 계의 상태가 다음과 같다.

$$|\psi\rangle = \frac{1}{2}|u_1\rangle - \frac{\sqrt{2}}{2}|u_2\rangle + \frac{1}{2}|u_3\rangle$$

$|u_1\rangle$, $|u_2\rangle$, $|u_3\rangle$는 정규 직교 기저 상태며, 각각 가능한 측정 결과 $\hbar w$, $2\hbar w$, $3\hbar w$에 대응한다. 가능한 측정 결과 각각에 대한 사영 연산자를 쓰고, 계가 $|u_1\rangle$, $|u_2\rangle$, $|u_3\rangle$ 각 상태에 있을 확률을 구하라. 계의 평균 에너지는 얼마인가?

6.3. 어떤 큐비트가 $|\psi\rangle = |1\rangle$ 상태에 있다. X에 대한 측정을 수행했다. 측정 결과 ±1에 해당하는 사영 연산자의 행렬 표현을 구하라. 측정 결과 ±1을 얻을 확률은 얼마인가?

6.4. 어떤 계의 상태가 다음과 같다.

$$|\psi\rangle = \frac{1}{\sqrt{3}}|00\rangle + \frac{1}{\sqrt{6}}|01\rangle + \frac{1}{\sqrt{2}}|11\rangle$$

(A) 측정으로 이 계가 $|\phi\rangle = |01\rangle$ 상태에 있음을 얻을 확률은 얼마인가?

(B) 두 번째 큐비트에 대해서만 측정했을 때 $|1\rangle$ 상태를 얻을 확률은 얼마이며, 측정 후 계의 상태는 어떻게 되는가?

6.5. 어떤 계의 상태가 다음과 같다.

$$|\psi\rangle = \frac{1}{\sqrt{6}}|0\rangle + \sqrt{\frac{5}{6}}|1\rangle$$

관측량 Y에 대해 측정을 수행했다. 기댓값 혹은 평균값은 얼마인가?

6.6. 3큐비트계의 상태가 다음과 같다.

$$|\psi\rangle = \left(\frac{\sqrt{2}+i}{\sqrt{20}}\right)|000\rangle + \frac{1}{\sqrt{2}}|001\rangle + \frac{1}{\sqrt{10}}|011\rangle + \frac{i}{2}|111\rangle$$

(A) 세 큐비트 모두에 대해 측정을 수행했을 때 계의 상태로 $|011\rangle$을 얻을 확률은 얼마인가?

(B) 두 번째 큐비트에 대해서만 측정했을 때 1을 얻을 확률은 얼마인가? 측정 후 계의 상태는 어떻게 되는가? 측정 후 상태가 정규화 상태임을 보여라.

6.7. 2큐비트계의 상태가 다음과 같다.

$$|\phi\rangle = \frac{1}{\sqrt{6}}|01\rangle + \sqrt{\frac{5}{6}}|10\rangle$$

이 상태는 정규화 상태인가? 두 번째 큐비트에 X 게이트를 적용한 다음 두 큐비트에 대해 측정을 수행했을 때 가능한 측정 결과는 무엇이며, 측정 결과 각각에 대한 확률은 얼마인가?

6.8. $|\psi\rangle = |1\rangle$이고 $|\phi\rangle = |0\rangle + |1\rangle/\sqrt{2}$이라고 하자. 불완전하게 두 상태를 구별할 수 있는 POVM을 적어보자.

6.9. 문제 **6.8**에서 제시한 POVM이 완전성 관계를 만족함을 확인하자.

6.10. 예제 6.13에서 사용했던 다음 연산자들은 왜 POVM을 구성하지 못하는가?

$$A_0 = A|0\rangle\langle0| + \sqrt{1-\varepsilon}|1\rangle\langle1|$$
$$A_1 = \sqrt{\varepsilon}|1\rangle\langle1|$$

양자역학에서 가장 이상하고 매력적인 특성 중 하나는 입자들이나 계 사이에 얽힘^{entanglement}이 생길 수 있다는 것이다. 가장 간단한 두 양자계 A, B가 있다고 하자. 이 두 계 사이에 얽힘이 있다는 것은 A계의 어떤 속성 값이 B계의 속성 값과 관련돼 있다는 것을 뜻한다. 이 속성들은 두 계가 공간적으로 분리돼 있어도 마치 초자연적인 현상처럼 연관성을 가질 수 있다.

이 발상의 기원은 아주 오래됐다. 아인슈타인과 그의 두 동료 포돌스키, 로젠(이들 모두를 일컬어 EPR$^{Einstein-Podolsky-Rosen}$이라고 부른다)이 함께 쓴 논문 <물리적 실재에 대한 양자역학적 서술은 완전하다고 볼 수 있는가?>가 출간된 1935년으로 거슬러 올라간다. 양자역학에 비판적이었던 아인슈타인이 쓴 이 논문은 사실 양자론이 불완전하며, 예측하는 바가 불합리하다는 것을 논증하기 위한 것이었다.

EPR을 비롯한 '현실주의자'들의 주장은 물리적 계의 특성은 해당 계에 대한 관측과 상관없이 정확한 값(객관적 실재)을 갖는다는 것이 핵심이었다. 다른 방식으로 표현하자면 계가 가진 속성은 측정이 이뤄지기 전에 명확하게 정의된 값을 갖고 있다는 것이다.

그러나 양자역학이 주장하는 바는 다르다. 현재 상태가 $|\psi\rangle = |0\rangle$인 큐비트가

있다고 하자. 양자역학은 측정 전에는 계의 속성이 확실하게 또는 명확하게 정의된 값을 갖고 있지 않다고 주장한다.

앞의 큐비트에 대해 X 측정을 수행한다고 하자. 우리는 주어진 상태가 다음과 같이 X 연산자의 고유 상태가 중첩된 형태임을 알고 있다.

$$|\psi\rangle = |0\rangle = \frac{|+\rangle + |-\rangle}{\sqrt{2}}$$

따라서 X 측정을 수행하면 50%의 경우는 $|+\rangle$ 상태에 있는 계를 얻을 것이고, 50%의 경우에는 $|-\rangle$ 상태의 계를 얻을 것이다. 측정을 수행한 계에 대해서는 $|+\rangle$ 또는 $|-\rangle$ 상태를 명확히 알 수 있겠지만, 측정 이전에는 알 수가 없다. 이 사실은 EPR 진영의 주장과 정확히 모순된다.

EPR 진영은 양자역학의 단일계에 대한 이런 예측이 매우 불합리하다고 생각했다. 그러나 복합계를 고려하면 문제는 더 심각해진다. 양자역학이 주장하는 바를 매우 면밀하게 분석한 결과, EPR 진영은 양자역학에 따르면 상호작용한 두 입자를 분리한 경우 한 입자에 대한 측정이 다른 입자가 갖는 속성 값을 결정하게 되는 경우가 있다는 것을 밝혀냈다. 두 입자가 공간적으로 분리돼 측정이 이뤄지는 시점에는 서로 상호작용할 수 없는 경우라도 이 사실은 유효하다.

탁월했던 1935년 논문에서 EPR 진영은 위치와 운동량 측정에 집중했다. 이에 관해 먼저 강조해 둘 사항은 위치 x와 운동량 p 사이에는 교환 법칙이 성립하지 않는다는 점이다.

$$[x, p] = i\hbar \tag{7.1}$$

식(7.1)을 통해 x와 p 사이에는 공통된 고유 상태가 없다는 것을 알 수 있다. 따라서 두 변수 중 하나(예를 들어 운동량)가 확정된 값을 갖고 있다면 다른 변수(이 경우는 위치)는 확정된 고유 상태에 있을 수 없다는 사실을 추론할 수 있다.

이런 논의 과정에서 사용하는 두 양자계를 보통 앨리스계와 밥계로 표현한다. 앨리스계 입자의 위치와 운동량을 x_A, p_A로 표기하고, 밥계 입자의 위치와 운동량을 x_B, p_B로 표기하기로 하자. EPR 진영이 제안한 기본 시나리오는 다음과 같다.

- 입자들의 상호작용이 일어난 다음, 공간적으로 분리한다.
- 입자 사이에는 더 이상 상호작용이 존재하지 않는다. 두 입자가 아주 멀리 떨어져 측정 작업이 진행되는 동안 어떤 신호도(빛조차도) 두 입자 사이를 연결할 수 없다고 가정한다.

이 EPR계는 다음 속성들에 대해 확정적인 값을 갖고 있다.

- 두 입자의 상대적인 위치: $x_A - x_B$
- 두 입자의 총 운동량: $p_A + p_B$

그러나 양자역학에 따르면 각 항 x_A, x_B, p_A, p_B의 값은 측정 이전에는 알 수 없다. 앨리스에게 측정을 허용한다면 앨리스는 원하는 속성을 선택해 측정을 수행할 수 있다.

앨리스가 운동량을 측정한다면 앨리스는 p_A의 정확한 값을 알게 된다. 그러면 $p_A + p_B$ 값을 통해 앨리스는 밥의 입자에 대해 어떤 측정이나 영향을 미치지 않고도 p_B 값을 정확하게 알 수 있게 된다.

앨리스가 운동량 대신 입자 위치 측정을 선택할 수 있다. 위치를 측정해 x_A의 정확한 값을 알게 된다면 앨리스는 x_B 값을 정확하게 알 수 있다. 이번에도 앨리스는 밥의 입자를 어떤 방식이로든 보거나 측정하거나 영향을 미치지 않았음에도 그렇다. 이론적으로는 밥이 우주 반대쪽 끝에 있어도 상관없다.

EPR 진영은 앨리스가 밥 입자의 위치나 운동량 값을 알아낼 수 있기 때문에 이 속성 값들이 측정 여부와 상관없이 정확한 값을 갖고 있었을 거라고 믿었다(위치와 운동량은 '실재하는 요소', 즉 객관적 속성이다). 반면 양자론에 따르면 각 입자의 파동 함수는 중첩된 상태로 존재하고, 각 속성은 측정하기 전에는 확정된 값을 갖지 않는다. 양자론은 정확한 속성 값을 측정하기 전에는 알려줄 수 없기 때문에 EPR은 양자론이 불완전하다고 주장했다. 아직 알지 못하는 어떤 물리 변수가 있고, 이를 이용하면 각 입자의 정확한 속성 값을 계산할 수 있을지도 모른다는 것이다. 변수들의 정체가 알려지지 않았기 때문에, EPR 진영은 이를 숨은 변수^{hidden variables}라고 불렀다.

종래의 고전적인 시각을 **국소적 실재성**^{local realism}, 이런 철학에 기반을 둔 이론을 **국소적 실재론**^{local realistic theories}으로 정리할 수 있다. 더 진행하기 전에 용어들을 명확하게 정의하자.

- **국소성**^{Locality}: 공간적으로 분리돼 있는 B 입자의 상태에 전혀 영향을 주지 않고, A 입자에 대한 측정을 수행하는 것
- **실재성**^{Realism}: 각 입자의 측정 가능한 속성 값이 객관적으로 실재하는 것. 속성 값이 관측 여부와 상관없이 측정 이전에 특정 값을 갖고 있는 것

기술적인 문제들 때문에 EPR이 제안한 시나리오를 실험하는 것은 쉽지 않다. 1952년, 데이비드 봄^{David Bohm}은 이 사고 실험을 좀 더 단순화시킨 입자의 스핀에 대한 실험을 제안했다. 이 실험은 0 스핀 입자 하나가 1/2 스핀 입자 두 개로 붕괴하는 경우를 대상으로 한다. 운동량이 보존돼야 하므로 붕괴된 입자는 서로 반대 방향으로 운동할 것이다. 또한 각운동량도 보존돼야 하므로, 전체 스핀 값도 0을 유지할 것이다. 1/2 스핀 입자 두 개로 구성된 0 스핀 상태에 있는 전체 계는 단일 상태^{single state}의 계산 기저를 이용해 기술할 수 있다.

$$|\psi\rangle = \frac{|0\rangle|1\rangle - |1\rangle|0\rangle}{\sqrt{2}} \tag{7.2}$$

Z 연산자를 이용해 첫 번째 입자에 대해 측정을 수행할 수 있으며, $Z \otimes I$

연산자를 이용하면 두 번째 입자를 그대로 두면서 측정을 진행할 수 있다. 식(7.2)를 통해 첫 번째 입자에 대한 측정 결과가 0이면 두 번째 입자는 1 상태에 있어야만 한다는 것을 알 수 있다. 반대로 첫 번째 입자에 대한 측정 결과가 1이라면 두 번째 입자의 상태는 0이어야만 한다.

주어진 상태를 X 연산자의 고유 벡터인 $|\pm\rangle$ 상태로 다시 써보면 식(7.2)의 재미있는 속성이 드러난다. 고유 벡터 사이의 관계는 다음과 같았다.

$$|0\rangle = \frac{|+\rangle + |-\rangle}{\sqrt{2}}, \quad |1\rangle = \frac{|+\rangle - |-\rangle}{\sqrt{2}} \tag{7.3}$$

식(7.2)의 첫 항은 다음과 같이 쓸 수 있다.

$$|0\rangle|1\rangle = \left(\frac{|+\rangle + |-\rangle}{\sqrt{2}}\right)\left(\frac{|+\rangle - |-\rangle}{\sqrt{2}}\right) = \frac{1}{2}(|++\rangle + |-+\rangle - |+-\rangle - |--\rangle)$$

두 번째 항은 다음과 같이 쓸 수 있다.

$$|1\rangle|0\rangle = \left(\frac{|+\rangle - |-\rangle}{\sqrt{2}}\right)\left(\frac{|+\rangle + |-\rangle}{\sqrt{2}}\right) = \frac{1}{2}(|++\rangle - |-+\rangle + |+-\rangle - |--\rangle)$$

정리하면 다음과 같다.

$$\begin{aligned}
|\psi\rangle &= \frac{|0\rangle|1\rangle - |1\rangle|0\rangle}{\sqrt{2}} \\
&= \frac{1}{\sqrt{2}}\frac{1}{2}(|++\rangle + |-+\rangle - |+-\rangle - |--\rangle - |++\rangle + |-+\rangle - |+-\rangle + |--\rangle) \\
&= \frac{1}{\sqrt{2}}\frac{1}{2}(2|-+\rangle - 2|+-\rangle) \\
&= -\frac{(|+-\rangle - |-+\rangle)}{\sqrt{2}}
\end{aligned}$$

x 방향으로 살펴봐도 동일한 모양의 상태를 얻게 된다. 첫 번째 입자에 대해 X 연산자로 측정을 하고, 그 결과로 '+'를 얻었다면 두 번째 입자는 $|-\rangle$ 상태에

있어야만 하고, 그 반대도 마찬가지다. 첫 번째 입자에 대해 '−' 결과를 얻었다는 것은 두 번째 입자가 |+⟩ 상태에 있어야 한다는 것을 뜻한다.

이런 상태에 있는 두 입자 사이에는 무언가 이상한 관계가 있는 것 같다. 우선 z 방향에 대해서만 살펴보면 둘의 관계에는 그다지 이상한 점이 보이지 않는다. 입자들이 측정 이전에 확정된 어떤 값을 갖고 있었다고 할 수 있다. 하지만 다른 방향의 측정에서는 어떤 관계가 존재한다는 사실이 드러나면서 일이 묘하게 흘러가기 시작한다. 주어진 상태가 x축 방향과도 연관이 돼 있다는 사실은 주어진 입자들이 측정 이전에는 확정된 상태에 있을 수 없으며, 이 상태는 더 큰 복합계의 일부에 해당한다는 것을 뜻한다. 파울리 연산자는 다음과 같은 교환 관계를 갖고 있다.

$$[X, Y] = 2i\,Z, \quad [Y, Z] = 2i\,X, \quad [Z, X] = 2i\,Y \tag{7.4}$$

$[Z, X] = 2iY \neq 0$이므로 두 번째 입자의 상태는 Z 연산자와 X 연산자 모두의 고유 상태가 될 수 없다. 그러나 입자들이 측정 이전에 확실한 x 방향 및 z 방향 스핀 값을 갖고 있었으며, 한 입자에 대한 측정이 공간적으로 멀리 떨어진 다른 입자의 스핀에 영향을 미치지 않으면서(국소적 실재성을 만족하며) (각운동량 보존만을 따져봤을 때) 양자역학적 결과를 만들어낼 수 있다고도 가정할 수 있다.

각운동량 보존만 고려하고 양자역학을 무시한다면 파울리 연산자 Z, X에 대한 측정 결과는 표 7.1과 같을 것이다.

표 7.1 앨리스와 밥 입자의 운동량 보존

앨리스 입자 z축 운동량	앨리스 입자 x축 운동량	밥 입자 z축 운동량	밥 입자 x축 운동량
+1	+1	−1	−1
+1	−1	−1	+1
−1	+1	+1	−1
−1	−1	+1	+1

표 7.1의 결과는 양자역학적 결과와 일치한다. 양자역학과 국소적 실재론의 차이를 부각시키고자 좀 더 복잡한 상황을 제시할 것이다. 직교하지 않는 세 방향의 스핀을 측정하는 실험과 벨의 정리를 다음 절에서 제시할 것이다.

계가 얽힘 상태에 있다는 것은 계의 개별 요소들이 실제로는 서로 연결돼 하나의 **단일 개체**Single entity를 이루고 있다는 뜻이다. 계의 어느 한 부분을 측정하는 것(앞의 첫 번째 입자에 대한 측정)은 사실 계 전체를 측정하는 것이다. 측정 이후 전체 계의 파동 함수가 붕괴되고, 두 입자 모두 확정적인 상태에 있게 된다. 정리하면 얽혀 있는 두 계가 있을 경우 어느 한 계의 상태는 다른 계가 공간적으로 떨어져 있고 상호작용이 불가능한 상태라 할지라도 다른 계의 상태를 이용해 서술할 수밖에 없다는 것이다.

벨의 정리

1964년, 탁월한 이론 물리학자 존 벨John S. Bell에 의해 이 발상은 더 발전하게 된다. 벨은 직교하지 않는 세 방향 a, b, c로 스핀을 측정하는 상황을 고려해 국소적 실재론에서는 성립하지만 양자역학에서는 성립하지 않는 부등식을 유도할 수 있었다. 이 부등식의 성립 여부는 실험적으로 확인할 수 있으며, 지금까지의 모든 실험 결과는 양자역학의 손을 들어주고 있다.

다음에 제시하는 벨 부등식의 유도 과정은 Sakurai(1985), Townsend(2000) 등의 많은 양자역학 교과서에서 설명하는 내용이다. 아주 많은 수의 앙상블 계가 준비돼 있고, 앨리스와 밥이 이를 대상으로 a, b, c 세 방향에 대한 스핀을 측정하는 상황을 그려보고 사고 실험을 해보자. 세 방향이 있고 각각 2가지 상태가 가능하므로, 모집단이 되는 경우의 수는 $2^3 = 8$이다. 각운동량 보존만을 대상으로 국소적 실재론의 입장에서 생각해보자. 주어진 방향에 대한 앨리스의 측정값이 +라면 같은 방향에 대한 밥의 측정값은 -가 될 것이라는 단순한 가정만 하자.

표 7.2 앨리스와 밥 입자에 대한 측정

모집단	앨리스			밥		
	a	b	c	a	b	c
N_1	+	+	+	−	−	−
N_2	+	+	−	−	−	+
N_3	+	−	+	−	+	−
N_4	+	−	−	−	+	+
N_5	−	+	+	+	−	−
N_6	−	−	+	+	+	−
N_7	−	+	−	+	−	+
N_8	−	−	−	+	+	+

전체 입자 수를 N이라 하고 i번째 상태에 있는 입자 수를 N_i라 하면 표 7.2와 같이 정리할 수 있다.

$$N = N_1 + N_2 + N_3 + N_4 + N_5 + N_6 + N_7 + N_8$$

앨리스와 밥은 완벽히 임의적으로 측정 방향을 선택하게 된다. 하지만 벨의 부등식을 유도하고자 앨리스와 밥이 서로 다른 방향에 대해 측정한다고 가정하자. N_1에 해당하는 경우를 생각해보자. 표에 따르면 앨리스가 a 방향으로 측정한다고 하면 +1이라는 결과를 얻는다. 밥은 이와 다른 방향으로 측정한다고 가정하면 b 방향이나 c 방향으로 측정하게 된다. 어느 쪽을 선택하더라도 밥은 이 경우 −1이라는 결과를 얻는다. N_2에 해당하는 경우를 생각해보자. 앨리스가 이번에도 a 방향으로 측정한다고 하면 마찬가지로 +1이라는 결과를 얻는다. 이번에는 밥이 b 방향으로 측정하면 −1, c 방향으로 측정하면 +1 결과를 얻는다. 이제 측정이 진행되는 방식에 대해 감을 잡았을 것이다.

이제 앨리스의 a 방향 측정 결과가 +1인 경우가 얼마인지, 밥의 b 방향 측정 결과가 −1인 경우가 얼마인지 알아보자. 표에 따르면 이런 경우는 N_1, N_2만 해당된다는 것을 알 수 있다. 밥이 c 방향에 대해 측정한다면 N_1, N_3에 속한 경우 −1 결과를 얻는다.

앨리스와 밥이 측정하는 축의 방향이 다르다는 조건을 걸면 모집단별로 6가지 측정 결과가 가능하다. 모집단 N_4에서 앨리스가 a 방향으로 측정한다면 +1 결과를 얻는다. 밥이 b 방향이나 c 방향으로 측정하면 같은 결과 +1을 얻는다. 앨리스가 b 방향으로 측정한다면 밥은 a 방향으로 측정하거나(결과는 −1이 된다) c 방향으로 측정할 수 있다(결과는 +1이 된다). 가능한 모든 측정 결과를 표 7.3에 정리했다.

표를 살펴보면 앨리스와 밥이 서로 다른 측정 결과를 얻는 조합은 전체 6가지 중 2가지, 즉 1/3이 해당함을 알 수 있다. 이 1/3에 해당하는 경우에는 앨리스와 밥이 서로 반대의 측정 결과를 얻는 것이다. 각 모집단의 출현 확률이 동일하다면 절반의 측정 결과에서 앨리스와 밥은 서로 반대인 측정 결과를 얻게 될 것이다.

실제 숫자로 계산을 해보면 표 7.2의 데이터를 이용해 부등식을 하나 유도할 수 있다. 앙상블계의 모집단 크기에 대해 별도의 가정은 없었지만, $N_i \geq 0$이고, $N = \sum_{i=1}^{8} N_i$임은 자명하다.

표 7.3 앨리스와 밥 입자의 가능한 측정 결과 조합

방향			
앨리스	밥	앨리스	밥
a	b	+1	+1
a	c	+1	+1
b	a	−1	−1
b	c	−1	+1
c	a	−1	−1
c	b	−1	+1

그리고 x, y, z가 $x \geq 0$, $y \geq 0$, $z \geq 0$을 만족하는 실수라면 $x + y \leq x + y + z$는 당연히 성립한다. 따라서 다음 식은 반드시 성립한다.

$$N_3 + N_4 \leq (N_3 + N_4) + (N_2 + N_7) = (N_2 + N_4) + (N_3 + N_7) \quad (7.5)$$

앙상블계의 전체 수를 N으로 나누자.

$$\frac{N_3 + N_4}{N} \leq \frac{(N_2 + N_4)}{N} + \frac{(N_3 + N_7)}{N} \quad (7.6)$$

표 7.2를 보면 N_3, N_4 모두 앨리스가 a 방향으로 +1을 측정하고, 밥은 b 방향으로 +1을 측정했다. 그러므로 다음과 같이 쓸 수 있다.

$$\frac{N_3 + N_4}{N} = \Pr(+\mathbf{a}; +\mathbf{b}) \quad (7.7)$$

즉, 이 확률은 앨리스가 a 방향으로 +1을 측정하고 동시에 밥이 b 방향으로 +1을 측정하는 확률이다. 이제 N_2, N_4를 보자. 이번에도 앨리스는 a 방향으로 +1을 측정한다. 이번에 밥은 c 방향으로 모두 +1을 측정한다. 따라서 다음과 같이 쓸 수 있다.

$$\frac{N_2 + N_4}{N} = \Pr(+\mathbf{a}; +\mathbf{c}) \quad (7.8)$$

마지막으로 N_3, N_7을 생각해보자. 앨리스는 두 경우 모두 c 방향으로 +1을 측정하고, 밥은 두 경우 모두 b 방향으로 +1을 측정한다. 따라서 다음과 같이 쓸 수 있다.

$$\frac{N_3 + N_7}{N} = \Pr(+\mathbf{c}; +\mathbf{b}) \quad (7.9)$$

식(7.7), 식(7.8), 식(7.9)의 결과를 식(7.6)에 넣으면 **벨의 부등식**^{Bell's inequality}을 얻을 수 있다.

$$\Pr(+\mathbf{a}; +\mathbf{b}) \leq \Pr(+\mathbf{a}; +\mathbf{c}) + \Pr(+\mathbf{c}; +\mathbf{b}) \tag{7.10}$$

국소적 실재론은 벨의 부등식을 만족한다. 곧 살펴보겠지만, 양자역학은 벨의 부등식을 따르지 않는다.

이 상황에 대한 양자역학의 해설을 알아보고자 임의의 방향을 갖는 정렬된 큐비트 하나가 필요하다. 단위 벡터 $\vec{n} = \sin\theta\cos\phi\hat{x} + \sin\theta\sin\phi\hat{y} + \cos\theta\hat{z}$를 생각해보자. $\vec{\sigma}\cdot\vec{n}$의 고유 벡터는 다음과 같다.

$$\begin{aligned}
|+_n\rangle &= \cos\frac{\theta}{2}|0\rangle + e^{i\phi}\sin\frac{\theta}{2}|1\rangle \\
|-_n\rangle &= \cos\frac{\theta}{2}|0\rangle - e^{i\phi}\sin\frac{\theta}{2}|1\rangle
\end{aligned} \tag{7.11}$$

식(7.11)은 x축, y축도 수용하는 식이다. 예를 들어 $\theta = \pi/2$, $\phi = 0$이라고 두면 $\vec{\sigma}\cdot\hat{x}$의 고유 벡터를 구할 수 있다.

계가 $|+_n\rangle$ 상태에 있다면 다음이 성립한다.

$$\langle 0|+_n\rangle = \cos\frac{\theta}{2} \tag{7.12}$$

그러므로 계가 $|+_n\rangle$ 상태에 있을 때 측정으로 $|0\rangle$을 얻을 확률은 다음과 같다.

$$|\langle 0|+_n\rangle|^2 = \cos^2\left(\frac{\theta}{2}\right) \tag{7.13}$$

마찬가지로 계가 $|-_n\rangle$ 상태에 있을 때 측정으로 $|1\rangle$을 얻을 확률은 다음과 같다.

$$|\langle 1|+_n\rangle|^2 = \sin^2\left(\frac{\theta}{2}\right) \tag{7.14}$$

임의의 벡터 n과 z축 사이의 관계를 알아봤으므로 이제 임의의 축 a, b, c에 대한 관계도 표현할 수 있다. 벡터 n과 임의의 축 사이의 각을 각각 θ_{ab}, θ_{cb}, θ_{ac}라 하자. 단일 입자 상태의 계를 준비한다. 이 상태는 회전시켜도 모양이 변하지 않으므로, a축 방향으로 정렬돼 있다고 가정할 수 있다.

$$|\psi\rangle = \frac{|+_a\rangle|-_a\rangle - |-_a\rangle|+_a\rangle}{\sqrt{2}} \tag{7.15}$$

그러면 내적을 이용해 확률 $\Pr(+\ \mathbf{a};\ +\ \mathbf{c})$를 계산할 수 있고,

$$
\begin{aligned}
\langle +_a +_c |\psi\rangle &= \frac{\langle +_a|+_a\rangle\langle +_c|-_a\rangle - \langle +_a|-_a\rangle\langle +_c|+_a\rangle}{\sqrt{2}} \\
&= \frac{\langle +_c|-_a\rangle}{\sqrt{2}} = \frac{1}{\sqrt{2}}\sin\frac{\theta_{ac}}{2}
\end{aligned} \tag{7.16}
$$

그렇게 계산한 확률은 다음과 같다.

$$\Pr(+\mathbf{a};\ +\mathbf{c}) = \left|\frac{\langle +_c|-_a\rangle}{\sqrt{2}}\right|^2 = \frac{1}{2}\sin^2\left(\frac{\theta_{ac}}{2}\right) \tag{7.17}$$

다음 확률들도 마찬가지 방식으로 구할 수 있다.

$$\Pr(+\mathbf{a};\ +\mathbf{b}) = \frac{1}{2}\sin^2\left(\frac{\theta_{ab}}{2}\right), \quad \Pr(+\mathbf{c};\ +\mathbf{b}) = \frac{1}{2}\sin^2\left(\frac{\theta_{cb}}{2}\right) \tag{7.18}$$

따라서 식(7.10)의 벨의 부등식을 다음과 같이 쓸 수 있다.

$$\sin^2\left(\frac{\theta_{ab}}{2}\right) \leq \sin^2\left(\frac{\theta_{ac}}{2}\right) + \sin^2\left(\frac{\theta_{cb}}{2}\right) \tag{7.19}$$

Sakurai 교재의 방식을 따라 c축이 a축과 b축 사이의 각 θ_{ab}를 이등분하는 평면에 위치하도록 a, b, c축을 배치한다. 그러면 각들의 관계가 $\theta_{ac} = \theta_{cb} = 0$, $\theta_{ab} = 2\theta$로 단순해지므로, 벨의 부등식은 $\sin^2(\theta) \leq 2\sin^2(\theta/2)$와 같은 형태가 된다. 이 형태의 벨 부등식은 다음 범위의 θ 값에 대해서는 성립하지 않는다.

$$0 < \theta < \frac{\pi}{2} \qquad (7.20)$$

앨리스와 밥이 $\theta = \pi/3$이 되도록 계를 설계했다고 하자. 그러면 벨의 부등식은 $0.75 \le 0.5$ 형태가 되므로 성립할 수가 없다. 따라서 양자역학은 국소적 실재론의 가정에서 유도했던 벨의 부등식이 위배되는 상황을 분명히 예측하고 있다. 국소적 실재론을 바탕으로 경우의 수를 따져봤던 것(표 7.2)과 양자역학 사이에는 분명한 차이점이 있다. 실험 결과들은 양자역학의 예측과 일치하기 때문에 아인슈타인이 선호했던 국소적 실재론을 바탕으로 한 이론들은 자연 현상을 설명하는 이론에서 배제됐다. 그러나 벨의 부등식이 비국소적 이론까지 배제시키지는 않는다.

이분할계와 벨 기저

이제 두 계의 얽힘이 뜻하는 바를 알게 됐으므로 이런 계를 기술하고 계산하는 방식을 알아보자. 두 개의 하부계로 구성된 계를 **이분할계**^{bipartite system}라고 한다. 앨리스와 밥이 얽힘 상태의 입자 쌍을 하나씩 들고 있는 경우를 예로 들 수 있다. 양자역학에서 복합계를 설명할 때 사용했던 4장의 결과물들을 떠올려보자. 복합계의 힐베르트 공간은 앨리스의 계를 기술하는 힐베르트 공간과 밥의 계를 기술하는 힐베르트 공간의 텐서곱으로 나타낼 수 있다. 각 공간을 H_A, H_B라 하면 복합계의 힐베르트 공간은 다음과 같이 쓸 수 있다.

$$H = H_A \otimes H_B \qquad (7.21)$$

앨리스 공간의 기저 상태를 $|a_i\rangle$, 밥 공간의 기저 상태를 $|b_j\rangle$로 쓰면 복합계의 기저 상태는 앨리스의 기저 상태와 밥의 기저 상태에 대한 텐서곱으로 구할 수 있다.

$$|\alpha_{ij}\rangle = |a_i\rangle \otimes |b_j\rangle = |a_i\rangle|b_j\rangle = |a_ib_j\rangle \qquad (7.22)$$

앨리스와 밥의 기저는 모두 정규 직교 기저이므로, 복합계의 기저 상태는 다음 관계를 만족한다.

$$\langle \alpha_{ij}|\alpha_{kl}\rangle = \langle a_ib_j|a_kb_l\rangle = \langle a_i|a_k\rangle\langle b_j|b_l\rangle = \delta_{ik}\delta_{jl} \qquad (7.23)$$

이제 복합계의 양자 상태 $|\psi\rangle$를 생각해보자. 이 상태를 다음과 같이 식(7.22)의 기저 상태의 조합으로 확장할 수 있다.

$$|\psi\rangle = \sum_{i,j} c_{ij}|\alpha_{ij}\rangle = \sum_{i,j}|a_ib_j\rangle\langle a_ib_j|\psi\rangle \qquad (7.24)$$

확장식(7.24)의 계수 $\langle a_ib_j|\psi\rangle$는 계가 $|a_ib_j\rangle$ 상태에 있음을 얻을 확률의 강도를 뜻한다. 따라서 계가 해당 상태에 있음을 얻을 확률은 다음과 같이 계산할 수 있다.

$$\Pr(a_ib_j) = |\langle a_ib_j|\psi\rangle|^2 \qquad (7.25)$$

마지막으로 연산자 A는 기저 $|a_ib_j\rangle$를 이용해 다음과 같이 표현할 수 있다.

$$A = \sum_{i,j,k,l}|a_ib_j\rangle\langle a_ib_j|A|a_kb_l\rangle\langle a_kb_l| \qquad (7.26)$$

이 행렬의 원소 $A_{ijkl} = \langle a_ib_j|A|a_kb_l\rangle$이다.

이분할계 기저의 예로 벨 기저를 생각해보자. 벨 상태 또는 EPR 상태라고 부르기도 하는 벨 기저의 구성원들은 다음과 같다.

$$|\beta_{00}\rangle = \frac{|00\rangle + |11\rangle}{\sqrt{2}} \qquad (7.27)$$

$$|\beta_{01}\rangle = \frac{|01\rangle + |10\rangle}{\sqrt{2}} \qquad (7.28)$$

$$|\beta_{10}\rangle = \frac{|00\rangle - |11\rangle}{\sqrt{2}} \tag{7.29}$$

$$|\beta_{11}\rangle = \frac{|01\rangle - |10\rangle}{\sqrt{2}} \tag{7.30}$$

$|\beta_{01}\rangle$ 상태는 삼중항 상태(삼중항 상태는 스핀-1 양자계에 속하는 $|\beta_{01}\rangle$, $|11\rangle$, $|00\rangle$ 세 상태를 말한다) 중 하나이고, $|\beta_{11}\rangle$ 상태는 단일항 상태다. 물리학 배경 지식이 있는 독자를 위해 첨언하자면 삼중항 상태는 (m_s = ±1, 0 값을 가질 수 있는) 스핀-1 상태를 나타내고, 단일항 상태는 스핀-0 상태를 나타낸다.

벨 상태는 간단하게 다음과 같이 쓸 수 있다.

$$|\beta_{xy}\rangle = \frac{|0y\rangle + (-1)^x |1\overline{y}\rangle}{\sqrt{2}} \tag{7.31}$$

$\overline{y}$는 y가 아니라는 뜻이다(y가 0이면 $\overline{y}$는 1이고, y가 1이면 $\overline{y}$는 0이다). 식(7.31)에서 x는 위상 비트phase bit라 하고, y는 패리티 비트parity bit라 한다.

예제 7.1

연산자 $Z \otimes Z$가 식(7.31)의 패리티 비트로 동작해 $Z \otimes Z|\beta_{xy}\rangle$ = $(-1)^y|\beta_{xy}\rangle$가 됨을 보여라.

풀이

Z 연산자의 동작은 다음과 같다.

$$Z|0\rangle = |0\rangle, \quad Z|1\rangle = -|1\rangle$$

좀 더 간결한 형태로 $Z|a\rangle$ = $(-1)^a|a\rangle$라고 쓸 수 있다. 식(7.31)의 첫 번째

항을 보자. 첫 번째 항이 $|0\rangle$이기 때문에 이 연산자는 첫 번째 큐비트에 아무 동작도 하지 않는다. 따라서 그 결과는 다음과 같다.

$$Z \otimes Z|0y\rangle = (-1)^y|0y\rangle$$

두 번째 항에 대한 결과는 다음과 같다.

$$(Z \otimes Z)(-1)^x|1\overline{y}\rangle = (-1)^x(Z|1\rangle) \otimes (Z|\overline{y}\rangle) = (-1)^x(-1)(-1)^y|1\overline{y}\rangle$$

이제 $\overline{y} = 0$이면 $(-1)(-1)^0 = (-1)(+1) = -1$이다. 하지만 $\overline{y} = 0$이면 $y = 1$이 되고, 이는 $(-1)^y$ 경우도 마찬가지다. $\overline{y} = 1$이면 $y = 0$이므로, $(-1)(-1)^1 = (-1)(-1) = +1 = (-1)^y$이다. 따라서 $(Z \otimes Z)(-1)^x|1\overline{y}\rangle = (-1)^x(-1)^y|1\overline{y}\rangle$임을 알 수 있다. 모든 결과를 조합하면 다음 관계를 확인할 수 있다.

$$Z \otimes Z|\beta_{xy}\rangle = \frac{(-1)^y|0y\rangle + (-1)^x(-1)^y|1\overline{y}\rangle}{\sqrt{2}} = (-1)^y|\beta_{xy}\rangle$$

언제 얽힘 상태가 만들어지는가?

$|\psi\rangle \in H_A \otimes H_B$에 속한 모든 상태가 얽힘 상태는 아니다. 복합계가 얽힘 상태에 있을 때 한 계의 상태는 다른 계의 상태를 기준으로 서술할 수 있다. 얽혀 있지 않은 두 상태를 곱 상태 또는 분리 가능 상태에 있다고 한다. $|\psi\rangle \in H_A$, $|\phi\rangle \in H_B$ 상태에 대해 $|\chi\rangle = |\psi\rangle \otimes |\phi\rangle$라면 $|\chi\rangle$는 곱 상태다.

$\mathbb{C}^4$에 속하는 상태에 적용할 수 있는 간단한 테스트를 하나 생각해보자. 상태가 다음과 같다고 하자.

$$|\psi\rangle = \begin{pmatrix} a \\ b \\ c \\ d \end{pmatrix}$$

이 상태는 다음 조건을 만족할 때, 그리고 그 조건하에서만 분리 가능 상태가 된다.

$$ad = bc \qquad (7.32)$$

예제 7.2

식(7.25)에서 식(7.30)에 걸쳐 주어진 벨 상태는 얽힘 상태인가?

풀이

벨 상태가 얽힘 상태임은 분명하지만(사실 벨 상태는 얽힘의 정수라 할 수 있다), 식(7.32) 기준을 적용했을 때 구분 가능하지 않음을 보이자. 각 상태를 열벡터로 쓰면 다음과 같다.

$$|\beta_{00}\rangle = \frac{|00\rangle + |11\rangle}{\sqrt{2}} = \frac{1}{\sqrt{2}}\begin{pmatrix} 1 \\ 0 \\ 0 \\ 1 \end{pmatrix}, \quad |\beta_{01}\rangle = \frac{|01\rangle + |10\rangle}{\sqrt{2}} = \frac{1}{\sqrt{2}}\begin{pmatrix} 0 \\ 1 \\ 1 \\ 0 \end{pmatrix}$$

$$|\beta_{10}\rangle = \frac{|00\rangle - |11\rangle}{\sqrt{2}} = \frac{1}{\sqrt{2}}\begin{pmatrix} 1 \\ 0 \\ 0 \\ -1 \end{pmatrix}, \quad |\beta_{11}\rangle = \frac{|01\rangle - |10\rangle}{\sqrt{2}} = \frac{1}{\sqrt{2}}\begin{pmatrix} 0 \\ 1 \\ -1 \\ 0 \end{pmatrix}$$

$|\beta_{00}\rangle$를 보면 $a = d = 1/\sqrt{2}$, $b = c = 0$, $ad = 1/2 \neq bc$가 된다. 따라서 $|\beta_{00}\rangle$는 곱 상태가 아닌 얽힘 상태임이 분명하다. $|\beta_{01}\rangle$의 경우 $a = d = 0$, $b = c = 1/\sqrt{2}$이므로, $ad = 0 \neq bc = 1/2$이다. $|\beta_{01}\rangle$ 또한 얽힘 상태라고 할 수 있다. $|\beta_{10}\rangle$에 대해 $ad = -1/2 \neq bc = 0$이며, $|\beta_{11}\rangle$은 $ad = 0 \neq bc = -1/2$이므로, 식(7.32)의 기준에 따라 이들 또한 얽힘 상태다.

예제 7.3

두 큐비트로 이뤄진 계가 $|00\rangle$ 상태에 있다. 이 상태에 $H \otimes H$ 연산을 적용했다고 하자. H는 아다마르 행렬을 뜻한다. $H \otimes H|00\rangle$ 상태는 얽힘 상태인가?

풀이

먼저 계산 기저를 이용한 $H \otimes H$ 연산자의 행렬 표현을 적어보자. 아다마르 행렬은 다음과 같이 쓸 수 있다.

$$H = \frac{1}{\sqrt{2}} \begin{pmatrix} 1 & 1 \\ 1 & -1 \end{pmatrix} \tag{7.33}$$

그러므로 다음과 같이 쓸 수 있다.

$$H \otimes H = \frac{1}{\sqrt{2}} \begin{pmatrix} H & H \\ H & -H \end{pmatrix} = \frac{1}{2} \begin{pmatrix} 1 & 1 & 1 & 1 \\ 1 & -1 & 1 & -1 \\ 1 & 1 & -1 & -1 \\ 1 & -1 & -1 & 1 \end{pmatrix}$$

문제에 주어진 상태는 다음 열벡터로 표현할 수 있다.

$$|00\rangle = \begin{pmatrix} 1 \\ 0 \\ 0 \\ 0 \end{pmatrix}$$

이때 $ad = (1)(0) = 0 = bc$가 성립하므로, 식(7.32) 기준에 따라 $|00\rangle$ 상태는 확실히 곱 상태다.

이제 $H \otimes H|00\rangle$을 계산해보자.

$$H \otimes H |00\rangle = \frac{1}{2} \begin{pmatrix} 1 & 1 & 1 & 1 \\ 1 & -1 & 1 & -1 \\ 1 & 1 & -1 & -1 \\ 1 & -1 & -1 & 1 \end{pmatrix} \begin{pmatrix} 1 \\ 0 \\ 0 \\ 0 \end{pmatrix} = \frac{1}{2} \begin{pmatrix} 1 \\ 1 \\ 1 \\ 1 \end{pmatrix}$$

식(7.32)를 기준으로 이용하면 다음과 같은 결과를 얻을 수 있으므로, 이 상태도 곱 상태임을 알 수 있다.

$$ad = \left(\frac{1}{2} \right) \left(\frac{1}{2} \right) = \frac{1}{4}$$

$$bc = \left(\frac{1}{2} \right) \left(\frac{1}{2} \right) = \frac{1}{4}$$

$$\Rightarrow ad = bc$$

사실 이 상태는 다음 텐서곱과 같다.

$$\left(\frac{|0\rangle + |1\rangle}{\sqrt{2}} \right) \left(\frac{|0\rangle + |1\rangle}{\sqrt{2}} \right) = \frac{1}{2} (|00\rangle + |01\rangle + |10\rangle + |11\rangle)$$

예제 7.4

앨리스와 밥이 상호작용하는 자기 쌍극자의 한 부분(스핀이 1/2인 입자)씩 갖고 있다. 거리 r만큼 떨어져 상호작용하는 자기 쌍극자 전체의 해밀토니안 연산자는 다음과 같다.

$$H_I = \frac{\mu^2}{r^3} (\vec{\sigma}_A \cdot \vec{\sigma}_B - 3Z_A Z_B)$$

이 식에서 $\vec{\sigma}_A = X_A \hat{x} + Y_A \hat{y} + Z_A \hat{z}$를 뜻하며, $\vec{\sigma}_B$도 마찬가지 형태다. 이 계에서 허용되는 에너지 준위를 구하고, 해밀토니안 연산자의 고유 벡터 중에 얽힘 상태가 있음을 보여라. 그런 다음 해밀토니안 연산자를 고유 벡터로 표현해 보자.

풀이

먼저 해밀토니안 연산자를 행렬로 표현하자. 다음 식이 성립함을 알고 있다.

$$\vec{\sigma}_A \cdot \vec{\sigma}_B = X_A \otimes X_B + Y_A \otimes Y_B + Z_A \otimes Z_B$$

첫 항의 행렬 표현은 다음과 같다.

$$X_A \otimes X_B = \begin{pmatrix} 0 \cdot X_B & 1 \cdot X_B \\ 1 \cdot X_B & 0 \cdot X_B \end{pmatrix} = \begin{pmatrix} 0 & 0 & 0 & 1 \\ 0 & 0 & 1 & 0 \\ 0 & 1 & 0 & 0 \\ 1 & 0 & 0 & 0 \end{pmatrix}$$

같은 방식으로 다음 표현도 구할 수 있다.

$$Y_A \otimes Y_B = \begin{pmatrix} 0 & 0 & 0 & -1 \\ 0 & 0 & 1 & 0 \\ 0 & 1 & 0 & 0 \\ -1 & 0 & 0 & 0 \end{pmatrix}, \quad Z_A \otimes Z_B = \begin{pmatrix} 1 & 0 & 0 & 0 \\ 0 & -1 & 0 & 0 \\ 0 & 0 & -1 & 0 \\ 0 & 0 & 0 & 1 \end{pmatrix}$$

그러므로 다음 결과를 얻을 수 있다.

$$\vec{\sigma}_A \cdot \vec{\sigma}_B = X_A \otimes X_B + Y_A \otimes Y_B + Z_A \otimes Z_B$$

$$= \begin{pmatrix} 0 & 0 & 0 & 1 \\ 0 & 0 & 1 & 0 \\ 0 & 1 & 0 & 0 \\ 1 & 0 & 0 & 0 \end{pmatrix} + \begin{pmatrix} 0 & 0 & 0 & -1 \\ 0 & 0 & 1 & 0 \\ 0 & 1 & 0 & 0 \\ -1 & 0 & 0 & 0 \end{pmatrix} + \begin{pmatrix} 1 & 0 & 0 & 0 \\ 0 & -1 & 0 & 0 \\ 0 & 0 & -1 & 0 \\ 0 & 0 & 0 & 1 \end{pmatrix}$$

$$= \begin{pmatrix} 1 & 0 & 0 & 0 \\ 0 & -1 & 2 & 0 \\ 0 & 2 & -1 & 0 \\ 0 & 0 & 0 & 1 \end{pmatrix}$$

따라서 주어진 해밀토니안 연산자의 행렬 표현은 다음과 같다.

$$H_I = \frac{\mu^2}{r^3}(\vec{\sigma}_A \cdot \vec{\sigma}_B - 3Z_A Z_B) = \frac{\mu^2}{r^3}\left[\begin{pmatrix} 1 & 0 & 0 & 0 \\ 0 & -1 & 2 & 0 \\ 0 & 2 & -1 & 0 \\ 0 & 0 & 0 & 1 \end{pmatrix} - 3\begin{pmatrix} 1 & 0 & 0 & 0 \\ 0 & -1 & 0 & 0 \\ 0 & 0 & -1 & 0 \\ 0 & 0 & 0 & 1 \end{pmatrix}\right]$$

$$= \frac{\mu^2}{r^3}\begin{pmatrix} -2 & 0 & 0 & 0 \\ 0 & 2 & 2 & 0 \\ 0 & 2 & 2 & 0 \\ 0 & 0 & 0 & -2 \end{pmatrix}$$

이 행렬은 다음과 같이 쓸 수도 있다.

$$H_I = \begin{pmatrix} \langle 00|H_I|00\rangle & \langle 00|H_I|01\rangle & \langle 00|H_I|10\rangle & \langle 00|H_I|11\rangle \\ \langle 01|H_I|00\rangle & \langle 01|H_I|01\rangle & \langle 01|H_I|10\rangle & \langle 01|H_I|11\rangle \\ \langle 10|H_I|00\rangle & \langle 10|H_I|01\rangle & \langle 10|H_I|10\rangle & \langle 10|H_I|11\rangle \\ \langle 11|H_I|00\rangle & \langle 11|H_I|01\rangle & \langle 11|H_I|10\rangle & \langle 11|H_I|11\rangle \end{pmatrix}$$

또한 주어진 상태 벡터 $|\psi\rangle = a|00\rangle + b|01\rangle + c|10\rangle + d|11\rangle$의 행렬 표현은 다음과 같다.

$$|\psi\rangle = \begin{pmatrix} a \\ b \\ c \\ d \end{pmatrix}$$

해밀토니안 행렬의 고웃값을 계의 에너지 값으로 볼 수 있다. 4×4 행렬의 고웃값과 고유 벡터를 구하는 가장 쉬운 방법은 컴퓨터를 사용하는 것이다. 매스매티카$^{\text{Mathematica}\textregistered}$ 프로그램을 이용하면 H_I 고웃값 $\mu^2/r^3\{4, -2, -2, 0\}$을 구할 수 있다. 고웃값 각각에 대한 고유 벡터는 순서대로 다음과 같다.

$$|\phi_1\rangle = \frac{1}{\sqrt{2}}\begin{pmatrix} 0 \\ 1 \\ 1 \\ 0 \end{pmatrix} = \frac{|01\rangle + |10\rangle}{\sqrt{2}}$$

$$|\phi_2\rangle = \begin{pmatrix} 0 \\ 0 \\ 0 \\ 1 \end{pmatrix} = |11\rangle, \quad |\phi_3\rangle = \begin{pmatrix} 1 \\ 0 \\ 0 \\ 0 \end{pmatrix} = |00\rangle$$

$$|\phi_4\rangle = \frac{1}{\sqrt{2}} \begin{pmatrix} 0 \\ 1 \\ -1 \\ 0 \end{pmatrix} = \frac{|01\rangle - |10\rangle}{\sqrt{2}}$$

식(7.28), 식(7.30)을 비교해보면 두 개의 고유 벡터는 벨 상태에 해당한다는 것을 알 수 있다. 따라서 해당 상태는 앨리스와 밥의 입자가 얽혀 있는 상태를 표현한다. 정확하게 표현하면 $|\phi_1\rangle = |\beta_{01}\rangle$이고, $|\phi_2\rangle = |b_{11}\rangle$이다.

고유 상태를 기저로 사용하면 H_I는 대각항이 고윳값인 대각 행렬이 된다.

$$
\begin{aligned}
H_I &= \begin{pmatrix}
\langle\phi_1|H_I|\phi_1\rangle & \langle\phi_1|H_I|\phi_2\rangle & \langle\phi_1|H_I|\phi_3\rangle & \langle\phi_1|H_I|\phi_4\rangle \\
\langle\phi_2|H_I|\phi_1\rangle & \langle\phi_2|H_I|\phi_2\rangle & \langle\phi_2|H_I|\phi_3\rangle & \langle\phi_2|H_I|\phi_4\rangle \\
\langle\phi_3|H_I|\phi_1\rangle & \langle\phi_3|H_I|\phi_2\rangle & \langle\phi_3|H_I|\phi_3\rangle & \langle\phi_3|H_I|\phi_4\rangle \\
\langle\phi_4|H_I|\phi_1\rangle & \langle\phi_4|H_I|\phi_2\rangle & \langle\phi_4|H_I|\phi_3\rangle & \langle\phi_4|H_I|\phi_4\rangle
\end{pmatrix} \\
&= \frac{\mu^2}{r^3} \begin{pmatrix}
4 & 0 & 0 & 0 \\
0 & -2 & 0 & 0 \\
0 & 0 & -2 & 0 \\
0 & 0 & 0 & 0
\end{pmatrix}
\end{aligned}
$$

직접 해보기

다음이 성립함을 보여라.

$$
Y_A \otimes Y_B = \begin{pmatrix}
0 & 0 & 0 & -1 \\
0 & 0 & 1 & 0 \\
0 & 1 & 0 & 0 \\
-1 & 0 & 0 & 0
\end{pmatrix}, \quad
Z_A \otimes Z_B = \begin{pmatrix}
1 & 0 & 0 & 0 \\
0 & -1 & 0 & 0 \\
0 & 0 & -1 & 0 \\
0 & 0 & 0 & 1
\end{pmatrix}
$$

직접 해보기

예제 7.4의 해밀토니안 연산자에 대해 다음 관계가 성립함을 확인하라.

$$H_I|\beta_{01}\rangle = 4\frac{\mu^2}{r^3}|\beta_{01}\rangle, \quad H_I|\beta_{00}\rangle = 0$$

파울리 표현식

파울리 표현식은 단일 큐비트 또는 2큐비트계의 밀도 연산자를 파울리 행렬을 이용해 표현한 것이다. 단일 큐비트에 대한 파울리 표현식은 다음과 같다.

$$\rho = \frac{1}{2}\sum_{i=0}^{3} c_i \sigma_i \tag{7.34}$$

이 확장식의 계수는 다음과 같다.

$$c_i = Tr(\rho\sigma_i) = \langle\sigma_i\rangle$$

예제 7.5

다음과 같은 밀도 행렬이 주어졌을 때 이 행렬의 파울리 표현식을 구하라.

$$\rho = \frac{3}{4}|0\rangle\langle 0| + \frac{1}{4}|1\rangle\langle 1|$$

풀이

기본식을 그대로 적용해 전개해보자. $\sigma_0 = I$이므로 다음과 같이 c_0를 구할 수 있다.

$$c_0 = Tr(\rho\sigma_0) = Tr\begin{pmatrix} \dfrac{3}{4} & 0 \\ 0 & \dfrac{1}{4} \end{pmatrix} = \frac{3}{4} + \frac{1}{4} = 1$$

다음 항을 구해보자.

$$c_1 = Tr(\rho\sigma_1) = Tr\begin{pmatrix} \dfrac{3}{4} & 0 \\ 0 & \dfrac{1}{4} \end{pmatrix}\begin{pmatrix} 0 & 1 \\ 1 & 0 \end{pmatrix} = Tr\begin{pmatrix} 0 & \dfrac{3}{4} \\ \dfrac{1}{4} & 0 \end{pmatrix} = 0$$

같은 방식으로 풀어보면 $c_2 = Tr(\rho\sigma_2) = 0$이 되고, 마지막 항은 다음과 같다.

$$c_3 = Tr(\rho\sigma_3) = Tr\begin{pmatrix} \dfrac{3}{4} & 0 \\ 0 & \dfrac{1}{4} \end{pmatrix}\begin{pmatrix} 1 & 0 \\ 0 & -1 \end{pmatrix} = tr\begin{pmatrix} \dfrac{3}{4} & 0 \\ 0 & \dfrac{-1}{4} \end{pmatrix} = \frac{3}{4} - \frac{1}{4} = \frac{1}{2}$$

파울리 표현식은 다음과 같다.

$$\rho = \sigma_0 - \frac{1}{2}\sigma_3 = I - \frac{1}{2}Z$$

두 큐비트계에 대한 파울리 표현식은 다음과 같다.

$$\rho = \frac{1}{4}\sum_{i,j} c_{ij}\sigma_i \otimes \sigma_j \tag{7.35}$$

$c_{ij} = \langle \sigma_i \otimes \sigma_j \rangle = Tr(\rho\sigma_i \otimes \sigma_j)$가 된다. 밀도 연산자 ρ가 구분 가능 상태라면 다음 관계가 성립한다.

$$|c_{11}| + |c_{22}| + |c_{33}| \leq 1 \qquad (7.36)$$

예제 7.6

식(7.36)의 기준에 따라 $H \otimes H|00\rangle$이 구분 가능 상태임을 보이고, $|\beta_{00}\rangle$이 얽힘 상태임을 보여라.

풀이

먼저 $H \otimes H|00\rangle$의 밀도 연산자를 구해보자. 밀도 연산자를 다음과 같이 쓸 수 있다.

$$\rho = \frac{1}{2}(|00\rangle + |01\rangle + |10\rangle + |11\rangle)\frac{1}{2}(\langle 00| + \langle 01| + \langle 10| + \langle 11|)$$

밀도 행렬은 다음과 같다.

$$\rho = \frac{1}{4}\begin{pmatrix} 1 & 1 & 1 & 1 \\ 1 & 1 & 1 & 1 \\ 1 & 1 & 1 & 1 \\ 1 & 1 & 1 & 1 \end{pmatrix}$$

표현식의 첫 항은 다음과 같다.

$$c_{11} = \langle \sigma_1 \otimes \sigma_1 \rangle = \langle X \otimes X \rangle = Tr(\rho X \otimes X)$$

그중 $X \otimes X$를 계산해보면

$$X \otimes X = \begin{pmatrix} 0 & X \\ X & 0 \end{pmatrix} = \begin{pmatrix} 0 & 0 & 0 & 1 \\ 0 & 0 & 1 & 0 \\ 0 & 1 & 0 & 0 \\ 1 & 0 & 0 & 0 \end{pmatrix}$$

다음 결과를 얻을 수 있다.

$$
\rho X \otimes X = \frac{1}{4}\begin{pmatrix} 1 & 1 & 1 & 1 \\ 1 & 1 & 1 & 1 \\ 1 & 1 & 1 & 1 \\ 1 & 1 & 1 & 1 \end{pmatrix}\begin{pmatrix} 0 & 0 & 0 & 1 \\ 0 & 0 & 1 & 0 \\ 0 & 1 & 0 & 0 \\ 1 & 0 & 0 & 0 \end{pmatrix} = \frac{1}{4}\begin{pmatrix} 1 & 1 & 1 & 1 \\ 1 & 1 & 1 & 1 \\ 1 & 1 & 1 & 1 \\ 1 & 1 & 1 & 1 \end{pmatrix}
$$

따라서 c_{11} 계수는 다음과 같다.

$$
c_{11} = Tr(\rho X \otimes X) = \frac{1}{4} + \frac{1}{4} + \frac{1}{4} + \frac{1}{4} = 1
$$

$Y \otimes Y$를 계산해보면 다음과 같으므로

$$
Y \otimes Y = \begin{pmatrix} 0 & 0 & 0 & -1 \\ 0 & 0 & 1 & 0 \\ 0 & 1 & 0 & 0 \\ -1 & 0 & 0 & 0 \end{pmatrix}
$$

다음과 같이 c_{22} 계수를 구할 수 있다.

$$
c_{22} = Tr(\rho \sigma_2 \otimes \sigma_2) = Tr(\rho Y \otimes Y)
$$

$$
= Tr\frac{1}{4}\begin{pmatrix} 1 & 1 & 1 & 1 \\ 1 & 1 & 1 & 1 \\ 1 & 1 & 1 & 1 \\ 1 & 1 & 1 & 1 \end{pmatrix}\begin{pmatrix} 0 & 0 & 0 & -1 \\ 0 & 0 & 1 & 0 \\ 0 & 1 & 0 & 0 \\ -1 & 0 & 0 & 0 \end{pmatrix}
$$

$$
= Tr\frac{1}{4}\begin{pmatrix} -1 & 1 & 1 & -1 \\ -1 & 1 & 1 & -1 \\ -1 & 1 & 1 & -1 \\ -1 & 1 & 1 & -1 \end{pmatrix} = \frac{1}{4}(-1 + 1 + 1 - 1) = 0
$$

마지막으로 $Z \otimes Z$를 계산해보면 다음과 같으므로

$$
Z \otimes Z = \begin{pmatrix} 1 & 0 & 0 & 0 \\ 0 & -1 & 0 & 0 \\ 0 & 0 & -1 & 0 \\ 0 & 0 & 0 & 1 \end{pmatrix}
$$

다음 결과를 얻을 수 있다.

$$\rho Z \otimes Z = \frac{1}{4}\begin{pmatrix} 1 & 1 & 1 & 1 \\ 1 & 1 & 1 & 1 \\ 1 & 1 & 1 & 1 \\ 1 & 1 & 1 & 1 \end{pmatrix}\begin{pmatrix} 1 & 0 & 0 & 0 \\ 0 & -1 & 0 & 0 \\ 0 & 0 & -1 & 0 \\ 0 & 0 & 0 & 1 \end{pmatrix} = \frac{1}{4}\begin{pmatrix} 1 & -1 & -1 & 1 \\ 1 & -1 & -1 & 1 \\ 1 & -1 & -1 & 1 \\ 1 & -1 & -1 & 1 \end{pmatrix}$$

일부 행렬은 대각항의 합인 대각합이 사라지므로, 다음 관계를 얻을 수 있다.

$$|c_{11}| + |c_{22}| + |c_{33}| = 1 + 0 + 0 = 1$$

따라서 식(7.36) 기준을 만족하므로, 주어진 상태는 구분 가능 상태다. 이제 $|\beta_{00}\rangle$을 확인해보자. 이 상태의 밀도 연산자는 다음과 같다.

$$\rho = \frac{1}{2}(|00\rangle + |11\rangle)(\langle 00| + \langle 11|) = \frac{1}{2}(|00\rangle\langle 00| + |00\rangle\langle 11| + |11\rangle\langle 00| + |11\rangle\langle 11|)$$

밀도 행렬은 다음과 같다.

$$\rho = \begin{pmatrix} 1 & 0 & 0 & 1 \\ 0 & 0 & 0 & 0 \\ 0 & 0 & 0 & 0 \\ 1 & 0 & 0 & 1 \end{pmatrix}$$

이제 c_{11} 계수를 구해보자.

$$c_{11} = Tr(\rho X \otimes X) = Tr\frac{1}{2}\begin{pmatrix} 1 & 0 & 0 & 1 \\ 0 & 0 & 0 & 0 \\ 0 & 0 & 0 & 0 \\ 1 & 0 & 0 & 1 \end{pmatrix}\begin{pmatrix} 0 & 0 & 0 & 1 \\ 0 & 0 & 1 & 0 \\ 0 & 1 & 0 & 0 \\ 1 & 0 & 0 & 0 \end{pmatrix}$$

$$= Tr\frac{1}{2}\begin{pmatrix} 1 & 0 & 0 & 1 \\ 0 & 0 & 0 & 0 \\ 0 & 0 & 0 & 0 \\ 1 & 0 & 0 & 1 \end{pmatrix} = \frac{1}{2} + 0 + 0 + \frac{1}{2} = 1$$

그런 다음 c_{22} 계수를 구해보자.

$$c_{22} = Tr(\rho Y \otimes Y) = Tr\frac{1}{2}\begin{pmatrix} 1 & 0 & 0 & 1 \\ 0 & 0 & 0 & 0 \\ 0 & 0 & 0 & 0 \\ 1 & 0 & 0 & 1 \end{pmatrix}\begin{pmatrix} 0 & 0 & 0 & -1 \\ 0 & 0 & 1 & 0 \\ 0 & 1 & 0 & 0 \\ -1 & 0 & 0 & 0 \end{pmatrix}$$

$$= Tr\frac{1}{2}\begin{pmatrix} -1 & 0 & 0 & -1 \\ 0 & 0 & 0 & 0 \\ 0 & 0 & 0 & 0 \\ -1 & 0 & 0 & -1 \end{pmatrix} = -\frac{1}{2} + 0 + 0 - \frac{1}{2} = -1$$

필요한 마지막 계수는 다음과 같다.

$$c_{33} = Tr(\rho Z \otimes Z) = Tr\frac{1}{2}\begin{pmatrix} 1 & 0 & 0 & 1 \\ 0 & 0 & 0 & 0 \\ 0 & 0 & 0 & 0 \\ 1 & 0 & 0 & 1 \end{pmatrix}\begin{pmatrix} 1 & 0 & 0 & 0 \\ 0 & -1 & 0 & 0 \\ 0 & 0 & -1 & 0 \\ 0 & 0 & 0 & 1 \end{pmatrix}$$

$$= Tr\frac{1}{2}\begin{pmatrix} 1 & 0 & 0 & 1 \\ 0 & 0 & 0 & 0 \\ 0 & 0 & 0 & 0 \\ 1 & 0 & 0 & 1 \end{pmatrix} = \frac{1}{2} + 0 + 0 + \frac{1}{2} = 1$$

이 경우에는 다음 관계가 성립하므로,

$$|c_{11}| + |c_{22}| + |c_{33}| = |1| + |-1| + |1| = 1 + 1 + 1 = 3$$

식(7.36)의 기준에 따라 주어진 상태는 얽힘 상태다.

얽힘 충실도

계산 기저를 이용해 대각 행렬로 표현되는 단일 큐비트의 밀도 연산자를 생각해보자.

$$\rho = f|0\rangle\langle 0| + (1 - f)|1\rangle\langle 1| \tag{7.37}$$

이 식의 매개변수 f를 얽힘 충실도^{entanglement fidelity}라고 한다. 예를 들어 다음과 같은 밀도 연산자가 있다고 하면

$$\rho = \frac{3}{4}|0\rangle\langle 0| + \frac{1}{4}|1\rangle\langle 1|$$

얽힘 충실도는 3/4이 된다.

벨 상태를 이용한 밀도 연산자 표현

벨 기저를 이용해 대각 행렬로 표현되는 2큐비트계의 밀도 연산자는 벨 상태를 이용해 다음과 같이 표현할 수 있다.

$$\begin{aligned}\rho &= \sum_{i,j} c_{ij}|\beta_{ij}\rangle\langle\beta_{ij}| \\ &= c_{00}|\beta_{00}\rangle\langle\beta_{00}| + c_{01}|\beta_{01}\rangle\langle\beta_{01}| + c_{10}|\beta_{10}\rangle\langle\beta_{10}| + c_{11}|\beta_{11}\rangle\langle\beta_{11}|\end{aligned} \quad (7.38)$$

이런 형식으로 표현할 수 있는 것은 파울리 연산자를 이용해 벨 상태의 외적을 표현할 수 있기 때문이다.

$$|\beta_{00}\rangle\langle\beta_{00}| = \frac{1}{4}(I \otimes I + X \otimes X - Y \otimes Y + Z \otimes Z) \quad (7.39)$$

$$|\beta_{01}\rangle\langle\beta_{01}| = \frac{1}{4}(I \otimes I + X \otimes X + Y \otimes Y - Z \otimes Z) \quad (7.40)$$

$$|\beta_{10}\rangle\langle\beta_{10}| = \frac{1}{4}(I \otimes I - X \otimes X + Y \otimes Y + Z \otimes Z) \quad (7.41)$$

$$|\beta_{11}\rangle\langle\beta_{11}| = \frac{1}{4}(I \otimes I - X \otimes X - Y \otimes Y - Z \otimes Z) \quad (7.42)$$

식(7.38)처럼 전개할 때 밀도 연산자 ρ는 다음 조건을 만족하는 경우에만 분리 가능하다.

$$c_{00} \leq \frac{1}{2} \qquad\qquad (7.43)$$

예제 7.7

$\{|00\rangle, |01\rangle, |10\rangle, |11\rangle\}$ 기저하에서 밀도 행렬이 다음과 같은 2큐비트계가 있다.

$$\rho = \begin{pmatrix} \frac{1}{8} & 0 & 0 & \frac{1}{8} \\ 0 & \frac{3}{8} & \frac{-3}{8} & 0 \\ 0 & \frac{-3}{8} & \frac{3}{8} & 0 \\ \frac{1}{8} & 0 & 0 & \frac{1}{8} \end{pmatrix}$$

이 상태를 벨 기저하에서 대각 행렬로 표시할 수 있는가? 이 상태는 분리 가능 상태인가?

풀이

주어진 행렬은 다음 밀도 연산자를 표현한 것이다.

$$\rho = \frac{1}{8}\left(|00\rangle\langle00| + |00\rangle\langle11| + |11\rangle\langle00| + |11\rangle\langle11|\right)$$
$$+ \frac{3}{8}\left(|01\rangle\langle01| - |01\rangle\langle10| - |10\rangle\langle01| + |10\rangle\langle10|\right)$$

이 연산자는 벨 기저를 이용해 다음과 같이 고쳐 쓸 수 있다.

$$\rho = \frac{1}{4}|\beta_{00}\rangle\langle\beta_{00}| + \frac{3}{4}|\beta_{11}\rangle\langle\beta_{11}|$$

c_{00} = 1/4 < 1/2이므로 식(7.43) 기준에 의해 분리 가능 상태임을 알 수 있다.

슈미트 분해

복합계 $H_A \otimes H_B$에 속한 순수 상태 $|\psi\rangle \in H_A$가 있다고 하자. 그렇다면 상태 $|\psi\rangle$를 다음과 같은 형태로 전개할 수 있다.

$$|\psi\rangle = \sum_i \lambda_i |a_i\rangle |b_i\rangle \qquad (7.44)$$

이 식에서 $|a_i\rangle$는 계 A의 정규 직교 상태, $|b_i\rangle$는 계 B의 정규 직교 상태를 뜻한다(이 상태들을 계 A와 계 B의 슈미트 기저라고 부른다). 전개식의 계수는 $\lambda_i \geq 0$, $\sum_i \lambda_i^2 = 1$ 조건을 만족한다. λ_i를 **슈미트 계수**^{Schmidt coefficients}라고 하며, 전개식(7.44)를 **슈미트 분해**^{Schmidt decomposition}라고 한다.

슈미트 계수는 다음 행렬을 이용해 계산할 수 있다.

$$Tr_B \left(|\psi\rangle\langle\psi|\right) \qquad (7.45)$$

이 행렬의 고윳값은 λ_i^2이다. 0이 아닌 고윳값 λ_i의 개수를 **슈미트 수**^{Schmidt number}라고 한다. 다음과 같은 방식으로 슈미트 수를 활용할 수 있다.

- 구분 가능 상태면 슈미트 수는 1이다.
- 얽힘 상태면 슈미트 수는 1보다 크다.

앞으로 슈미트 수를 Sch로 표기하기로 하자.

예제 7.8

상태 $|\psi\rangle = \frac{1}{2}(|00\rangle - |01\rangle - |10\rangle + |11\rangle)$을 생각해보자. 이 상태는 구분 가능 상태인가? 슈미트 수는 얼마인가?

풀이

주어진 상태의 밀도 연산자는 다음과 같다.

$$\rho = |\psi\rangle\langle\psi| = \frac{1}{4}(|00\rangle\langle00| - |00\rangle\langle01| - |00\rangle\langle10| + |00\rangle\langle11| - |01\rangle\langle00| + |01\rangle\langle01|$$
$$+ |01\rangle\langle10| - |01\rangle\langle11| - |10\rangle\langle00| + |10\rangle\langle01| + |10\rangle\langle10| - |10\rangle\langle11| + |11\rangle\langle00|$$
$$- |11\rangle\langle01| - |11\rangle\langle10| + |11\rangle\langle11|)$$

계 B의 대각합을 이용해 다음 식을 얻을 수 있다.

$$\rho_A = Tr_B(|\psi\rangle\langle\psi|) = \langle0|\psi\rangle\langle\psi|0\rangle + \langle1|\psi\rangle\langle\psi|1\rangle$$
$$= \frac{1}{4}(|0\rangle\langle0| - |0\rangle\langle1| - |1\rangle\langle0| + |1\rangle\langle1|) + \frac{1}{4}(|0\rangle\langle0| - |0\rangle\langle1| - |1\rangle\langle0| + |1\rangle\langle1|)$$
$$= \frac{1}{2}(|0\rangle\langle0| - |0\rangle\langle1| - |1\rangle\langle0| + |1\rangle\langle1|)$$

행렬로는 다음과 같이 표현된다.

$$\rho_A = \frac{1}{2}\begin{pmatrix} 1 & -1 \\ -1 & 1 \end{pmatrix}$$

이 행렬의 고윳값을 구하면 $\lambda_1 = 1$, $\lambda_2 = 0$이다. 슈미트 수는 0이 아닌 고윳값의 개수이므로, $Sch = 1$이고 주어진 상태는 구분 가능 상태다. 사실 문제의 상태는 다음과 같은 곱 상태다.

$$|\psi\rangle = \left(\frac{|0\rangle - |1\rangle}{\sqrt{2}}\right) \otimes \left(\frac{|0\rangle - |1\rangle}{\sqrt{2}}\right)$$

예제 7.9

슈미트 수를 계산해서 다음 단일 입자 상태가 얽힘 상태임을 보여라.

$$|S\rangle = \frac{|01\rangle - |10\rangle}{\sqrt{2}}$$

풀이

이 경우의 밀도 연산자는 다음과 같다.

$$\rho = |S\rangle\langle S| = \left(\frac{|01\rangle - |10\rangle}{\sqrt{2}}\right)\left(\frac{\langle 01| - \langle 10|}{\sqrt{2}}\right)$$

$$= \frac{1}{2}(|01\rangle\langle 01| - |01\rangle\langle 10| - |10\rangle\langle 01| + |10\rangle\langle 10|)$$

계 B의 대각합을 이용해서 다음 식을 얻을 수 있다.

$$\rho_A = Tr_B\left(\frac{1}{2}(|01\rangle\langle 01| - |01\rangle\langle 10| - |10\rangle\langle 01| + |10\rangle\langle 10|)\right)$$

$$= \langle 0|\frac{1}{2}(|01\rangle\langle 01| - |01\rangle\langle 10| - |10\rangle\langle 01| + |10\rangle\langle 10|)|0\rangle$$

$$+ \langle 1|\frac{1}{2}(|01\rangle\langle 01| - |01\rangle\langle 10| - |10\rangle\langle 01| + |10\rangle\langle 10|)|1\rangle$$

$$= \frac{1}{2}(|1\rangle\langle 1| + |0\rangle\langle 0|) = \frac{1}{2}I$$

이 행렬은 0이 아닌 두 개의 고윳값 $\lambda_1 = \lambda_2 = 1/2$을 갖는다. 슈미트 수 Sch = 2 > 1이므로, 이 상태는 얽힘 상태다.

정제

주어진 계 A에 대해서 $|\phi_A\phi_B\rangle$를 순수 상태로 만드는 기준이 되는 계 B를 생성하는 과정을 정제^{purification}라고 한다. 이 과정은 혼합 상태의 밀도 행렬 ρ_A에서 시작한다.

상태 $|\phi_B\rangle$가 다음을 만족하면 이 상태는 ρ_A를 정제할 수 있다.

$$\rho_A = Tr_B(|\phi_B\rangle\langle\phi_B|) \tag{7.46}$$

ρ_A가 혼합 상태라면 정제 과정을 이용해 힐베르트 공간을 $|\phi_A\phi_B\rangle$가 정의하는 더 큰 공간으로 확장함으로써 주어진 계의 순수 상태 여부를 분석할 수 있다. 다음 식을 생각해보자.

$$\rho_A = \sum_i p_i |a_i\rangle\langle a_i|$$

계 B의 정규 직교 기저를 $|b_i\rangle$라 하면 정제 과정은 다음과 같이 쓸 수 있다.

$$|\phi_B\rangle = \sum_i \sqrt{p_i}|a_i\rangle \otimes |b_i\rangle \tag{7.47}$$

정제 과정의 구체적인 계산 방법과 적용 사례는 10장에서 살펴본다.

연습문제

7.1. 식(7.11) 결과를 유도하라.

7.2. Y 연산자의 고유 상태는 다음과 같다.

$$|\pm_y\rangle = \frac{|0\rangle \pm i|1\rangle}{\sqrt{2}}$$

Y 연산자의 고유 상태를 이용해 식(7.2)의 단일 입자 상태를 표현해보자. 형태가 비슷한가?

7.3. 다음 조건에서 $Z \otimes Z|\beta_{xy}\rangle = (-1)^y|\beta_{xy}\rangle$임을 확인하자.

$$|\beta_{00}\rangle = \frac{|00\rangle + |11\rangle}{\sqrt{2}}, \quad |\beta_{01}\rangle = \frac{|01\rangle + |10\rangle}{\sqrt{2}}$$

7.4. $X \otimes X|\beta_{xy}\rangle = (-1)^y|\beta_{xy}\rangle$임을 보여라.

7.5. $Y \otimes Y|\beta_{xy}\rangle = (-1)^{x+y}|\beta_{xy}\rangle$임을 보여라.

7.6. $X \otimes X$와 $Z \otimes Z$ 사이에 교환 법칙이 성립함을 보여라.

7.7. 예제 7.4의 고유 벡터를 생각해보자. $[H_I, \vec{\sigma}_A \cdot \vec{\sigma}_B] = 0$이 성립함을 보이고, 따라서 해밀토니안의 고유 벡터가 $\vec{\sigma}_A \cdot \vec{\sigma}_B$ 연산자의 고유 벡터가 됨을 보여라. 특히 $i = 1, 2, 3$에 대해 $\vec{\sigma}_A \cdot \vec{\sigma}_B|\phi_i\rangle = |\phi_i\rangle$이고, $\vec{\sigma}_A \cdot \sigma_B|\phi_4\rangle = -3|\phi_4\rangle$임을 보여라.

7.8. $X \otimes Z|\beta_{00}\rangle$ 상태는 얽힘 상태인가?

7.9. 다음 연산자의 파울리 표현식을 구하라.

$$\rho = \begin{pmatrix} \sin^2\theta & e^{-i\phi}\sin\theta\cos\theta \\ e^{i\phi}\sin\theta\cos\theta & \cos^2\theta \end{pmatrix}$$

7.10. 식(7.36)을 이용해 $|\beta_{10}\rangle$ 상태가 얽힘 상태임을 보여라. 동일한 기준으로 $X \otimes Z|\beta_{00}\rangle$ 상태를 판별해보자.

7.11. 식(7.39)를 유도하라.

7.12. 다음 상태를 벨 기저에 대한 대각 행렬 형태로 쓸 수 있는가?

$$\rho = \begin{pmatrix} \dfrac{1}{2} & 0 & 0 & \dfrac{-1}{8} \\ 0 & 0 & 0 & 0 \\ 0 & 0 & 0 & 0 \\ \dfrac{-1}{8} & 0 & 0 & \dfrac{1}{2} \end{pmatrix}$$

식(7.43)을 이용해서 이 상태의 구분 가능 여부를 판별하라.

7.13. 식(7.36)을 이용해서 다음 상태가 곱 상태임을 확인하라.

$$|\psi\rangle = \left(\frac{|0\rangle - |1\rangle}{\sqrt{2}} \right) \otimes \left(\frac{|0\rangle - |1\rangle}{\sqrt{2}} \right)$$

7.14. 슈미트 수를 계산해서 다음 상태가 얽힘 상태임을 확인하라.

$$|\psi\rangle = \frac{1}{\sqrt{2}}|\beta_{00}\rangle - \frac{1}{\sqrt{2}}|\beta_{01}\rangle$$

양자 게이트와 양자 회로

고전 컴퓨터의 최하단에는 정보를 조작하는 기본 작업 두 가지가 있다. 어떤 장소의 정보를 다른 장소로 옮기는 작업과 논리 게이트를 사용해 주어진 정보에 특정한 처리를 수행하는 작업이다. 여러 개의 논리 게이트를 연결하면 디지털 회로가 된다. 8장에서는 논리 게이트와 회로에 상응하는 양자 컴퓨터의 개념을 소개한다. 고전 컴퓨터의 논리 게이트를 먼저 간단히 살펴보자.

고전 컴퓨터의 논리 게이트

논리 게이트의 기본 목적은 비트 단위의 정보를 가공하거나 처리하는 방법을 제공하는 것이다. 간단한 NOT 게이트를 예로 들어보자. NOT 게이트는 하나의 입력을 받는다. 이름에서 알 수 있듯이 NOT 게이트는 입력 비트의 값을 뒤집는 역할만 한다. 즉, 게이트에 0이 입력되면 1을 출력하고, 1이 입력되면 0을 출력한다. NOT 게이트의 동작은 다음과 같이 도식화할 수 있다.

$$0 \mapsto 1$$
$$1 \mapsto 0$$

좀 더 복잡한 상황을 위해 게이트의 동작을 좀 더 체계적인 방식으로 표시할 필요가 있다. 게이트의 입력 값과 그에 해당하는 출력 값을 적어 놓은 **진리표** truth table를 사용할 수 있다. NOT 게이트의 진리표는 쉽게 작성할 수 있다. 왼편에 하나의 입력 비트 값을 적고, 그에 대한 출력 값을 오른쪽에 적으면 된다.

입력	NOT
0	1
1	0

이제 두 개의 비트를 사용하는 더 복잡한 연산을 생각해보자. 두 개의 비트를 입력으로 받는 게이트는 OR, AND, XOR 등 여러 가지가 있다. 하나씩 차례대로 살펴보자.

OR 게이트는 A, B 두 비트를 입력으로 받는다. OR 게이트의 출력 값은 A 또는 B가 1일 때 1이 되고, 그 외의 경우에는 0이다. OR 게이트의 진리표는 다음과 같다.

A	B	A OR B
0	0	0
0	1	1
1	0	1
1	1	1

AND 게이트의 출력 값은 두 입력 값이 모두 1일 때만 1이다.

A	B	A AND B
0	0	0
0	1	0
1	0	0
1	1	1

XOR 게이트의 출력 값은 A 또는 B가 1일 때 1이지만 두 입력 값이 모두 1일 때는 1이 아니다. XOR 연산은 $\oplus$ 기호로 표시한다.

A	B	A $\oplus$ B
0	0	0
0	1	1
1	0	1
1	1	0

다음으로 살펴볼 두 입력 게이트는 고전 컴퓨터에서 중요한 NOT-AND 또는 NAND 게이트다. 이 게이트의 동작은 AND 게이트의 결과를 뒤집은 것과 같다. 이 경우의 진리표는 다음과 같다.

A	B	A NAND B
0	0	1
0	1	1
1	0	1
1	1	0

이 게이트에는 **범용성**universal이라는 재밌는 특징이 있다. 즉, NAND 게이트만을 사용해 모든 연산 작업을 처리할 수 있다. 실제로 NAND 게이트만으로

또는 NOT 게이트와 AND 게이트만 조합해 전체 컴퓨터를 구성하는 것이 가능하다. NAND 게이트만으로 어떻게 다른 논리 연산이 구현되는지 알아보기 위해 하나의 비트를 NAND 게이트의 양 입력 값에 넣으면 어떻게 되는지 살펴보자. 이 경우의 진리표는 다음과 같다.

A	A	A NAND B
0	0	1
1	1	0

이렇게 하면 NAND 게이트는 입력 값을 반전시키게 된다. 다시 말해 NAND 게이트로 NOT 게이트를 만든 셈이다.

직접 해보기

NAND 게이트만 사용해서 AND 게이트와 OR 게이트를 만들 수 있음을 보여라.

NAND 게이트는 범용성뿐 아니라 비가역성^{irreversible}이라는 재밌는 특성을 갖고 있다. 즉, NAND 게이트의 출력 값만으로는 게이트가 적용된 입력 값을 역으로 추적해낼 수 없다. 그러나 가역적인 게이트를 사용해서도 고전 컴퓨터를 구성할 수 있다는 것이 알려져 있다. 가장 처음 발견된 게이트는 프레드킨 게이트$^{Fredkin\ gate}$다. 프레드킨 게이트는 세 비트를 입력받으며, 그중 첫 번째 비트는 제어 비트다. C로 표기하는 제어 비트의 기능은 지정된 연산을 다른 입력 비트에 적용할지 여부를 결정하는 것이다. 프레드킨 게이트에서 C = 0이면 입력 비트에 아무 일도 하지 않는다(변화 없이 그대로 회로를 통과한다). 그러나 C = 1이면 입력 비트의 값이 뒤바뀐다. 프레드킨 게이트의 진리표는 다음과 같다.

C	A	B	A'	B'
0	0	0	0	0
0	0	1	0	1
0	1	0	1	0
0	1	1	1	1
1	0	0	0	0
1	0	1	1	0
1	1	0	0	1
1	1	1	1	1

A', B'는 출력 비트의 값을 뜻한다. NAND 게이트와 마찬가지로 프레드킨 게이트도 범용적이다.

마지막으로 살펴볼 고전 게이트는 **토폴리 게이트**[Toffoli gate]다. 이 게이트에는 두 개의 제어 비트 C1, C2가 있다. 이 게이트는 C1 AND C2 값을 계산한 다음, 이 결과를 대상 비트 T와 XOR한 값 T를 계산한다. 토폴리 게이트의 진리표는 다음과 같다.

C1	C2	T	T'
0	0	0	0
0	0	1	1
0	1	0	0
0	1	1	1
1	0	0	0
1	0	1	1
1	1	0	1
1	1	1	0

단일 큐비트 게이트

게이트는 정보 처리를 추상적으로 표현한 것이다. 논리 게이트를 이용한 비트 처리 방법에 대한 개념을 익혔으니, 이제 비슷한 과정이 양자 컴퓨터에서는 어떻게 될지 생각해보자.

양자 컴퓨터도 게이트를 이용해 정보를 처리하지만, 양자 컴퓨터에서 '게이트'는 유니타리 연산이다. 양자 게이트는 단지 유니타리 연산자에 불과하므로 게이트와 연산자라는 단어를 섞어 쓰는 경우가 많을 것이다(따라서 이 둘이 같은 것을 뜻하는 경우가 있음을 기억해두자). 유니타리 연산자 U는 수반 연산자가 역연산자와 같은, 즉 $U^\dagger = U^{-1}$이 성립하는 연산자다. 따라서 유니타리 연산자는 다음 관계가 성립한다.

$$UU^\dagger = U^\dagger U = I \tag{8.1}$$

게다가 에르미트 연산자 H에 대해 $U = e^{iHt}$ 연산자는 유니타리 연산자가 된다.

양자 연산자는 행렬로 표현할 수 있었다. 입력과 출력이 n개인 양자 게이트는 차수가 2^n인 행렬로 표현할 수 있다. 단일 큐비트라면 차수가 $2^1 = 2$인 행렬이 필요하다. 따라서 단일 큐비트에 대한 양자 게이트는 2×2 유니타리 행렬이 된다. 2큐비트 게이트라면 $2^2 = 4$이므로 4×4 행렬로 표현할 수 있다.

고전 논리 게이트를 다룰 때 사용했던 과정을 따라 가장 간단한 양자 NOT 게이트부터 시작해보자. 이미 양자 NOT 게이트를 접한 적이 있음을 알 수 있을 것이다(사실 다양한 단일 큐비트 게이트를 이미 살펴봤다). NOT 연산은 파울리 X 행렬로 구현할 수 있다. 복습이 나쁠 것 없으니 기본적인 내용 몇 가지를 다시 살펴보고 적어보자. 표준 기저(계산 기저) 상태는 다음과 같다.

$$|0\rangle = \begin{pmatrix} 1 \\ 0 \end{pmatrix}, \quad |1\rangle = \begin{pmatrix} 0 \\ 1 \end{pmatrix} \tag{8.2}$$

파울리 X 행렬은 NOT 연산자로 불릴 경우가 많을 텐데, 표준 기저(계산 기저) 하에서 다음 행렬과 같이 표현된다.

$$X = U_{NOT} = \begin{pmatrix} 0 & 1 \\ 1 & 0 \end{pmatrix} \qquad (8.3)$$

따라서 다음 관계를 알 수 있다.

$$U_{NOT}|0\rangle = \begin{pmatrix} 0 & 1 \\ 1 & 0 \end{pmatrix} \begin{pmatrix} 1 \\ 0 \end{pmatrix} = \begin{pmatrix} 0 \\ 1 \end{pmatrix} = |1\rangle \qquad (8.4)$$

$$U_{NOT}|1\rangle = \begin{pmatrix} 0 & 1 \\ 1 & 0 \end{pmatrix} \begin{pmatrix} 0 \\ 1 \end{pmatrix} = \begin{pmatrix} 1 \\ 0 \end{pmatrix} = |0\rangle \qquad (8.5)$$

그러므로 표준 기저(계산 기저)하에서 X 행렬은 NOT 연산자로 동작한다. 임의의 상태 $|j\rangle$에 대한 NOT 게이트의 동작은 XOR 연산자를 이용해 다음과 같이 표기할 수 있다.

$$X|j\rangle = |j \oplus 1\rangle \qquad (8.6)$$

이 식의 동작을 확인하고자 배타적 OR 연산은 어느 하나의 입력만 1일 때 1을 출력하고, 그 외의 경우에는 0을 출력한다는 점을 기억하자. 그러므로 $j = 0$이면 $X|0\rangle = |0 \oplus 1\rangle = |1\rangle$이다. 한편 $j = 1$이면 $X|1\rangle = |1 \oplus 1\rangle = |0\rangle$이 된다.

예제 8.1

NOT 연산자는 $|0\rangle$을 받으면 $|1\rangle$을 출력하고, $|1\rangle$을 받으면 $|0\rangle$을 출력한다. NOT 연산을 구현하는 유니타리 연산자를 외적 형태로 쓰고, 다음 기저에 대한 행렬 표현을 구하라.

$$|+\rangle = \frac{1}{\sqrt{2}} \begin{pmatrix} 1 \\ 1 \end{pmatrix}, \quad |-\rangle = \frac{1}{\sqrt{2}} \begin{pmatrix} 1 \\ -1 \end{pmatrix}$$

풀이

표준 기저(계산 기저)에서 NOT 연산자의 행렬 표현은 식(8.3)과 같다. 이 식은 다음과 같이 쓸 수 있다.

$$X = \begin{pmatrix} \langle 0|X|0 \rangle & \langle 0|X|1 \rangle \\ \langle 1|X|0 \rangle & \langle 1|X|1 \rangle \end{pmatrix}$$

그렇다면 다음과 같이 쓸 수 있다(직접 확인해보자).

$$X = |0\rangle\langle 1| + |1\rangle\langle 0| \tag{8.7}$$

그렇다면 이 연산자의 표준 기저(계산 기저) 상태에 대한 동작은 기저 상태의 정규 직교성을 통해 다음과 같음을 알 수 있다.

$$\begin{aligned} X|0\rangle &= (|0\rangle\langle 1| + |1\rangle\langle 0|)|0\rangle \\ &= |0\rangle\langle 1|0\rangle + |1\rangle\langle 0|0\rangle \\ &= |1\rangle \\ X|1\rangle &= (|0\rangle\langle 1| + |1\rangle\langle 0|)|1\rangle \\ &= |0\rangle\langle 1|1\rangle + |1\rangle\langle 0|1\rangle \\ &= |0\rangle \end{aligned}$$

NOT 연산자를 $\{|+\rangle, |-\rangle\}$ 기저로 표현하려면 해당 기저와 표준 기저(계산 기저)를 이어주는 유니타리 변환을 찾아야 한다. 즉, 다음 원소를 갖는 행렬을 구해야 한다.

$$U_{trans} = \begin{pmatrix} \langle +|0\rangle & \langle +|1\rangle \\ \langle -|0\rangle & \langle -|1\rangle \end{pmatrix}$$

표준 기저(계산 기저)에서 $\{|+\rangle, |-\rangle\}$ 상태는 다음과 같이 표현됨을 알고 있다.

$$|+\rangle = \frac{1}{\sqrt{2}} \begin{pmatrix} 1 \\ 1 \end{pmatrix}, \quad |-\rangle = \frac{1}{\sqrt{2}} \begin{pmatrix} 1 \\ -1 \end{pmatrix}$$

그러므로 행렬의 각 항을 계산하는 일은 어렵지 않다.

$$\langle +|0\rangle = \frac{1}{\sqrt{2}} \begin{pmatrix} 1 & 1 \end{pmatrix} \begin{pmatrix} 1 \\ 0 \end{pmatrix} = \frac{1}{\sqrt{2}}$$

$$\langle +|1\rangle = \frac{1}{\sqrt{2}} \begin{pmatrix} 1 & 1 \end{pmatrix} \begin{pmatrix} 0 \\ 1 \end{pmatrix} = \frac{1}{\sqrt{2}}$$

$$\langle -|0\rangle = \frac{1}{\sqrt{2}} \begin{pmatrix} 1 & -1 \end{pmatrix} \begin{pmatrix} 1 \\ 0 \end{pmatrix} = \frac{1}{\sqrt{2}}$$

$$\langle -|1\rangle = \frac{1}{\sqrt{2}} \begin{pmatrix} 1 & -1 \end{pmatrix} \begin{pmatrix} 1 \\ 0 \end{pmatrix} = -\frac{1}{\sqrt{2}}$$

따라서 두 기저 사이의 변환 행렬은 다음과 같다.

$$U_{trans} = \frac{1}{\sqrt{2}} \begin{pmatrix} 1 & 1 \\ 1 & -1 \end{pmatrix} = H \tag{8.8}$$

이 행렬 H는 다름 아닌 아다마르 행렬이다. 이 때문에 $\{|+\rangle, |-\rangle\}$ 기저를 아다마르 기저$^{Hadamard\ basis}$라고 부르기도 한다. 이제 이 유니타리 변환을 NOT 게이트의 행렬 표현에 적용하면 아다마르 기저에서의 NOT 게이트 표현을 구할 수 있다. $H = H^\dagger = H^{-1}$임을 쉽게 확인할 수 있으므로, 표준 기저(계산 기저)의 NOT 게이트를 아마다르 기저의 게이트로 바꾸는 유니타리 변환은 다음과 같이 구할 수 있다.

$$\begin{aligned} U_{NOT}^H = HU_{NOT}H &= \frac{1}{2} \begin{pmatrix} 1 & 1 \\ 1 & -1 \end{pmatrix} \begin{pmatrix} 0 & 1 \\ 1 & 0 \end{pmatrix} \begin{pmatrix} 1 & 1 \\ 1 & -1 \end{pmatrix} \\ &= \frac{1}{2} \begin{pmatrix} 1 & 1 \\ 1 & -1 \end{pmatrix} \begin{pmatrix} 1 & -1 \\ 1 & 1 \end{pmatrix} \\ &= \begin{pmatrix} 1 & 0 \\ 0 & -1 \end{pmatrix} \end{aligned}$$

아다마르 기저에 U_{NOT}^H를 적용하면 $|+\rangle$를 $|-\rangle$로 바꾸고, $|-\rangle$를 $|+\rangle$로 바꾸는 NOT 게이트로 동작함을 보여라.

블로흐 구에서 보면 X 게이트(NOT 게이트)는 상태 벡터를 x-y 평면에 대해 한 번, x-z 평면에 대해 한 번, 즉 두 차례 면대칭 이동시킨다.

예제 8.2

다음 행렬은 각 γ만큼 회전 이동시키는 행렬이다.

$$R(\gamma) = \begin{pmatrix} \cos\gamma & -\sin\gamma \\ \sin\gamma & \cos\gamma \end{pmatrix}$$

큐비트 $|\psi\rangle = \cos\theta|0\rangle + \sin\theta|1\rangle$에 이 연산자를 적용했을 때의 동작을 설명하라.

풀이

주어진 상태에 대한 회전 행렬의 동작은 다음과 같다.

$$R(\gamma)|\psi\rangle = \begin{pmatrix} \cos\gamma & -\sin\gamma \\ \sin\gamma & \cos\gamma \end{pmatrix} \begin{pmatrix} \cos\theta \\ \sin\theta \end{pmatrix} = \begin{pmatrix} \cos\gamma\cos\theta - \sin\gamma\sin\theta \\ \sin\gamma\cos\theta + \cos\gamma\sin\theta \end{pmatrix}$$

몇 가지 기본 삼각함수 공식을 떠올려보자.

$$\cos(\alpha + \beta) = \cos\alpha\cos\beta - \sin\alpha\sin\beta$$
$$\sin(\alpha + \beta) = \sin\alpha\cos\beta + \cos\alpha\sin\beta$$

따라서 회전된 상태를 다음과 같이 쓸 수 있다.

$$|\psi'\rangle = \begin{pmatrix} \cos(\gamma + \theta) \\ \sin(\gamma + \theta) \end{pmatrix} = \cos(\gamma + \theta)|0\rangle + \sin(\gamma + \theta)|1\rangle$$

블로흐 구에서 생각해보자. 회전 연산자는 상태 벡터를 z축을 기준으로 각 γ만큼 회전시킨다. 좀 더 실체적으로 이해할 수 있도록 좀 더 자세히 설명하면 회전 연산자는 확률 진폭의 상대적 크기를 바꾼다. 회전 이전의 큐비트를 측정했다면 계의 상태가 $|0\rangle$로 측정될 확률은 $\cos^2 \theta$이고, 계의 상태가 $|1\rangle$로 측정될 확률은 $\sin^2 \theta$다. 상태를 측정하지 않고 회전을 적용하면 각각의 확률은 $\cos^2(\gamma + \theta)$와 $\sin^2(\gamma + \theta)$로 바뀐다.

여러 가지 단일 큐비트 게이트

2×2 유니타리 행렬인 다른 파울리 행렬들 역시 유효한 단일 큐비트 게이트가 된다. Z 연산자는 큐비트 $|\psi\rangle = \alpha|0\rangle + \beta|1\rangle$을 $|\psi'\rangle = \alpha|0\rangle - \beta|1\rangle$ 상태로 바꾸기 때문에 위상 전환 게이트^{phase flip gate}라고 부른다. 행렬 표현을 사용해 이를 쉽게 확인할 수 있다.

$$Z|\psi\rangle = \begin{pmatrix} 1 & 0 \\ 0 & -1 \end{pmatrix} \begin{pmatrix} \alpha \\ \beta \end{pmatrix} = \begin{pmatrix} \alpha \\ -\beta \end{pmatrix} \tag{8.9}$$

$Z = |0\rangle\langle 0| - |1\rangle\langle 1|$이므로, 외적 표현을 통해서도 위상 전환을 확인할 수 있다.

$$\begin{aligned} Z|\psi\rangle &= (|0\rangle\langle 0| - |1\rangle\langle 1|)(\alpha|0\rangle + \beta|1\rangle) \\ &= \alpha|0\rangle\langle 0|0\rangle + \beta|0\rangle\langle 0|1\rangle - \alpha|1\rangle\langle 1|0\rangle - \beta|1\rangle\langle 1|1\rangle \\ &= \alpha|0\rangle - \beta|1\rangle \end{aligned}$$

Z 게이트의 동작은 다음과 같은 일반적인 식으로 간단히 표현할 수 있다.

$$Z|j\rangle = (-1)^j|j\rangle$$

직접 해보기

임의의 큐비트에 대한 파울리 Y 연산자의 동작을 설명하라. 행렬 표현과 외적 표현을 이용하자.

일반적인 식으로 **위상 편이 게이트**^{phase shift gate}를 다음과 같이 표현할 수 있다.

$$P = \begin{pmatrix} 1 & 0 \\ 0 & e^{i\theta} \end{pmatrix} \tag{8.10}$$

이 게이트는 큐비트의 상대적인 위상 진폭 α, β를 편이 또는 변경시킨다. 이 게이트에서 $\theta = \pi$인 특별한 경우 $e^{i\pi} = \cos \pi + i \sin \pi = -1$이 되므로 Z 게이트가 된다. 큐비트에 대한 위상 편이 게이트의 동작은 다음 식과 같이 일반화할 수 있다.

$$P|\psi\rangle = \begin{pmatrix} 1 & 0 \\ 0 & e^{i\theta} \end{pmatrix} \begin{pmatrix} \alpha \\ \beta \end{pmatrix} = \begin{pmatrix} \alpha \\ e^{i\theta} \beta \end{pmatrix} \tag{8.11}$$

예제 8.3

블로흐 구를 이용해 큐비트를 표현했을 때 위상 편이 게이트의 동작을 설명해보자.

풀이

큐비트를 다음과 같이 쓸 수 있다.

$$|\psi\rangle = \cos \theta |0\rangle + e^{i\phi} \sin \theta |1\rangle$$

(각이 γ인) 위상 편이 연산자는 외적 표현을 이용해 다음과 같이 쓸 수 있다.

$$P = |0\rangle\langle 0| + e^{i\gamma}|1\rangle\langle 1| \tag{8.12}$$

큐비트에 연산자를 적용하면 다음과 같다.

$$P|\psi\rangle = (|0\rangle\langle 0| + e^{i\gamma}|1\rangle\langle 1|)(\cos\theta|0\rangle + e^{i\phi}\sin\theta|1\rangle)$$
$$= \cos\theta|0\rangle + e^{i(\gamma+\phi)}\sin\theta|1\rangle$$

따라서 위상 편이 연산자는 방위각 ϕ를 $\phi + \gamma$로 바꾼다는 것을 알 수 있다.

Z 게이트는 위상 편이 연산자에 각 π가 주어진 특별한 경우임을 알고 있다. 특별한 경우를 몇 가지 더 살펴보자. 첫 번째는 $\theta = \pi/2$인 경우다. 오일러 항등식에 따라 $e^{i\pi}/2 = \cos(\pi/2) + i\sin(\pi/2) = i$가 성립한다. 이 경우에 해당하는 게이트를 S 게이트라고 하며, 표준 기저(계산 기저)하의 행렬 표현은 다음과 같다.

$$S = \begin{pmatrix} 1 & 0 \\ 0 & i \end{pmatrix} \tag{8.13}$$

$\theta = \pi/4$인 경우에는 $\pi/8$ 게이트(T 게이트)가 된다.

$$T = \begin{pmatrix} 1 & 0 \\ 0 & e^{i\pi/4} \end{pmatrix} = e^{i\pi/8}\begin{pmatrix} e^{-i\pi/8} & 0 \\ 0 & e^{i\pi/8} \end{pmatrix} \tag{8.14}$$

물론 이미 살펴봤듯이 아다마르 행렬이 나오는 경우도 있다.

$$H = \frac{1}{\sqrt{2}}\begin{pmatrix} 1 & 1 \\ 1 & -1 \end{pmatrix} \tag{8.15}$$

예제 8.4

표준 기저(계산 기저)의 외적 형태로 아다마르 행렬을 쓰고, 이 연산자를 기저 상태 $\{|0\rangle, |1\rangle\}$에 적용했을 때의 동작을 설명하라.

풀이

식(8.15)의 행렬 표현은 다음과 같이 고쳐 쓸 수 있다.

$$H \doteq \begin{pmatrix} \langle 0|H|0 \rangle & \langle 0|H|1 \rangle \\ \langle 1|H|0 \rangle & \langle 1|H|1 \rangle \end{pmatrix}$$

이 식을 식(8.15)와 비교해보면 아다마르 연산자의 외적 표현은 다음과 같아야 한다는 것을 알 수 있다.

$$H = \frac{1}{\sqrt{2}}(|0\rangle\langle 0| + |0\rangle\langle 1| + |1\rangle\langle 0| - |1\rangle\langle 1|) \tag{8.16}$$

이제 $|0\rangle$ 상태에 대한 아다마르 연산자의 동작을 확인해보자.

$$
\begin{aligned}
H|0\rangle &= \frac{1}{\sqrt{2}}(|0\rangle\langle 0| + |0\rangle\langle 1| + |1\rangle\langle 0| - |1\rangle\langle 1|)|0\rangle \\
&= \frac{1}{\sqrt{2}}(|0\rangle\langle 0|0\rangle + |0\rangle\langle 1|0\rangle + |1\rangle\langle 0|0\rangle - |1\rangle\langle 1|0\rangle) \\
&= \frac{|0\rangle + |1\rangle}{\sqrt{2}}
\end{aligned}
$$

마찬가지로 다음 동작도 확인할 수 있다.

$$H|1\rangle = \frac{|0\rangle - |1\rangle}{\sqrt{2}}$$

따라서 표준 기저(계산 기저) 상태에 아다마르 게이트를 적용하면 $\{|0\rangle, |1\rangle\}$ 상태를 중첩 상태로 바꾼다는 것을 확인할 수 있다.

$$\left\{ \frac{|0\rangle + |1\rangle}{\sqrt{2}}, \frac{|0\rangle - |1\rangle}{\sqrt{2}} \right\}$$

일반적 형식으로 표현하면 아다마르 게이트는 주어진 상태 $|\psi\rangle = \alpha|0\rangle + \beta|1\rangle$ 을 다음 상태로 변환한다.

$$H|\psi\rangle = \left(\frac{\alpha + \beta}{\sqrt{2}}\right)|0\rangle + \left(\frac{\alpha - \beta}{\sqrt{2}}\right)|1\rangle \tag{8.17}$$

이 식이 뜻하는 바는 큐비트의 상태를 $|0\rangle$으로 측정할 확률이 다음과 같이 바뀌었다는 것이며,

$$|\alpha|^2 \rightarrow \left|\frac{\alpha + \beta}{\sqrt{2}}\right|^2 = \left(\frac{\alpha^* + \beta^*}{\sqrt{2}}\right)\left(\frac{\alpha + \beta}{\sqrt{2}}\right) = \frac{1}{2}(|\alpha|^2 + |\beta|^2 + \mathrm{Re}(\alpha\beta^*))$$

$|1\rangle$으로 측정할 확률도 마찬가지로 바뀐다는 것이다. 식(8.17)의 항을 다른 방식으로 묶어보면 아다마르 게이트의 출력 방식을 다르게 해석해볼 수 있다.

$$H|\psi\rangle = \alpha\frac{|0\rangle + |1\rangle}{\sqrt{2}} + \beta\frac{|0\rangle - |1\rangle}{\sqrt{2}} = \alpha|+\rangle + \beta|-\rangle \tag{8.18}$$

즉, 아다마르 게이트는 표준 기저(계산 기저)에 대해 $|0\rangle$ 상태가 측정될 확률이 $|\alpha|^2$이고, $|1\rangle$ 상태가 측정될 확률이 $|\beta|^2$인 상태를 $|+\rangle$ 상태가 측정될 확률이 $|\alpha|^2$이고, $|-\rangle$ 상태가 측정될 확률이 $|\beta|^2$인 상태로 바꾸는 것이다.

직접 해보기

아다마르 게이트를 큐비트 $|\psi\rangle = \cos\theta|0\rangle + e^{i\phi}\sin\theta|1\rangle$에 적용하고, 이어서 측정을 진행했다. 이 측정 작업을 통해 계가 $|1\rangle$ 상태에 있음을 발견할 확률은 얼마일까?

거듭 제곱

이제 거듭 제곱을 이용해 단일 큐비트 게이트를 더 만들어보자. 행렬 U가 유니타리 행렬이며, 에르미트 행렬이라면 다음 식이 성립한다.

$$\exp(-i\theta U) = \cos\theta I - i\sin\theta U \tag{8.19}$$

이 식은 아주 쉽게 증명할 수 있으니, 이어지는 예제에서 증명해보자.

예제 8.5

연산자 U가 유니타리 연산자며 에르미트 연산자라면 $\exp(-i\theta U) = \cos\theta I - i\sin\theta U$가 성립함을 증명하라.

풀이

어떤 행렬이나 연산자 U가 유니타리 연산자라면 다음 관계가 성립한다.

$$UU^\dagger = U^\dagger U = I$$

또한 이 연산자가 에르미트 연산자라면 다음 관계가 성립한다.

$$U = U^\dagger$$

이 두 관계를 결합하면 다음 관계를 얻을 수 있다.

$$U^2 = UU = UU^\dagger = I$$

지수 함수는 다음과 같이 전개할 수 있고,

$$\exp(-i\theta U) = I - i\theta U + (-i)^2 \frac{\theta^2}{2!}U^2 + (-i)^3 \frac{\theta^3}{3!}U^3$$

$$+ (-i)^4 \frac{\theta^4}{4!} U^4 + (-i)^5 \frac{\theta^5}{5!} U^5 + \cdots$$

$U^2 = I$이고, $i^2 = -1$이므로, 전개식을 다음과 같이 바꿀 수 있다.

$$\exp(-i\theta U) = \left(I - \frac{\theta^2}{2!} I + \frac{\theta^4}{4!} I - \cdots \right) - i\theta U + i\frac{\theta^3}{3!} U - i\frac{\theta^5}{5!} U + \cdots$$
$$= \left(1 - \frac{\theta^2}{2!} + \frac{\theta^4}{4!} - \cdots \right) I - i \left(\theta - \frac{\theta^3}{3!} + \frac{\theta^5}{5!} + \cdots \right) U$$
$$= \cos\theta I - \sin\theta U$$

주어진 행렬을 거듭 제곱해서 다양한 게이트를 얻을 수 있다. 실제로 파울리 행렬을 거듭 제곱하는 방식으로 블로흐 구에서의 x축, y축, z축 회전 연산자를 만들 수 있다. 해당 연산자들은 다음과 같다.

$$R_x(\gamma) = e^{-i\gamma X/2} = \begin{pmatrix} \cos\left(\frac{\gamma}{2}\right) & -i\sin\left(\frac{\gamma}{2}\right) \\ -i\sin\left(\frac{\gamma}{2}\right) & \cos\left(\frac{\gamma}{2}\right) \end{pmatrix} \tag{8.20}$$

$$R_y(\gamma) = e^{-i\gamma Y/2} = \begin{pmatrix} \cos\left(\frac{\gamma}{2}\right) & -\sin\left(\frac{\gamma}{2}\right) \\ \sin\left(\frac{\gamma}{2}\right) & \cos\left(\frac{\gamma}{2}\right) \end{pmatrix} \tag{8.21}$$

$$R_z(\gamma) = e^{-i\gamma Z/2} = \begin{pmatrix} e^{-i\gamma/2} & 0 \\ 0 & e^{i\gamma/2} \end{pmatrix} \tag{8.22}$$

직접 해보기

식(8.19)를 이용해 $R_z(\gamma)$ 연산자의 행렬 표현을 구해보자.

식(8.20), (8.21), (8.22)의 회전 행렬을 이용하면 블로흐 구와 연관된 여러 단일 큐비트 게이트를 다른 방식으로 표현할 수 있다. 예를 들어 식(8.14)의 T 게이트를 보자.

$$T = e^{i\pi/8} \begin{pmatrix} e^{-i\pi/8} & 0 \\ 0 & e^{i\pi/8} \end{pmatrix}$$

식(8.22)를 이용하면 다음과 같이 간단하게 표현할 수 있다.

$$T = e^{i\pi/8} \begin{pmatrix} e^{-i\pi/8} & 0 \\ 0 & e^{i\pi/8} \end{pmatrix} = e^{i\pi/8} e^{-i\pi Z/8} = e^{i\pi/8} R_z \left(\frac{\pi}{4}\right) \tag{8.23}$$

이 식을 통해 T 게이트의 동작은 z축을 중심으로 45도 회전하는 것과 같음을 알 수 있다.

Z–Y 분해

주어진 단일 큐비트 연산자 U에 대해 다음 식을 만족하는 실수 a, b, c, d를 구할 수 있다.

$$U = e^{ia} R_z(b) R_y(c) R_z(d) \tag{8.24}$$

양자 회로도 기본

회로도를 이용해 양자 게이트의 동작을 표현할 수 있다. 각각의 유니타리 연산자(게이트)는 입력과 출력을 나타내는 줄('도선')이 달려있는 상자로 표현할 수 있다. 예를 들어 파울리 X, Y, Z 연산자와 단일 큐비트에 대한 연산자의 동작을 그림 8.1과 같이 표현할 수 있다.

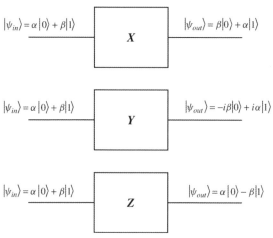

$|\psi_{in}\rangle = \alpha\,|0\rangle + \beta|1\rangle$ **X** $|\psi_{out}\rangle = \beta|0\rangle + \alpha|1\rangle$

$|\psi_{in}\rangle = \alpha\,|0\rangle + \beta|1\rangle$ **Y** $|\psi_{out}\rangle = -i\beta|0\rangle + i\alpha|1\rangle$

$|\psi_{in}\rangle = \alpha\,|0\rangle + \beta|1\rangle$ **Z** $|\psi_{out}\rangle = \alpha\,|0\rangle - \beta|1\rangle$

그림 8.1 파울리 연산자와 단일 큐비트에 대한 연산자의 동작을 표현한 회로도

그림 8.2는 아다마르 게이트의 동작을 표현한 회로도다. 측정은 동그라미를 친 M으로 회로도에 표시한다. 그림 8.3에서 측정 기호를 볼 수 있다. 회로도에서 측정 기호가 있을 때는 진폭의 제곱에 비례하는 확률에 따라 측정 결과를 얻는다는 보른[Born]의 법칙을 떠올리자.

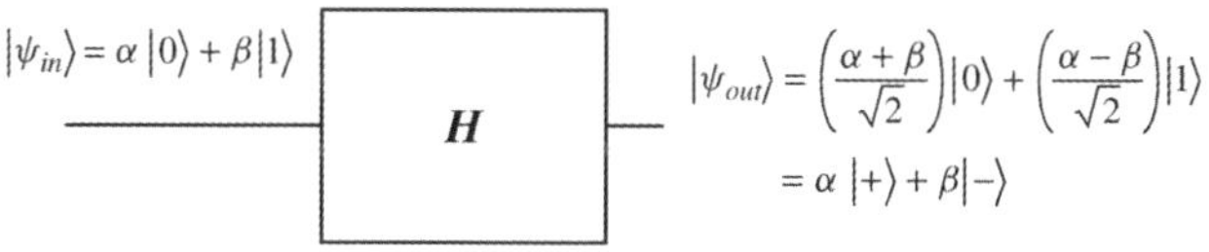

$|\psi_{in}\rangle = \alpha\,|0\rangle + \beta|1\rangle$ **H** $|\psi_{out}\rangle = \left(\dfrac{\alpha+\beta}{\sqrt{2}}\right)|0\rangle + \left(\dfrac{\alpha-\beta}{\sqrt{2}}\right)|1\rangle$
$$= \alpha\,|+\rangle + \beta|-\rangle$$

그림 8.2 아다마르 게이트

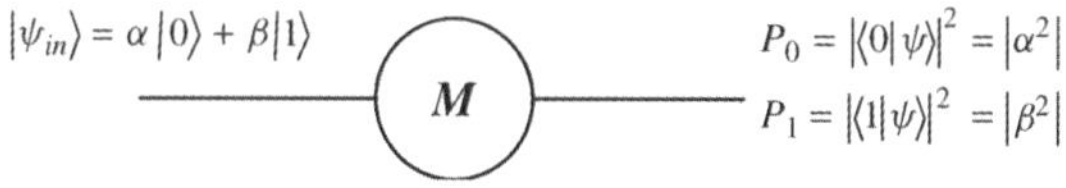

$|\psi_{in}\rangle = \alpha\,|0\rangle + \beta|1\rangle$ **M** $P_0 = |\langle 0|\psi\rangle|^2 = |\alpha^2|$
$P_1 = |\langle 1|\psi\rangle|^2 = |\beta^2|$

그림 8.3 측정을 표현한 양자 회로도

책이나 논문에 따라 측정을 다른 방식으로 표현할 수 있지만, 회로도상에서 명확히 구별할 수 있게 표현해야 한다. 양자 회로에 측정을 포함시키는 방법은 순간 이동을 다루는 10장을 비롯한 이후 장을 통해 알아본다.

제어 게이트

이제 2큐비트 게이트로 나갈 준비가 됐다. 이번 절의 제어 게이트 개념을 이용하면 양자 게이트로 if-else 형태를 구현할 수 있다. 고전 컴퓨터의 제어 게이트를 생각해보자. 제어 비트 C를 추가한다. $C = 0$이면 제어 게이트는 아무 일도 하지 않지만, $C = 1$이면 제어 게이트는 정해진 동작을 수행한다. 양자 제어 게이트(유니타리 제어 게이트)도 마찬가지 방식으로, 제어 큐비트를 이용해 대상 큐비트에 정해진 유니타리 연산을 적용할지, 말지를 결정한다.

2큐비트 게이트를 다룰 때는 두 개의 큐비트 상태에 대한 동작을 고려해야 한다. 4장에서 다뤘던 텐서곱을 떠올려보면 2큐비트 상태는 $|a\rangle \otimes |b\rangle$ 형태를 가지며, 더 간단히 $|a\rangle|b\rangle$ 또는 $|ab\rangle$로 쓸 수 있다. $|ab\rangle$ 상태에 대한 연산자의 동작을 알고 있다면 이 연산자의 행렬 표현을 구할 수 있다. 2큐비트 게이트의 행렬 표현은 다음 계산으로 구할 수 있다.

$$U \doteq \begin{pmatrix} \langle 00|U|00\rangle & \langle 00|U|01\rangle & \langle 00|U|10\rangle & \langle 00|U|11\rangle \\ \langle 01|U|00\rangle & \langle 01|U|01\rangle & \langle 01|U|10\rangle & \langle 01|U|11\rangle \\ \langle 10|U|00\rangle & \langle 10|U|01\rangle & \langle 10|U|10\rangle & \langle 10|U|11\rangle \\ \langle 11|U|00\rangle & \langle 11|U|01\rangle & \langle 11|U|10\rangle & \langle 11|U|11\rangle \end{pmatrix} \tag{8.25}$$

가장 먼저 살펴볼 2큐비트 게이트는 **제어 NOT 게이트, CNOT 게이트**다. CNOT 게이트의 첫 번째 입력은 제어 큐비트다.

4장에서 도입한 텐서곱 상태 표기법을 사용하면 CNOT 게이트의 동작은 다음과 같이 XOR 연산을 이용해 표현할 수 있다.

$$|a, b\rangle \rightarrow |a, b \oplus a\rangle \tag{8.26}$$

제어 큐비트가 $|0\rangle$이면 대상 큐비트는 아무런 변화가 없다. 제어 큐비트가 $|1\rangle$이면 대상 큐비트에 NOT 행렬, 즉 X 행렬이 적용된다. CNOT 게이트에 입력 가능한 상태들은 $|00\rangle$, $|01\rangle$, $|10\rangle$, $|11\rangle$이고, 각 상태에 대한 CNOT 게이트의 동작은 다음과 같다.

$$\begin{aligned}
|00\rangle &\mapsto |00\rangle \\
|01\rangle &\mapsto |01\rangle \\
|10\rangle &\mapsto |11\rangle \\
|11\rangle &\mapsto |10\rangle
\end{aligned} \tag{8.27}$$

그림 8.4에 일반적인 제어 NOT 게이트의 회로도가 표현돼 있다.

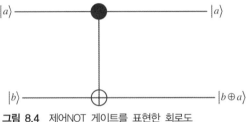

그림 8.4 제어NOT 게이트를 표현한 회로도

제어 NOT 게이트를 행렬로 표현하려면 $|00\rangle$, $|01\rangle$, $|10\rangle$, $|11\rangle$ 상태를 이용해서 표현해야 한다. 이 행렬은 4×4 행렬이 된다.

제어 NOT 게이트의 행렬 표현은 다음과 같다.

$$CN = \begin{pmatrix} 1 & 0 & 0 & 0 \\ 0 & 1 & 0 & 0 \\ 0 & 0 & 0 & 1 \\ 0 & 0 & 1 & 0 \end{pmatrix} \tag{8.28}$$

디랙 표기법$^{\text{Dirac notation}}$을 사용하면 다음과 같이 외적을 사용해 제어 NOT 게이트를 표현할 수 있다.

$$CN = |00\rangle\langle00| + |01\rangle\langle01| + |10\rangle\langle11| + |11\rangle\langle10| \tag{8.29}$$

예제 8.6

디랙 표기법을 사용해 제어 비트가 $|1\rangle$일 때 대상 큐비트 $|0\rangle$, $|1\rangle$, $\alpha|0\rangle +$ $\beta|1\rangle$ 각각에 대한 제어 NOT 게이트의 동작을 구하라.

풀이

첫 번째 경우 $|10\rangle$ 상태에 대해 CN 게이트를 적용한다. 식(8.29)를 사용하면 다음 식을 얻는다.

$$CN|10\rangle = (|00\rangle\langle00| + |01\rangle\langle01| + |10\rangle\langle11| + |11\rangle\langle10|)|10\rangle$$
$$= |00\rangle\langle00||10\rangle + |01\rangle\langle01||10\rangle + |10\rangle\langle11||10\rangle + |11\rangle\langle10||10\rangle$$

각 내적 항을 계산하고자 식(4.8)의 내적 계산법을 사용한다.

$$\langle ab|cd\rangle = \langle a|c\rangle\langle b|d\rangle$$

따라서 다음 관계를 알 수 있고,

$$\langle 00|10\rangle = \langle 0|1\rangle\langle 0|0\rangle = 0$$
$$\langle 01|10\rangle = \langle 0|1\rangle\langle 1|0\rangle = 0$$
$$\langle 11|10\rangle = \langle 1|1\rangle\langle 1|0\rangle = 0$$
$$\langle 10|10\rangle = \langle 1|1\rangle\langle 0|0\rangle = 1$$

다음 결론을 얻는다.

$$CN|10\rangle = |11\rangle$$

대상 큐비트가 $|1\rangle$이라면 다음과 같이 구할 수 있다.

$$CN|11\rangle = (|00\rangle\langle00| + |01\rangle\langle01| + |10\rangle\langle11| + |11\rangle\langle10|)|11\rangle$$
$$= |00\rangle\langle00||11\rangle + |01\rangle\langle01||11\rangle + |10\rangle\langle11||11\rangle + |11\rangle\langle10||11\rangle$$
$$= |10\rangle$$

그러므로 제어 비트가 $|1\rangle$일 때 제어 NOT 게이트가 대상 큐비트를 뒤집는 것을 확인할 수 있다. 이제까지 확인한 것을 이용해서 대상 큐비트의 상태가 $\alpha|0\rangle + \beta|1\rangle$일 때의 동작을 구해보자.

$$CN(\alpha|10\rangle + \beta|11\rangle) = \alpha CN|10\rangle + \beta CN|11\rangle = \alpha|11\rangle + \beta|10\rangle$$

따라서 제어 비트가 $|1\rangle$일 때 CN 게이트는 $\alpha|0\rangle + \beta|1\rangle$ 상태를 $\beta|0\rangle + \alpha|1\rangle$ 상태로 바꾼다.

예제 8.7

벨 상태를 만들어내는 회로를 만들어보라.

풀이

7장을 통해 벨 상태를 다음과 같이 쓸 수 있음을 알고 있다.

$$|\beta_{00}\rangle = \frac{|00\rangle + |11\rangle}{\sqrt{2}} \tag{8.30}$$

$$|\beta_{01}\rangle = \frac{|01\rangle + |10\rangle}{\sqrt{2}} \tag{8.31}$$

$$|\beta_{10}\rangle = \frac{|00\rangle - |11\rangle}{\sqrt{2}} \tag{8.32}$$

$$|\beta_{11}\rangle = \frac{|01\rangle - |10\rangle}{\sqrt{2}} \tag{8.33}$$

이 상태를 만드는 회로도를 그리고자 **제어 큐비트가 중첩 상태일 때 CNOT 게이트의 동작**을 생각해보자. 예를 들어 제어 큐비트 $|c\rangle = |0\rangle + |1\rangle$이고, 대상 큐비트가 $|0\rangle$이라고 하자. 그러면 CNOT 게이트는 $|00\rangle + |10\rangle$ 합 상태에 적용되는 셈이다. 이 상태에 CNOT 게이트를 적용했을 때의 동작은 식 (8.29)에 따라 다음과 같이 구할 수 있다.

$$
\begin{aligned}
CN(|00\rangle + |10\rangle) &= (|00\rangle\langle00| + |01\rangle\langle01| + |10\rangle\langle11| + |11\rangle\langle10|)(|00\rangle + |10\rangle) \\
&= |00\rangle\langle00||00\rangle + |01\rangle\langle01||00\rangle + |10\rangle\langle11||00\rangle + |11\rangle\langle10||00\rangle \\
&\quad + |00\rangle\langle00||10\rangle + |01\rangle\langle01||10\rangle + |10\rangle\langle11||10\rangle + |11\rangle\langle10||10\rangle \\
&= |00\rangle + |11\rangle
\end{aligned}
$$

이 결과는 식(8.30)의 벨 상태와 거의 같다. 정규화 상수 $1/\sqrt{2}$가 빠져있을 뿐이다. 게다가 식(8.16)과 $|0\rangle$ 상태에 대한 아다마르 게이트의 동작을 생각해보면 필요한 인수를 구할 수 있다. $|0\rangle$ 상태의 큐비트에 아다마르 게이트를 적용하고 시작하면 된다. 적용 결과로 다음 상태를 얻게 된다.

$$\frac{|0\rangle + |1\rangle}{\sqrt{2}}$$

그다음 아다마르 게이트의 결과로 얻은 큐비트를 CN 게이트의 제어 큐비트로 넘긴다. 결과적으로 $|\beta_{00}\rangle$ 상태를 얻게 된다. 다른 벨 상태를 생성하고자 비슷한 사고 실험을 해볼 수 있다. 이 작업을 처리하는 일반적인 회로도가 그림 8.5에 있다. 이 회로에서 주목할 점은 왼쪽에서 오른쪽으로 이동하는 것이 시간의 흐름을 나타낸다는 점이다. 즉, 양자 회로도에서 선이 뜻하는 것은 양자 상태의 시간 변화다.

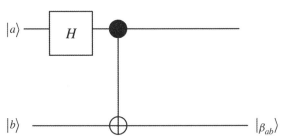

그림 8.5 벨 상태를 만드는 양자 회로도. 시간은 왼쪽에서 오른쪽으로 흐르며, 상태가 존재하는 시간 경로를 선으로 표현한다. 먼저 큐비트 a에 아다마르 게이트를 적용해 중첩 상태를 만든다. 그다음 이 상태를 CN 게이트의 입력 비트로 사용한다. 그 결과 벨 상태 β_{ab}를 얻는다.

회로의 연산을 적용 순서에 따라 차례로 살펴보면 다음과 같다.

- $|a\rangle$ = $|0\rangle$ 또는 $|a\rangle$ = $|1\rangle$인 큐비트 $|a\rangle$에 아다마르 게이트를 적용한다.
- 출력 결과를 CN 게이트의 제어 비트로 넘긴다. $|b\rangle$ = {0, 1}이 대상 큐비트라고 할 때 CN 게이트의 출력 값은 벨 상태 $|\beta_{ab}\rangle$가 된다.

벨 상태 $|\beta_{ab}\rangle$는 다음과 같이 쓸 수 있다.

$$|\beta_{ab}\rangle = \frac{|0, b\rangle + (-1)^a |1, \bar{a}\rangle}{\sqrt{2}} \qquad (8.34)$$

$\bar{a}$는 NOT a를 뜻한다.

앞에서 언급했듯이 모든 유형의 게이트 U를 제어 게이트로 만들 수 있다. 예를 들어 아다마르 제어 게이트를 만들 수 있다. 이 게이트를 CH로 표기하자. 아다마르 제어 게이트의 동작은 다음과 같다. 제어 큐비트가 $|0\rangle$이면 대상 큐비트에 변화가 없다. 제어 큐비트가 $|1\rangle$이면 대상 큐비트에 아다마르 게이트를 적용한다. 아다마르 제어 큐비트의 행렬 표현은 다음과 같다.

$$CH = \begin{pmatrix} 1 & 0 & 0 & 0 \\ 0 & 1 & 0 & 0 \\ 0 & 0 & \frac{1}{\sqrt{2}} & \frac{1}{\sqrt{2}} \\ 0 & 0 & \frac{1}{\sqrt{2}} & \frac{-1}{\sqrt{2}} \end{pmatrix} \qquad (8.35)$$

디랙 표기를 이용해 이 연산자를 표현하면 다음과 같다.

$$CH = |00\rangle\langle 00| + |01\rangle\langle 01| + \frac{1}{\sqrt{2}}(|10\rangle\langle 10| + |10\rangle\langle 11| + |11\rangle\langle 10| - |11\rangle\langle 11|) \qquad (8.36)$$

예제 8.8

식(8.35)와 (8.36)을 이용해 입력 상태가 $|01\rangle$, $|11\rangle$일 때 CH 게이트의 동작을 알아보자.

풀이

$|01\rangle$ 상태와 $|11\rangle$ 상태를 CH 게이트의 행렬 표현을 사용해 써야 한다. 식(4.9)에 따르면 이 상태들의 열벡터 표현은 다음과 같다.

$$|01\rangle = \begin{pmatrix} 1 \\ 0 \end{pmatrix} \otimes \begin{pmatrix} 0 \\ 1 \end{pmatrix} = \begin{pmatrix} 0 \\ 1 \\ 0 \\ 0 \end{pmatrix}$$

$$|11\rangle = \begin{pmatrix} 0 \\ 1 \end{pmatrix} \otimes \begin{pmatrix} 0 \\ 1 \end{pmatrix} = \begin{pmatrix} 0 \\ 0 \\ 0 \\ 1 \end{pmatrix}$$

$|01\rangle$ 상태라면 제어 큐비트가 $|0\rangle$이므로 CH 게이트가 아무런 동작을 하지 않아야 한다.

$$CH|01\rangle = \begin{pmatrix} 1 & 0 & 0 & 0 \\ 0 & 1 & 0 & 0 \\ 0 & 0 & \frac{1}{\sqrt{2}} & \frac{1}{\sqrt{2}} \\ 0 & 0 & \frac{1}{\sqrt{2}} & \frac{-1}{\sqrt{2}} \end{pmatrix} \begin{pmatrix} 0 \\ 1 \\ 0 \\ 0 \end{pmatrix} = \begin{pmatrix} 0 \\ 1 \\ 0 \\ 0 \end{pmatrix} = |01\rangle$$

두 번째 경우는 다음과 같다.

$$CH|11\rangle = \begin{pmatrix} 1 & 0 & 0 & 0 \\ 0 & 1 & 0 & 0 \\ 0 & 0 & \frac{1}{\sqrt{2}} & \frac{1}{\sqrt{2}} \\ 0 & 0 & \frac{1}{\sqrt{2}} & \frac{-1}{\sqrt{2}} \end{pmatrix} \begin{pmatrix} 0 \\ 0 \\ 0 \\ 1 \end{pmatrix} = \begin{pmatrix} 0 \\ 0 \\ \frac{1}{\sqrt{2}} \\ \frac{-1}{\sqrt{2}} \end{pmatrix}$$

따라서 대상 큐비트의 상태는 $|0\rangle - |1\rangle / \sqrt{2}$가 된다. 이제 디랙 표기법을 사용해 다시 계산해보자. 첫 번째 상태의 계산 과정은 다음과 같다.

$$CH|01\rangle = \left[|00\rangle\langle 00| + |01\rangle\langle 01| + \frac{1}{\sqrt{2}}(|10\rangle\langle 10| + |10\rangle\langle 11| + |11\rangle\langle 10| - |11\rangle\langle 11|) \right] |01\rangle$$

$$= |00\rangle\langle00||01\rangle + |01\rangle\langle01||01\rangle + \frac{1}{\sqrt{2}}(|10\rangle\langle10||01\rangle + |10\rangle\langle11||01\rangle + |11\rangle\langle10||01\rangle$$

$$- |11\rangle\langle11||01\rangle) = |01\rangle$$

두 번째 상태의 계산 과정은 다음과 같다.

$$CH|11\rangle = \left[|00\rangle\langle00| + |01\rangle\langle01| + \frac{1}{\sqrt{2}}(|10\rangle\langle10| + |10\rangle\langle11| + |11\rangle\langle10| - |11\rangle\langle11|)\right]|01\rangle$$

$$= |00\rangle\langle00||11\rangle + |01\rangle\langle01||11\rangle + \frac{1}{\sqrt{2}}(|10\rangle\langle10||11\rangle + |10\rangle\langle11||11\rangle + |11\rangle\langle10||01\rangle$$

$$- |11\rangle\langle11||11\rangle) = \frac{|10\rangle - |11\rangle}{\sqrt{2}}$$

예제 8.9

제어 NOT 게이트를 복제 머신으로 사용할 수 있는지를 조사하고자 한다. 구체적으로 제어 NOT 게이트는 $a|0\rangle - b|1\rangle$ 상태를 복제할 수 있는가? $a|0\rangle - b|1\rangle$ 형태의 중첩 상태를 제어 큐비트로 하고, $|1\rangle$ 상태를 대상 큐비트로 했다고 가정하고 시작하자. 그다음 대상 큐비트가 $|0\rangle$ 상태인 경우를 생각해 보자.

풀이

먼저 상태를 복제할 수 있는 게이트는 어떤 상태를 출력해야 할지 써보자. 상태를 복제할 수 있는 게이트라면 $a|0\rangle - b|1\rangle$ 상태를 복사할 것이고, 출력 상태는 다음과 같은 곱 상태가 될 것이다.

$$a|0\rangle - b|1\rangle \otimes a|0\rangle - b|1\rangle = a^2|00\rangle - ab|01\rangle - ba|10\rangle + b^2|11\rangle$$

입력 상태는 다음과 같다.

$$a|0\rangle - b|1\rangle \otimes |1\rangle = a|01\rangle - b|11\rangle$$

이 상태에 대한 제어 NOT 게이트의 동작은 다음과 같다.

$$CN(a|01\rangle - b|11\rangle) = aCN|01\rangle - bCN|11\rangle = a|01\rangle - b|10\rangle$$

$a|01\rangle - b|10\rangle \neq a|0\rangle - b|1\rangle \otimes a|0\rangle - b|1\rangle$임을 알 수 있다. 대상 큐비트가 $|0\rangle$이라면 게이트의 동작은 다음과 같다.

$$CN(a|00\rangle - b|10\rangle) = aCN|00\rangle - bCN|10\rangle = a|00\rangle - b|11\rangle$$

이 결과 역시 곱 상태 $a|0\rangle - b|1\rangle \otimes a|0\rangle - b|1\rangle$와 같지 않으므로, 상태를 복제한다고 보기는 어렵다. 이번 예제를 통해 일반적으로 CN 게이트는 상태를 복제하지 않는다는 것을 알 수 있다. CN 게이트로 복제할 수 있는 특정한 상태를 생각해볼 수 있겠는가?

게이트 분해

양자 회로 작업의 대부분은 임의의 유니타리 제어 연산 U를 여러 개의 단일 큐비트 연산과 제어 NOT 게이트로 분해하는 것이다. 그림 8.6에서 이 작업을 보여준다.

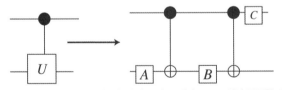

그림 8.6 제어 U 연산을 제어 NOT 게이트와 단일 큐비트 게이트로 구성된 동등한 회로로 교체했다.

그림을 보면 임의의 제어 U 연산이 있다. 두 개의 제어 NOT 게이트와 단일 큐비트 게이트 A, B, C로 구성된 동일한 결과를 내는 동등한 회로가 있다.

회로 조정 방법을 보여주기 위해 그림 8.7에 일반적인 사례를 표현했다. 아다마르 게이트 두 개와 제어 Z 게이트를 이용해 제어 NOT 게이트를 만들 수 있다는 것을 증명하고자 한다.

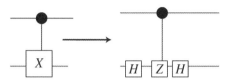

그림 8.7 제어 NOT 게이트는 아다마르 게이트 두 개와 제어 Z 게이트로 구성된 회로와 동등하다.

이 결과를 얻기 위해 디랙 표기법에서 항등 연산자를 다루던 방법을 떠올려보자. $|0\rangle$ 상태와 $|1\rangle$ 상태로 사영하는 연산자를 다음과 같이 쓸 수 있다.

$$P_0 = |0\rangle\langle 0| \tag{8.37}$$

$$P_1 = |1\rangle\langle 1| \tag{8.38}$$

그리고 항등 연산자는 다음과 같이 쓸 수 있다.

$$I = |0\rangle\langle 0| + |1\rangle\langle 1| = P_0 + P_1 \tag{8.39}$$

이제 $+X$ 상태를 생각해보자.

$$|+\rangle = \frac{|0\rangle + |1\rangle}{\sqrt{2}} \tag{8.40}$$

이 상태로 사영하는 연산자는 다음과 같다.

$$P_+ = |+\rangle\langle +| = \frac{1}{2}(|0\rangle\langle 0| + |0\rangle\langle 1| + |1\rangle\langle 0| + |1\rangle\langle 1|) \tag{8.41}$$

마찬가지로 $-X$ 상태에 사영하는 연산자는 다음과 같다.

$$P_- = |-\rangle\langle -| = \frac{1}{2}(|0\rangle\langle 0| - |0\rangle\langle 1| - |1\rangle\langle 0| + |1\rangle\langle 1|) \tag{8.42}$$

이 경우에도 다음 식이 성립함을 알 수 있다.

$$P_+ + P_- = I \tag{8.43}$$

이제 디랙 표기법에서 X 연산자와 Z 연산자를 표기하는 방법을 떠올려보고, 이 표기 방식이 식(8.37), (8.38), (8.41), (8.42)와 어떤 관련이 있는지 생각해 보자.

$$X = |0\rangle\langle 1| + |1\rangle\langle 0| = P_+ - P_- \tag{8.44}$$

$$Z = |0\rangle\langle 0| - |1\rangle\langle 1| = P_0 - P_1 \tag{8.45}$$

연습문제를 통해 제어 NOT 게이트 행렬을 $P_0 \otimes I + P_1 \otimes X$ 식으로 구할 수 있음을 확인할 것이다. 그러므로 여기서는 이 결과와 식(8.43)을 사용하자.

$$P_0 \otimes I + P_1 \otimes X = P_0 \otimes (P_+ + P_-) + P_1 \otimes X$$

그다음 식(8.44)를 이용해 X를 같은 종류의 사영 연산자들로 쓰면 다음과 같은 식을 얻을 수 있다.

$$P_0 \otimes (P_+ + P_-) + P_1 \otimes (P_+ - P_-) = (P_0 + P_1) \otimes P_+ + (P_0 - P_1) \otimes P_-$$

식(8.39) 및 식(8.45)에 따라 이 식은 다음과 같이 정리할 수 있다.

$$I \otimes P_+ + (P_0 - P_1) \otimes P_- = I \otimes P_+ + Z \otimes P_- \tag{8.46}$$

식(8.16)의 디랙 표기법에서 아다마르 연산자는 다음과 같이 쓸 수 있다.

$$H = \frac{1}{\sqrt{2}}(|0\rangle\langle 0| + |0\rangle\langle 1| + |1\rangle\langle 0| - |1\rangle\langle 1|)$$

따라서 다음과 같이 계산할 수 있고,

$$P_0 H = (|0\rangle\langle0|)\frac{1}{\sqrt{2}}(|0\rangle\langle0| + |0\rangle\langle1| + |1\rangle\langle0| - |1\rangle\langle1|)$$

$$= \frac{1}{\sqrt{2}}(|0\rangle\langle0| + |0\rangle\langle1|)$$

다음과 같은 결과를 얻을 수 있다.

$$HP_0 H = \frac{1}{\sqrt{2}}(|0\rangle\langle0| + |0\rangle\langle1| + |1\rangle\langle0| - |1\rangle\langle1|)\frac{1}{\sqrt{2}}(|0\rangle\langle0| + |0\rangle\langle1|)$$

$$= \frac{1}{2}(|0\rangle\langle0| + |0\rangle\langle1| + |1\rangle\langle0| + |1\rangle\langle1|)$$

$$= P_+$$

이를 통해 다음 계산이 가능하다.

$$I \otimes P_+ = I \otimes HP_0 H = (I \otimes H)(I \otimes P_0 H) = (I \otimes H)(I \otimes P_0)(I \otimes H)$$

또한 다음 관계가 성립함도 확인할 수 있다.

$$Z \otimes P_- = (I \otimes H)(Z \otimes P_1)(I \otimes H)$$

이 두 결과를 조합하면 식(8.46)은 다음과 같이 쓸 수 있다.

$$I \otimes P_+ + Z \otimes P_- = (I \otimes H)(I \otimes P_0)(I \otimes H) + (I \otimes H)(Z \otimes P_1)(I \otimes H)$$

$$= (I \otimes H)(I \otimes P_0 + Z \otimes P_1)(I \otimes H)$$

위 식이 표현하는 것이 그림 8.7의 오른편 회로다. 이 그림은 첫 번째 큐비트만 보존하는 연산을 먼저 적용하고, 두 번째 큐비트에 아다마르 게이트를 적용한 다음, 제어 Z 게이트를 적용하고 나서 마지막으로 두 번째 큐비트에만 아다마르 게이트를 한 번 더 적용하는 과정을 표현하고 있다.

연습문제

8.1. 블로흐 구에서 Y 게이트의 동작을 설명하라.

8.2. 허바드 연산자의 정의는 다음과 같다.

$$X^{11} = |0\rangle\langle0|, \quad X^{12} = |0\rangle\langle1|$$
$$X^{21} = |1\rangle\langle0|, \quad X^{22} = |1\rangle\langle1|$$

(A) 계산 기저에 대한 허바드 연산자의 행렬 표현을 구하라.
(B) 아다마르 기저 상태에 대한 허바드 연산자의 동작을 설명하라.

8.3. 파울리 X, Y, Z 연산자를 허바드 연산자를 이용해 표현하는 방법을 찾아보자.

8.4. 제어 NOT 게이트가 에르미트 게이트며 유니타리 게이트임을 보여라.

8.5. 그림 8.5의 회로에서 $|a\rangle = |1\rangle$이라고 하자. $|b\rangle = |0\rangle$, $|b\rangle = |1\rangle$일 때 어떤 벨 기저가 출력 값으로 만들어지는지 확인하라.

8.6. 제어 Z 게이트의 행렬 표현을 적어보자. 디랙 표기법을 사용해서도 표현해보자.

8.7. 단일 큐비트 연산자 X, Y, Z, S, T를 생각해보자. 각 연산자의 제곱 값을 구하라.

8.8. x축 방향과 z축 방향의 단위 벡터를 $\vec{e}_x$, $\vec{e}_z$라 할 때 $(\vec{e}_x - \vec{e}_z)/\sqrt{2}$로 정의한 축을 기준으로 180도 회전하는 연산이 아다마르 게이트와 동일함을 보여라.

8.9. $X\vec{\sigma}X = X\vec{e}_x - Y\vec{e}_y - Z\vec{e}_z$임을 보여라.

8.10. 4장에서 유도했던 텐서곱 방식을 사용해 $P_0 \otimes I + P_1 \otimes X$ 식에서 제어 NOT 게이트 행렬을 구할 수 있음을 보여라.

8.11. 다음 두 회로가 동등한 회로임을 보여라.

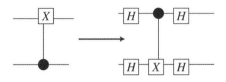

8.12. 토폴리 게이트는 다음과 같은 양자 회로로 구현할 수 있다.

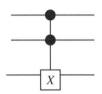

다음 관계가 성립한다면

$$V = (1 - i)\frac{(I + iX)}{2}$$

주어진 회로를 다음과 같이 바꿀 수 있음을 보여라.

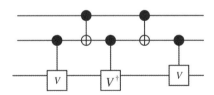

09

양자 알고리즘

명확하게 정의된 어떤 작업을 컴퓨터에서 수행하기 위한 명령들의 집합을 알고리즘algorithm이라고 한다. 양자 컴퓨터 개발에 대한 수요는 고전 컴퓨터에서 하던 작업을 획기적으로 개선시킬 수 있는 양자 알고리즘 발견에 기인한 바가 크다. 고전 컴퓨터에서는 원칙적으로 불가능한 병렬 처리가 (큐비트가 중첩되거나 서로 간섭을 일으키는) 양자계의 특성으로 인해 가능한 경우가 존재하기 때문이다.

양자 알고리즘에서는 주어진 함수 $f(x)$의 값을 여러 x 값에 대해 동시에 계산하는 것이 가능하다는 것이 밝혀졌다. 앞으로 살펴보겠지만 양자 알고리즘은 양자론의 주요한 기 싸움이 벌어지는 곳 중 하나다. 양자 컴퓨터는 중첩 상태로 존재할 수 있는 큐비트를 이용해 지수적 알고리즘으로만 가능했던 숨겨져 있던 세상을 열 수 있다. 다시 말하면 중첩이나 선형 결합된 상태의 양자계가 존재할 수 있다는 사실을 통해 어떤 고전 컴퓨터에서 이론상으로도 할 수 없었던 병렬 컴퓨테이션을 동시에 할 수 있게 된다. 이 때문에 양자 컴퓨터는 간단한 회로로 병렬 컴퓨테이션을 수행하는 것만으로도 극적인 속도 개선을 이뤄내는 경우가 많다. 그러나 큐비트를 측정하는 순간 어느 하나의 상태로 정해지기 때문에 안타깝게도 입력이 n개인 양자 컴퓨터에서는 n개의 출력값만 얻을 수 있다.

자연 법칙은 양자 간섭을 이용해 제한을 어느 정도 극복하고 유용한 정보를 뽑아낼 수 있는 길을 열어줬다. 이 또한 고전 비트에서는 볼 수 없는 큐비트만의 특성이 유용한 알고리즘 개발에서 중요한 역할을 한다. 모든 고전 알고리즘을 양자 컴퓨터로 실행할 수 있다는 것도 사실이기 때문에 더 많은 알고리즘이 발견되고 양자 컴퓨터가 실현됨에 따라 믿을 수 없이 효율적인 컴퓨터가 나올 것을 기대해볼 수 있다. 아직까지 진정한 양자 알고리즘이라 할 만한 것은 극소수이기 때문에 아주 활발한 연구가 진행되고 있는 분야다.

먼저 양자 알고리즘 개발에 중요한 두 개의 양자 게이트를 다시 살펴보고 양자 간섭에 대해 알아본다. 그다음 알고리즘 고안자인 상상력이 풍부한 물리학자 데이비드 도이치의 이름을 딴, 도이치 알고리즘을 첫 번째 진정한 양자 알고리즘으로 만나본다.

아다마르 게이트

양자 알고리즘에서 중요한 단계는 아다마르 게이트를 이용해 중첩 상태를 만드는 단계다. 계산 기저 상태에 아다마르 게이트 H를 적용했을 때의 동작은 다음과 같았다.

$$H|0\rangle = \frac{|0\rangle + |1\rangle}{\sqrt{2}}, \quad H|1\rangle = \frac{|0\rangle - |1\rangle}{\sqrt{2}} \tag{9.1}$$

아다마르 게이트의 재밌는 속성은 두 아다마르 게이트를 연속적으로 사용하면 역연산으로 동작해 원래의 입력 값을 돌려준다는 점이다. 임의의 큐비트 $|\psi\rangle = \alpha|0\rangle + \beta|1\rangle$에 아다마르 게이트를 적용해보자.

$$H|\psi\rangle = \alpha H|0\rangle + \beta H|1\rangle = \alpha\left(\frac{|0\rangle + |1\rangle}{\sqrt{2}}\right) + \beta\left(\frac{|0\rangle - |1\rangle}{\sqrt{2}}\right)$$

$$= \left(\frac{\alpha + \beta}{\sqrt{2}}\right)|0\rangle + \left(\frac{\alpha - \beta}{\sqrt{2}}\right)|1\rangle$$

아다마르 게이트를 두 번 적용하면 원래의 상태로 돌아온다.

$$
\begin{aligned}
H\left[\left(\frac{\alpha + \beta}{\sqrt{2}}\right)|0\rangle + \left(\frac{\alpha - \beta}{\sqrt{2}}\right)|1\rangle\right] &= \left(\frac{\alpha + \beta}{\sqrt{2}}\right)H|0\rangle + \left(\frac{\alpha - \beta}{\sqrt{2}}\right)H|1\rangle \\
&= \left(\frac{\alpha + \beta}{\sqrt{2}}\right)\left(\frac{|0\rangle + |1\rangle}{\sqrt{2}}\right) + \left(\frac{\alpha - \beta}{\sqrt{2}}\right)\left(\frac{|0\rangle - |1\rangle}{\sqrt{2}}\right) \\
&= \left(\frac{\alpha + \alpha + \beta - \beta}{2}\right)|0\rangle + \left(\frac{\alpha - \alpha + \beta + \beta}{2}\right)|1\rangle \\
&= \alpha|0\rangle + \beta|1\rangle = |\psi\rangle
\end{aligned}
$$

따라서 그림 9.1처럼 아다마르 게이트를 직렬로 연결하면 큐비트를 원래의 상태로 되돌린다.

$$|\psi\rangle \longrightarrow \boxed{H} \longrightarrow \boxed{H} \longrightarrow |\psi\rangle$$

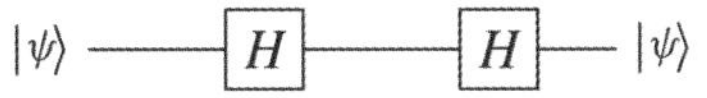

그림 9.1 연속된 두 아다마르 게이트는 큐비트를 원래의 상태로 되돌린다.

이제 아다마르 게이트를 병렬로 사용하면 어떻게 될지 생각해보자(그림 9.2처럼). $|1\rangle|1\rangle$ 상태에 적용해보자. 이 동작의 결과는 다음과 같은 곱 상태가 된다.

$$
\begin{aligned}
(H \otimes H)|1\rangle|1\rangle = (H|1\rangle)(H|1\rangle) &= \left(\frac{|0\rangle - |1\rangle}{\sqrt{2}}\right)\left(\frac{|0\rangle - |1\rangle}{\sqrt{2}}\right) \\
&= \frac{1}{2}(|00\rangle - |01\rangle - |10\rangle + |11\rangle)
\end{aligned}
\tag{9.2}
$$

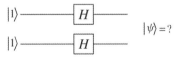

그림 9.2 두 개의 아다마르 게이트를 병렬로 사용한 경우

앞으로 살펴보겠지만, 양자 알고리즘에서 둘 또는 그 이상의 아다마르 게이트를 병렬로 사용하는 연산은 중요한 역할을 한다. n개의 큐비트에 대해 n개의

아다마르 게이트를 병렬로 적용하는 것을 **아다마르 변환**$^{\text{Hadamard transform}}$이라고 한다. 이 변환을 간단하게 $H^{\otimes n}$으로 표기한다. 그러므로 식(9.2)의 연산은 $H^{\otimes 2}$으로 표기할 수 있다. 곱 상태 $|0\rangle|0\rangle$에 $H^{\otimes 2}$를 적용한 결과는 다음과 같다.

$$(H \otimes H)|0\rangle|0\rangle = (H|0\rangle)(H|0\rangle) = \left(\frac{|0\rangle + |1\rangle}{\sqrt{2}}\right)\left(\frac{|0\rangle + |1\rangle}{\sqrt{2}}\right)$$
$$= \frac{1}{2}(|00\rangle + |01\rangle + |10\rangle + |11\rangle) \tag{9.3}$$

같은 방식으로 $H^{\otimes 3}|0\rangle|0\rangle|0\rangle$도 계산할 수 있다.

$$(H \otimes H \otimes H)|0\rangle|0\rangle|0\rangle = (H|0\rangle)(H|0\rangle)(H|0\rangle)$$
$$= \left(\frac{|0\rangle + |1\rangle}{\sqrt{2}}\right)\left(\frac{|0\rangle + |1\rangle}{\sqrt{2}}\right)\left(\frac{|0\rangle + |1\rangle}{\sqrt{2}}\right)$$
$$= \frac{1}{\sqrt{2^3}}(|000\rangle + |001\rangle + |010\rangle + |100\rangle + |101\rangle$$
$$+ |110\rangle + |111\rangle) \tag{9.4}$$

$\frac{1}{2}(|00\rangle + |01\rangle + |10\rangle + |11\rangle)$와 같은 상태의 조합은 다음과 같은 방식으로 간결하게 표시할 수 있다. $x \in \{0, 1\}^2$에 대한 일반적인 상태를 $|x\rangle$라고 쓰자. 즉, $|x\rangle$는 $|00\rangle$, $|01\rangle$, $|10\rangle$, $|11\rangle$ 중 하나를 뜻한다. $x \in \{0, 1\}^3$에 대해서라면 $|x\rangle$는 3큐비트 상태 $|000\rangle$, $|001\rangle$, $|010\rangle$, $|100\rangle$, $|101\rangle$, $|110\rangle$, $|111\rangle$ 중 하나를 뜻한다. 상태 변수 $|x\rangle$에 대한 합을 이용하면 간결한 표현이 가능하다. 식 (9.3)은 다음과 같이 표현할 수 있다.

$$(H \otimes H)|0\rangle|0\rangle = H^{\otimes 2}|0\rangle^{\otimes 2} = \frac{1}{\sqrt{2^2}} \sum_{x \in \{0,1\}^2} |x\rangle \tag{9.5}$$

일반화하면 $|0\rangle$ n개의 곱 상태에 $H^{\otimes n}$을 적용한 결과는 다음과 같다.

$$H^{\otimes n}(|0\rangle^{\otimes n}) = \frac{1}{\sqrt{2^n}} \sum_{x \in \{0,1\}^n} |x\rangle \tag{9.6}$$

또 하나 유용한 연산으로 곱 상태 $|0\rangle|1\rangle$에 $H \otimes H$를 적용하는 연산이 있다. 이 연산의 결과는 다음과 같다.

$$(H \otimes H)|0\rangle|1\rangle = \left(\frac{|0\rangle + |1\rangle}{\sqrt{2}}\right)\left(\frac{|0\rangle - |1\rangle}{\sqrt{2}}\right)$$

$$= \frac{1}{2}(|00\rangle - |01\rangle + |10\rangle - |11\rangle) \tag{9.7}$$

00, 01, 10, 11 조합에 대한 일련번호를 x라 하면(즉, x는 0, 1, 2, 3이 된다) 위 식은 다음처럼 간단히 쓸 수 있다.

$$(H \otimes H)|0\rangle|1\rangle = \frac{1}{2}\sum_{x\in\{0,1\}}(-1)^x|x\rangle \tag{9.8}$$

한편 다음 관계도 구할 수 있다.

$$(H \otimes H)|1\rangle|1\rangle = \frac{1}{2}(|00\rangle - |01\rangle - |10\rangle + |11\rangle) = \frac{1}{2}\sum_{x\in\{0,1\}^2}(-1)^{x_0 \oplus x_1}|x\rangle \tag{9.9}$$

$x_0 \oplus x_1$은 두 큐비트에 대한 XOR 연산을 뜻하고, $|x\rangle$는 0이나 1 값을 갖는 x_0, x_1에 대한 2큐비트 상태 $|x_0 x_1\rangle$을 뜻한다.

예제 9.1

$x \in \{0, 1\}$일 때 다음 상태에 아다마르 변환을 적용한 결과는 무엇인가?

$$|\psi\rangle = \frac{|0\rangle + (-1)^x|1\rangle}{\sqrt{2}}$$

풀이

아다마르 변환에서는 다음 관계가 성립하므로,

$$H|\psi\rangle = \alpha H|0\rangle + \beta H|1\rangle = \alpha \left(\frac{|0\rangle + |1\rangle}{\sqrt{2}} \right) + \beta \left(\frac{|0\rangle - |1\rangle}{\sqrt{2}} \right)$$

$$= \left(\frac{\alpha + \beta}{\sqrt{2}} \right) |0\rangle + \left(\frac{\alpha - \beta}{\sqrt{2}} \right) |1\rangle$$

주어진 상태에 아다마르 변환을 적용한 결과는 다음과 같다.

$$H|\psi\rangle = \left(\frac{1 + (-1)^x}{2} \right) |0\rangle + \left(\frac{1 - (-1)^x}{2} \right) |1\rangle$$

$x = 0$일 때를 계산해보면 다음과 같다.

$$H \left(\frac{|0\rangle + |1\rangle}{\sqrt{2}} \right) = |0\rangle \tag{9.10}$$

한편 $x = 1$일 때의 계산 결과는 다음과 같다.

$$H \left(\frac{|0\rangle - |1\rangle}{\sqrt{2}} \right) = |1\rangle \tag{9.11}$$

위상 게이트

양자 알고리즘 개발에 사용할 수 있는 유용한 게이트로, 7장에서 살펴본 위상 게이트의 변형인 이산 위상 게이트$^{discrete\ phase\ gate}$가 있다. 이산 위상 게이트 R_k라고 쓰며, 행렬 표현은 다음과 같다.

$$R_k = \begin{pmatrix} 1 & 0 \\ 0 & e^{(2\pi i/2^k)} \end{pmatrix} \tag{9.12}$$

직렬 연산과 병렬 연산의 행렬 표현

양자 회로도나 양자 알고리즘을 다룰 때는 행렬을 이용해 문제를 분석해보면 도움이 되는 경우가 있다. 지켜야 할 기본 규칙 두 개가 있다. 첫 번째 규칙은 순차적으로 적용되는 연산들은 행렬 곱으로 표현할 수 있다는 것이다. 순차적으로(즉, 시간에 따라) 적용되는 연산에서 처음 연산을 왼편에 두고 다음 연산들을 오른쪽에 차례대로 연결해 표현할 수 있다. 그림 9.3에 이 과정이 표현돼 있다. 먼저 각이 θ인 위상 게이트를 적용하고 아다마르 게이트를 적용한 후 Z 게이트를 적용하고 있다.

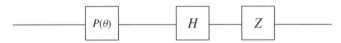

그림 9.3 위상 게이트, 아다마르 게이트, Z 게이트를 순서대로 적용하는 회로도

이 순차적 연산의 행렬 표현은 연산자 행렬을 역순으로 곱하는 것이다. 따라서 그림 9.3의 연산은 다음과 같이 쓸 수 있다.

$$ZHP(\theta)$$

실제 행렬을 구해보면 다음과 같다.

$$\begin{pmatrix} 1 & 0 \\ 0 & -1 \end{pmatrix} \frac{1}{\sqrt{2}} \begin{pmatrix} 1 & 1 \\ 1 & -1 \end{pmatrix} \begin{pmatrix} 1 & 0 \\ 0 & e^{i\theta} \end{pmatrix} = \frac{1}{\sqrt{2}} \begin{pmatrix} 1 & e^{i\theta} \\ -1 & e^{i\theta} \end{pmatrix}$$

양자 컴퓨테이션이 병렬로(즉, 동시에) 수행되는 경우에는 텐서곱을 계산해야 하며, 그 계산 방법은 이미 알고 있다. 따라서 $H \otimes H$의 행렬 표현은 다음과 같다.

$$H \otimes H = \frac{1}{\sqrt{2}} \begin{pmatrix} H & H \\ H & -H \end{pmatrix} = \frac{1}{2} \begin{pmatrix} 1 & 1 & 1 & 1 \\ 1 & -1 & 1 & -1 \\ 1 & 1 & -1 & -1 \\ 1 & -1 & -1 & 1 \end{pmatrix}$$

실제 양자 알고리즘을 살펴보면 알게 되겠지만, 간섭과 병렬성은 양자 알고리즘에서 근본적인 역할을 하는 요소들이다. 알고리즘을 설명하기 전에 양자 간섭을 먼저 알아보자.

양자 간섭

양자 간섭$^{quantum\ interference}$의 한 예로 임의의 큐비트에 아다마르 게이트를 적용하는 경우를 들 수 있다. $|\psi\rangle = \alpha|0\rangle + \beta|1\rangle$일 때 $H|\psi\rangle$ 계산 결과는 다음과 같았다.

$$H|\psi\rangle = \left(\frac{\alpha + \beta}{\sqrt{2}}\right)|0\rangle + \left(\frac{\alpha - \beta}{\sqrt{2}}\right)|1\rangle \tag{9.13}$$

이를 통해 $|0\rangle$ 상태에 대한 측정 확률은 다음과 같이 바뀌고,

$$\alpha \to \frac{\alpha + \beta}{\sqrt{2}}$$

$|1\rangle$ 상태에 대한 측정 확률은 다음과 같이 바뀐다.

$$\beta \to \frac{\alpha - \beta}{\sqrt{2}}$$

구체적으로 다음 상태를 생각해보자.

$$|\psi\rangle = \frac{|0\rangle + |1\rangle}{\sqrt{2}}$$

식(9.10)을 통해 아다마르 게이트가 이 상태를 $|\psi\rangle \to |0\rangle$로 변환함을 알고 있다. 이를 통해 양자 간섭의 존재를 확인할 수 있다(이 식의 수학적 의미는 확률 진폭이 증폭되는 것이다). 간섭에는 확률 진폭을 더하는 방향으로 증가시

키는 양의 간섭$^{\text{positive interference}}$과 확률 진폭을 줄이는 방향으로 감소시키는 음의 간섭$^{\text{negative interference}}$ 두 가지 종류가 있다. 식(9.10)의 경우 주어진 상태에 대한 아다마르 게이트 변환은 다음과 같이 작용한다.

- 기저 상태 |0⟩에 대해서는 양의 간섭을 한다. 진폭이 더해지면서 0이 측정될 확률을 증가시킨다. 이번 경우에는 사실 전체 확률로 수렴돼 측정값이 0임을 확신할 수 있다.
- 음의 간섭으로 인해 |1⟩ 항과 -|1⟩ 항은 상쇄된다. 50%였던 1의 측정 확률이 측정 가능성이 없는 상태가 된다.

양자 알고리즘 개발에서 양자 간섭은 중요한 역할을 한다.

- 다양한 x 값에 따라 달라지는 $f(x)$ 함수에 대한 정보를 양자 간섭을 통해 알아낼 수 있다. 즉, 간섭을 통해 주어진 함수의 특정한 전역 속성$^{\text{global properties}}$을 유추할 수 있다.

이제 양자 알고리즘의 마지막 기초 도구인 양자적 병렬성을 살펴보자.

양자적 병렬성과 함수 계산

양자 알고리즘 개발에서 생각해볼 수 있는 첫 번째 도전 방향은 사실 매우 간단하지만, (실용적인 양자 컴퓨터가 만들어질 수 있다면) 양자 컴퓨터의 압도적인 힘을 충분히 보여준다. 이제부터 소개할 알고리즘은 도이치 알고리즘$^{\text{Deutsch's algorithm}}$이다. 앞에서 양자적 병렬성이라는 것은 다양한 x 값에 대한 $f(x)$ 함수의 값을 동시에 계산하는 것으로 생각할 수 있다고 이야기했다.

단일 비트 입력에 대해 단일 비트를 출력하는 아주 간단한 함수를 예로 들어 이런 병렬성이 어떻게 가능한지 살펴보자. 이 경우 $x \in \{0, 1\}$이다. 집합 $x \in \{0, 1\}$에 대해 단일 비트 입출력을 갖는 함수는 몇 안 된다. 다음과 같은 항등 함수를 한 예로 들 수 있을 것이다.

$$f(x) = \begin{cases} 0 & \text{if } x = 0 \\ 1 & \text{if } x = 1 \end{cases}$$

또 다른 예로 다음 두 가지 항등 함수도 있다.

$$f(x) = 0, \quad f(x) = 1$$

마지막으로 다음과 같은 비트 전환 함수가 있다.

$$f(x) = \begin{cases} 1 & \text{if } x = 0 \\ 0 & \text{if } x = 1 \end{cases}$$

항등 함수와 전환 함수는 입력에 대해 출력 값이 반으로 나뉘기 때문에 **균형 함수**balanced function라고 한다. 그러므로 단일 비트에 대한 함수는 **상수 함수**, **균형 함수** 둘 중 하나가 된다. 단일 비트에 대한 함수가 상수 함수인지 균형 함수인지는 **전역** 속성으로 생각할 수 있다. 앞으로 도이치 알고리즘에서는 중첩 상태인 입력 값에 대한 모든 출력 값을 함께 내놓는다는 것을 살펴보려고 한다. 그다음 양자 간섭을 이용해 주어진 함수가 상수 함수인지 균형 함수인지를 판별할 것이다.

알고리즘 개발의 첫 번째 단계는 두 큐비트에 적용되는 유니타리 연산 U_f를 생각해보는 것이다. 이 연산은 첫 번째 큐비트는 그대로 두고 두 번째 큐비트에 대해서는 첫 번째 큐비트에 대한 f 함수 값을 (⊕로 표기하는) XOR하는 연산이다.

$$U_f |x, y\rangle = |x, y \otimes f(x)\rangle \tag{9.14}$$

이 경우 $|x\rangle$는 큐비트이므로, 중첩 상태가 될 수 있다. 초기 상태를 $|0\rangle$이라 하고, 그림 9.4의 아다마르 게이트를 적용해보자.

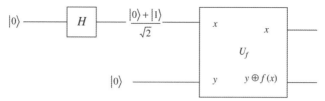

그림 9.4 $U_f|x, y\rangle = |x, y \otimes f(x)\rangle$의 회로도. 첫 번째 큐비트는 중첩 상태, 두 번째 큐비트는 $|0\rangle$인 경우

수식으로 계산하면 그림 9.4 회로의 동작은 다음과 같이 쓸 수 있다.

$$U_f \left(\frac{|0\rangle + |1\rangle}{\sqrt{2}} \right) |0\rangle = \frac{1}{\sqrt{2}} (U_f|00\rangle + U_f|10\rangle) = \frac{|0, 0 \oplus f(0)\rangle + |1, 0 \oplus f(1)\rangle}{\sqrt{2}}$$

이 회로는 가능한 모든 $f(x)$ 값을 담고 있는 중첩 상태를 한 번에 만들어낸다. $f(x)$가 항등 함수라고 가정해보자. 그렇다면 최종 상태는 다음과 같다.

$$U_f \left(\frac{|0\rangle + |1\rangle}{\sqrt{2}} \right) |0\rangle = \frac{|0, 0 \oplus f(0)\rangle + |1, 0 \oplus f(1)\rangle}{\sqrt{2}} = \frac{|00\rangle + |11\rangle}{\sqrt{2}}$$

$0 \oplus 0 = 1 \oplus 1 = 0, 0 \oplus 1 = 1 \oplus 0 = 1$임을 생각해보면 이 회로의 출력 값을 다음과 같이 일반화할 수 있다.

$$U_f \left(\frac{|0\rangle + |1\rangle}{\sqrt{2}} \right) |0\rangle = \frac{|0, f(0)\rangle + |1, f(1)\rangle}{\sqrt{2}}$$

이 식은 꽤 유용한 구석이 있을 것 같다. 모든 $x, f(x)$ 쌍이 중첩 상태로 표현돼 있다. 그러나 양자 측정의 동작 방식을 떠올려보자. $\sum |x\rangle |f(x)\rangle$ 상태를 측정 하면 단 하나의 x 및 $f(x)$ 값 조합만 얻게 된다. 측정 이후 이 계는 특정한 x 값에 해당하는 하나의 $|x\rangle |f(x)\rangle$에 대한 상태가 된다. 게다가 측정으로 얻어 지는 x 값은 완벽히 임의적인 값이다. 따라서 지금까지 얻은 것은 임의로 선택한 x 값에 대한 $f(x)$ 함수 값을 계산한 것이다. 이 정도는 그다지 유용해 보이지 않는다. 단순 비트 함수라면 $f(0)$ 또는 $f(1)$ 값을 알아낼 수 있지만, (측정 이전 상태가 동시성을 나타내고 있음에도) 동시에 두 값을 알아낼 수는

없다. 고전 컴퓨터가 할 수 있는 것과 비교해 봤을 때 더 나은 무언가를 얻어낸 것이 없어 보이지만, 사실은 더 나쁜 상황이다. $f(0)$, $f(1)$ 값이 임의로 출현하기 때문에 두 값을 구별하지도 못한다.

도이치 알고리즘은 지금까지 진행한 작업을 바탕으로 주어진 계가 $\sum|x\rangle|f(x)\rangle$라는 중첩 상태에 있다는 사실을 이용해서 함수의 전역 속성 정보, $f(0) \neq f(1)$을 얻어낸다. 이 과정은 다음 계산을 통해 이뤄진다.

$$|\psi_{out}\rangle = (H \otimes I)U_f(H \otimes H)|0\rangle|1\rangle \tag{9.15}$$

도이치 알고리즘의 구현 과정을 간단히 설명하면 다음과 같다.

1. 입력 상태 $|0\rangle|1\rangle$에 아다마르 게이트를 적용해 두 중첩 상태의 곱 상태를 만든다.
2. 곱 상태에 U_f 연산을 적용한다.
3. 첫 번째 큐비트에 아다마르 게이트를 적용하고, 두 번째 큐비트는 그대로 둔다.

식(9.15)에서 첫 단계의 결과는 이미 알고 있다. 식(9.7)에서 계산했던 내용을 다시 써보면 다음과 같다.

$$(H \otimes H)|0\rangle|1\rangle = \left(\frac{|0\rangle + |1\rangle}{\sqrt{2}}\right)\left(\frac{|0\rangle - |1\rangle}{\sqrt{2}}\right)$$

$$= \frac{1}{2}(|00\rangle - |01\rangle + |10\rangle - |11\rangle)$$

이 식을 통해 $(x, f(x))$의 가능한 모든 조합이 중첩된 상태를 U_f의 입력 값으로 넣을 수 있다. 이 상태는 단일 상태이기 때문에 동시에 나열할 수 있다. 이제 $(H \otimes H)|0\rangle|1\rangle$의 각 항에 U_f를 적용하자. 첫 항에 대한 결과는 다음과 같다.

$$U_f|00\rangle = |0, 0 \oplus f(0)\rangle = (1 - f(0))|100\rangle + f(0)|01\rangle \tag{9.16}$$

이 결과는 확률에 대한 계산 결과 $0 \oplus f(0) = 0$, $0 \oplus f(0) = 1$을 이용한 것이다. 이 식을 확인해서 $f(0) = 0$이라면 $0 \oplus f(0) = 0 \oplus 0 = 0$이므로, 다음 식이 성립한다.

$$|0, 0 \oplus f(0)\rangle = (1 - f(0))|00\rangle + f(0)|01\rangle = |00\rangle + (0)|01\rangle = |00\rangle$$

반면 $f(0) = 1$이라면 $0 \oplus f(0) = 0 \oplus 1 = 1$이므로, 다음 식이 성립한다.

$$|0, 0 \oplus f(0)\rangle = (1 - f(0))|00\rangle + f(0)|01\rangle = (0)|00\rangle + (1)|01\rangle = |01\rangle$$

다른 항에도 같은 논리를 적용하면 다음 결과를 얻을 수 있다.

$$U_f|01\rangle = |0, 1 \oplus f(0)\rangle = f(0)|00\rangle + (1 - f(0))|01\rangle \tag{9.17}$$
$$U_f|10\rangle = |0, 1 \oplus f(0)\rangle = (1 - f(1))|00\rangle + f(1)|01\rangle \tag{9.18}$$
$$U_f|11\rangle = |0, 1 \oplus f(1)\rangle = f(1)|10\rangle + (1 - f(1))|11\rangle \tag{9.19}$$

따라서 다음과 같다.

$$
\begin{aligned}
|\psi'\rangle &= U_f(H \otimes H)|0\rangle|1\rangle \\
&= (1 - f(0))|00\rangle + f(0)|01\rangle + f(0)|00\rangle + (1 - f(0))|01\rangle \\
&\quad + (1 - f(1))|00\rangle + f(1)|01\rangle + f(1)|10\rangle + (1 - f(1))|11\rangle
\end{aligned}
\tag{9.20}
$$

도이치 알고리즘의 최종 출력 상태를 얻고자 $|\psi\rangle$에 $H \otimes I$를 적용한다. 첫 번째 큐비트에 아다마르 게이트를 적용하고, 두 번째 큐비트는 그대로 둔다. 처음 몇 항에 대한 결과를 적어보면 다음과 같다.

$$
\begin{aligned}
(H \otimes I)&[(1 - f(0))|00\rangle + f(0)|01\rangle] \\
&= (1 - f(0))(H|0\rangle) \otimes |0\rangle + f(0)(H|0\rangle) \otimes |1\rangle \\
&= (1 - f(0))\left(\frac{|0\rangle + |1\rangle}{\sqrt{2}}\right) \otimes |0\rangle + f(0)\left(\frac{|0\rangle + |1\rangle}{\sqrt{2}}\right) \otimes |1\rangle \\
&= (1 - f(0))\left(\frac{|00\rangle + |10\rangle}{\sqrt{2}}\right) + f(0)\left(\frac{|01\rangle + |11\rangle}{\sqrt{2}}\right)
\end{aligned}
$$

식(9.20)의 모든 항에 $H \otimes I$를 적용하고 계산해보면 도이치 알고리즘의 최종 출력 상태를 구할 수 있다.

$$|\psi_{out}\rangle = (1 - f(0) - f(1))|0\rangle \left(\frac{|0\rangle - |1\rangle}{\sqrt{2}} \right) + (f(1) - f(0))|1\rangle \left(\frac{|0\rangle - |1\rangle}{\sqrt{2}} \right) \tag{9.21}$$

이제 이 함수가 상수 함수, 즉 $f(0) = f(1)$이라고 가정해보자. 그렇다면 식 (9.21)의 최종 상태는 다음과 같이 된다.

$$|\psi_{out}\rangle = -|0\rangle \left(\frac{|0\rangle - |1\rangle}{\sqrt{2}} \right) \qquad (f(0) = f(1)) \tag{9.22}$$

반대로 $f(0) \neq f(1)$이면 $f(0) = 0$, $f(1) = 1$ 또는 $f(0) = 1$, $f(1) = 0$이므로 최종 출력 상태는 다음과 같다.

$$|\psi_{out}\rangle = \pm|1\rangle \left(\frac{|0\rangle - |1\rangle}{\sqrt{2}} \right) \qquad (f(0) \neq f(1)) \tag{9.23}$$

도이치 알고리즘에서는 첫 번째 큐비트 하나에 간섭을 적용함으로써 두 종류의 함수 출력 유형을 구별할 수 있었다.

도이치-조사 알고리즘

도이치-조사 알고리즘^{Deutsch-Jozsa algorithm}은 일반화된 도이치 알고리즘이다. 도이치-조사 알고리즘을 이용해서도 어떤 함수가 상수 함수인지 균형 함수인지 판단할 수 있는데, 이번에는 함수의 입력 값이 여럿인 경우를 그 대상으로 한다. $f(x)$가 상수 함수라면 모든 입력 값 x에 대해 출력 값이 동일하다. 균형 함수라면 절반의 입력에 대해서는 $f(x) = 0$이고, 나머지 절반의 입력에 대해서는 $f(x) = 1$이 된다. $|0\rangle$ 상태인 n개의 큐비트와 $|1\rangle$ 상태인 하나의 큐비트가

들어 있는 초기 상태에서 출발해보자. 모든 큐비트에 아다마르 게이트를 적용한다. 그림9.5에 회로도가 그려져 있다.

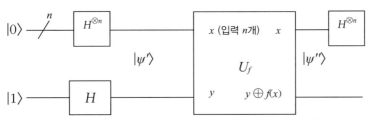

그림 9.5 도이차–조사 알고리즘은 입력 값이 n개인 함수가 상수 함수인지 균형 함수인지 판정할 수 있게 도이치 알고리즘을 일반화한 것이다.

다음 식에서 출발한다.

$$|\psi'\rangle = (H^{\otimes n})(|0\rangle^{\otimes n}) \otimes (H|1\rangle) \tag{9.24}$$

식(9.6)에 따라 이 식의 결과는 다음과 같다.

$$|\psi'\rangle = \frac{1}{\sqrt{2^n}} \sum_{x \in \{0,1\}^n} |x\rangle \left(\frac{|0\rangle - |1\rangle}{\sqrt{2}} \right) \tag{9.25}$$

그런 다음 식(9.14) $U_f|x, y\rangle = |x, y \otimes f(x)\rangle$를 적용해 함수 값을 계산한다. 앞의 n개 큐비트에는 x 값이 들어가고 마지막 큐비트는 그림에서 보듯이 y 값 역할을 한다. U_f 게이트의 출력 상태는 다음과 같다.

$$|\psi''\rangle = \frac{1}{\sqrt{2^n}} \sum_x (-1)^{f(x)}|x\rangle \left(\frac{|0\rangle - |1\rangle}{\sqrt{2}} \right) \tag{9.26}$$

$|x\rangle$ 상태 큐비트 n개에 아다마르 게이트를 적용한 결과는 다음과 같다.

$$H^{\otimes n}|x\rangle = \frac{1}{\sqrt{2^n}} \sum_y (-1)^{x \cdot y}|y\rangle \tag{9.27}$$

따라서 최종 출력 상태는 다음과 같다.

$$|\psi_{out}\rangle = \frac{1}{2^n} \sum_y \sum_x (-1)^{x \cdot y + f(x)} |y\rangle \left(\frac{|0\rangle - |1\rangle}{\sqrt{2}} \right) \tag{9.28}$$

이제 n개 입력을 측정하자. 식(9.28)을 통해서는 명확한 결과가 보이지 않겠지만, 관심 대상인 $|y\rangle$(이 시점에서 n개의 입력 상태를 나타내는)에 대한 측정 결과는 두 가지뿐이다. 가능한 결과는 다음과 같다.

- $|\psi_{out}\rangle$의 처음 n개 큐비트의 측정 결과가 모두 0이다. 이 경우 $f(x)$는 상수 함수다.
- 그렇지 않고 $|y\rangle$의 큐비트 중 최소한 하나 이상의 측정 결과가 1이면 $f(x)$는 균형 함수다.

예제 9.2

입력 값이 둘이고 $f(x) = 1$인 어떤 함수가 있다. 이 경우 도이치-조사 알고리즘이 최종 출력 값으로 $|y\rangle = |00\rangle$ 벡터를 생성함을 보여라.

풀이

초기 입력 상태 $|\psi_{in}\rangle = |0\rangle|0\rangle|1\rangle$이 될 것이다. 이 상태에 아다마르 게이트를 적용한 결과는 다음과 같다.

$$|\psi'\rangle = \frac{1}{2\sqrt{2}}(|000\rangle - |001\rangle + |010\rangle - |011\rangle + |100\rangle - |101\rangle + |110\rangle - |111\rangle)$$

다음 이 계에 U_f를 적용한 결과는 다음과 같다.

$$|\psi''\rangle = \frac{1}{2\sqrt{2}}(|001\rangle - |000\rangle + |011\rangle - |010\rangle + |101\rangle - |100\rangle + |111\rangle - |110\rangle)$$

마지막 단계는 첫 두 큐비트에 $H^{\otimes 2}$을 적용하는 것이다. 그 결과는 다음과 같다.

$$|\psi_{out}\rangle = \frac{1}{2\sqrt{2}} \left[\left(\frac{|0\rangle + |1\rangle}{\sqrt{2}} \right) \left(\frac{|0\rangle + |1\rangle}{\sqrt{2}} \right) |1\rangle - \left(\frac{|0\rangle + |1\rangle}{\sqrt{2}} \right) \left(\frac{|0\rangle + |1\rangle}{\sqrt{2}} \right) |0\rangle \right.$$
$$+ \left(\frac{|0\rangle + |1\rangle}{\sqrt{2}} \right) \left(\frac{|0\rangle - |1\rangle}{\sqrt{2}} \right) |1\rangle - \left(\frac{|0\rangle + |1\rangle}{\sqrt{2}} \right) \left(\frac{|0\rangle - |1\rangle}{\sqrt{2}} \right) |0\rangle$$
$$+ \left(\frac{|0\rangle - |1\rangle}{\sqrt{2}} \right) \left(\frac{|0\rangle + |1\rangle}{\sqrt{2}} \right) |1\rangle - \left(\frac{|0\rangle - |1\rangle}{\sqrt{2}} \right) \left(\frac{|0\rangle + |1\rangle}{\sqrt{2}} \right) |0\rangle$$
$$\left. + \left(\frac{|0\rangle - |1\rangle}{\sqrt{2}} \right) \left(\frac{|0\rangle - |1\rangle}{\sqrt{2}} \right) |1\rangle - \left(\frac{|0\rangle - |1\rangle}{\sqrt{2}} \right) \left(\frac{|0\rangle - |1\rangle}{\sqrt{2}} \right) |0\rangle \right]$$

모든 항을 전개하면 다음 식을 얻을 수 있다.

$$|\psi_{out}\rangle = \frac{1}{4\sqrt{2}} [(|00\rangle + |01\rangle + |10\rangle + |11\rangle)|1\rangle - (|00\rangle + |01\rangle + |10\rangle + |11\rangle)|0\rangle$$
$$+ (|00\rangle - |01\rangle + |10\rangle - |11\rangle)|1\rangle - (|00\rangle - |01\rangle + |10\rangle - |11\rangle)|0\rangle$$
$$+ (|00\rangle + |01\rangle - |10\rangle - |11\rangle)|1\rangle - (|00\rangle + |01\rangle - |10\rangle - |11\rangle)|0\rangle$$
$$+ (|00\rangle - |01\rangle - |10\rangle + |11\rangle)|1\rangle - (|00\rangle - |01\rangle - |10\rangle + |11\rangle)|0\rangle]$$

이제 항들을 추려내 세 번째 큐비트 항을 $\left(|0\rangle - |1\rangle / \sqrt{2} \right)$ 형태로 만든다.

$$|\psi_{out}\rangle = \frac{1}{4} \left[-(|00\rangle + |01\rangle + |10\rangle + |11\rangle) \left(\frac{|0\rangle - |1\rangle}{\sqrt{2}} \right) \right.$$
$$-(|00\rangle - |01\rangle + |10\rangle - |11\rangle) \left(\frac{|0\rangle - |1\rangle}{\sqrt{2}} \right)$$
$$-(|00\rangle + |01\rangle - |10\rangle - |11\rangle) \left(\frac{|0\rangle - |1\rangle}{\sqrt{2}} \right)$$
$$\left. -(|00\rangle - |01\rangle - |10\rangle + |11\rangle) \left(\frac{|0\rangle - |1\rangle}{\sqrt{2}} \right) \right]$$

결국 다음 결과를 얻을 수 있다.

$$|\psi_{out}\rangle = -|00\rangle \left(\frac{|0\rangle - |1\rangle}{\sqrt{2}} \right)$$

처음 두 큐비트에 대한 측정 결과가 00이므로, 주어진 함수는 상수 함수다.

예제 9.3

$f(00) = f(01) = 0$, $f(10) = f(11) = 1$이라고 하자. 도이치–조사 알고리즘을 적용하고, 처음 두 큐비트 중 하나는 1이 됨을 보여라.

풀이

이 경우에도 입력 상태 $|\psi_{in}\rangle = |0\rangle|0\rangle|1\rangle$이고, 아다마르 게이트를 적용한 결과는 다음과 같다.

$$|\psi'\rangle = \frac{1}{2\sqrt{2}}(|000\rangle - |001\rangle + |010\rangle - |011\rangle + |100\rangle - |101\rangle + |110\rangle - |111\rangle)$$

이 계에 U_f를 적용한 결과는 다음과 같다.

$$|\psi''\rangle = \frac{1}{2\sqrt{2}}(|000\rangle - |001\rangle + |010\rangle + |011\rangle + |101\rangle - |100\rangle + |111\rangle - |110\rangle)$$

처음 두 입력에 아다마르 게이트를 적용하면 다음 결과를 얻는다.

$$\begin{aligned} |\psi_{out}\rangle = \frac{1}{4} \Bigg[&\left(\frac{|0\rangle + |1\rangle}{\sqrt{2}} \right) \left(\frac{|0\rangle + |1\rangle}{\sqrt{2}} \right) |0\rangle - \left(\frac{|0\rangle + |1\rangle}{\sqrt{2}} \right) \left(\frac{|0\rangle + |1\rangle}{\sqrt{2}} \right) |1\rangle \\ &+ \left(\frac{|0\rangle + |1\rangle}{\sqrt{2}} \right) \left(\frac{|0\rangle - |1\rangle}{\sqrt{2}} \right) |0\rangle + \left(\frac{|0\rangle + |1\rangle}{\sqrt{2}} \right) \left(\frac{|0\rangle - |1\rangle}{\sqrt{2}} \right) |1\rangle \\ &+ \left(\frac{|0\rangle - |1\rangle}{\sqrt{2}} \right) \left(\frac{|0\rangle + |1\rangle}{\sqrt{2}} \right) |1\rangle - \left(\frac{|0\rangle - |1\rangle}{\sqrt{2}} \right) \left(\frac{|0\rangle + |1\rangle}{\sqrt{2}} \right) |0\rangle \end{aligned}$$

$$+ \left(\frac{|0\rangle - |1\rangle}{\sqrt{2}} \right) \left(\frac{|0\rangle - |1\rangle}{\sqrt{2}} \right) |1\rangle - \left(\frac{|0\rangle - |1\rangle}{\sqrt{2}} \right) \left(\frac{|0\rangle - |1\rangle}{\sqrt{2}} \right) |0\rangle \Big]$$

이 결과를 전개하면 다음 식을 얻을 수 있다.

$$|\psi_{out}\rangle = \frac{1}{4\sqrt{2}} [(|00\rangle + |01\rangle - |10\rangle - |11\rangle)|1\rangle + (|00\rangle + |01\rangle + |10\rangle + |11\rangle)|0\rangle$$

$$- (|00\rangle + |01\rangle + |10\rangle + |11\rangle)|1\rangle + (|00\rangle - |01\rangle + |10\rangle - |11\rangle)|0\rangle$$

$$+ (|00\rangle - |01\rangle + |10\rangle - |11\rangle)|1\rangle - (|00\rangle + |01\rangle - |10\rangle - |11\rangle)|0\rangle$$

$$+ (|00\rangle - |01\rangle - |10\rangle + |11\rangle)|1\rangle - (|00\rangle - |01\rangle - |10\rangle + |11\rangle)|0\rangle]$$

다음과 같이 재배열해보자.

$$|\psi_{out}\rangle = \frac{1}{4} \Big[(|00\rangle + |01\rangle + |10\rangle + |11\rangle) \left(\frac{|0\rangle - |1\rangle}{\sqrt{2}} \right)$$

$$+ (|00\rangle - |01\rangle + |10\rangle - |11\rangle) \left(\frac{|0\rangle - |1\rangle}{\sqrt{2}} \right)$$

$$- (|00\rangle + |01\rangle - |10\rangle - |11\rangle) \left(\frac{|0\rangle - |1\rangle}{\sqrt{2}} \right)$$

$$- \left(|00\rangle - |01\rangle - |10\rangle + |11\rangle) \left(\frac{|0\rangle - |1\rangle}{\sqrt{2}} \right) \right]$$

다음 결과를 얻을 수 있다.

$$|\psi_{out}\rangle = |10\rangle \left(\frac{|0\rangle - |1\rangle}{\sqrt{2}} \right)$$

처음 두 큐비트에 대한 측정 결과는 10이므로, 최소한 하나의 큐비트 값은 1을 만족한다. 이 결과로 주어진 함수가 균형 함수임을 알 수 있다.

양자 푸리에 변환

양자 컴퓨터를 이용하면 푸리에 변환$^{\text{Fourier transform}}$과 유사한 개념의 양자화 값을 계산할 수 있다. 먼저 필요한 사전 지식을 알아보자. n개의 큐비트로 이뤄진 두 상태를 생각해보자.

$$|x\rangle = |x_{n-1}x_{n-2}\ldots x_0\rangle$$
$$|y\rangle = |y_{n-1}y_{n-2}\ldots y_0\rangle$$

각 x_i, $y_i \in \{0, 1\}$이다. 그렇다면 다음과 같은 식을 쓸 수 있다.

$$x \cdot y = x_0 y_0 + x_1 y_1 + \cdots + x_{n-1} y_{n-1} \tag{9.29}$$

양자 푸리에 변환은 $|\psi\rangle = |x_{n-1}x_{n-2} \cdots x_0\rangle$ 상태를 다음과 같은 상태로 변환한다.

$$\frac{1}{2^{n/2}}(|0\rangle + e^{2\pi i[0.x_{n-1}]}|1\rangle) \otimes (|0\rangle + e^{2\pi i[0.x_{n-2}x_{n-1}]}|1\rangle)$$
$$\otimes \cdots \otimes (|0\rangle + e^{2\pi i[0.x_0\ldots x_{n-2}x_{n-1}]}|1\rangle) \tag{9.30}$$

이 식에서 도입한 소수 표기법은 다음과 같은 이진 비율을 뜻한다.

$$\frac{x_0}{2} \to 0.x_0$$
$$\frac{x_0}{2^2} + \frac{x_1}{2} \to 0.x_0 x_1 \tag{9.31}$$
$$\frac{x_0}{2^3} + \frac{x_1}{2^2} + \frac{x_2}{2} \to 0.x_0 x_1 x_2$$

이 식에서는 상태의 중첩과 위상 개념의 도입이라는 두 가지 일이 벌어지고 있다. 첫 번째 사실을 통해 중첩 상태를 유도하고자 회로에 아다마르 게이트가 필요할 것임을 알 수 있다. 위상에 대해서는 식(9.12)의 이산 위상 게이트를 떠올려보자. 계산 기저에서 위상 게이트의 행렬 표현은 다음과 같다.

$$R_k = \begin{pmatrix} 1 & 0 \\ 0 & e^{(2\pi i/2^k)} \end{pmatrix}$$

그러므로 다음을 알 수 있다.

$$R_k|0\rangle = |0\rangle, \; R_k|1\rangle = e^{(2\pi i/2^k)}|1\rangle \tag{9.32}$$

양자 푸리에 변환은 아다마르 게이트와 제어 이산 위상 게이트로 구현할 수 있다. 양자 푸리에 변환 연산자를 U_F로 표기하자. 임의의 상태 $|x\rangle$에 대한 양자 푸리에 변환 연산자의 동작은 다음과 같다.

$$\begin{aligned} U_F|x\rangle &= \frac{1}{\sqrt{2^n}} \sum_{y=0}^{2^n-1} e^{2\pi ixy/2^n}|y\rangle \\ &= \frac{1}{\sqrt{2^n}} \sum_{y=0}^{2^n-1} e^{2\pi i(y_0(0.x_0x_1...x_{n-1})+y_1(0.x_0x_1...x_{n-2})+\cdots+y_{n-1}(0.x_0))}|y\rangle \end{aligned} \tag{9.33}$$

$e^{a+b} = e^a e^b$, $|y\rangle = |y_0\rangle \otimes |y_1\rangle \otimes \cdots \otimes |y_{n-1}\rangle$ 관계를 이용하면 이 식은 다음과 같은 텐서곱 상태로 표현할 수 있다.

$$U_F|x\rangle = \frac{1}{\sqrt{2^n}} \sum_{y=0}^{2^n-1} e^{2\pi iy_0(0.x_0x_1...x_{n-1})}|y_0\rangle \otimes \cdots \otimes e^{2\pi iy_{n-1}(0.x_0)}|y_{n-1}\rangle \tag{9.34}$$

$y_i \in \{0, 1\}$이다. $y_i = 0$이면 $e^{2\pi iy_i(.x_0x_1...x_j)}$이 된다. $y_i = 1$이면 각 항은 $e^{2\pi i(.x_0x_1...x_j)}$ 형태로 남게 된다. 이 과정을 통해 식(9.30)을 얻은 것이다.

지금까지 논의 과정은 상당히 추상적이었다. 이제부터는 3큐비트 상태 $|x\rangle$ $= |x_2x_1x_0\rangle$에 대해 이산 양자 푸리에 변환을 어떻게 계산하는지 살펴보자. 그림 9.6은 이 과정을 처리하는 회로도다.

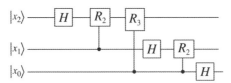

그림 9.6 3큐비트 상태에 양자 푸리에 변환을 적용하는 회로

첫 번째 단계는 $|x_2\rangle$에 아다마르 게이트를 적용하는 것이다. $-1 = e^{i\pi}$이므로, 그림 9.6에서 위쪽 회선의 상태는 다음과 같이 변하게 된다.

$$H|x_2\rangle = \frac{1}{\sqrt{2}} \sum_y (-1)^{x_2 y} |y\rangle = \frac{1}{\sqrt{2}} \sum_y e^{2\pi i x_2 y/2} |y\rangle = \frac{1}{\sqrt{2}}(|0\rangle + e^{2\pi i (0.x_2)}|1\rangle)$$

이어서 이 상태에 제어 R_2 게이트를 적용한다. 이 게이트의 제어 비트는 $|x_1\rangle$ 상태이며, $|0\rangle$ 또는 $|1\rangle$ 값을 갖는다. $1 = e^0 = e^{2\pi i 0}$이고, $|x_1\rangle$은 $|0\rangle$과 $|1\rangle$ 둘 중 하나이므로, 기저 상태 $|1\rangle$에 대한 R_2 게이트의 동작은 $R_2|1\rangle = e^{i\pi x_1/2}|1\rangle$ $= e^{2i\pi x_1/4}|1\rangle$과 같이 쓸 수 있다. 따라서 이 시점에 전체 계는 다음과 같은 상태 가 된다.

$$I \otimes R_2|x_1\rangle \otimes \frac{1}{\sqrt{2}}(|0\rangle + e^{2\pi i (0.x_2)}|1\rangle) = |x_1\rangle \otimes \frac{1}{\sqrt{2}}(|0\rangle + e^{2\pi i (0.x_2 x_1)}|1\rangle)$$

이제 이 상태에 제어 비트가 $|x_0\rangle$인 제어 R_3 게이트를 적용하자. 이 게이트는 앞서 설명한 것과 비슷한 방식으로 주어진 계를 다음과 같은 상태로 변환한다.

$$|x_0\rangle \otimes |x_1\rangle \otimes \frac{1}{\sqrt{2}}(|0\rangle + e^{2\pi i (0.x_2 x_1 x_0)}|1\rangle)$$

$|x_1\rangle$ 상태가 아다마르 게이트와 제어 R_2 게이트를 거치면 다음과 같이 변 환된다.

$$|x_1\rangle \rightarrow \frac{1}{\sqrt{2}}(|0\rangle + e^{2\pi i (.x_1 x_0)}|1\rangle)$$

계의 상태는 다음과 같이 변한다.

$$|x_0\rangle \otimes \frac{1}{\sqrt{2}}(|0\rangle + e^{2\pi i(0.x_1 x_0)}|1\rangle) \otimes \frac{1}{\sqrt{2}}(|0\rangle + e^{2\pi i(0.x_2 x_1 x_0)}|1\rangle)$$

최종 단계는 $|x_0\rangle$에 마지막 아다마르 게이트를 적용하는 것이다. 그 결과는 다음과 같다.

$$|x_0\rangle \rightarrow \frac{1}{\sqrt{2}}(|0\rangle + e^{2\pi i(0.x_0)}|1\rangle)$$

계의 최종 상태는 다음과 같다.

$$\frac{1}{\sqrt{2}}(|0\rangle + e^{2\pi i(0.x_0)}|1\rangle) \otimes \frac{1}{\sqrt{2}}(|0\rangle + e^{2\pi i(0.x_1 x_0)}|1\rangle) \otimes \frac{1}{\sqrt{2}}(|0\rangle + e^{2\pi i(0.x_2 x_1 x_0)}|1\rangle)$$

위상 추정

양자 푸리에 변환은 위상 추정 문제와 밀접한 관련이 있다. 차원 $d = 2^n$인 힐베르트 공간의 유니타리 연산자 U가 있고, $|\phi_1\rangle$, $|\phi_1\rangle$, ..., $|\phi_d\rangle$를 이 연산자의 고유 벡터라 하면 이 벡터들은 주어진 공간의 정규 직교 기저가 된다. 유니타리 연산자의 고윳값들은 위상이 된다. 따라서 $|n\rangle$의 고윳값들을 다음과 같이 쓸 수 있다.

$$U|\phi_n\rangle = e^{2\pi i\theta_n}|\phi_n\rangle \tag{9.35}$$

주어진 고유 벡터를 j번 적용하면 다음과 같은 결과가 나옴을 알아두자.

$$U^j|\phi_n\rangle = U^{j-1}(e^{2\pi i\theta_n}|\phi_n\rangle) = (e^{2\pi i\theta_n})^j|\phi_n\rangle = e^{2\pi i\theta_n j}|\phi_n\rangle \tag{9.36}$$

양자 위상 추정 문제를 예를 들면 유니타리 연산자 U와 U의 고유 벡터 $|\phi\rangle$가

입력으로 주어졌을 때 식(9.35)를 만족하는 고윳값에 대한 각 θ를 추정하라는 문제를 들 수 있다. 위상각 θ를 m비트 정확도로 알아내려 한다고 가정하자. 알고리즘은 먼저 다음과 같은 초기 상태에서 시작한다.

$$|\psi_{in}\rangle = |0\rangle^{\otimes m}|\phi\rangle \tag{9.37}$$

주어진 유니타리 연산자의 고유 벡터 $|\phi\rangle$를 n비트 정확도로 알고 있으며, 이 말은 고유 벡터가 $|\phi\rangle = |\phi_{n-1}, \phi_{n-2}, \ldots, \phi_1, \phi_0\rangle$와 같은 n 큐비트 상태임을 뜻한다. 이미 익숙해진 절차를 따르자면 첫 번째 단계는 $|0\rangle$ 상태인 입력에 아다마르 게이트를 적용해 중첩 상태를 만드는 것이다. 식(9.37)에 m차 아다마르 게이트를 적용한 결과는 다음과 같다.

$$|\psi'\rangle = H^{\otimes m}|\psi_{in}\rangle = \left(\frac{|0\rangle + |1\rangle}{\sqrt{2}}\right)^{\otimes m}|\phi\rangle = \frac{1}{2^{m/2}}\sum_{x=0}^{2^m-1}|x\rangle|\phi\rangle \tag{9.38}$$

이제 이 상태에 유니타리 연산자를 다음과 같은 방식으로 적용한다.

$$|\psi''\rangle = \frac{1}{2^{m/2}}\sum_{x=0}^{2^m-1}|x\rangle(U^x|\phi\rangle)) = \frac{1}{2^{m/2}}\sum_{x=0}^{2^m-1}|x\rangle(e^{2\pi i\theta x}|\phi\rangle)) \tag{9.39}$$

$e^{2\pi i\theta x}$는 상수이므로 원하는 위치로 옮길 수 있다. 식(9.39)가 나타내는 상태는 각 항에 $|\phi\rangle$를 곱한 곱 상태임을 알 수 있다. 그러므로 합산식에서 이 항을 빼내고 다음과 같이 쓸 수 있다.

$$|\psi''\rangle = \frac{1}{2^{m/2}}\sum_{x=0}^{2^m-1}e^{2\pi i\theta x}|x\rangle|\phi\rangle = \left(\frac{1}{2^{m/2}}\sum_{x=0}^{2^m-1}e^{2\pi i\theta x}|x\rangle\right)|\phi\rangle \tag{9.40}$$

원하는 것은 θ의 추정 값이므로, 뒤쪽 n개 큐비트는 버릴 수 있다(즉, $|\phi\rangle$를 제거). 그러면 주어진 상태에서 다음만 남는다.

$$|\psi_{out}\rangle = \frac{1}{2^{m/2}} \sum_{x=0}^{2^m-1} e^{2\pi i \theta x} |x\rangle \tag{9.41}$$

알고리즘에서 여기까지 설명한 부분을 **위상 킥백 회로**^{phase kickback circuit}라고도
한다. 그림 9.7은 이 회로를 그린 것이다.

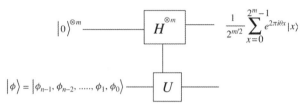

그림 9.7 식(9.37)에서 식(9.41)에 이르는 과정을 표현한 회로도

θ 값을 추정하고자 양자 푸리에 변환 U_F를 사용할 수 있다. 구체적으로는 양
자 푸리에 역변환 $U_F{}^\dagger$를 식(9.41) 상태에 적용한다. 그 결과는 다음과 같다.

$$U_F{}^\dagger |\psi_{out}\rangle = \frac{1}{2^m} \sum_{x=0}^{2^m-1} \sum_{y=0}^{2^m-1} e^{(-2\pi i x y/2^m)/2^m + 2\pi i \theta x} |y\rangle = \frac{1}{2^m} \sum_{x,y=0}^{2^m-1} e^{2\pi i x (\theta - y/2^m)} |y\rangle \tag{9.42}$$

계의 상태가 $|y\rangle$로 관측될 확률은 다음과 같다.

$$\Pr(y) = \left| \frac{1}{2^m} \sum_{x=0}^{2^m-1} e^{2\pi i x (\theta - y/2^m)} \right|^2 = \frac{1}{2^{2m}} \left| \sum_{x=0}^{2^m-1} e^{2\pi i x (\theta - y/2^m)} \right|^2 \tag{9.43}$$

기하급수를 이용해 이 항의 값을 구할 수 있다. $|r| < 1$이면 다음 식이 성립
한다.

$$\sum_{n=0}^{\infty} ar^n = \frac{a}{1-r} \tag{9.44}$$

유한 급수일 때의 합은 다음과 같다.

$$\sum_{n=0}^{m-1} ar^n = a\frac{r^m - 1}{r - 1} \tag{9.45}$$

식(9.43)을 보면 $a = 1$, $r = e^{2\pi ix(\theta-y/2^m)}$로 둘 수 있다. 식(9.45)를 이용하면 계의 상태가 $|y\rangle$로 관측될 확률은 다음과 같이 쓸 수 있다.

$$\Pr(y) = \frac{1}{2^{2m}}\left|\frac{r^{2m} - 1}{r - 1}\right|^2 \tag{9.46}$$

이 확률의 하한 값을 추정해보자. 이를 위해서는 식(9.46)의 항들을 복소 평면complex plane 관점에서 보아야 한다. 복소 변수를 접해본 적이 없는 독자라면 대부분 이해하기 어려울 이 절은 건너뛰어도 좋다.

θ에 대한 m비트 근삿값 $0.\theta_{m-1}\theta_{m-2}\ldots\theta_0$가 있고, 이 값은 θ와 $0 < |\varepsilon| \le 2^{m+1}$을 만족하는 어떤 값 ε만큼 차이가 난다고 하자. 그렇다면 $r = e^{2\pi i\varepsilon}$로 두고, m비트 정확도로 θ 값을 구할 때 ε 값이 얼마나 작아질 수 있는지 추정해볼 수 있다. 이를 복소 평면상에서 생각해보면 $|r^{2m} - 1|$ 값은 1에서 r^{2m}을 잇는 현의 길이가 된다. 복소 평면에서 단위 원을 그려보자. 그림 9.8과 같이 1에서 r^{2m}을 잇는 호의 길이는 $2\pi|\varepsilon|2^m$이 된다.

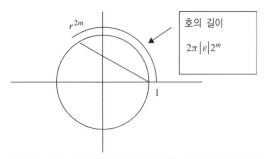

그림 9.8 복소 평면을 통해 살펴본 식(9.46) 확률 범위 추정

그림 9.8에서 현의 길이에 대한 호의 길이 비율은 $\pi/2$를 넘을 수 없다. 따라서 다음과 같은 범위 조건을 얻을 수 있다.

$$\frac{2\pi|\varepsilon|2^m}{|r^{2m}-1|} \leq \frac{\pi}{2}, \quad \Rightarrow |r^{2m}-1| \geq 4|\varepsilon|2^m \tag{9.47}$$

이제 식(9.46)에서 분모의 범위를 알아보자. 비슷한 방식으로 1에서 r까지 현의 길이를 생각해보면 다음 범위 조건을 얻을 수 있다.

$$\frac{2\pi|\varepsilon|}{|r-1|} \geq 1, \quad \Rightarrow \frac{1}{|r-1|} \geq \frac{1}{2\pi|\varepsilon|} \tag{9.48}$$

결과적으로 다음 조건을 얻는다.

$$\Pr(y) = \frac{1}{2^{2m}}\left|\frac{r^{2m}-1}{r-1}\right|^2 \geq \frac{1}{2^{2m}}\frac{|4|\varepsilon|2^m|^2}{|2\pi|\varepsilon||^2} = \frac{1}{2^{2m}}\frac{16|\varepsilon|^2 2^{2m}}{4\pi^2|\varepsilon|^2} = \frac{4}{\pi^2})0.4 \tag{9.49}$$

이 계산을 통해 구하는 확률이 최소한 0.4.보다는 크다는 것을 알 수 있는데, 이는 m비트 정확도로 측정한 θ 값의 각 비트가 모두 정확하다는 것을 뜻한다.

쇼어 알고리즘

쇼어 알고리즘Shor's algorithm은 양자 컴퓨테이션의 강점과 중요성을 보여주는 기본적인 알고리즘이다. 쇼어 알고리즘은 인수분해에 사용할 수 있다. 이 사실이 뜻하는 바는 실용적인 양자 컴퓨터가 나온다면 암호 해독에 쇼어 알고리즘을 사용할 수 있다는 것이다. 당연히 많은 사람의 관심을 끌었다.

쇼어 알고리즘을 실행하려면 먼저 순서 찾기order finding를 알아야 한다. x, N은 $x < N$을 만족하는 서로소인 양의 정수라고 하자. 다음을 만족하는 가장 작은 양의 정수 r을 x의 순서 값이라고 한다.

$$x^r = 1 \bmod N \tag{9.50}$$

예제를 통해 $\bmod N$의 의미를 알아보자. 우선 x와 N의 최대 공약수가 1이므로, 둘 사이에는 다른 공약수가 없다. $x = 5$, $N = 44$이라고 해보자. $x^r = a$ mod N을 구하려면 x^r을 계산하고, 0보다 작아지기 전까지 N을 빼야 한다. $r = 2$까지는 $N = 44$보다 작으므로 뺄셈이 필요하지 않다.

$$5^1 = 5, \quad 5^2 = 25$$

$5^3 = 125$이므로, $(44)(2) = 88$을 빼면 $125 - 88 = 37$이 된다. 즉, 다음과 같다.

$$5^3 = 37 (\text{mod } 44)$$

다음으로 $5^4 = 625$다. $(14)(44) = 616$이므로 다음 결과를 얻을 수 있다.

$$5^4 = 9 (\text{mod } 44)$$

마지막으로 $5^5 = 3125$다. $71 \times 44 = 3124$이고, $5^5 = 3125$보다 1 작다. 종착역에 도착했다.

$$5^5 = 1 (\text{mod } 44)$$

이 예에서 5의 순서 값은 5다.

앞에서 봤듯이 이런 방식으로 $x^r = 1 (\text{mod } N)$을 만족하는 지수를 찾는 데는 아주 많은 시간이 걸린다. 숫자가 커질수록 필요한 시간이 $\log N$의 지수 함수로 늘어나기 때문에 현존하는 가장 좋은 컴퓨터로도 감당할 수 없다. 이 문제는 위상 추정 기반의 양자 알고리즘을 이용하면 훨씬 더 효율적으로 풀 수 있다.

순서 찾기 문제를 풀기 위해 다음과 같은 유니타리 연산자를 생각해보자.

$$U_x |y\rangle = \begin{cases} |xy \bmod N\rangle & 0 \leq y \leq N - 1 \\ |y\rangle & N \leq y \leq 2^L - 1 \end{cases} \tag{9.51}$$

$L = \lceil \log N \rceil$이다. U_x의 고유 상태는 다음과 같다.

$$|u_t\rangle = \frac{1}{\sqrt{r}} \sum_{k=0}^{r-1} \exp\left(-\frac{2\pi ikt}{r}\right) |x^k \bmod N\rangle \qquad (9.52)$$

고윳값은 다음과 같다.

$$U_x|u_t\rangle = e^{2\pi i(t/r)}|u_t\rangle \qquad (9.53)$$

이 상태들을 대상으로 위상 추정 알고리즘을 적용하면 위상 값 t/r을 추정할 수 있으며, 이는 곧 순서 값을 추정할 수 있음을 뜻한다. 순서 찾기 알고리즘은 주어진 고유 상태의 중첩 상태에서 시작한다. $\sum_{k=0}^{r-1} \exp\left(-(2\pi ikt)/r\right) = r\delta_{k,0}$ 이므로, 다음과 같이 고유 상태의 합이 $|1\rangle$임을 알 수 있다.

$$\frac{1}{\sqrt{r}} \sum_{t=0}^{r-1} |u_t\rangle = \frac{1}{\sqrt{r}} \sum_{t=0}^{r-1} \frac{1}{\sqrt{r}} \sum_{k=0}^{r-1} \exp\left(-\frac{2\pi ikt}{r}\right) |x^k \bmod N\rangle = |1\rangle \qquad (9.54)$$

따라서 다음 상태를 입력으로 순서 찾기를 시작한다.

$$|\psi_{in}\rangle = |1\rangle = \frac{1}{\sqrt{r}} \sum_{t=0}^{r-1} |u_t\rangle \qquad (9.55)$$

양자적 병렬성을 이용해 $x^k \bmod N$ 값을 계산할 수 있다. 순서 값 r을 알려주는 주기 r/t는 위상 추정을 통해 구할 수 있다. 그러므로 $|0\rangle^{\otimes n}|1\rangle$ 상태에서 다음 결과를 얻을 수 있다.

$$\frac{1}{\sqrt{r}} \sum_{t=0}^{r-1} \left(\frac{1}{\sqrt{2^s}} \sum_{k=0}^{2^s-1} \exp\left(-\frac{2\pi ikt}{r}\right) |k\rangle \right) |u_t\rangle = \frac{1}{\sqrt{r}} \sum_{t=0}^{r-1} |t/r\rangle |u_t\rangle \qquad (9.56)$$

위 식에서는 다음 정의를 사용했다.

$$|t/r\rangle = \frac{1}{\sqrt{2^s}} \sum_{k=0}^{2^s-1} \exp\left(-\frac{2\pi ikt}{r}\right) |k\rangle$$

$0 \leq t \leq r - 1$ 조건을 따르는 임의의 값 r/t의 추정치는 측정을 통해 구할 수 있다. 정확한 인수를 구하려면 나눗셈을 계속 진행한다.

쇼어 알고리즘에서 양자적이라 할 수 있는 것은 순서 찾기 부분뿐이다. 알고리즘의 나머지 부분은 고전적 계산 방식을 따른다. 쇼어 알고리즘을 간단히 설명하면 순서 찾기를 이용해 주어진 홀수 N의 인수를 찾는 것이라 할 수 있다. 이 과정은 "특정 조건을 만족할 때까지 정해진 동작을 반복하는 함수"로 표현할 수 있다(워털루 대학 존 와트루스 교수의 강의록 https://cs.uwaterloo.ca/~watrous/LectureNotes/CPSC519.Winter2006/11.pdf에서 발췌).

입력 : 홀수 N
u, v 값을 찾을 때까지 반복
  x ∈ {2, ..., N−1} 을 임의로 선택
  d = gcd(x,N)
  만약 d ≥ 2이면 u=d, v=N/d
  그렇지 않으면
    $x^r = 1 \bmod N$을 만족하는 순서 값 r을 구한다.
    y = $x^{r/2}$ − 1 mod N
    d = gcd(y, N)
    만약 d ≥ 2이면 u=d, v=N/d

양자적 검색과 그로버 알고리즘

그로버 알고리즘Grover's algorithm은 양자적 데이터베이스 검색 알고리즘이라 할 수 있다. 이 절의 설명은 지나치게 단순화시킨 것으로, 실세계에서 그다지 써먹을 만한 것은 아니다. 그로버 알고리즘 역시 같은 문제를 푸는 데 고전 컴퓨터보다 훨씬 적은 연산을 사용하는 양자 컴퓨터의 강점을 보여준다.

이번에도 입력 비트가 n개이고, $x \in \{0, 1\}^n$인 함수 $f(x)$를 생각해보자. 이 함수의 출력 값은 단일 비트이므로, $f(x) = 0$ 또는 $f(x) = 1$이다. 그로버 알고리즘을 이용해 풀고자 하는 문제는 이런 것이다. $f(x) = 1$을 만족하는 하나의 x가 존재하는가? 존재한다면 그 x의 값은 얼마인가? 물론 그러한 x가 존재하지 않는, 즉 $f(x) = 0$인 항등 함수일 수도 있다.

고전적인 방식으로 이 문제를 푼다면 입력 문자열 x를 생성하고, 단순히 $f(x) = 1$인지 확인해볼 수 있다. 이렇게 문제를 풀면 최대 $2^n - 1$번의 시도가 필요하다. 그러나 그로버 알고리즘은 이 문제를 $\sqrt{2^n}$번에 비례하는 횟수 안에 풀 수 있다. 짧은 5비트열을 생각해보자. 정답 x를 찾고자 고전 알고리즘은 $2^5 - 1 = 31$번의 시도가 필요하지만, 그로버 알고리즘은 $\sqrt{2^5} \approx 6$번의 시도면 충분하다. 짧은 비트열에 대해서도 상당한 성능 향상을 확인할 수 있다.

짐작할 수 있듯이 비트열이 길어지면 길어질수록 그로버 알고리즘을 통해 얻을 수 있는 성능 향상도 아주 커진다.

찾고자 하는 값을 $|x'\rangle$라 하자. 즉, $f(x') = 1$이지만, 다른 모든 $|x\rangle$에 대해서는 $f(x) = 0$이다. 이제 주어진 문제는 그로버 알고리즘을 이용해 $|x'\rangle$를 찾는 것이다. 기본 개념은 중첩된 입력 상태를 만들고, 그로버 연산자 G를 이용해 이 상태를 $|x'\rangle$ 방향으로 회전시키는 것이다.

통상적인 방식대로 n비트 입력 상태 $|0\rangle^{\otimes n}$에 $H^{\otimes n}$을 적용해 중첩 상태를 만든다. $|\psi\rangle$를 가능한 모든 상태 $|x\rangle$가 중첩된 상태로 정의하자. 즉, 다음과 같다.

$$|\psi\rangle = \frac{1}{\sqrt{2^n}} \sum_{x \in \{0,1\}^n} |x\rangle \tag{9.57}$$

이 중첩 상태는 $|x'\rangle$도 포함하므로, 다음이 성립한다.

$$\langle x'|\psi\rangle = \frac{1}{\sqrt{2^n}} \sum_{x \in \{0,1\}^n} \langle x'|x\rangle = \frac{1}{\sqrt{2^n}} \tag{9.58}$$

식(9.57)에서 $|x'\rangle$를 빼내면 $|x'\rangle$를 구성하는 정규 직교 기저 집합을 만들 수 있다.

$$|\psi'\rangle = \frac{1}{\sqrt{2^n - 1}} \sum_{x \in \{0,1\}^n, x \neq x'} |x\rangle \tag{9.59}$$

이제 두 가지 연산자를 정의한다. 첫 번째 연산자는 다음과 같다.

$$U_f = \sum_{x \in \{0,1\}^n} (-1)^{f(x)} |x\rangle\langle x| = \sum_{x \in \{0,1\}^n} (-1)^{\delta_{x,x'}} |x\rangle\langle x| \tag{9.60}$$

$\delta_{xx'}$는 다음을 만족하는 크로네커 델타 함수를 뜻한다.

$$\delta_{x,x'} = \begin{cases} 1 & x = x' \\ 0 & \text{otherwise} \end{cases} \tag{9.61}$$

그런 다음 식(9.57)을 이용해 다음 연산자를 정의한다.

$$W = 2|\psi\rangle\langle\psi| - I \tag{9.62}$$

$|\psi\rangle$를 $|x'\rangle$를 포함한 부분과 식(9.59)로 정의한 나머지 부분으로 나누면 다음과 같이 쓸 수 있다.

$$|\psi\rangle = \sqrt{\frac{2^n - 1}{2^n}} |\psi'\rangle + \frac{1}{\sqrt{2^n}} |x'\rangle \tag{9.63}$$

따라서 다음 관계가 성립한다.

$$\langle\psi|\psi'\rangle = \sqrt{\frac{2^n - 1}{2^n}} \tag{9.64}$$

식(9.63)을 뒤집으면 $|x'\rangle = \sqrt{2^n}|\psi\rangle - \sqrt{2^n - 1}|\psi'\rangle$이 되므로, 다음 식을 계산할 수 있다.

$$W|x'\rangle = (2|\psi\rangle\langle\psi| - I)(\sqrt{2^n}|\psi\rangle - \sqrt{2^n - 1}|\psi'\rangle)$$

$$= 2\sqrt{2^n}|\psi\rangle\langle\psi|\psi\rangle - \sqrt{2^n}|\psi\rangle - 2\sqrt{2^n - 1}|\psi\rangle\langle\psi|\psi'\rangle + \sqrt{2^n - 1}|\psi'\rangle$$

$$(9.65)$$

$$= 2\sqrt{2^n}|\psi\rangle - \sqrt{2^n}|\psi\rangle - 2\sqrt{2^n - 1}\sqrt{\frac{2^n - 1}{2^n}}|\psi\rangle + \sqrt{2^n - 1}|\psi'\rangle$$

식(9.63)을 사용해 $|\psi\rangle$를 소거하면 다음과 같이 쓸 수 있다.

$$W|x'\rangle = \frac{2\sqrt{2^n - 1}}{2^n}|\psi'\rangle + \left(\frac{2}{2^n} - 1\right)|x'\rangle \tag{9.66}$$

다음 식도 계산할 수 있다.

$$W|\psi'\rangle = -\left(\frac{2}{2^n} - 1\right)|\psi'\rangle + \frac{2\sqrt{2^n - 1}}{2^n}|x'\rangle \tag{9.67}$$

이제 다음 식을 만족하는 각 θ를 정의한다면

$$\sin\theta = \frac{2\sqrt{2^n - 1}}{2^n} \tag{9.68}$$

식(9.66)과 식(9.67)은 다음과 같은 회전 연산이 된다.

$$W|x'\rangle = -\cos\theta|x'\rangle + \sin\theta|\psi'\rangle \tag{9.69}$$

$$W|\psi'\rangle = \sin\theta|x'\rangle + \cos\theta|\psi'\rangle \tag{9.70}$$

그로버 연산자^{Grover operator}라 부르는 연산자 $G = WU_f$를 이용하면 다음과 같이 좀 더 익숙한 회전 연산자 형태를 얻을 수 있다.

$$G|x'\rangle = \cos\theta|x'\rangle - \sin\theta|\psi'\rangle \tag{9.71}$$

$$G|\psi'\rangle = \sin\theta|x'\rangle + \cos\theta|\psi'\rangle \tag{9.72}$$

그로버 연산자의 기본 개념은 상태 $|\psi\rangle$를 찾고자 하는 상태 $|x\rangle$ 쪽으로 회전

시키는 것이다. 한 번에 회전하는 정도가 아주 작기 때문에 여러 번 적용해야 한다. m번 적용한다고 하면 식(9.71), 식(9.72)는 다음과 같은 형태가 된다.

$$G^m|x'\rangle = \cos\ m\theta|x'\rangle - \sin\ m\theta|\psi'\rangle \tag{9.73}$$

$$G^m|\psi'\rangle = \sin\ m\theta|x'\rangle + \cos\ m\theta|\psi'\rangle \tag{9.74}$$

$m\theta = \pi/2$가 될 때 $\sin \pi/2 = 1$, $\cos \pi/2 = 0$이 되므로, 식(9.74)의 G^m이 $|\psi'\rangle$ 상태를 $|x'\rangle$로 바꾸게 된다는 것을 알 수 있다. 즉, $(m\theta = \pi/2)$일 때 $G^m|\psi'\rangle$ $= |x'\rangle$이다. 이 θ는 식(9.68)의 정의에 따라 다음 조건을 만족해야 한다.

$$\sin\ \theta = \frac{2\sqrt{2^n - 1}}{2^n} \tag{9.75}$$

작은 각도 근사^{small angle approximation}(θ가 아주 작을 때 $\sin \theta \approx \theta$)를 이용하면 이 식은 다음과 같이 쓸 수 있다.

$$\theta \approx \frac{2\sqrt{2^n - 1}}{2^n} \tag{9.76}$$

주어진 상태를 원하는 상태로 바꾸려면 $m\theta = \pi/2$가 돼야 했으므로, $|x'\rangle$를 찾으려면 다음 조건을 만족해야만 한다.

$$m\theta = m\frac{2\sqrt{2^n - 1}}{2^n} = \frac{\pi}{2}$$
$$\Rightarrow m = \frac{\pi}{4}\frac{2^n}{\sqrt{2^n - 1}} \approx \frac{\pi}{4}\sqrt{2^n} \tag{9.77}$$

따라서 $|x'\rangle$ 상태를 찾으려면 $\sqrt{2^n}$에 비례하는 횟수의 회전(그로버 연산자 G 적용)이 필요하다.

9.1. 다음 아다마르 게이트의 행렬 표현을 이용해

$$H = \frac{1}{\sqrt{2}} \begin{pmatrix} 1 & 1 \\ 1 & -1 \end{pmatrix}$$

$H \otimes H$를 행렬로 표현하고, $(H \otimes H)(|0\rangle \otimes |1\rangle)$을 계산하라. 계산 결과가 다음과 같음을 보여라.

$$|\phi\rangle = \left(\frac{|0\rangle + |1\rangle}{\sqrt{2}} \right) \left(\frac{|0\rangle - |1\rangle}{\sqrt{2}} \right)$$

9.2. 광선 분할 게이트는 다음 행렬로 표현할 수 있다.

$$B = \frac{1}{\sqrt{2}} \begin{pmatrix} i & 1 \\ 1 & i \end{pmatrix}$$

B 게이트가 계산 기저 상태 $|0\rangle$, $|1\rangle$에서 중첩 상태를 생성함을 보여라. 구체적으로 다음이 성립함을 보여라.

$$B \otimes B|0\rangle|0\rangle = \left(\frac{i|0\rangle + |1\rangle}{\sqrt{2}} \right) \left(\frac{i|0\rangle + |1\rangle}{\sqrt{2}} \right)$$

동일한 상태에 광선 분할 게이트를 $B(B|\psi\rangle)$ 같은 식으로 두 번 적용하면 NOT 게이트와 유사하게 동작하며, $|0\rangle$이 나올 확률과 $|1\rangle$이 나올 확률이 같아짐을 보여라.

9.3. $HP(\theta)HP(\phi)$의 행렬 표현이 다음과 같음을 보여라.

$$e^{i\theta/2} \begin{pmatrix} \cos \frac{\theta}{2} & -i e^{i\phi} \sin \frac{\theta}{2} \\ -i \sin \frac{\theta}{2} & e^{i\phi} \cos \frac{\theta}{2} \end{pmatrix}$$

9.4. 식(9.17) ~ 식(9.19)를 직접 계산해보자.

9.5. 고전 게이트가 할 수 있는 모든 일을 양자 게이트로 설계할 수 있으므로, 양자 게이트는 범용성이 있다고 할 수 있다. $|x\rangle$, $|y\rangle$, $|z\rangle$ 세 입력을 받아 $|x\rangle$, $|x \oplus y\rangle$, $|xy\rangle$ 세 큐비트를 출력하는 양자 덧셈 게이트를 설계하라. $|x \oplus y\rangle$는 합, $|xy\rangle$는 자리 올림을 뜻한다.

9.6. 큐비트를 일반화시킨 $d = 2^n$차원계를 생각해보자. 이러한 계의 양자 상태를 큐디트라고 한다. 좀 더 복잡하지만, 연산력이 더 크기 때문에 살펴볼 필요가 있다. 큐디트의 계산 기저는 다음과 같다.

$$\{|0\rangle, |1\rangle, |2\rangle, \ldots, |d-1\rangle\}$$

큐디트 아다마르 게이트는 다음과 같이 상태를 변환한다.

$$|0_H\rangle = H_d|0\rangle = |0\rangle + |1\rangle + \cdots + |d-2\rangle + |d-1\rangle$$
$$|1_H\rangle = H_d|1\rangle = |0\rangle - |1\rangle + \cdots + |d-2\rangle - |d-1\rangle$$

(a) 차원 $d = 4$일 때 계산 기저는 $\{|0\rangle, |1\rangle, |2\rangle, |3\rangle\}$이 된다. 다음이 성립함을 보이고,

$$H_d|0\rangle = |0\rangle + |1\rangle + |2\rangle + |3\rangle$$
$$H_d|1\rangle = |0\rangle - |1\rangle + |2\rangle - |3\rangle$$

아다마르 게이트의 행렬 표현이 다음과 같다면 $H_d^2|0\rangle = |0\rangle$, $H_d^2|1\rangle = |1\rangle$임을 보여라.

$$H_d = \frac{1}{2}\begin{pmatrix} 1 & 1 & 1 & 1 \\ 1 & -1 & 1 & -1 \\ 1 & 1 & -1 & -1 \\ 1 & -1 & -1 & 1 \end{pmatrix}$$

일반적으로 다음 식이 성립한다.

$$H_d|x\rangle = \frac{1}{\sqrt{d}} \sum_{y=0}^{d-1} (-1)^{x \cdot y} |y\rangle$$

이 식에서 $x \cdot y$의 의미는 다음과 같고,

$$x \cdot y = x_o y_o \oplus x_1 y_1 \oplus \cdots \oplus x_{n-1} y_{n-1}$$

x, y는 다음을 만족한다.

$$x = \sum_{i=0}^{n-1} x_i 2^i, \, y = \sum_{i=0}^{n-1} y_i 2^i, \quad x, y \in \{0, 1\}$$

d차원의 함수가 다음을 만족하면 상수 함수며,

$$f(0) \oplus f(1) \oplus \cdots \oplus f(d - 1) = 0$$

다음을 만족하면 균형 함수다.

$$f(0) \oplus f(1) \oplus \cdots \oplus f(d - 1) = \frac{d}{2}$$

이 식에서 $\oplus$는 mod $d = 2^n$을 따르는 덧셈 연산을 뜻한다. $|\psi_{in}\rangle = |0\rangle|1\rangle$을 갖고, (b), (c)를 통해 두 큐디트를 입력으로 하는 일반화된 도이치-조사 알고리즘을 구해보자.

(b) $|\psi_{in}\rangle = |0\rangle|1\rangle$에 큐디트 아다마르 게이트를 적용한 결과가 다음과 같음을 보여라.

$$|\psi'\rangle = H_d \otimes H_d |\psi_{in}\rangle = \sum_{x, y=0}^{d-1} (-1)^y |x\rangle|y\rangle$$

(c) $U_f|x, y\rangle = |x, y \oplus f(x)\rangle$를 이용해 다음과 같음을 보여라.

$$U_f|\psi'\rangle = \left(\sum_{x=0}^{d-1} (-1)^x |x\rangle \right) |1_H\rangle$$

마지막으로 (보조 큐디트 $|1_H\rangle$는 그대로 두고) 앞 쪽 큐디트들에 큐디트 아다마르 게이트를 적용한다. 상태가 모두 0이면 주어진 함수는 상수 함수다. 그렇지 않다면 주어진 함수는 균형 함수가 된다.

9.7. 식(9.67) 관계식을 유도해보자.

9.8. 식(9.52)의 고유 벡터에 대해 다음 관계가 성립함을 보여라.

$$U_x|u_t\rangle = exp\left(-\frac{2\pi i t}{r} \right) |u_t\rangle$$

10

얽힘의 응용: 순간 이동과 초고밀도 코드화

양자 컴퓨테이션과 양자 정보 처리의 바탕은 얽힘이라고들 한다. 얽힘을 이용하면 불가능해보이는 통신이나 정보 처리 작업을 할 수 있기 때문이다. 10장에서는 얽힘을 통해서만 할 수 있는 특이한 작업 두 가지를 알아본다. 첫 번째는 순간 이동^{teleportation}으로 많이 알려져 있는, 어떤 사람(앨리스)이 친구(밥)에게 통상적인 전송 수단을 이용하지 않고 양자 상태를 전달하는 작업이다. 얽힘을 이용하면 EPR 역설처럼 양자적인 방식으로 연결된 통신 채널을 구축할 수 있다(앨리스는 마법처럼 자신의 상태를 밥에게 전달할 수 있다). 그러나 순간 이동이 동작하려면 앨리스와 밥 사이의 고전적 통신 방식도 유지해야 하기 때문에 빛보다 빠른 통신은 불가능하다.

얽힘을 적용한 두 번째 사례는 초고밀도 코드화^{superdense coding}다. 이를 이용하면 고전적 비트 두 개를 하나의 큐비트만으로 상대방에게 전달할 수 있다(양자 정보 처리의 강점을 볼 수 있다).

순간 이동

공상 과학 소설을 읽어 봤거나 TV의 공상 과학 영화를 본적이 있다면 우주 공간을 빠르게 이동할 수 있게 해주는 순간 이동 장치나 개념에 익숙할 것이다. 미지의 방식으로 사람을 분석한 다음, 에너지로 변환해서 원하는 곳으로 전송하고, 다시 물질화시키는 개념을 기본으로 한다.

이 과정은 아직은 공상 과학의 영역으로 남아있지만, 양자역학을 통해 거의 비슷한 일을 마법처럼 할 수 있다. 양자역학을 이용하면 어떤 곳의 양자 상태를 공간상의 이동 없이 다른 곳으로 보낼 수 있다. 다행스럽게도 아인슈타인은 이 소식을 듣지 못했다. 얽힘 자체도 그에게는 '유령' 같은 소리였으니 순간 이동 이야기를 들었다면 무덤 밖으로 뛰쳐나왔을지도 모른다.

마법 같은 순간 이동일지라도 특수 상대성 이론 때문에 빛보다 빠른 통신은 불가능하다는 사실은 그에게 위안이 될지도 모르겠다. 동작 방식을 알아보기 위해 기본 형식을 잡아보자. 주어진 일은 앨리스가 미지의 양자 상태 하나를 밥에게 전송하는 것이다. 앨리스가 밥에게 전송하는 상태를 $|x\rangle$라 하자. 이 상태는 다음과 같은 큐비트다.

$$|\chi\rangle = \alpha|0\rangle + \beta|1\rangle \tag{10.1}$$

미지의 상태이므로 α, β 값을 정할 필요는 없다. 단, 정규화된 상태 $|\alpha|^2 + |\beta|^2 = 1$이라고만 가정하자. 순간 이동은 일련의 절차를 거쳐 진행된다. 시작은 얽힘 상태의 EPR 쌍을 만드는 것이다.

순간 이동 1단계: 앨리스와 밥이 얽힘 상태의 입자 쌍을 공유

앨리스와 밥이 얽힘 상태를 만든다.

$$|\beta_{00}\rangle = \frac{|0_A\rangle|0_B\rangle + |1_A\rangle|1_B\rangle}{\sqrt{2}} = \frac{|00\rangle + |11\rangle}{\sqrt{2}} \tag{10.2}$$

입자 쌍의 첫 번째 입자를 앨리스가 갖고, 두 번째 입자를 밥이 갖는다고 하자. 이제 앨리스와 밥을 물리적으로 분리한다. 앨리스가 식(10.1) 상태를 밥에게 보내고자 한다. 앨리스는 식(10.2) 입자 쌍에서 자신이 가진 입자와 전송하려는 상태를 상호작용시키는 방식으로 상태를 전송할 수 있다.

순간 이동 2단계: 앨리스가 CNOT 게이트를 적용

먼저 전체 계의 상태를 적어보자. 전체 계의 상태는 미지의 상태 식(10.1)과 EPR 쌍 식(10.2)의 곱 상태가 된다.

$$|\psi\rangle = |\chi\rangle \otimes |\beta_{00}\rangle = (\alpha|0\rangle + \beta|1\rangle) \otimes \left(\frac{|00\rangle + |11\rangle}{\sqrt{2}} \right)$$
$$= \frac{\alpha(|000\rangle + |011\rangle) + \beta(|100\rangle + |111\rangle)}{\sqrt{2}} \tag{10.3}$$

곱 상태의 앞쪽 두 큐비트는 앨리스가 갖고 있고, 오른쪽 끝 큐비트는 밥이 갖고 있다. 따라서 $|011\rangle$ 상태는 앨리스가 01를 갖고, 밥이 1을 갖고 있음을 뜻한다.

앨리스는 자신이 가진 EPR 입자, 식(10.3)의 두 번째 큐비트를 미지의 상태(식(10.3)의 첫 번째 큐비트)를 대상으로 CNOT 게이트를 적용한다. 미지의 $|x\rangle$ 상태를 제어 큐비트로 사용하고, 자신의 EPR 입자를 대상 큐비트로 사용한다. 기억하겠지만 제어 큐비트가 0이면 아무 일도 없고, 제어 큐비트가 1이면 대상 큐비트가 뒤바뀐다.

$$|00\rangle \mapsto |00\rangle, |01\rangle \mapsto |01\rangle, |10\rangle \mapsto |11\rangle, |11\rangle \mapsto |10\rangle \tag{10.4}$$

따라서 앨리스가 식(10.3)에 CNOT 게이트를 적용한 결과는 다음과 같다.

$$|\psi'\rangle = U_{CNOT}|\psi\rangle$$

$$= \frac{\alpha(U_{CNOT}|000\rangle + U_{CNOT}|011\rangle) + \beta(U_{CNOT}|100\rangle + U_{CNOT}|111\rangle)}{\sqrt{2}} \qquad (10.5)$$

$$= \frac{\alpha(|000\rangle + |011\rangle) + \beta(|110\rangle + |101\rangle)}{\sqrt{2}}$$

순간 이동 3단계: 앨리스가 아다마르 게이트를 적용

그런 다음 앨리스가 첫 번째 큐비트를 대상으로 아다마르 게이트를 적용한다. 계산 기저 상태에 아다마르 게이트를 적용하면 중첩 상태로 바뀐다.

$$H|0\rangle = \frac{|0\rangle + |1\rangle}{\sqrt{2}}, \quad H|1\rangle = \frac{|0\rangle - |1\rangle}{\sqrt{2}} \qquad (10.6)$$

입력 상태 식(10.5)를 좀 더 보기 좋게 정리해보자.

$$|\psi'\rangle = \frac{\alpha|0\rangle(|00\rangle + |11\rangle)}{\sqrt{2}} + \frac{\beta|1\rangle(|10\rangle + |01\rangle)}{\sqrt{2}} \qquad (10.7)$$

따라서 이 상태가 다음과 같이 바뀌게 된다.

$$
\begin{aligned}
|\psi''\rangle = H|\psi'\rangle &= \frac{\alpha H|0\rangle(|00\rangle + |11\rangle)}{\sqrt{2}} + \frac{\beta H|1\rangle(|10\rangle + |01\rangle)}{\sqrt{2}} \\
&= \alpha\left(\frac{|0\rangle + |1\rangle}{\sqrt{2}}\right)\frac{(|00\rangle + |11\rangle)}{\sqrt{2}} + \beta\left(\frac{|0\rangle - |1\rangle}{\sqrt{2}}\right)\frac{(|10\rangle + |01\rangle)}{\sqrt{2}}
\end{aligned} \qquad (10.8)
$$

세 번째 큐비트는 밥이 갖고 있다는 점을 기억하자.

순간 이동 4단계: 앨리스가 자신의 입자를 측정

다음 단계는 앨리스가 자신이 갖고 있는 두 큐비트를 측정하는 것이다. 먼저 앨리스가 가진 두 큐비트의 가능한 측정 결과 항으로 주어진 상태를 다시

정리해서 써보자. 측정 가능한 결과는 $|00\rangle$, $|01\rangle$, $|10\rangle$이다. 식(10.8)은 다음 과 같이 쓸 수 있다.

$$|\psi''\rangle = \frac{1}{2}\left[|00\rangle(\alpha|0\rangle + \beta|1\rangle) + |01\rangle(\alpha|1\rangle + \beta|0\rangle) + |10\rangle(\alpha|0\rangle - \beta|1\rangle) + |11\rangle(\alpha|1\rangle - \beta|0\rangle)\right] \tag{10.9}$$

앨리스의 측정 결과 $|00\rangle$이면 주어진 상태가 붕괴돼 밥은 (처음 앨리스가 밥에 게 보내고자 했던) $|\chi\rangle = \alpha|0\rangle + \beta|1\rangle$ 상태를 갖게 된다. 앨리스의 측정 결과 $|01\rangle$이라면 밥은 $\alpha|1\rangle + \beta|0\rangle$ 상태를 갖게 된다. 밥이 이 상태에 X 게이트를 적용하면 원하는 상태를 얻을 수 있다.

$$X(\alpha|1\rangle + \beta|0\rangle) = \alpha X|1\rangle + \beta X|0\rangle = \alpha|0\rangle + \beta|1\rangle = |\chi\rangle \tag{10.10}$$

앨리스의 측정 결과가 $|10\rangle$이라고 하자. 그러면 밥이 가진 상태는 $\alpha|0\rangle - \beta|1\rangle$ 가 된다. 밥은 Z 게이트를 이용해 원하는 상태로 바꿀 수 있다.

$$Z(\alpha|0\rangle - \beta|1\rangle) = \alpha Z|0\rangle - \beta Z|1\rangle = \alpha|0\rangle + \beta|1\rangle = |\chi\rangle \tag{10.11}$$

앨리스의 측정 결과가 $|11\rangle$이라면 밥이 가진 상태는 $\alpha|1\rangle - \beta|0\rangle$이다. 이번에 는 X, Z 두 게이트를 적용하면 된다.

$$ZX(\alpha|1\rangle - \beta|0\rangle) = \alpha ZX|1\rangle - \beta ZX|0\rangle = \alpha Z|0\rangle - \beta Z|1\rangle = \alpha|0\rangle + \beta|1\rangle = |\chi\rangle \tag{10.12}$$

그렇다면 밥은 어떻게 자신이 할 일을 알 수 있을까? 앨리스가 밥에게 전화하 면 된다.

순간 이동 5단계: 앨리스가 밥에게 고전적 통신 수단으로 자신의 측정 결과를 전달

놀랍게도 이 지점에서 특수 상대성 이론이 개입한다. 앨리스는 (이메일, 전파 등)

광속의 제한을 따르는 고전적 통신 수단을 이용해 자신의 측정 결과를 밥에게 전달해야 한다. 앨리스와 밥이 빛보다 빠른 통신을 하지 못하는 제약이 여기서 발생한다. 그러나 보안성은 유지된다(앨리스가 밥에게 전화해서 자신의 측정 결과만, 예를 들어 01이라고 알려주면 밥은 X 게이트를 이용해 앨리스가 보내는 상태를 얻을 수 있다. 상태 자체는 고전적인 수단을 통해 전달되지 않았다). 밥은 얽힘 상태의 EPR 쌍 공유를 통해 알 수 있다.

여기서 양자 정보를 기반 통신의 핵심에는 국소적 연산 및 고전 통신LOCC, Local Operations and Classical Communications 두 가지가 있음을 알 수 있다. 각각의 역할은 다음과 같다.

- 자신이 가진 상태에 양자역학의 국소적 연산(국소적 유니타리 연산)을 수행한다.
- 고전적 통신 수단을 이용해 측정 결과를 전달한다.

고전적 통신을 사용하지 않으면 밥이 가진 상태에서는 의미를 알아낼 수 없다.

페레스 부분 전치 조건

순간 이동은 활발한 연구가 계속되고 있는 분야다. 양자 정보 이론가의 입장에서는 도구함에 들어 있는 다양한 도구를 더 잘 이해하는 수단으로 순간 이동을 활용할 수 있다. 먼저 페레스 부분 전치 조건을 통해 주어진 밀도 연산자의 얽힘 상태 표현 여부를 확인하는 방법을 알아보자. 임의의 밀도 행렬은 다음과 같이 쓸 수 있다.

$$\rho_{AB} = \sum_{i,j,k,l} \rho_{ijkl} |i\rangle\langle j| \otimes |k\rangle\langle l| \tag{10.13}$$

ρ 연산자의 부분 전치는 다음과 같다.

$$\rho_{AB}^{T_B} = \sum_{i,j,k,l} \rho_{jikl} |i\rangle\langle j| \otimes |k\rangle\langle l| \tag{10.14}$$

좀 더 명확하게 다음 상태를 생각해보자.

$$|\psi\rangle = \frac{1}{\sqrt{\alpha}} \sum_i |a_i b_i\rangle, \quad \rho_{AB} = |\psi\rangle\langle\psi|$$

밀도 연산자는 다음과 같이 쓸 수 있다.

$$\rho_{AB} = \frac{1}{\alpha} \sum_{ij} |a_i b_i\rangle\langle a_j b_j| \tag{10.15}$$

이 경우 부분 전치 결과는 다음과 같다.

$$\rho_{AB}^{T_B} = \frac{1}{\alpha} \sum_{ij} |a_i b_j\rangle\langle a_j b_i| \tag{10.16}$$

결국 두 번째 큐비트만 바꾼 것이다. 밀도 행렬의 부분 전치를 계산해보면 다음과 같다.

$$|01\rangle\langle 00| \mapsto |00\rangle\langle 01|, \ |01\rangle\langle 10| \mapsto |00\rangle\langle 11|, \ |01\rangle\langle 01| \mapsto |01\rangle\langle 01|$$

이 사실이 언제 유용할까? ρ^T의 고윳값이 음수라면 ρ는 얽힘 상태의 밀도 연산자가 된다. 고윳값이 모두 양수라면 주어진 상태는 분리 가능 상태가 된다.

예제 10.1

다음 벨 상태는 얽힘 상태다.

$$|\beta_{01}\rangle = \frac{|01\rangle + |10\rangle}{\sqrt{2}}$$

페레스 전치 조건을 이용해 얽힘 상태임을 확인하라.

풀이

밀도 연산자는 다음과 같다.

$$\rho = |\beta_{01}\rangle\langle\beta_{01}| = \left(\frac{|01\rangle + |10\rangle}{\sqrt{2}}\right)\left(\frac{\langle01| + \langle10|}{\sqrt{2}}\right)$$

$$= \frac{1}{2}(|01\rangle\langle01| + |01\rangle\langle10| + |10\rangle\langle01| + |10\rangle\langle10|)$$

$|00\rangle$, $|01\rangle$, $|10\rangle$, $|11\rangle$ 기저에서 밀도 연산자의 행렬 표현은 다음과 같다.

$$\rho = \begin{pmatrix} 0 & 0 & 0 & 0 \\ 0 & \dfrac{1}{2} & \dfrac{1}{2} & 0 \\ 0 & \dfrac{1}{2} & \dfrac{1}{2} & 0 \\ 0 & 0 & 0 & 0 \end{pmatrix}$$

각 항의 B 큐비트를 바꾸면 부분 전치 연산자를 구할 수 있다.

$$\rho^{T_B} = \frac{1}{2}(|01\rangle\langle01| + |00\rangle\langle11| + |11\rangle\langle00| + |10\rangle\langle10|)$$

부분 전치 연산자의 행렬 표현은 다음과 같다.

$$\rho^{T_B} = \begin{pmatrix} 0 & 0 & 0 & \dfrac{1}{2} \\ 0 & \dfrac{1}{2} & 0 & 0 \\ 0 & 0 & \dfrac{1}{2} & 0 \\ \dfrac{1}{2} & 0 & 0 & 0 \end{pmatrix}$$

ρ^{TB}의 고윳값은 $\{-\frac{1}{2}, \frac{1}{2}, \frac{1}{2}, \frac{1}{2}\}$이다. 음의 고윳값 $-\frac{1}{2}$이 존재한다는 사실로 이 상태가 얽힘 상태임을 알 수 있다. 기저에 따라 ρ^{TB}의 행렬 표현은 달라질 수 있지만, 행렬의 고윳값은 기저와 상관없이 동일하다.

예제 10.2

이번에는 확실히 분리 가능한 다음 상태를 생각해보자.

$$|\psi\rangle = \left(\frac{|0\rangle - |1\rangle}{\sqrt{2}}\right) \otimes \left(\frac{|0\rangle - |1\rangle}{\sqrt{2}}\right) = \frac{|00\rangle - |01\rangle - |10\rangle + |11\rangle}{2}$$

페레스 부분 전치 조건을 이용해 분리 가능 상태임을 보여라.

풀이

밀도 연산자는 다음과 같다.

$$\rho = |\psi\rangle\langle\psi|$$
$$= \left(\frac{|00\rangle - |01\rangle - |10\rangle + |11\rangle}{2}\right)\left(\frac{\langle00| - \langle01| - \langle10| + \langle11|}{2}\right)$$
$$= \frac{1}{4}(|00\rangle\langle00| - |00\rangle\langle01| - |00\rangle\langle10| + |00\rangle\langle11| - |01\rangle\langle00| + |01\rangle\langle01| + |01\rangle\langle10| - |01\rangle\langle11|$$
$$-|10\rangle\langle00| + |10\rangle\langle01| + |10\rangle\langle10| - |10\rangle\langle11| + |11\rangle\langle00| - |11\rangle\langle01| - |11\rangle\langle10| + |11\rangle\langle11|)$$

부분 전치 연산자는 다음과 같다.

$$\rho^{TB} = \frac{1}{4}(|00\rangle\langle00| - |01\rangle\langle00| - |00\rangle\langle10| + |01\rangle\langle10| - |00\rangle\langle01| + |01\rangle\langle01| + |00\rangle\langle11| - |01\rangle\langle11|$$
$$-|10\rangle\langle00| + |11\rangle\langle00| + |10\rangle\langle10| - |11\rangle\langle10| + |10\rangle\langle01| - |11\rangle\langle01| - |10\rangle\langle11| + |11\rangle\langle11|)$$

이 경우에는 두 연산자가 동일하다.

$$\rho^{T_B} = \frac{1}{4}\begin{pmatrix} 1 & -1 & -1 & 1 \\ -1 & 1 & 1 & -1 \\ -1 & 1 & 1 & -1 \\ 1 & -1 & -1 & 1 \end{pmatrix}$$

ρ^{T_B}의 고윳값은 {1, 0, 0, 0}이다. 모든 $\lambda_i \geq 0$이므로 페레스 부분 전치 조건에 따라 이 상태는 분리 가능한 상태다.

순간 이동으로 돌아가서 앨리스가 밥과 찰리 둘에게 미지의 양자 상태 둘을 동시에 전송하는 것도 가능하다. 앨리스가 밥에게 다음 상태를 보내려고 하고,

$$|\phi_1\rangle = \alpha_1|0\rangle + \beta_1|1\rangle \tag{10.17}$$

찰리에게는 다음 상태를 보내려고 한다고 하자.

$$|\phi_2\rangle = \alpha_2|0\rangle + \beta_2|1\rangle \tag{10.18}$$

앨리스는 밥과 공유한 EPR 쌍 중 하나, 찰리와 공유한 EPR 쌍 중 하나, 모두 두 개의 얽힘 입자를 갖고 있어야 한다.

$$|\beta_{A_1 B}\rangle = \frac{|00\rangle_{A_1 B} + |11\rangle_{A_1 B}}{\sqrt{2}} \tag{10.19}$$

$$|\beta_{A_2 C}\rangle = \frac{|00\rangle_{A_2 C} + |11\rangle_{A_2 C}}{\sqrt{2}} \tag{10.20}$$

앨리스, 밥, 찰리 셋을 모두 포함한 결합계의 상태는 다음과 같다.

$$\begin{aligned} |\psi\rangle &= (\alpha_1\alpha_2|00\rangle + \alpha_1\beta_2|01\rangle + \alpha_2\beta_1|10\rangle + \beta_1\beta_2|11\rangle) \\ &\otimes \frac{1}{2}(|0000\rangle + |0101\rangle + |1010\rangle + |1111\rangle) \end{aligned} \tag{10.21}$$

식의 두 번째 부분에 있는 $|A_1 A_2 B C\rangle$ 형태로 구성된 4큐비트 상태에서 첫 번째와 세 번째 큐비트는 앨리스와 밥 사이의 얽힘 상태를 나타내고, 두 번째, 네 번째 큐비트는 앨리스와 찰리 사이의 얽힘 상태를 나타낸다.

식(10.17), (10.18) 상태를 동시에 순간 이동하고자 밥과 찰리의 큐비트에 다음 유니타리 변환을 적용한다.

$$U_{BC} = \frac{1}{\sqrt{2}} \begin{pmatrix} 1 & 0 & 1 & 0 \\ 0 & 1 & 0 & 1 \\ 0 & 1 & 0 & -1 \\ 1 & 0 & -1 & 0 \end{pmatrix} \tag{10.22}$$

이 변환은 양자 채널을 "잠근다^{lock}". 식(10.21)의 상태는 다음과 같이 바뀐다.

$$\begin{aligned}
|\psi'\rangle = & (\alpha_1\alpha_2|00\rangle + \alpha_1\beta_2|01\rangle + \alpha_2\beta_1|10\rangle + \beta_1\beta_2|11\rangle) \\
& \otimes \frac{1}{2\sqrt{2}} (|0000\rangle + |0101\rangle + |0011\rangle + |0110\rangle + |1000\rangle \\
& - |1011\rangle + |1101\rangle - |1110\rangle)
\end{aligned} \tag{10.23}$$

그런 다음 앨리스는 식(7.27)~(7.30)의 벨 기저를 이용해 자신의 큐비트를 측정한다. 앨리스가 고전적 통신 수단으로 전달한 결과에 따라 밥과 찰리는 파울리 행렬 I, X, Y, Z를 이용해 국소적 유니타리 연산을 적용한다. 하지만 아직은 원하는 상태를 얻지 못한다. 다음과 같은 식(10.22)의 역을 적용해 양자 채널을 다시 "풀어야^{unlock}" 한다.

$$U_{BC}^{\dagger} = \frac{1}{\sqrt{2}} \begin{pmatrix} 1 & 0 & 0 & 1 \\ 0 & 1 & 1 & 0 \\ 1 & 0 & 0 & -1 \\ 0 & 1 & -1 & 0 \end{pmatrix} \tag{10.24}$$

예제 10.3

식(10.21)에서 앨리스와 밥이 공유하는 초기 상태는 얽힘 상태지만, 채널이 잠긴 식(10.23)에서 앨리스와 밥이 공유하는 상태는 곱 상태임을 보여라.

풀이

먼저 잠기기 전 계의 밀도 행렬을 써보자. 주어진 상태는 다음과 같다.

$$|\psi\rangle = (\alpha_1\alpha_2|00\rangle + \alpha_1\beta_2|01\rangle + \alpha_2\beta_1|10\rangle + \beta_1\beta_2|11\rangle)$$
$$\otimes \frac{1}{2}(|0000\rangle + |0101\rangle + |1010\rangle + |1111\rangle)$$

그중 두 번째 항에만 집중하자.

$$|\phi\rangle = \frac{1}{2}(|0000\rangle + |0101\rangle + |1010\rangle + |1111\rangle)$$

이 상태의 밀도 연산자는 다음과 같다.

$$\rho = |\phi\rangle\langle\phi| = \frac{1}{4}(|0000\rangle\langle 0000| + |0000\rangle\langle 0101| + |0000\rangle\langle 1010| + |0000\rangle\langle 1111|$$
$$+ |0101\rangle\langle 0000| + |0101\rangle\langle 0101| + |0101\rangle\langle 1010| + |0101\rangle\langle 1111|$$
$$+ |1010\rangle\langle 0000| + |1010\rangle\langle 0101| + |1010\rangle\langle 1010| + |1010\rangle\langle 1111|$$
$$+ |1111\rangle\langle 0000| + |1111\rangle\langle 0101| + |1111\rangle\langle 1010| + |1111\rangle\langle 1111|)$$

앨리스와 밥의 결합 상태에 대한 밀도 연산자를 구하려면 앨리스-찰리 상태에 대한 부분 합을 계산해야 한다. 두 번째, 네 번째 큐비트 (A_2, C)를 고려해 계산하면 된다.

$$\rho_{A_1 B} = \langle 00|\rho|00\rangle_{A_2 C} + \langle 01|\rho|01\rangle_{A_2 C} + \langle 10|\rho|10\rangle_{A_2 C} + \langle 11|\rho|11\rangle_{A_2 C}$$

축약된 밀도 연산자는 다음과 같다.

$$\rho_{A_1 B} = \frac{1}{2}(|00\rangle\langle 00| + |00\rangle\langle 11| + |11\rangle\langle 00| + |11\rangle\langle 11|)$$

$$= \frac{1}{2} \begin{pmatrix} 1 & 0 & 0 & 1 \\ 0 & 0 & 0 & 0 \\ 0 & 0 & 0 & 0 \\ 1 & 0 & 0 & 1 \end{pmatrix}$$

부분 전치 연산자를 계산해보면 다음과 같다.

$$\rho^{T_B}{}_{A_1 B} = \frac{1}{2}(|00\rangle\langle 00| + |01\rangle\langle 10| + |10\rangle\langle 01| + |11\rangle\langle 11|)$$

$$= \frac{1}{2} \begin{pmatrix} 1 & 0 & 0 & 0 \\ 0 & 0 & 1 & 0 \\ 0 & 1 & 0 & 0 \\ 0 & 0 & 0 & 1 \end{pmatrix}$$

이 행렬의 고윳값은 $\{\frac{-1}{2}, \frac{1}{2}, \frac{1}{2}, \frac{1}{2}\}$이다. 고윳값 중 하나가 $\frac{-1}{2} < 0$이므로, 잠기기 전 앨리스와 밥이 공유하는 상태는 얽힘 상태임을 알 수 있다.

잠긴 이후에는 식(10.23)의 상태가 된다. 이 텐서곱 상태에서 두 번째 항을 보자.

$$|\phi_L\rangle = \frac{1}{2\sqrt{2}}(|0000\rangle + |0101\rangle + |0011\rangle + |0110\rangle + |1000\rangle - |1011\rangle + |1101\rangle - |1110\rangle)$$

이 경우의 밀도 행렬은 다음과 같다.

$$\rho_L = |\phi_L\rangle\langle\phi_L|$$

말할 것도 없이 이 행렬을 적어 내리는 것은 번거로운 일이다. 전개하면 항이 64개나 나온다. 앨리스-찰리 항의 (두 번째, 네 번째 큐비트 $A_2 C$ 큐비트에 대한) 대각합을 구하면 다음과 같은 축약 밀도 연산자를 구할 수 있다.

$$\rho'_L = \frac{1}{4}(|00\rangle\langle 00| + |00\rangle\langle 10| + |01\rangle\langle 01| - |01\rangle\langle 11| + |10\rangle\langle 00|$$
$$+ |10\rangle\langle 10| - |11\rangle\langle 01| + |11\rangle\langle 11|) \tag{10.25}$$

$$= \frac{1}{4}\begin{pmatrix} 1 & 0 & 1 & 0 \\ 0 & 1 & 0 & -1 \\ 1 & 0 & 1 & 0 \\ 0 & -1 & 0 & 1 \end{pmatrix}$$

부분 전치 행렬이 같은 행렬임은 쉽게 알 수 있다. 고윳값은 $\{\frac{1}{2}, \frac{1}{2}, 0, 0\}$이다. 모든 $\lambda_i \geq 0$이므로, 이 상태는 구분 가능 상태가 된다. 따라서 잠그는 연산은 앨리스와 밥 사이의 얽힘을 제거한다.

얽힘 교환

순간 이동의 확장 방식 중 재미있는 것으로, 절대 상호작용한 적이 없는 두 입자를 얽힘 상태로 만드는 방법이 있다. 원론적으로는 두 입자가 수 광년 떨어져 있어도 가능하다.

얽힘 교환은 두 EPR 쌍으로 시작한다. 각 큐비트에 1, 2, 3, 4 번호를 붙이자. 앨리스는 1, 4번 큐비트를 갖고, 밥은 2, 3번 큐비트를 갖고 있다. 1, 2번 큐비트는 벨 상태로 얽혀 있다.

$$|\beta_{00}\rangle_{12} = \frac{|00\rangle_{12} + |11\rangle_{12}}{\sqrt{2}} \tag{10.26}$$

3, 4번 큐비트도 마찬가지로 얽혀 있다.

$$|\beta_{00}\rangle_{34} = \frac{|00\rangle_{34} + |11\rangle_{34}}{\sqrt{2}} \tag{10.27}$$

두 상태의 곱은 다음과 같다.

$$|\beta_{00}\rangle_{12}|\beta_{00}\rangle_{34} = \left(\frac{|00\rangle_{12} + |11\rangle_{12}}{\sqrt{2}}\right)\left(\frac{|00\rangle_{34} + |11\rangle_{34}}{\sqrt{2}}\right)$$

$$= \frac{1}{2}(|00\rangle_{12}|00\rangle_{34} + |00\rangle_{12}|11\rangle_{34} + |11\rangle_{12}|00\rangle_{34} + |11\rangle_{12}|11\rangle_{34})$$

이제 간단한 산수를 해보자. 먼저 1, 4번 큐비트를 모으고, 2, 3번 큐비트를 모아 항을 정리해보자.

$$|\beta_{00}\rangle_{12}|\beta_{00}\rangle_{34} = \frac{1}{2}(|00\rangle_{14}|00\rangle_{23} + |01\rangle_{14}|01\rangle_{23} + |10\rangle_{14}|10\rangle_{23} + |11\rangle_{12}|11\rangle_{34})$$

$|\beta_{00}\rangle_{14}|\beta_{00}\rangle_{23}$의 경우는 다음과 같다.

$$|\beta_{00}\rangle_{14}|\beta_{00}\rangle_{23} = \left(\frac{|00\rangle_{14} + |11\rangle_{14}}{\sqrt{2}}\right)\left(\frac{|00\rangle_{23} + |11\rangle_{23}}{\sqrt{2}}\right)$$

$$= \frac{1}{2}(|00\rangle_{14}|00\rangle_{23} + |00\rangle_{14}|11\rangle_{23} + |11\rangle_{14}|00\rangle_{23} + |11\rangle_{14}|11\rangle_{23})$$

곱 상태 $|\beta_{00}\rangle_{12}|\beta_{00}\rangle_{34}$에는 나오지 않는 항이 있지만, 필요한 항을 더하고 빼면 다음과 같이 쓸 수 있다.

$$|\beta_{00}\rangle_{12}|\beta_{00}\rangle_{34} = \frac{1}{2}(|00\rangle_{14}|00\rangle_{23} + |01\rangle_{14}|01\rangle_{23} + |10\rangle_{14}|10\rangle_{23} + |11\rangle_{12}|11\rangle_{34}$$

$$+ |00\rangle_{14}|11\rangle_{23} + |11\rangle_{14}|00\rangle_{23} - |00\rangle_{14}|11\rangle_{23} - |11\rangle_{14}|00\rangle_{23})$$

$$= \frac{1}{2}(|\beta_{00}\rangle_{14}|\beta_{00}\rangle_{23} + |01\rangle_{14}|01\rangle_{23} + |10\rangle_{14}|10\rangle_{23}$$

$$- |00\rangle_{14}|11\rangle_{23} - |11\rangle_{14}|00\rangle_{23})$$

다른 항에도 비슷한 방식을 활용하면 최종적으로 다음 식을 얻을 수 있다.

$$|\beta_{00}\rangle_{12}|\beta_{00}\rangle_{34} = \frac{1}{2}(|\beta_{00}\rangle_{14}|\beta_{00}\rangle_{23} + |\beta_{10}\rangle_{14}|\beta_{10}\rangle_{23}$$

$$+ |\beta_{01}\rangle_{14}|\beta_{01}\rangle_{23} + |\beta_{11}\rangle_{14}|\beta_{11}\rangle_{23})$$

앨리스가 가진 입자는 1, 4번 입자다. 이제 앨리스가 1, 4번 입자에 대한 벨 상태를 측정한다. 얻을 있는 결과는 당연히 $|\beta_0\rangle_{14}$, $|\beta_{10}\rangle_{14}$, $|\beta_{01}\rangle_{14}$, $|\beta_{11}\rangle_{14}$ 중 하나이며, 각각의 확률은 1/4이다. 앨리스의 측정 결과에 따라 밥의 계는 $|\beta_{00}\rangle_{23}$, $|\beta_{10}\rangle_{23}$, $|\beta_{01}\rangle_{23}$, $|\beta_{11}\rangle_{23}$ 중 하나의 벨 상태로 붕괴한다. 이제 2, 3번 입자는 서로 얽힘 상태가 된다.

과정을 정리해보자. 앨리스와 밥은 두 개의 얽힘 상태를 만들었다. 1, 2번 입자가 서로 얽혀 있고, 3, 4번 입자가 서로 얽혀 있다. 1, 4번 입자는 앨리스가 갖고, 2, 3번 입자는 밥이 갖고 있다. 밥이 조심스럽게 입자를 갖고 먼 곳으로 날아간 다음, 앨리스가 갖고 있는 입자들의 벨 상태를 측정한다. 이 경우 순간 이동한 것은 무엇일까? 얽힘이 순간 이동했다고 할 수 있을 것이다. 2, 3번 입자가 전혀 상호작용한 적이 없어도 이 과정은 동작한다. 이 현상의 의미를 알아보고자 측정을 하기 전에 찰리가 3번 입자를 갖고 멀리 떠나는 것으로 상황을 더 비틀어 보자. 앨리스가 벨 상태를 측정한다(이제 밥과 찰리가 얽힘 쌍을 공유하게 됐으므로, 이를 활용할 수 있다). 그러면 밥은 어떤 상태를 찰리에게 순간 이동으로 전달할 수 있다.

초고밀도 코드화

서로 멀리 떨어진 곳에서 살고 있는 앨리스가 밥에게 어떤 정보를 보내고자 한다. 앨리스는 밥에게 고전적 비트 두 개로 표현되는 정보를 전달하고자 하지만, 사용할 수 있는 큐비트는 하나뿐이다. 앨리스는 초고밀도 코드화superdense coding라는 프로토콜을 이용해 원하는 작업을 처리할 수 있다. 이번에도 앨리스와 밥이 얽혀있는 입자 쌍을 공유하면서 시작한다. 부호화 방식을 정해야 한다. 벨 상태 $|\beta_{xy}\rangle$ 각각을 고전적 비트열 xy에 대응시키자. xy = 00, 01, 10, 01 중 하나다. 계의 초기 상태는 다음과 같다.

$$|\psi\rangle = \frac{|00\rangle + |11\rangle}{\sqrt{2}} \qquad (10.28)$$

첫 번째 큐비트는 앨리스가 갖고 있고, 두 번째 큐비트는 밥이 갖고 있다. 앨리스가 밥에게 정보를 전달하는데, 이번에는 실제 자신의 큐비트를 전송한다. 밥에게 보내고자 하는 비트열에 따라 앨리스는 먼저 단일 큐비트 양자 게이트 하나를 골라 큐비트에 적용한다. 비트열 00을 전송할 경우에는 큐비트를 그대로 둔다. 그러면 식(10.28)의 초기 상태는 다음 벨 상태에 머물러 있게 된다.

$$|\beta_{00}\rangle = \frac{|00\rangle + |11\rangle}{\sqrt{2}} \qquad (10.29)$$

앨리스가 큐비트를 전송하기 전에 X 게이트를 적용하면 어떻게 될까? 그러면 주어진 상태는 다음과 같이 바뀐다.

$$(X \otimes I)|\psi\rangle = \frac{|10\rangle + |01\rangle}{\sqrt{2}} = |\beta_{01}\rangle \qquad (10.30)$$

앨리스가 밥에게 큐비트를 전송하기 전에 Z 게이트를 적용하면 식(10.28)의 상태는 다음과 같이 바뀐다.

$$(Z \otimes I)|\psi\rangle = \frac{|00\rangle - |11\rangle}{\sqrt{2}} = |\beta_{10}\rangle \qquad (10.31)$$

마지막으로 앨리스가 iY 게이트를 적용한 경우에는 다음과 같은 상태로 바뀐다.

$$(iY \otimes I)|\psi\rangle = \frac{|01\rangle - |10\rangle}{\sqrt{2}} = |\beta_{11}\rangle \qquad (10.32)$$

앨리스로부터 큐비트를 받고 나서 벨 기저에 대해 측정하면 밥은 $|\beta_{00}\rangle$, $|\beta_{01}\rangle$, $|\beta_{10}\rangle$, $|\beta_{11}\rangle$ 중 하나의 결과를 얻게 된다. 이를 통해 밥은 고전적인 두 비트열

00, 01, 10, 11 중 하나를 구할 수 있다.

예제 10.4

다음과 같은 형태의 3큐비트 상태 W가 있다.

$$|W_n\rangle = \frac{1}{\sqrt{2+2n}}(|100\rangle + \sqrt{n}e^{i\gamma}|010\rangle + \sqrt{n+1}e^{i\delta}|001\rangle) \qquad (10.33)$$

$|W_1\rangle = \frac{1}{2}(|100\rangle + |010\rangle + \sqrt{2}|001\rangle)$인 특정한 상태에서 1번 큐비트를 앨리스가 갖고, 2, 3번 큐비트를 밥이 갖고 있다고 할 때 앨리스가 국소적 유니타리 연산을 수행하고 밥에게 큐비트를 전송하는 방식으로 고전적 비트 두 개를 밥에게 전송할 수 있음을 보여라.

풀이

앨리스가 자신의 큐비트를 그대로 밥에게 전송하면 밥은 다음 상태를 얻게 된다.

$$|W_1\rangle = \frac{1}{2}(|100\rangle + |010\rangle + \sqrt{2}|001\rangle) = |\psi_{00}\rangle \qquad (10.34)$$

앨리스가 X 게이트를 적용하면 상태는 다음과 같이 바뀐다.

$$X \otimes I \otimes I |W_1\rangle = \frac{1}{2}(|000\rangle + |110\rangle + \sqrt{2}|101\rangle) = |\psi_{01}\rangle \qquad (10.35)$$

앨리스가 iY 게이트를 적용한다면 결과 상태는 다음과 같다.

$$iY \otimes I \otimes I |W_1\rangle = \frac{1}{2}(-|100\rangle + |010\rangle + \sqrt{2}|001\rangle) = |\psi_{10}\rangle \qquad (10.36)$$

앨리스가 Z 게이트를 적용한 경우의 결과는 다음과 같다.

$$Z \otimes I \otimes I |W_1\rangle = \frac{1}{2}(|000\rangle - |110\rangle - \sqrt{2}|101\rangle) = |\psi_{11}\rangle \qquad (10.37)$$

위 상태들은 서로 직교한다. 즉, 다음 관계가 성립한다.

$$\begin{aligned}
\langle \psi_{00}|\psi_{01}\rangle &= \frac{1}{4}((\langle 100| + \langle 010| + \sqrt{2}\langle 001|)(|000\rangle + |110\rangle + \sqrt{2}|101\rangle)) \\
&= \frac{1}{4}(\langle 1|0\rangle\langle 0|0\rangle\langle 0|0\rangle + \langle 0|1\rangle\langle 1|1\rangle\langle 0|0\rangle + 2\langle 0|1\rangle\langle 0|0\rangle\langle 1|1\rangle) \\
&= 0
\end{aligned}$$

이 말은 앨리스가 첫 번째 큐비트를 밥에게 보내면 밥이 세 큐비트를 대상으로 사영 측정을 함으로써 상태를 구별할 수 있다는 뜻이다. 미리 정한 코드화 프로토콜에 따라 밥은 측정 결과 $|\psi_{00}\rangle$, $|\psi_{01}\rangle$, $|\psi_{10}\rangle$, $|\psi_{11}\rangle$ 각각에 대해 고전적 비트열 00, 01, 10, 11을 복원할 수 있다.

연습문제

10.1. 앨리스와 밥이 고전적 통신 수단 없이 순간 이동 방식을 사용한다고 하자. 밥은 무엇을 알 수 있는가? 식(10.9)의 상태에서 밀도 연산자를 구성한다. 그런 다음 앞쪽 두 큐비트의 대각합을 통해 밥의 밀도 연산자를 구한다. 밥은 확률이 동일한 상태 집합을 얻게 됨을 확인할 수 있다(즉, 밥은 완벽히 임의적인 혼합 상태를 얻는다).

10.2. 페레스 부분 전치 조건을 이용해 상태 $|\psi\rangle = \frac{1}{2}(|00\rangle + |01\rangle + |10\rangle - |11\rangle)$의 얽힘 여부를 판별하라.

10.3. 상태 $\rho = \frac{1}{5}(|01\rangle + |10\rangle) \otimes (\langle 01| + \langle 10|) + \frac{1}{5}|11\rangle$의 얽힘 여부를 판별하라.

10.4. 식(10.23)에서 식(10.25)를 유도해보자.

10.5. 얽힘 교환에서 앨리스와 밥이 두 개의 EPR 쌍 $|\beta_{10}\rangle_{12}|\beta_{00}\rangle_{34}$를 공유하는 경우를 생각해보자. 앨리스의 벨 상태 측정 결과가 $|\beta_{00}\rangle_{14}$다. 밥의 두 큐비트가 얽힘 상태로 바뀌고, 그 상태는 $|\beta_{10}\rangle_{23}$이 됨을 보여라.

10.6. 다음과 같은 3큐비트 상태를 GHZ 상태라 한다.

$$|GHZ\rangle = \frac{|000\rangle + |111\rangle}{\sqrt{2}}$$

1번 큐비트는 앨리스가 갖고, 2, 3번 큐비트는 밥이 갖고 있다고 하자. 이 상황을 초고밀도 코드화에 활용할 수 있음을 보여라.

양자 암호학

안전한 통신은 통신하고자 하는 양쪽이 메시지를 암호화하는 키를 비밀리에 공유하는 키 분배^{key distribution} 과정이 있어야 가능하다. 나중에 메시지를 복호할 때 이 키를 사용한다. 현재 사용하는 암호화 키들은 불가능한 건 아니지만 깨기 어려운 수학적 알고리즘을 이용해 생성한다. 반면 양자 암호학은 물리 법칙을 이용해 키를 생성하고 분배한다. 100% 안전하다고 할 수는 없지만, 전통적인 방식에 비해 양자 암호학은 많은 장점을 갖고 있다.

양자 암호학을 시작하기 전에 암호화 과정을 보여주는 작은 예제를 살펴보자. 이번에도 앨리스와 밥이 비밀 메시지를 주고받으려고 한다. 간단한 메시지 암호화 방식은 숫자 키 k를 만들어 메시지를 뒤섞는 데 사용하는 것이다. 예를 들어 메시지의 모든 문자 값에 k를 더해서 메시지를 무의미해 보이는 글자들로 뒤바꿀 수 있다. 알파벳 대문자를 이진 코드를 사용해 표현한다고 하자. 알파벳 글자 수는 26개이고 $2^5 = 32$이므로, 이진 코드로 알파벳을 표현하려면 최소 5비트가 필요하다. A, B, C, D부터 0, 1, 2, 3 순서로 할당하면 글자들을 다음과 같은 코드로 표현할 수 있다.

$$A \rightarrow 0000$$
$$B \rightarrow 0001$$
$$C \rightarrow 0010$$

$$D \rightarrow 0011$$

(휴대전화 등의) 공개적 통신 수단으로 메시지를 전송한다면 (이브^{Eve}라 부르는) 도청자가 회선을 도청해 대화 내용을 알아낼 수 있다. 그렇다면 앨리스와 밥이 안전하게 메시지를 전달하는 방법은 없을까? 보안을 강화하는 아주 간단한 방법은 키 값 k를 만들고, 메시지를 전송하기 전에 각 글자에 이 값을 더하는 것이다. 그리고 이 뒤섞은 메시지를 공개적 통신 수단으로 전송한다. 밥은 메시지를 받은 후 k 값을 빼는 방식으로 원본 메시지를 복원한다. 이브가 k 값을 모른다면 앨리스와 밥은 은밀하게 대화를 나눌 수 있다. 정리하면 메시지 m에 대해 앨리스는 키 값 k를 이용해 다음과 같은 방식으로 전송할 문자열 k를 만든다.

$$t = m + k$$

구체적으로 $k = 3 = 0011$인 경우를 생각해보자. 주어진 메시지의 각 글자에 이 값을 더한다. 그러면 문자 코드 값이 다음과 같이 바뀐다.

$$A \rightarrow 0000 \rightarrow 0011$$
$$B \rightarrow 0001 \rightarrow 0100$$
$$C \rightarrow 0010 \rightarrow 0101$$
$$D \rightarrow 0011 \rightarrow 0110$$

즉, 현재 코드 표현 방식을 따르면 $A \rightarrow D$, $B \rightarrow E$, $C \rightarrow F$, $D \rightarrow G$로 바뀐다. 앨리스가 밥에게 전송하려는 단어가 BAD라면 키 값으로 암호화해 다음 문자열을 얻게 된다.

$$E \quad D \quad G$$

이 문자열을 공개적 수단으로 전송한다. 이브가 회선을 도청해서 얻을 수 있는 것은 무의미해 보이는 문자열 EDG이므로, 앨리스가 무슨 이야기를 하는지 알 수 없다. 그러나 밥은 키 값을 **빼면** 이 신호를 해독할 수 있다는 것을 알고 있다.

$$m = t - k$$

한편 항상 같은 키 값을 사용한다면 이브는 오랜 기간 상황을 분석해 키 값 k를 유추할 수도 있고, 앨리스와 대화하다 키 값을 알아내는 사람이 있을 수 도 있고, 밥의 하드드라이브를 뒤져서 키 값을 찾아내는 사람도 있을 수 있다. 키 값을 변경하는 방식으로 이런 위험을 최소화할 수 있다. 메시지를 보낼 때마다 매번 키 값을 바꿀 수도 있을 것이다. 주기적으로 키를 변경하는 방식을 **일회용 첨부**one-time pad 방식이라고 한다.

RSA 암호화 간단히 살펴보기

물론 실세계에서는 이런 단순한 시스템을 사용하지 않는다. 데이터 보안을 위해서는 더 많은 안전장치가 필요하며, 많이 사용하는 도구 중 하나로 RSA 암호화 방식이 있다. RSA 암호화의 기본 개념은 공개 키public key와 개인 키 private key라는 두 개의 키를 사용하는 것이다. 받은 메시지는 개인 키를 이용해 해독하게 되며, 이 시스템의 보안성은 인수분해가 어려운 아주 큰 수의 생성에 바탕을 두고 있다. 이 시스템을 무력화시키려면 인수분해를 잘해야 한다.

두 소수 p, q를 적당히 선택한다. 소수는 1과 자기 자신만으로 나눠떨어지는 자연수를 뜻한다. 작은 소수 몇 개를 나열해보면 다음과 같다.

$$2, \ 3, \ 5, \ 7, \ 11, \ 19$$

9는 9, 3, 1로 나눠떨어지므로 소수가 아니다. 13은 13과 1로만 나눠떨어지므로 소수다. RSA 암호화는 아주 큰 소수 $p > 10^{100}$을 사용하기 때문에 인수분해가 불가능하진 않지만, 아주 어려운 일이 된다. 아주 큰 소수의 곱을 인수분해하는 것은 상당히 어렵기 때문에 (아무리 빠르고 강력한 컴퓨터를 만든다고 해도) 인수분해에 걸리는 시간이 이론상으로 수백만 년이 걸릴 수 있다고 한다. 물론 이렇게 오랜 시간이 걸릴 수밖에 없다고 증명된 바는 없기 때문에, 나중에 언젠가 보통 컴퓨터로도 아주 큰 수를 인수분해할 수 있는 효율적인 수학적 알고리즘이 개발될지도 모른다. 어쨌든 양자 컴퓨터에서 쇼어 알고리즘Shor's algorithm을 이용한다면 인수분해를 손쉽게 할 수 있다. 따라서 다른 방식(양자 암호화)을 이용해 메시지를 암호화할 필요성이 생긴다.

RSA 동작 방식을 간단히 살펴보자. 큰 소수 p, q에 대해 그 곱 n을 계산한다.

$$n = pq \tag{11.1}$$

이제 이 수와 서로소가 되는 다른 곱셈 값을 하나 생각해보자.

$$\phi(n) = (p - 1)(q - 1) \tag{11.2}$$

그런 다음 $\phi(n)$과 공약수가 1뿐이고, $1 < e < \phi(n)$ 조건을 만족하는 값 e가 있다고 하자. n과 e를 이용해 공개 키를 만든다. 개인 키는 다음 식을 이용해 만든다.

$$d = \frac{1 \bmod \phi(n)}{e} \tag{11.3}$$

개인 키는 d와 n으로 구성돼 있다. d 값을 알고 있다면 e 값은 (공개적인 수단을 통해) 알고 있으므로, 메시지를 해독할 수 있다. mod 함수에 익숙하지 않은 독자를 위해 설명을 더 해보겠다. 모듈러스modulus 연산을 간단히 설명하면 한 수를 다른 어떤 수로 나눴을 때의 나머지 값이라 할 수 있다.

예를 들어 7을 5로 나누면 몫은 1이고 나머지는 2다.

$$7 \div 5 = 1 \quad R2$$

그러므로 다음과 같이 쓸 수 있다.

$$7 \bmod 5 = 2$$

즉, mod 함수의 결과는 나눴을 때의 나머지 값이 된다.

RSA 암호화로 돌아가면 어떤 메시지 m은 다음과 같은 방식으로 암호화한다.

$$c = m^e \bmod n \qquad (11.4)$$

수신자는 캐인 키 d를 갖고 있다. 수신자는 다음 관계를 이용해 메시지를 해독할 수 있다.

$$c^d = m^{de} \bmod n \qquad (11.5)$$

$n = pq$이므로, 다음 관계가 성립한다.

$$m^{ed} = m \bmod p$$
$$m^{ed} = m \bmod q$$

수 이론number theory에 따라 이 관계가 다음을 뜻함을 알 수 있다.

$$c^d = m \bmod n \qquad (11.6)$$

예제 11.1

아주 작은 숫자를 사용하는 예제를 통해 RSA 방식이 동작하는 방식을 알아보자. $p = 3$, $q = 11$이라 하고, 앞에서 살펴본 RSA 방식을 통해 $m = 5$ 메시지가 어떻게 암호화되고 해독되는지 보여라.

풀이

먼저 다음 곱을 계산한다.

$$n = pq = (3)(11) = 33$$

그런 다음 서로소인 수를 만든다.

$$\phi = (3 - 1)(11 - 1) = (2)(10) = 20$$

ϕ = 20과 공약수가 1뿐이고, 1보다 큰 값을 e라 하자. 이 기준을 만족하는 가장 작은 값 e = 3이다. 식(11.3)을 사용하고 다음 식을 만족하는 가장 작은 x를 구하면 자연수 d를 구할 수 있다.

$$de = 1 + x\phi de = 1 + x\phi$$

이 예제에 대한 조건식은 다음과 같다.

$$d = \frac{1 + 20x}{3}$$

가장 작은 x 값은 1이므로, 위 조건식은 다음과 같이 된다.

$$d = \frac{1 + 20}{3} = \frac{21}{3} = 7$$

m = 6 메시지를 전송하하고자 암호화한 결과는 다음과 같다.

$$c = m^e \bmod n = 6^3 \bmod 33 = 18$$

(mod 함수 계산은 MATLAB 등 편한 프로그램을 사용하면 된다) 앨리스는 이 신호를 개인 키 d = 7을 갖고 있는 밥에게 보낸다. 밥은 다음 식을 이용해 메시지를 해독할 수 있다.

$$m = c^d \bmod n = 18^7 \bmod 33 = 6$$

현재 많은 애플리케이션이 RSA 암호화 알고리즘을 사용하고 있다. 그러나 앞에서 봤듯이 동작하는 양자 컴퓨터에서 쇼어 알고리즘을 이용하면 $n = pq$ 를 간단히 인수분해할 수 있기 때문에 RSA 암호화 방식은 쉽게 깨진다. 더 좋은 방식으로 메시지를 암호화할 수는 없을까? 양자역학을 이용한 몇 가지 대안이 있다.

양자 암호학 기초

양자 암호학은 간단한 수학적 알고리즘이 아니라 양자역학을 이용해 비밀 키secret key를 만드는 방식을 사용한다. 이 방식을 **양자 키 분배**QKD, quantum key distribution 방식이라고 한다. QKD 방식을 구현하고자 앨리스와 밥 사이에 두 가지 통신 수단을 사용한다. 여기에는 공개적 통신 수단인 인터넷, 휴대전화, 집 전화 같은 평범한 고전 통신 방식이 포함된다. QKD 방식의 두 번째 퍼즐 조각은 양자 키를 배포하는 양자 통신이다. 실제 환경에서 양자 통신은 편광 상태가 다른 광자들을 이용한다. 양자역학은 (측정이 양자 상태에 간섭을 일으 킨다는) 양자론의 근본 법칙에 바탕을 두고 있다. 양자 상태로 표현된 키의 정보를 알아내려면 측정을 해야 한다. 따라서 이브가 도청을 하려면 이브는 측정을 해야 하고, 계의 상태가 간섭을 받게 되므로, 앨리스와 밥은 이브의 존재를 알아차릴 수 있다.

첫 번째로 살펴볼 양자 암호화 방식은 BB84 프로토콜이다. 이 방식의 이름은 발견자 두 사람(Bennett과 Brassard)과 프로토콜이 출판된 해를 따서 붙였다. BB84 QKD 방식의 세 가지 핵심 원칙은 다음과 같다.

1. 복제 불가능 정리(양자 상태는 복사할 수 없다). 이 때문에 이브는 양자 통신을 가로채고, 양자 상태를 복사해 자신의 키를 생성한 후 원본을

밥에게 전달할 수 없다.

2. 측정은 상태를 붕괴시킨다. QKD의 핵심은 다른 기저를 사용해 비트 문자열을 만든다는 것이다. 주어진 기저 중 하나로 측정을 하면 상태가 붕괴돼 다른 기저에 대한 측정 결과는 임의의 값이 나오게 된다. 다시 말하자면 상태에서 어떤 정보를 빼내면 계의 상태가 영향을 받는다.

3. 측정은 비가역적이다.

2번과 3번 사항을 확인하고자 다음과 같은 상태의 계를 생각해보자.

$$|+\rangle = \frac{|0\rangle + |1\rangle}{\sqrt{2}}$$

계산 기저 {$|0\rangle$, $|1\rangle$}에 대해 측정을 하면 계의 원래 상태를 잃어버리게 된다. 측정 결과가 0이라고 하자. 그러면 상태의 $|\pm\rangle$ 기저 표현이 원래와 달라진다.

$$|0\rangle = \frac{|+\rangle + |-\rangle}{\sqrt{2}}$$

$|\pm\rangle$ 기저에 대해 측정한다면 측정 결과가 $|+\rangle$일 확률은 50%에 불과하다. 상태가 비가역적으로 변경된 것이다.

BB84 프로토콜은 계산 기저 {$|0\rangle$, $|1\rangle$}과 $|\pm\rangle$ 기저를 함께 사용해 키를 만든다. 두 기저 사이의 관계는 다음과 같았다.

$$|+\rangle = \frac{|0\rangle + |1\rangle}{\sqrt{2}}, \quad |-\rangle = \frac{|0\rangle - |1\rangle}{\sqrt{2}} \tag{11.7}$$

키를 만들고자 앨리스는 $2n$ 큐비트로 구성된 임의의 문자열을 만든다. 각각의 큐비트는 다음 네 가지 상태 중 하나가 된다.

$$|0\rangle, |1\rangle, |+\rangle, |-\rangle$$

논리 값 0은 |0⟩, |+⟩로 표현하고, 논리 값 1은 |1⟩, |−⟩로 표현한다. 앨리스는 이 임의의 큐비트 열을 양자 통신을 이용해 밥에게 보낸다. 밥은 큐비트 열의 각 큐비트에 대해 {|0⟩, |1⟩} 기저 또는 |±⟩ 기저 중 하나를 임의로 선택해 측정한다.

두 종류의 기저를 사용하고 있고, 앨리스는 둘 중 하나를 임의로 선택해 문자열의 각 비트를 생성하는 기저로 사용한다. 일반적인 확률 법칙에 따라 n개의 비트는 {|0⟩, |1⟩} 기저를 이용해 만들어지고, n개의 비트는 |±⟩ 기저를 이용해서 만들어진다. 앨리스와 밥이 기록을 비교하면서 각자 위치별로 어떤 기저를 사용했는지만 알려준다. 앨리스와 밥이 사용한 기저가 다르면 해당 큐비트는 버린다. 앨리스와 밥이 다른 기저를 사용한 비트를 버리고 남은 결과를 선별 키 shifted key라고 한다.

예제 11.2

앨리스가 다음과 같은 8비트 문자열을 생성했다.

$$|0⟩|1⟩|+⟩|0⟩|0⟩|−⟩|+⟩|−⟩$$

밥이 임의로 선택한 기저의 순서가 {|0⟩, |1⟩}{|0⟩, |1⟩}{|±⟩|±⟩}|±⟩|0⟩, |1⟩}|±⟩|±⟩ 라면 앨리스와 밥이 어떤 비트 문자열을 남겨두게 될지 알아보자.

풀이

앨리스와 밥이 사용한 기저가 다른 비트를 버리기만 하면 된다. 각 비트에 1번에서 8번까지 번호를 붙이면 다음 표를 만들 수 있다.

앨리스 비트	0	1	0	0	0	1	0	1
앨리스 기저	{|0⟩, |1⟩}	{|0⟩, |1⟩}	|±⟩	{|0⟩, |1⟩}	{|0⟩, |1⟩}	|±⟩	|±⟩	|±⟩
밥 기저	{|0⟩, |1⟩}	{|0⟩, |1⟩}	|±⟩	|±⟩	|±⟩	{|0⟩, |1⟩}	|±⟩	|±⟩
일치 여부	예	예	예	아니오	아니오	아니오	예	예
보존	예	예	예	아니오	아니오	아니오	예	예

결과적으로 만들어진 비트 문자열에는 1, 2, 3, 7, 8번 비트는 남고, 4, 5, 6번 비트는 제거된다. 선별 키는 다음과 같다.

$$s = 01001$$

선별 키를 만들고 나면 앨리스와 밥은 오류 여부를 확인해야 한다. 오류는 환경적 요인으로 발생한 비트 반전이나 위상 반전 등으로 발생할 수도 있고, 도청자가 통신을 가로채려고 할 경우에도 발생할 수 있다. 오류 비율이 지나치게 높다면 이브가 도청하고 있는 것일지도 모른다. 앨리스와 밥이 확인한 오류 비율이 용인하는 임계치를 넘어설 경우 받은 키를 버리고 키 분배 작업을 처음부터 다시 시작한다. 이브가 예제 11.2의 비트 문자열에서 8번 비트를 측정했다고 가정하자. 이브가 측정 작업에 계산 기저를 사용할 확률과 $|±⟩$ 기저를 사용할 확률은 각각 50%다. 계산 기저를 사용했다고 가정하자. 그러면 다음 관계를 이용할 수 있다.

$$|-⟩ = \frac{|0⟩ - |1⟩}{\sqrt{2}}$$

이브가 측정하려는 큐비트의 상태는 $|0⟩$이거나 $|1⟩$이다. 큐비트의 상태가 0이었다고 하자. 이 상태는 $\{|±⟩\}$ 기저에서 다음과 같이 쓸 수 있다.

$$|0⟩ = \frac{|+⟩ + |-⟩}{\sqrt{2}}$$

앨리스가 |−⟩ 상태의 큐비트를 준비했음에도 밥이 올바른 측정 결과를 얻을 확률이 50%에 불과하다. 큐비트 문자열이 충분히 길다면 이런 검증 절차를 통해 앨리스와 밥은 이브의 존재를 유추해 낼 수 있다. 앞의 예에서 앨리스가 생성한 비트 문자열은 다음과 같다.

$$01001$$

그러나 밥은 다음과 같은 비트 문자열을 받게 된다.

$$01000$$

양자 통신 수단의 노이즈로 인해서도 오류가 발생할 수 있다. 양자 오류 정정을 이용하면 이런 큐비트 오류를 고칠 수 있다.

공격 예제: 제어 NOT 공격

앨리스가 가진 상태가 다음과 같다고 하자.

$$|+_A\rangle = \frac{|0_A\rangle + |1_A\rangle}{\sqrt{2}}$$

이브가 어떤 방식으로 이 상태를 복제할 수 있을까? 앨리스와 이브 모두가 같은 측정 결과를 얻을 수 있는 상태를 만들려고 한다고 가정하자. 이브가 할 수 있는 일은 $|0_E\rangle$ 상태에서 시작해 다음 곱 상태를 만드는 것이다.

$$|+_A\rangle \otimes |0_E\rangle = \frac{|0_A\rangle|0_E\rangle + |1_A\rangle|0_E\rangle}{\sqrt{2}}$$

이제 이브가 앨리스의 큐비트를 제어 비트로, 이브의 큐비트를 대상 비트로 하는 제어 NOT 게이트를 적용하면 어떻게 되는지 살펴보자. 주어진 상태는 다음과 같이 변환된다.

$$\frac{|0_A\rangle|0_E\rangle + |1_A\rangle|0_E\rangle}{\sqrt{2}} \underset{CN}{\rightarrow} \frac{|0_A\rangle|0_E\rangle + |1_A\rangle|1_E\rangle}{\sqrt{2}}$$

앨리스의 측정 결과가 0이면 이브도 0을 얻고, 앨리스의 측정 결과가 1이면 이브도 1을 얻는다. $|\pm\rangle$ 기저로 측정한다면 어떨까? 다음과 같은 결과를 얻는다.

$$
\begin{aligned}
\frac{|0_A\rangle|0_E\rangle + |1_A\rangle|1_E\rangle}{\sqrt{2}} &= \frac{1}{\sqrt{2}}\left[\left(\frac{|+_A\rangle + |-_A\rangle}{\sqrt{2}}\right)\left(\frac{|+_E\rangle + |-_E\rangle}{\sqrt{2}}\right) \right.\\
&\quad \left. + \left(\frac{|+_A\rangle - |-_A\rangle}{\sqrt{2}}\right)\left(\frac{|+_E\rangle - |-_E\rangle}{\sqrt{2}}\right)\right]\\
&= \frac{1}{\sqrt{2}}\left(\frac{1}{2}\right)[|+_A\rangle|+_E\rangle + |+_A\rangle|-_E\rangle + |-_A\rangle|+_E\rangle + |-_A\rangle|-_E\rangle \\
&\quad + |+_A\rangle|+_E\rangle - |+_A\rangle|-_E\rangle - |-_A\rangle|+_E\rangle + |-_A\rangle|-_E\rangle]\\
&= \frac{1}{\sqrt{2}}(|+_A\rangle|+_E\rangle + |-_A\rangle|-_E\rangle))
\end{aligned}
$$

흥미롭게도 앨리스와 이브의 상호 관계가 보존된다. 이브의 큐비트는 양 기저에서 모두 앨리스의 큐비트와 같은 값을 갖는 것으로 보인다. 앨리스가 가진 상태가 다음과 같다고 하자.

$$|-_A\rangle = \frac{|0_A\rangle - |1_A\rangle}{\sqrt{2}}$$

상호 관계가 여전히 성립할까? 동일한 과정을 거치면 다음 상태를 얻을 수 있다.

$$|\psi\rangle = \frac{|+_A\rangle|-_E\rangle + |-_A\rangle|+_E\rangle}{\sqrt{2}}$$

앨리스와 이브의 측정 결과가 반대로 되는 것을 알 수 있다. 하지만 이브는

앨리스의 상태를 미리 알지 못하므로, 이 측정 결과는 무의미하다. 일반적으로 $|0_E\rangle$로 곱 상태를 구하고 제어 NOT 게이트를 적용하는 방식으로는 이브가 앨리스의 상태를 알아낼 수 없다.

B92 프로토콜

이번에는 BB84 프로토콜을 단순화해 개선한 QKD 프로토콜을 소개한다. 앨리스와 밥은 이번에 서로 직교하지 않는 두 기저를 사용한다. 늘 사용하던 계산 기저와 $|0'\rangle$, $|1'\rangle$로 표기한 기저를 사용한다고 하자. 기본 절차는 다음과 같다.

1. 밥은 계산 기저나 $|0'\rangle$, $|1'\rangle$ 기저를 임의로 선택해 큐비트를 측정한다. 밥은 $|0\rangle\langle0|$ 또는 $|0'\rangle\langle0'|$만 측정에 사용한다.
2. 밥은 측정 결과가 $|1\rangle$ 또는 $|1'\rangle$인 위치의 비트만으로 키를 만든다.
3. 밥은 자신이 얻은 비트 위치를 앨리스에게 공개적인 수단으로 전달한다.

동작 방식은 다음과 같다. 앨리스가 만든 것이 $|0\rangle$이라면 밥이 계산 기저로 측정했을 때의 결과는 $|0\rangle$이다. $|0'\rangle$, $|1'\rangle$ 기저로 측정했다면 $|1'\rangle$이 된다. 앨리스가 만든 것이 $|0'\rangle$이라면 계산 기저로 측정했을 때의 결과는 $|0\rangle$이다. $|0'\rangle|1'\rangle$ 기저로 측정했다면 $|1\rangle$이 된다. 앨리스가 만든 8비트 문자열이 다음과 같다고 하자.

$$|0\rangle|0\rangle|0'\rangle|0\rangle|0'\rangle|0'\rangle|0\rangle|0'\rangle$$

밥이 다음 순서로 측정을 한다면

$$|0\rangle|0'\rangle|0'\rangle|0\rangle|0\rangle|0\rangle|0'\rangle|0'\rangle$$

다음과 같은 결과를 얻는다.

$$|0\rangle|1'\rangle|0'\rangle|0\rangle|1\rangle|1\rangle|1'\rangle|0'\rangle$$

밥은 2, 5, 6, 7번 비트를 남겨서 키를 만들었다고 선언한다. BB84 프로토콜과의 차이를 생각해보자. BB84에서는 앨리스가 키를 만들었다. 이번에는 밥이 $|1\rangle$, $|1'\rangle$을 측정했을 때 키가 만들어진다. $|0\rangle$, $|1\rangle$, $|+\rangle$, $|-\rangle$ 네 가지 상태를 이용해 키를 만드는 대신 앨리스가 $|0\rangle$, $|0'\rangle$ 두 상태만 이용하게 절차를 단순화했다.

E91 프로토콜(EKERT)

마지막으로 살펴볼 양자 암호화 방식은 에커트^{Ekert}가 제한 방식으로 양자 얽힘을 이용한 것이다. 벨 상태를 만들고 EPR 쌍 중 하나는 앨리스가 갖고, 다른 하나는 밥이 갖는다. EPR 쌍의 상태가 다음과 같다고 하자.

$$|\beta_{00}\rangle = \frac{|00\rangle + |10\rangle}{\sqrt{2}}$$

이 경우라면 앨리스와 밥의 측정 결과가 완벽하게 동일하게 나온다는 것을 알고 있다. 반면 EPR 쌍의 상태가 다음과 같다면

$$|\beta_{01}\rangle = \frac{|01\rangle + |10\rangle}{\sqrt{2}}$$

앨리스와 밥의 측정 결과는 완벽하게 반대로 나오게 될 것이다. 앨리스와 밥은 각자의 큐비트를 임의로 선택한 기저로 측정한다. 그런 다음 일반적인 통신 수단을 이용해 같은 기저를 사용한 비트 위치를 알아낸다. 해당 비트를 남겨서 키를 생성한다.

측정 결과는 완벽히 같거나 완벽히 반대이거나 둘 중 하나이므로, 앨리스와 밥은 도청자의 존재 여부를 쉽게 판별할 수 있다. 통상적인 오류는 양자 오류 정정 기술을 이용해 수정할 수 있다.

모든 QKD 방식은 **비밀성 강화**privacy amplification라는 과정을 통해 정제된 키를 만든다. 이 과정은 기본적으로 이브가 측정을 시도했던 큐비트를 버리는 것이다. 원래의 키에 20비트가 들어 있었고, 이브가 6개 비트에 대해 무언가를 알고 있다면 정제된 키는 해당 6개 비트를 뺀 14개 비트로 생성한다.

연습문제

11.1. RSA 알고리즘을 사용해 $p = 3$, $q = 19$일 때 메시지 $m = 42$를 암호화 및 복호화해보라.

11.2. BB84 QKD 프로토콜을 생각해보자. 앨리스가 다음 8비트 문자열을 생성했다.

$$|+\rangle|1\rangle|+\rangle|-\rangle|0\rangle|-\rangle|+\rangle|-\rangle$$

동전을 던져 각 위치별로 밥이 측정에 사용할 기저를 임의로 선택하고, 앨리스와 밥이 남기게 되는 비트 문자열을 써보자.

11.3. 다음 상태를 갖고,

$$|-_A\rangle = \frac{|0_A\rangle - |1_A\rangle}{\sqrt{2}}$$

이브가 $|0_E\rangle$와 함께 곱 상태를 구성하게 하자. 제어 NOT 게이트를 적용하면 계산 기저에 대해 이브가 앨리스와 동일한 결과를 얻지만, $|\pm\rangle$에서는 그렇지 못함을 보여라.

11.4. 앨리스가 $|0\rangle|0\rangle|0\rangle|0\rangle|0\rangle|0\rangle|0\rangle|0\rangle$ 비트 문자열을 생성했다. 밥의 측정 순서가 $|0\rangle|0\rangle|0\rangle|0\rangle|0\rangle|0\rangle|0\rangle|0\rangle$라면 밥이 남겨두는 비트의 위치는 어디인가?

양자 노이즈와 오류 정정

지금까지 살펴본 양자 이론은 닫힌계closed systems에 대한 것이다. 이 양자계들은 외부 세계와 상호작용하지 않는다. 즉, 이상적 모델인 것이다. 현실의 양자계는 외부 환경과 상호작용이 이뤄진다. 문제는 환경과 상호작용으로 인해 노이즈와 오류가 발생할 수 있다는 것이다. 이를 해결하려면, 즉 현실적인 양자 컴퓨터 및 양자 통신을 구현하려면 오류 정정 수단이 필요하다.

그에 앞서 환경과 상호작용하는 양자계를 표현할 수 있는 수학적 모델을 만들어야 할 것이다. 이 모델을 따르는 계를 열린계open systems라고 한다. 열린 양자계가 중요한 이유는 다음과 같다. 열린 양자계에서는 순수 상태가 혼합 상태로 변할 수 있다. 양자 컴퓨테이션을 위해서는 순수 상태가 필요하므로 이런 혼합 상태로의 변화는 바라는 바가 아니라는 점에서 단점이 된다. 12장에서는 열린 양자계를 표현하는 데 사용하는 수식들을 소개하고, 오류 정정 기법들을 알아본다.

단일 큐비트 오류

기본적으로 양자 정보 처리의 힘은 양자 상태의 중첩에서 나온다고 할 수 있다. 양자 상태의 중첩이란 어떤 큐비트의 상태가 $|0\rangle$일 수도 있고, $|1\rangle$일 수도 있다는 것으로, 다음과 같은 상태로 표시할 수 있다.

$$|\psi\rangle = \alpha|0\rangle + \beta|1\rangle \tag{12.1}$$

이 식의 α, β는 $|\alpha|^2 + |\beta|^2 = 1$을 만족하는 복소수다. 그 동안 식(12.1)의 중첩 상태를 잘 다루는 것이 양자 컴퓨터를 움직이는 힘이 된다는 것을 살펴봤다 (많은 양자 알고리즘이 여러 상황을 동시에 처리하기 위해 아다마르 게이트로 중첩 상태를 만들고 시작한다). 안타깝게도 양자계와 환경이 상호작용하게 되면 (계와 환경이 연관된^{coupled} 경우) 중첩이 사라질 수 있다. 순수 상태가 환경과 상호작용해 혼합 상태로 변하는 이런 상황을 **결어긋남**^{decoherence} 상태라 하고, 중첩이 유지된 식(12.1)과 같은 상태를 **결맞음**^{coherence} 상태라 한다. 결맞음이 뜻하는 것은 식(12.1)의 진폭 값에 영향을 줄 수 있다는 것이다. 이 큐비트에 아다마르 게이트를 적용해서 그 영향을 확인해보자. 아다마르 게이트에 대해서는 다음 식이 성립한다.

$$
\begin{aligned}
H|\psi\rangle &= \alpha H|0\rangle + \beta H|1\rangle \\
&= \alpha\left(\frac{|0\rangle + |1\rangle}{\sqrt{2}}\right) + \beta\left(\frac{|0\rangle - |1\rangle}{\sqrt{2}}\right) = \left(\frac{\alpha + \beta}{\sqrt{2}}\right)|0\rangle + \left(\frac{\alpha - \beta}{\sqrt{2}}\right)|1\rangle
\end{aligned} \tag{12.2}
$$

큐비트가 다음 순수 상태에 있다면

$$|\psi\rangle = \frac{|0\rangle + |1\rangle}{\sqrt{2}}$$

다음 식이 성립한다.

$$H|\psi\rangle = |0\rangle \tag{12.3}$$

진폭이 간섭을 받아 $|\psi\rangle \rightarrow |0\rangle$이 됐다. 다음 상태의 경우라면

$$|\psi\rangle = \frac{|0\rangle - |1\rangle}{\sqrt{2}}$$

아다마르 게이트 적용이 진폭에 간섭을 일으켜 $|\psi\rangle \rightarrow |1\rangle$이 된다. 혼합 상태라면 어떻게 될까? 혼합 상태(5장의 결어긋난 혼합 참고)라면 진폭에 간섭을 일으킬 수 없다. 완전 혼합 상태 $\rho = \frac{1}{2}(|0\rangle\langle 0| + |1\rangle\langle 1|) = \frac{1}{2}I$를 생각해보면 쉽게 확인할 수 있다. $H^2 = I$이므로, $H\rho H = \frac{1}{2}HIH = \frac{1}{2}H^2 = \frac{1}{2}I$가 된다. 진폭이 간섭받지 않았다.

단일 큐비트와 환경 사이의 상호작용, 즉 단일 큐비트 오류는 익숙한 I, X, Y, Z 연산자들로 표현할 수 있다. 항등 연산자는 당연히 오류가 전혀 없는 경우를 표현한다. 단일 큐비트에 대한 양자 노이즈 효과는 큐비트에 I, X, Y, Z 연산자 중 하나가 적용되는 것이라고 말할 수 있다. 어떤 연산자가 적용되는지는 주어진 환경의 상태에 따라 다르다.

0 또는 1 값을 갖는 고전 비트에서 공학자들이 신경 쓰는 부분은 **비트 전환**bit flip 오류다. 물리 현상을 자세히 알 필요는 없지만, 예상치 못한 자기장의 영향으로 비트의 값이 1에서 0으로 바뀌는 경우가 발생할 수 있을 것이다. 큐비트에 대해서도 $|0\rangle \rightarrow |1\rangle$로 $|1\rangle \rightarrow |0\rangle$으로 바꾸는 유사한 오류가 있을 수 있다. 이런 유형의 오류는 다음과 같은 X 연산자로 표현할 수 있다.

$$X = |0\rangle\langle 1| + |1\rangle\langle 0| \tag{12.4}$$

식(12.4)를 식(12.1)에 적용하면 큐비트의 상태가 다음과 같이 바뀐다는 것을 여러 번 확인했다.

$$|\psi\rangle \rightarrow \alpha|1\rangle + \beta|0\rangle \tag{12.5}$$

양자계에서는 비트 전환 외에 다른 오류도 발생한다. **위상 전환**phase flip 오류도

발생할 수 있다. $x \in \{0, 1\}$이라 하자. 위상 전환 오류는 상태 $|x\rangle$를 다음과 같이 바꾸는 오류를 말한다.

$$|x\rangle \rightarrow (-1)^x |x\rangle \qquad (12.6)$$

식(12.6)을 보면 위상 전환 오류는 파울리 Z 연산자로 표현할 수 있음을 쉽게 알 수 있다. 큐비트에 대한 Z 연산자의 동작은 다음과 같다.

$$Z|\psi\rangle = \alpha|0\rangle - \beta|1\rangle \qquad (12.7)$$

Y 연산자의 경우에는 위상 전환 다음에 비트 전환이 이어지는 것으로 볼 수 있다. 특히 $-iY = -|0\rangle\langle 1| + |1\rangle\langle 0|$ 연산자를 식(12.1)의 큐비트에 적용하면 다음 관계를 얻는다.

$$-iY|\psi\rangle = \alpha|1\rangle - \beta|0\rangle \qquad (12.8)$$

앞서 말했듯이 식(12.8)은 이어지는 두 가지 ((Z 연산자로 표현되는) 위상 전환에 이어 (X 연산자로 표현되는) 비트 전환) 오류로 분해할 수 있다. 다음 관계는 쉽게 확인할 수 있다.

$$-iY = XZ \qquad (12.9)$$

양자 오류 정정이 비트 전환 및 위상 전환 오류를 어떻게 다루는지에 대해서는 추후에 알아볼 것이다. 먼저 양자계의 변화를 표현하는 방법을 알아보자.

양자 연산과 크라우스 연산자

이번에는 아주 일반적인 양자계의 동적 변화를 표현하는 방법을 알아보고, 이를 이용해 관심 대상인 계(중심^{principle}계)와 외부 환경 간의 상호작용을 표현해본다. 중심계의 밀도 연산자가 ρ라 하고, 계의 변화를 표현하는 변환자를 $\Phi(\rho)$라 하자. 밀도 연산자 ρ에 이 변환자를 적용하면 새로운 밀도 연산자 ρ'로 바뀐다.

$$\rho' = \Phi(\rho) \tag{12.10}$$

이 변환자 $\Phi(\rho)$를 양자 연산quantum operation이라 부른다. 이미 친숙한 두 가지 양자 연산으로, 닫힌계의 (시간 변화) 유니타리 변환을 나타내는 다음 연산이 있고

$$\Phi(\rho) = U\rho U^{\dagger} \tag{12.11}$$

측정을 나타내는 다음 연산이 있다.

$$\Phi(\rho) = M_m \rho M_m^{\dagger} \tag{12.12}$$

이제 좀 더 일반적인 경우인 유니타리 연산자가 아닐 수 있는 A_k 연산자 집합을 생각해보자. 그러면 다음과 같이 일반적인 양자 연산 $\Phi(\rho)$를 쓸 수 있다.

$$\Phi(\rho) = \sum_{k=1}^{n} A_k \rho A_k^{\dagger} \tag{12.13}$$

식(12.13)을 $\Phi(\rho)$의 **연산자 합 표현**이라 한다. **연산 요소**operation element A_k는 다음 완전성 관계를 만족한다.

$$\sum_{k=1}^{n} A_k A_k^{\dagger} = I \tag{12.14}$$

$\sum_{k=1}^{n} A_k A_k^{\dagger} = I$인 경우 연산 요소들이 대각합을 보존한다고 한다. 나중에 알아보겠지만, $\sum_{k=1}^{n} A_k A_k^{\dagger} < I$인 대각합 비보존 연산 요소들도 존재한다. 밀도 행렬 ρ에 대해 연산 요소가 대각합을 보존하면 $\Phi(\rho)$ 또한 밀도 행렬이 돼 식(12.10)을 만족한다.

양자 연산에 대한 연산자 합 표현을 찾아내고자 첫 번째로 할 일은 A_k를 계산하는 것이다. 이제부터 중심계의 밀도 연산자를 ρ로, 환경의 밀도 연산자를 σ로 표현하자. 양자 연산은 (그리고 닫힌계의 동역학은) 유니타리 연산에 따라 변한다. 이 유니타리 연산을 U라 하자. 연산자 U를 적용했을 때 중심계와 환경 사이의 상호작용을 상상해보자. 연산자 U 적용과 상호작용이 일어난 뒤 알고 싶은 것은 중심계의 상태뿐이다.

환경에 대한 대각합을 계산하면 이 상태를 구할 수 있다. 즉, 다음 식을 계산하면 된다.

$$\Phi(\rho) = Tr_E(U(\rho \otimes \sigma)U^\dagger) \tag{12.15}$$

식(12.15)는 다음과 같이 계산할 수 있다: 먼저 환경의 기저 상태를 $|e_k\rangle$라 하고, 환경의 상태 $\sigma = |e_0\rangle\langle e_0|$라 가정하자. 순수 상태에 이를 때까지 환경을 '확대'할 수 있으므로, 이렇게 가정할 수 있다. 그렇다면 식(12.15)는 다음과 같이 바꿀 수 있다.

$$\Phi(\rho) = Tr_E(U(\rho \otimes \sigma)U^\dagger) = \sum_k \langle e_k|(U\rho \otimes \sigma U^\dagger)|e_k\rangle$$
$$= \sum_k \langle e_k|(U\rho \otimes |e_0\rangle\langle e_0|U^\dagger)|e_k\rangle = \sum_k \langle e_k|U|e_0\rangle\rho\langle e_0|U^\dagger|e_k\rangle \tag{12.16}$$

식(12.13)과 비교해보면 연산 요소 A_k는 다음과 같음을 알 수 있다.

$$A_k = \langle e_k|U|e_0\rangle \tag{12.17}$$

연산 요소 A_k를 크라우스 연산자$^{\text{Kraus operators}}$라고 부르기도 한다. 크라우스 연산자는 중심계에 작용한다.

예제 12.1

단일 큐비트로 표현되는 중심계와 환경이 있다. 중심계의 상태 $|\psi\rangle = \alpha|0\rangle + \beta|1\rangle$이고 환경의 상태는 $|0\rangle$이다. 중심계를 측정하고 그 결과를 버리는 다음과 같은 유니타리 연산이 있다고 하자.

$$U = P_0 \otimes I + P_1 \otimes X$$

이 식의 $P_0 = |0\rangle\langle0|$, $P_1 = |1\rangle\langle1|$은 일반적인 사영 연산자다. 크라우스 연산자를 구하고, 연산자 합의 행렬 표현을 적어보자.

풀이

환경이 단일 큐비트이므로 환경의 기저는 계산 기저가 된다. 명확한 표현을 위해 환경의 기저를 $\{|0_E\rangle, |1_E\rangle\}$로 표기하자. 크라우스 연산자는 $A_0 = \langle0_E|U|0_E\rangle$, $A_1 = \langle1_E|U|0_E\rangle$를 계산하면 구할 수 있다. 첫 번째 식은 다음과 같이 계산할 수 있다.

$$
\begin{aligned}
A_0 &= \langle0_E|U|0_E\rangle = \langle0_E|P_0 \otimes I + P_1 \otimes X|0_E\rangle \\
&= \langle0_E|P_0 \otimes I|0_E\rangle + \langle0_E|P_1 \otimes X|0_E\rangle \\
&= P_0\langle0_E|0_E\rangle + P_1\langle0_E|1_E\rangle = P_0
\end{aligned}
$$

$A \otimes B$ 같은 항을 계산하는 경우 연산자 A는 중심계의 상태에 작용하고, B는 환경의 상태에 작용한다. 따라서 크라우스 연산자를 구할 때 연산자 A는 무시하고, 연산자 B의 작용만 생각하면 된다.

계속하면 다음 결과를 얻을 수 있다.

$$
\begin{aligned}
A_1 &= \langle1_E|U|0_E\rangle = \langle1_E|P_0 \otimes I + P_1 \otimes X|0_E\rangle \\
&= \langle1_E|P_0 \otimes I|0_E\rangle + \langle1_E|P_1 \otimes X|0_E\rangle
\end{aligned}
$$

$$= P_0 \langle 1_E | 0_E \rangle + P_1 \langle 1_E | 1_E \rangle = P_1$$

$P_j = P_j{}^\dagger$이므로, 주어진 양자 연산의 연산자 합 표현은 다음과 같다.

$$\Phi(\rho) = P_0 \rho P_0 + P_1 \rho P_1 = |0\rangle\langle 0| \rho |0\rangle\langle 0| + |1\rangle\langle 1| \rho |1\rangle\langle 1|$$

$|\psi\rangle = \alpha|0\rangle + \beta|1\rangle$이면 주어진 계의 밀도 연산자는 다음과 같다.

$$\rho = |\psi\rangle\langle\psi| = (\alpha|0\rangle + \beta|1\rangle)(\alpha^*\langle 0| + \beta^*\langle 1|)$$
$$= |\alpha|^2 |0\rangle\langle 0| + \alpha\beta^* |0\rangle\langle 1| + \alpha^*\beta |1\rangle\langle 0| + |\beta|^2 |1\rangle\langle 1|$$

그러므로 다음과 같으며,

$$\rho|0\rangle = (|\alpha|^2 |0\rangle\langle 0| + \alpha\beta^* |0\rangle\langle 1| + \alpha^*\beta |1\rangle\langle 0| + |\beta|^2 |1\rangle\langle 1|)|0\rangle$$
$$= |\alpha|^2 |0\rangle + \alpha^*\beta |1\rangle$$

다음이 성립한다.

$$\rho|1\rangle = \left(|\alpha|^2 |0\rangle\langle 0| + \alpha\beta^* |0\rangle\langle 1| + \alpha^*\beta |1\rangle\langle 0| + |\beta|^2 |1\rangle\langle 1|\right)|1\rangle$$
$$= \alpha\beta^* |0\rangle + |\beta|^2 |1\rangle$$

따라서 다음 결과를 얻을 수 있다.

$$P_0 \rho P_0 = |0\rangle\langle 0| \rho |0\rangle\langle 0| = |0\rangle\langle 0| \left(|\alpha|^2 |0\rangle + \alpha^*\beta |1\rangle\right)\langle 0|$$
$$= |\alpha|^2 |0\rangle\langle 0|$$
$$|1\rangle\langle 1| \rho |1\rangle\langle 1| = |1\rangle\langle 1| \left(\alpha\beta^* |0\rangle + |\beta|^2 |1\rangle\right)\langle 1|$$
$$= |\beta|^2 |1\rangle\langle 1|$$

그러므로 연산자 합 표현은 다음과 같다.

$$\Phi(\rho) = |\alpha|^2 |0\rangle\langle 0| + |\beta|^2 |1\rangle\langle 1|$$

다음 관계가 성립하므로,

$$|0\rangle\langle 0| = \begin{pmatrix} 1 \\ 0 \end{pmatrix} \begin{pmatrix} 1 & 0 \end{pmatrix} = \begin{pmatrix} 1 & 0 \\ 0 & 0 \end{pmatrix}, \quad |1\rangle\langle 1| = \begin{pmatrix} 0 \\ 1 \end{pmatrix} \begin{pmatrix} 0 & 1 \end{pmatrix} = \begin{pmatrix} 0 & 0 \\ 0 & 1 \end{pmatrix}$$

행렬 표현은 다음과 같다.

$$\Phi(\rho) = \begin{pmatrix} |\alpha|^2 & 0 \\ 0 & |\beta|^2 \end{pmatrix}$$

따라서 주어진 계의 시간 변화는 다음 양자 연산으로 표현할 수 있다.

$$\rho = \begin{pmatrix} |\alpha|^2 & \alpha\beta^* \\ \alpha^*\beta & |\beta|^2 \end{pmatrix} \rightarrow \rho' = \begin{pmatrix} |\alpha|^2 & 0 \\ 0 & |\beta|^2 \end{pmatrix}$$

반갑지 않은 환경과의 더 복잡한 상호작용도 생각해 볼 수 있다. 환경이 중첩 상태 $|\phi_E\rangle$에 있다고 가정하자. 이때의 연산 요소는 다음과 같아진다.

$$A_k = \langle e_k|U|\phi_E\rangle \tag{12.18}$$

두 예제를 통해 이런 경우를 살펴보자.

예제 12.2

$|\psi\rangle = \alpha|0\rangle + \beta|1\rangle$ 상태의 큐비트가 다음과 같은 상태의 환경과 상호작용한다.

$$|\phi_E\rangle = \frac{|0_E\rangle + |1_E\rangle}{\sqrt{2}}$$

큐비트와 환경 사이의 연결 관계가 유니타리 연산자 $U = e^{-i\theta(Z_P \otimes Z_E)/2}$로 주어진다. 이 식의 Z_p는 중심계에 작용하는 파울리 Z 연산자며, Z_E는 환경에 작용하는 파울리 Z 연산자다. 상호작용 후 중심계의 밀도 연산자를 구하라.

풀이

중심계의 밀도 연산자는 다음 상태에서 출발한다.

$$\rho = |\alpha|^2 |0\rangle\langle 0| + \alpha\beta^* |0\rangle\langle 1| + \alpha^*\beta |1\rangle\langle 0| + |\beta|^2 |1\rangle\langle 1|$$

이 식을 계산하고자 A의 고유 벡터 $|a\rangle$에 대한 $e^{-iA}|a\rangle$ 값을 계산하는 과정을 복습해보자.

A의 고유 벡터가 $A|a\rangle = a|a\rangle$를 만족하는 고윳값을 가진다면 다음 식이 성립한다.

$$e^{-iA}|a\rangle = e^{-ia}|a\rangle$$

파울리 Z 연산자의 경우 $Z|0\rangle = +|0\rangle$, $Z|1\rangle = -|1\rangle$이다. 따라서 다음 식이 성립한다.

$$e^{-i\theta Z}|0\rangle = e^{-i\theta}|0\rangle, \quad e^{-i\theta Z}|1\rangle = e^{i\theta}|1\rangle$$

이 경우의 크라우스 연산자는 다음과 같다.

$$A_0 = \langle 0_E | U | \phi_E \rangle, \quad A_1 = \langle 1_E | U | \phi_E \rangle$$

그러므로 다음이 성립한다.

$$U|0_E\rangle = e^{-i\theta(Z_P \otimes Z_E)/2}|0_E\rangle = e^{-i\theta Z_P/2}|0_E\rangle$$

$$U|1_E\rangle = e^{-i\theta(Z_P \otimes Z_E)/2}|1_E\rangle = e^{i\theta Z_P/2}|1_E\rangle$$

따라서

$$A_0 = \langle 0_E|U|\phi_E\rangle = \langle 0_E|U\left(\frac{|0_E\rangle + |1_E\rangle}{\sqrt{2}}\right) = \langle 0_E|\left(\frac{e^{-i\theta(Z_P \otimes Z_E)/2}|0_E\rangle + e^{-i\theta(Z_P \otimes Z_E)/2|1_E\rangle}}{\sqrt{2}}\right)$$

$$= \langle 0_E | \left(\frac{e^{-i\theta Z_P/2}|0_E\rangle + e^{i\theta Z_P/2}|1_E\rangle}{\sqrt{2}} \right) = \frac{1}{\sqrt{2}} e^{-i\theta Z_P/2}$$

이고, 다음과 같다.

$$A_1 = \langle 1_E|U|\phi_E\rangle = \langle 1_E|U \left(\frac{|0_E\rangle + |1_E\rangle}{\sqrt{2}} \right) = \langle 1_E| \left(\frac{e^{-i\theta(Z_P \otimes Z_E)/2}|0_E\rangle + e^{-i\theta(Z_P \otimes Z_E)/2}|1_E\rangle}{\sqrt{2}} \right)$$

$$= \langle 1_E| \left(\frac{e^{-i\theta Z_P/2}|0_E\rangle + e^{i\theta Z_P/2}|1_E\rangle}{\sqrt{2}} \right) = \frac{1}{\sqrt{2}} e^{i\theta Z_P/2}$$

연산자 합 표현은 다음과 같다.

$$\Phi(\rho) = A_0 \rho A_0^\dagger + A_1 \rho A_1^\dagger$$

이 식의 첫 항은 다음과 같이 구할 수 있다.

$$A_0 \rho A_0^\dagger = \frac{1}{\sqrt{2}} e^{-i\theta Z_P/2} |\alpha|^2 |0\rangle\langle 0| + \alpha\beta^*|0\rangle\langle 1| + \alpha^*\beta|1\rangle\langle 0| + |\beta|^2 |1\rangle\langle 1| \frac{1}{\sqrt{2}} e^{i\theta Z_P/2}$$

$$= \frac{1}{2} \left(e^{-i\theta Z_P/2} |\alpha|^2 |0\rangle\langle 0| e^{i\theta Z_P/2} + e^{-i\theta Z_P/2} \alpha\beta^*|0\rangle\langle 1| e^{i\theta Z_P/2} \right.$$

$$\left. + e^{-i\theta Z_P/2} \alpha^*\beta|1\rangle\langle 0| e^{i\theta Z_P/2} + e^{-i\theta Z_P/2} |\beta|^2 |1\rangle\langle 1| e^{i\theta Z_P/2} \right)$$

$$= \frac{1}{2} \left(e^{-i\theta/2} |\alpha|^2 |0\rangle\langle 0| e^{i\theta/2} + e^{-i\theta/2} \alpha\beta^*|0\rangle\langle 1| e^{-i\theta/2} \right.$$

$$\left. + e^{i\theta/2} \alpha^*\beta|1\rangle\langle 0| e^{i\theta/2} + e^{i\theta/2} |\beta|^2 |1\rangle\langle 1| e^{-i\theta/2} \right)$$

$$= \frac{1}{2} \left(|\alpha|^2 |0\rangle\langle 0| + e^{-i\theta} \alpha\beta^*|0\rangle\langle 1| + e^{i\theta} \alpha^*\beta|1\rangle\langle 0| + |\beta|^2 |1\rangle\langle 1| \right)$$

그리고 두 번째 항은 다음과 같이 구할 수 있다.

$$A_1 \rho A_1^\dagger = \frac{1}{\sqrt{2}} e^{i\theta Z_P/2} |\alpha|^2 |0\rangle\langle 0| + \alpha\beta^*|0\rangle\langle 1| + \alpha^*\beta|1\rangle\langle 0| + |\beta|^2 |1\rangle\langle 1| \frac{1}{\sqrt{2}} e^{-i\theta Z_P/2}$$

$$= \frac{1}{2} \left(e^{i\theta Z_P/2} |\alpha|^2 |0\rangle\langle 0| e^{-i\theta Z_P/2} + e^{i\theta Z_P/2} \alpha\beta^*|0\rangle\langle 1| e^{-i\theta Z_P/2} + e^{i\theta Z_P/2} \alpha^*\beta|1\rangle \right.$$

$$\left. \langle 0| e^{-i\theta Z_P/2} + e^{i\theta Z_P/2} |\beta|^2 |1\rangle\langle 1| e^{-i\theta Z_P/2} \right)$$

$$= \frac{1}{2} \left(e^{i\theta/2} |\alpha|^2 |0\rangle \langle 0| e^{-i\theta/2} + e^{i\theta/2} \alpha\beta^* |0\rangle \langle 1| e^{i\theta/2} + e^{-i\theta/2} \alpha^*\beta |1\rangle \right.$$

$$\left. \langle 0| e^{-i\theta/2} + e^{-i\theta/2} |\beta|^2 |1\rangle \langle 1| e^{i\theta/2} \right)$$

$$= \frac{1}{2} \left(|\alpha|^2 |0\rangle \langle 0| + e^{i\theta} \alpha\beta^* |0\rangle \langle 1| + e^{-i\theta} \alpha^*\beta |1\rangle \langle 0| + |\beta|^2 |1\rangle \langle 1| \right)$$

이 두 항을 더하면 다음 식을 얻을 수 있다.

$$\rho' = \Phi(\rho) = \left(|\alpha|^2 |0\rangle \langle 0| + \cos\theta \alpha\beta^* |0\rangle \langle 1| + \cos\theta \alpha^*\beta |1\rangle \langle 0| + |\beta|^2 |1\rangle \langle 1| \right)$$

예제 12.3

제어 NOT 연산 $U = C_X$가 있다고 하자. 환경이 $|\phi_E\rangle = \sqrt{1-p}|0\rangle + \sqrt{p}|1\rangle$ 상태일 때 크라우스 연산자와 $\Phi(\rho)$ 표현식을 구하라.

풀이

제어 NOT 게이트는 두 큐비트에 동작한다. 제어 큐비트가 $|0\rangle$이면 대상 큐비트에 아무 일도 일어나지 않는다. 그러나 제어 큐비트가 $|1\rangle$이면 대상 큐비트의 상태가 전환된다. 이 연산을 나타내는 표현식을 다음과 같은 방식으로 구할 수 있다. 중심계와 환경의 복합 상태를 $|\phi_E\rangle|\psi_P\rangle$ 형태로 써보면 $A \otimes B$ 형태의 연산자에서 A는 환경에 작용하고, B는 중심계에 작용하게 된다.

대상 큐비트에 아무 일도 일어나지 않는 첫 번째 경우를 위해서는 항등 연산자를 적용한다. 첫 번째 큐비트가 $|0\rangle$인 때를 구별하고자 주어진 상태의 첫 번째 큐비트에 사영 연산자를 적용한다. 즉, 다음 연산자를 사용하면

$$|0\rangle\langle 0| \otimes I = P_0 \otimes I$$

첫 번째 큐비트가 $|0\rangle$일 때 두 번째 큐비트를 그대로 유지하게 된다. 첫 번째

큐비트가 $|1\rangle$인 경우를 구별하기 위해서도 사영 연산자를 사용한다. 이번에는 비트 상태를 전환해야 하므로, 두 번째 큐비트에 파울리 X 연산자를 적용한다. 다음 연산자를 사용하면 된다.

$$|1\rangle\langle 1| \otimes X = P_1 \otimes X$$

이 두 연산자를 더하면 제어 NOT 게이트를 구현할 수 있다.

$$C_X = P_0 \otimes I + P_1 \otimes X$$

방금 살펴본 것은 중심계에 대한 연산자의 동작이다. $|\phi_E\rangle = \sqrt{1-p}|0\rangle + \sqrt{p}|1\rangle$에 대한 C_X의 동작은 다음과 같다.

$$
\begin{aligned}
C_X|\phi_E\rangle &= (P_0 \otimes I + P_1 \otimes X)(\sqrt{1-p}|0\rangle + \sqrt{p}|1\rangle) \\
&= (\sqrt{1-p}|0\rangle\langle 0|0\rangle I + \sqrt{p}|1\rangle\langle 1|1\rangle X) = \sqrt{1-p}|0\rangle I + \sqrt{p}|1\rangle X
\end{aligned}
$$

따라서 크라우스 연산자는 다음과 같이 구할 수 있다.

$$A_0 = \langle 0_E|C_X(\sqrt{1-p}|0_E\rangle + \sqrt{p}|1_E\rangle) = \langle 0_E|(\sqrt{1-p}|0\rangle I + \sqrt{p}|1\rangle X) = \sqrt{1-p}I$$
$$A_1 = \langle 1_E|C_X(\sqrt{1-p}|0_E\rangle + \sqrt{p}|1_E\rangle) = \langle 1_E|(\sqrt{1-p}|0\rangle I + \sqrt{p}|1\rangle X) = \sqrt{p}X$$

연산자 합 표현은 다음과 같다.

$$\Phi(\rho) = A_0\rho A_0^\dagger + A_1\rho A_1^\dagger = (1-p)\rho + pX\rho X$$

이 연산이 계에 노이즈가 발생하는 상황을 표현하는 것이라면 이 식을 통해 중심계에 아무 일도 일어나지 않을 확률은 $1 - p$이고, 비트 전환 오류가 발생할 확률은 p가 됨을 알 수 있다.

편광 소멸 채널

양자 노이즈를 채널^{channel}이라는 용어를 사용해 표현하기도 한다. 앨리스가 밥에게 큐비트를 전송하는 상황을 생각해보자. 전송은 노이즈나 변형이 생길 수 있는 통신 수단을 통해 이뤄진다.

앞선 예제의 결과를 확장해서 용인할 수 없는 오류를 다음과 같이 정의할 수 있다: 중심계가 p의 확률로 완전 혼합 상태로 변한다. 즉, 다음 변환이 발생할 확률이 p다.

$$\rho \to \frac{1}{2}I = \begin{pmatrix} \frac{1}{2} & 0 \\ 0 & \frac{1}{2} \end{pmatrix}$$

오류가 발생하지 않을 확률, 즉 계의 상태가 유지될 확률을 $1 - p$이라 하자. 이런 유형의 노이즈를 편광 소멸 채널이라고 한다. 편광 소멸 채널을 연산자 합으로 표현할 때 사용하는 클라우스 연산자는 무엇일까? $1 - p$의 확률로 계를 보존하려면 다음 항등 연산자를 적용하면 된다.

$$A_0 = \sqrt{1 - p}I$$

나머지 크라우스 연산자를 마저 구하려면 먼저 단일 큐비트에 대한 다음 밀도 연산자가 필요하다.

$$\rho = \frac{I + \vec{n} \cdot \vec{\sigma}}{2} \tag{12.19}$$

이 식에서 $\vec{n} = \vec{n} = n_x\hat{x} + n_y\hat{y} + n_z\hat{z}$는 단위 벡터다. 식(12.19)를 전개하면 다음 식을 얻는다.

$$\rho = \frac{1}{2}(I + n_xX + n_yY + n_zZ)$$

따라서 다음 관계를 비롯해

$$XρX = \frac{1}{2}(X^2 + n_x X^2 X + n_y XYX + n_z XZX) = \frac{1}{2}(I + n_x X - n_y Y - n_z Z)$$

다음 관계를 구할 수 있다.

$$YρY = \frac{1}{2}\left(I - n_x X + n_y Y - n_z Z\right)$$

$$ZρZ = \frac{1}{2}\left(I - n_x X - n_y Y + n_z Z\right)$$

세 결과를 더한 결과는 다음과 같다.

$$XρX + YρY + ZρZ = \frac{3}{2}I$$

이제 나머지 크라우스 연산자를 써보자. 다음과 같이 쓰면

$$A_1 = \sqrt{\frac{p}{3}}X, \quad A_2 = \sqrt{\frac{p}{3}}Y, \quad A_3 = \sqrt{\frac{p}{3}}Z$$

다음과 같이 정리할 수 있다.

$$\rho' = \Phi(\rho) = A_0 \rho A_0 + A_1 \rho A_1 + A_2 \rho A_2 + A_3 \rho A_3$$

$$= (1 - p)\rho + \frac{p}{3}XρX + \frac{p}{3}YρY + \frac{p}{3}ZρZ$$

$$= (1 - p)\rho + \frac{p}{3}\left(\frac{3}{2}I\right) = (1 - p)\rho + +p\frac{1}{2}I$$

이 식이 원하는 결과다. 계의 상태는 p의 확률로 완전 혼합 상태로 전이될 수 있고, $1 - p$의 확률로 현 상태를 유지할 수 있다.

비트 전환 채널과 위상 전환 채널

$|\phi_E\rangle = |0_E\rangle$ 상태인 환경과 주어진 계의 큐비트가 파울리 X 연산자를 통해 상호작용한다고 하면 $|\phi_E\rangle|\psi_P\rangle$에 대해 $U = \sqrt{p}I \otimes I + \sqrt{1-p}X \otimes X$를 적용하게 된다. 이 연산자는 환경의 상태에 다음과 같이 작용한다.

$$U|0_E\rangle = (\sqrt{p}I \otimes I)|0_E\rangle + (\sqrt{1-p}X \otimes X)|0_E\rangle = \sqrt{p}|0_E\rangle I + \sqrt{1-p}|1_E\rangle X$$

다음과 같이 크라우스 연산자를 유도할 수 있다.

$$
\begin{aligned}
A_0 &= \langle 0_E|U|\phi_E\rangle = \langle 0_E|\left(\sqrt{p}|0_E\rangle I + \sqrt{1-p}|1_E\rangle X\right) \\
&= \sqrt{p}\langle 0_E|0_E\rangle I + \sqrt{1-p}\langle 0_E|1_E\rangle X = \sqrt{p}I
\end{aligned}
\tag{12.20}
$$

$$
\begin{aligned}
A_1 &= \langle 1_E|U|\phi_E\rangle = \langle 1_E|\left(\sqrt{p}|0_E\rangle I + \sqrt{1-p}|1_E\rangle X\right) \\
&= \sqrt{p}\langle 1_E|0_E\rangle I + \sqrt{1-p}\langle 1_E|1_E\rangle X = \sqrt{1-p}X
\end{aligned}
\tag{12.21}
$$

이 연산자가 표현하는 상호작용은 다음과 같다: 주어진 큐비트는 p의 확률로 현 상태를 보존하지만, $1-p$의 확률로 비트 전환 오류가 발생한다. 이를 표현하는 양자 연산은 다음과 같다.

$$\Phi(\rho) = p\rho + (1-p)X\rho X \tag{12.22}$$

이런 유형의 양자 연산을 **비트 전환 채널**^{bit flip channel}이라고 한다. 큐비트에 아무 변화가 없을 확률이 p지만, $1-p$의 확률로 위상 전환이 일어날 수 있을 때의 크라우스 연산자는 다음과 같고,

$$A_0 = \sqrt{p}I, \quad A_1 = \sqrt{1-p}Z \tag{12.23}$$

이에 대한 양자 연산은 다음과 같다.

$$\Phi(\rho) = p\rho + (1-p)Z\rho Z \tag{12.24}$$

이런 유형의 양자 연산은 위상 전환 채널^{phase flip channel}이라고 한다.

진폭 감쇄

현실의 물리계는 에너지가 감소한다. 어떤 형태로든 환경과의 상호작용으로 에너지를 빼앗기는 양자계를 표현할 때는 **진폭 감쇄**^{amplitude damping}라는 양자 연산을 적용한다.

진폭 감쇄로 붕괴 과정을 설명할 수 있다. 여기서는 들뜬 에너지 상태 $|1_A\rangle$에 있던 원자가 바닥 상태 $|0_A\rangle$로 붕괴하는 경우를 예로 사용한다. 원자는 붕괴할 때 광자를 방출하므로, 환경의 상태는 $|0_E\rangle \rightarrow |1_E\rangle$로 변한다. p의 확률로 $|1_A\rangle \rightarrow |0_A\rangle$ 현상이 발생하고, $1 - p$의 확률로 원자가 $|1_A\rangle$ 상태에 머문다고 하자. 이 같은 양자적 현상은 다음 유니타리 연산자 U를 적용하는 것으로 표현할 수 있다.

$$U|0_A\rangle|0_E\rangle = |0_A\rangle|0_E\rangle \tag{12.25}$$
$$U|1_A\rangle|0_E\rangle = \sqrt{p}|0_A\rangle|1_E\rangle + \sqrt{1-p}|1_A\rangle|0_E\rangle \tag{12.26}$$

식(12.25)는 주어진 원자와 환경에 (아무 일도 벌어지지 않은) 기본 상태를 나타낸다. 식(12.26)은 p의 확률로 원자가 붕괴되고 환경이 들뜬 상태가 되거나 $1 - p$의 확률로 원자가 들뜬 상태에 그대로 머물러 있는 상태를 나타낸다. 이상의 정보를 통해 감쇄 과정에 대한 크라우스 연산자를 구할 수 있지만, 먼저 연산자 U를 사용해 무엇을 할 수 있는지부터 생각해보자.

새로운 연산자로 **사다리 연산자**^{ladder operator} $\sigma_\pm$ 두 가지를 도입하자. σ_+ 연산자는 바닥 상태에 적용하면 들뜬 상태를 만들고, 들뜬 상태에 적용하면 0을 반환한다.

$$\sigma_+|0\rangle = |1\rangle, \quad \sigma_+|1\rangle = 0 \tag{12.27}$$

이 연산자를 올림 연산자 raising operator라고 부르기도 한다. σ_- 연산자는 들뜬 상태에 적용하면 바닥 상태를 만들고, 바닥 상태에 적용하면 0을 반환한다.

$$\sigma_-|0\rangle = 0, \quad \sigma_-|1\rangle = |0\rangle \tag{12.28}$$

앞의 예제들처럼 식(12.25)와 식(12.26)을 살펴보고, 원하는 원자 상태를 사영하는 사영 연산자를 이용해 연산자 U를 만들 수 있다. 먼저 식(12.25)의 경우 환경은 그대로 두면서 $|0_A\rangle$ 상태를 사영하고자 한다. 다음과 같이 하면 된다.

$$|0_A\rangle\langle 0_A| \otimes I \tag{12.29}$$

식(12.26)에는 두 가지 상황이 있다. 첫 번째 상황에서는 원자가 $|1_A\rangle$ 상태에서 출발해 $|0_A\rangle$ 상태가 된다. 이 과정은 식(12.28)을 쓰면 된다. 내림 연산자는 $|1_A\rangle\langle 0_A|$ 형태로 쓸 수도 있다. 한편 환경이 바닥 상태에서 들뜬 상태가 되는 상황에서는 식(12.27)을 사용해야 한다. 이런 과정이 발생할 확률은 p이므로, 이 부분을 표현하는 연산자는 다음과 같이 쓸 수 있다.

$$\sqrt{p}\,(|1_A\rangle\langle 0_A|) \otimes (|0_E\rangle\langle 1_E|) = \sqrt{p}\,\sigma_- \otimes \sigma_+ \tag{12.30}$$

마지막으로 $1 - p$의 확률로 원자는 들뜬 상태로, 환경도 초기 상태로 머물러 있을 수 있다. 이 과정은 다음과 같이 표현할 수 있다.

$$\sqrt{1 - p}\,|1_A\rangle\langle 1_A| \otimes I \tag{12.31}$$

식(12.29), 식(12.30), 식(12.31)을 모두 조합하면 전체 과정을 나타내는 유니타리 연산자를 구할 수 있다.

$$U = |0_A\rangle\langle 0_A| \otimes I + \sqrt{p}\,\sigma_- \otimes \sigma_+ + \sqrt{1 - p}\,|1_A\rangle\langle 1_A| \otimes I \tag{12.32}$$

초기 상태의 환경에 이 연산자를 적용하면 다음과 같다:

$$U|0_E\rangle = |0_A\rangle\langle0_A| \otimes (I|0_E\rangle) + \sqrt{p}\sigma_- \otimes (\sigma_+|0_E\rangle)$$
$$+ \sqrt{1-p}|1_A\rangle\langle1_A| \otimes (I|0_E\rangle) \qquad (12.33)$$
$$= |0_A\rangle\langle0_A| \otimes (|0_E\rangle) + \sqrt{p}\sigma_- \otimes (|1_E\rangle) + \sqrt{1-p}|1_A\rangle\langle1_A| \otimes (|0_E\rangle)$$

그러므로 첫 번째 크라우스 연산자를 다음과 같이 구할 수 있다.

$$A_0 = \langle0_E|U|0_E\rangle = |0_A\rangle\langle0_A| \otimes (\langle0_E|0_E\rangle) + \sqrt{p}\sigma_- \otimes (\langle0_E|1_E\rangle)$$
$$+ \sqrt{1-p}|1_A\rangle\langle1_A| \otimes (\langle0_E|0_E\rangle) \qquad (12.34)$$
$$= |0_A\rangle\langle0_A| + \sqrt{1-p}|1_A\rangle\langle1_A|$$

$\{|0_A\rangle, |1_A\rangle\}$ 기저를 사용해 행렬로 표현하면 다음과 같다.

$$A_0 = \begin{pmatrix} 1 & 0 \\ 0 & \sqrt{1-p} \end{pmatrix} \qquad (12.35)$$

나머지 크라우스 연산자는 다음과 같이 구할 수 있다.

$$A_1 = \langle1_E|U|0_E\rangle = |0_A\rangle\langle0_A| \otimes (\langle1_E|0_E\rangle) + \sqrt{p}\sigma_- \otimes (\langle1_E|1_E\rangle)$$
$$+ \sqrt{1-p}|1_A\rangle\langle1_A| \otimes (\langle1_E|0_E\rangle) \qquad (12.36)$$
$$= \sqrt{p}\sigma_- = \sqrt{p}|0_A\rangle\langle1_A|$$

이 연산자의 행렬 표현은 다음과 같다.

$$A_1 = \begin{pmatrix} 0 & \sqrt{p} \\ 0 & 0 \end{pmatrix} \qquad (12.37)$$

다음 예제에서 **조화 진동자**harmonic oscillator의 진폭 감쇄를 살펴볼 것이다. 질량이 m인 조화 진동자에 대한 전체 에너지는 다음과 같다.

$$E = \frac{p^2}{2m} + \frac{1}{2}m\omega^2x^2 \qquad (12.38)$$

양자론에서는 다음과 같이 정의한 **소멸**^{annihilation} 연산자 a와 **생성**^{creation} 연산자 $a^\dagger$를 이용해 조화 진동자를 연구한다.

$$a = \frac{1}{\sqrt{2}}\left(\sqrt{\frac{m\omega}{\hbar}}x + i\frac{1}{\sqrt{m\hbar\omega}}p\right), \quad a^\dagger = \frac{1}{\sqrt{2}}\left(\sqrt{\frac{m\omega}{\hbar}}x + i\frac{1}{\sqrt{m\hbar\omega}}p\right) \quad (12.39)$$

이 연산자들은 다음 교환 법칙을 따른다.

$$[a, a^\dagger] = 1 \quad (12.40)$$

식(12.38)을 이용하면 해밀토니안을 다음과 같이 쓸 수 있다.

$$H = a^\dagger a + \frac{1}{2} = N + \frac{1}{2} \quad (12.41)$$

이 식에서 N은 $N = a^\dagger a$로 정의한 **숫자**^{number} 연산자다. 숫자 연산자의 고유 상태는 다음과 같다.

$$N|n\rangle = n|n\rangle \quad (12.42)$$

그리고 숫자 연산자의 고유 상태는 다음을 만족한다.

$$a^\dagger|n\rangle = \sqrt{n+1}|n+1\rangle, \quad a|n\rangle = \sqrt{n}|n-1\rangle \quad (12.43)$$

각 상태 $|n\rangle$ = $|0\rangle$, $|1\rangle$, $|2\rangle$, ...은 계의 서로 다른 에너지 준위를 뜻한다. $a|0\rangle$ = 0이 된다. 즉, $|0\rangle$은 계의 에너지가 가장 낮은 상태, 즉 바닥 상태가 된다.

조화 진동자는 전자기장의 상태를 모델링하는 데 사용되며, 양자 컴퓨터를 구축하는 데도 사용할 수 있다. 다음 문제를 통해 환경 r과 양자계 a가 모두 조화 진동자인 경우(예를 들어 주어진 환경이 열원인 경우)를 생각해보자. 진폭 감쇄 예제보다 좀 더 복잡해진다.

예제 12.4

조화 진동자로 구성된 양자계 a가 역시나 조화 진동자인 환경 r과 상호작용한다. 계와 환경 사이의 상호작용이 다음과 같은 해밀토니안으로 표현된다고 할 때

$$H = a^\dagger r + r^\dagger a$$

크라우스 연산자를 구하라.

풀이

표기법을 먼저 정리하자. 계의 **숫자 상태**^{number state}를 $|n_a\rangle$로 표기하고, 환경의 가능한 상태를 $|n_r\rangle$로 표기하자. 크라우스 연산자 $A_k = \langle k_r|U|0_r\rangle$을 계산할 것이다. 계의 상태는 음이 아닌 정수 전체에 펼쳐져 있으므로, 무한히 많은 크라우스 연산자 A_0, A_1, A_2, ...가 존재한다. 따라서 우리의 목표는 k번째 크라우스 연산자를 나타내는 표현식을 구하는 것이다. 해밀토니안 $H = (a^\dagger r + r^\dagger a)$이므로, 유니타리 연산자 $U = \exp(-iHt)$로 상호작용을 표현할 수 있다.

원하는 결과를 유도하려면 몇 가지 수학적 기법이 필요하다. 먼저 연산자 A, G가 있을 때 다음 식이 성립한다.

$$e^{\lambda G} A e^{-\lambda G} = \sum_{n=0}^{\infty} \frac{\lambda^n}{n!} C_n \tag{12.44}$$

이 식에서 C_n은 $C_0 = A$, $C_1 = [G, C_0]$, $C_2 = [G, C_1]$과 같이 재귀적 방식으로 정의된 연산자다. $G = a^\dagger r + r^\dagger a$라 하고, $\lambda = -it$로 두면 다음 관계들을 얻을 수 있다.

$$C_0 = r$$

$$C_1 = [G, r] = [a^\dagger r + r^\dagger a, r] = a[r^\dagger, r] = -a$$

$$C_2 = [G, C_1] = -[a^\dagger r + r^\dagger a, a] = r[a, a^\dagger] = r$$

이를 이용하면 다음과 같이 쓸 수 있고,

$$UrU^\dagger = \sum_{n=0}^{\infty} \frac{(-it)^n}{n!} C_n = \sum_{\substack{n=0 \\ (n\ even)}}^{\infty} \frac{(-it)^n}{n!} r - \sum_{\substack{n=1 \\ (n\ odd)}}^{\infty} \frac{(-it)^n}{n!} a$$

바로 다음 관계가 성립함을 뜻한다.

$$UrU^\dagger = r \cos t + ia \sin t \tag{12.45}$$

비슷한 방식으로 다음 관계도 구할 수 있다.

$$UaU^\dagger = a \cos t + ir \sin t \tag{12.46}$$

$U^\dagger U = UU^\dagger = I$이므로, 다음과 같이 쓸 수 있다.

$$Ur^kU^\dagger = UrIrI \ldots IrU^\dagger = UrU^\dagger UrU^\dagger \cdots UrU^\dagger UrU^\dagger = (UrU^\dagger)^k \tag{12.47}$$

식(12.45)와 이항 정리를 함께 사용하면 다음 관계를 구할 수 있고,

$$(x + y)^n = \sum_{l=0}^{n} \binom{n}{l} x^l y^{n-l}$$

이를 통해 다음 결과를 얻을 수 있다.

$$(UrU^\dagger)^k = (r \cos t + ia \sin t)^k = \sum_{m=0}^{k} \cos^m t\, r^m (i \sin t)^{k-m} a^{k-m} \tag{12.48}$$

이제 크라우스 연산자를 유도할 준비가 됐다. 조화 진동자(이 예제의 중심계 *a*)

의 숫자 상태들은 다음 닫힘 관계를 만족한다.

$$I = \sum_{m=0}^{\infty} |m_a\rangle\langle m_a| \qquad (12.49)$$

그러므로 다음과 같이 쓸 수 있다.

$$A_k = \left(\sum_{n_a} |n_a\rangle\langle n_a|\right) A_k = \left(\sum_{n_a} |n_a\rangle\langle n_a|\right) A_k \left(\sum_{n_a} |m_a\rangle\langle m_a|\right)$$

$$= \sum_{n_a, m_a} |n_a\rangle\langle m_a|\langle n_a|A_k|m_a\rangle$$

$A_k = \langle k_r|U|0_r\rangle$임을 이용하면 이 표현식은 다음처럼 쓸 수 있다.

$$A_k = \sum_{n_a, m_a} |n_a\rangle\langle m_a|\langle n_a|\langle k_r|U|0_r\rangle|m_a\rangle \qquad (12.50)$$

이제 다음 관계를 고려해보자.

$$\langle k_r| = \langle 0_r| \frac{r^k}{\sqrt{k!}}$$

이 표현식과 식(12.47), (12.48), (12.50)을 함께 사용하면 다음 결론에 이르게 된다.

$$A_k = \sum_{n_a, m_a} |n_a\rangle\langle m_a|\langle n_a|\langle k_r|U|0_r\rangle|m_a\rangle$$

$$= \sum_{n_a, m_a} |n_a\rangle\langle m_a|\langle n_a|\langle 0_r| \frac{r^k}{\sqrt{k!}} U|0_r\rangle|m_a\rangle$$

$$= \sum_{n_a, m_a} |n_a\rangle\langle m_a|\langle n_a|\langle 0_r|UU^{\dagger} \frac{r^k}{\sqrt{k!}} U|0_r\rangle|m_a\rangle$$

$UrU^\dagger = r\cos t + ia\sin t$이므로, $U^\dagger rU = r\cos t - ia\sin t$가 된다. 따라서 다음이 성립하고,

$$A_k = \sum_{n_a,m_a} |n_a\rangle\langle m_a|\langle n_a|\langle 0_r|UU^\dagger \frac{r^k}{\sqrt{k!}}U|0_r\rangle|m_a\rangle$$

$$= \sum_{n_a,m_a} |n_a\rangle\langle m_a|\langle n_a|\langle 0_r|U \frac{(r\cos t - ia\sin t)^k}{\sqrt{k!}}|0_r\rangle|m_a\rangle$$

이항 정리에 의해 다음과 같이 쓸 수 있다.

$$A_k = \sum_{n_a,m_a} |n_a\rangle\langle m_a|\langle n_a|\langle 0_r|\frac{U}{\sqrt{k!}}\left(\sum_{l=0}^{k}(\cos t)^l r^l(-i\sin t)^{k-l}a^{k-l}\right)|0_r\rangle|m_a\rangle$$

이제 $r|0_r\rangle = 0$이라는 사실을 이용하자. 합에 기여하는 항은 $l = 0$일 때뿐이고, 주어진 식은 다음과 같이 바뀐다.

$$A_k = \sum_{n_a,m_a} |n_a\rangle\langle m_a|\langle n_a|\langle 0_r|\frac{U}{\sqrt{k!}}(-i\sin t)^k a^k|0_r\rangle|m_a\rangle$$

$a^k|m_a\rangle$를 생각해보자. 간단한 계산을 통해 다음 결과를 얻을 수 있다.

$$\frac{a^k}{\sqrt{k!}}|m_a\rangle = \frac{\sqrt{m_a(m_a-1)\ldots(m_a-(k-1))}}{\sqrt{k!}}|m_a-k\rangle$$

$$= \frac{\sqrt{m_a(m_a-1)\ldots(m_a-(k-1))}}{\sqrt{k!}}\left(\frac{\sqrt{(m_a-k)!}}{\sqrt{(m_a-k)!}}\right)|m_a-k\rangle$$

$$= \sqrt{\frac{m_a!}{k!(m_a-k)!}}|m_a-k\rangle = \sqrt{\binom{m_a}{k}}|m_a-k\rangle$$

이를 앞의 결과와 조합하면 다음 식을 얻는다.

$$A_k = \sum_{n_a,m_a}\sqrt{\binom{m_a}{k}}(-i\sin t)^k\langle n_a|\langle 0_r|U|0_r\rangle|m_a-k\rangle|n_a\rangle\langle m_a|$$

같은 과정을 반복하되 이번에는 $UaU^{\dagger} = a \cos t + ir \sin t$를 적용한다. 먼저 다음 관계를 알고 있으므로,

$$\langle n_a| = \langle 0_a| \frac{a^{n_a}}{\sqrt{n_a!}}$$

다음과 같이 계산할 수 있고,

$$\begin{aligned}
\langle n_a|\langle 0_r|U|0_r\rangle|m_a - k\rangle &= \langle 0_a|\langle 0_r| \frac{a^{n_a}}{\sqrt{n_a!}} U|0_r\rangle|m_a - k\rangle \\
&= \langle 0_a|\langle 0_r|UU^{\dagger} \frac{a^{n_a}}{\sqrt{n_a!}} U|0_r\rangle|m_a - k\rangle \\
&= \langle 0_a|\langle 0_r|U \frac{(a \cos t - ir \sin t)^{n_a}}{\sqrt{n_a!}} |0_r\rangle|m_a - k\rangle \\
&= \langle 0_a|\langle 0_r|U \frac{1}{\sqrt{n_a!}} \sum_{l=0}^{n_a} (\cos t)^{n_a-l} a^{n_a-l}(i \sin t)^l r^l |0_r\rangle|m_a - k\rangle
\end{aligned}$$

다시 한 번 다음 결과를 얻게 된다.

$$r|0_r\rangle = 0 \ r|0_r\rangle = 0$$

합에 기여하는 항은 $l = 0$인 경우뿐이므로,

$$\begin{aligned}
&\langle 0_a|\langle 0_r|U \frac{1}{\sqrt{n_a!}} \sum_{l=0}^{n_a} (\cos t)^{n_a-l} a^{n_a-l}(i \sin t)^l r^l |0_r\rangle|m_a - k\rangle \\
&= \langle 0_a|\langle 0_r|U \frac{1}{\sqrt{n_a!}} (\cos t)^{n_a} a^{n_a} |0_r\rangle|m_a - k\rangle
\end{aligned}$$

다음 식을

$$\frac{a^{n_a}}{\sqrt{n_a!}} |m_a - k\rangle = \sqrt{\binom{m_a - k}{n_a}} |m_a - k - n_a\rangle$$

$\langle 0_a|\langle 0_r|U = \langle 0_a|\langle 0_r|$과 함께 사용하면 다음과 같이 쓸 수 있다.

$$A_k = \sum_{n_a, m_a} \sqrt{\binom{m_a}{k}} (-i \sin t)^k \langle n_a | \langle 0_r | U | 0_r \rangle | m_a - k \rangle | n_a \rangle \langle m_a |$$

$$= \sum_{n_a, m_a} \sqrt{\binom{m_a}{k}} (-i \sin t)^k \langle 0_a | \langle 0_r | U \frac{1}{\sqrt{n_a!}} (\cos t)^{n_a} a^{n_a} | 0_r \rangle | m_a - k \rangle | n_a \rangle \langle m_a |$$

$$= \sum_{n_a, m_a} \sqrt{\binom{m_a}{k}} \sqrt{\binom{m_a - k}{n_a}} (-i \sin t)^k (\cos t)^{n_a} \langle 0_a | \langle 0_r \| 0_r \rangle | m_a - k - n_a \rangle | n_a \rangle \langle m_a |$$

$\langle 0_r | 0_r \rangle =1$이므로, 이 식은 다음과 같이 정리할 수 있다.

$$A_k = \sum_{n_a, m_a} \sqrt{\binom{m_a}{k}} \sqrt{\binom{m_a - k}{n_a}} (-i \sin t)^k (\cos t)^{n_a} \langle 0_a \| m_a - k - n_a \rangle | n_a \rangle \langle m_a |$$

이제 다음 관계를 이용한다.

$$\langle 0_a \| m_a - k - n_a \rangle = \delta_{0, m-k-n}$$
$$\Rightarrow m - k - n = 0$$

$n = m - k$이므로, 다음과 같다.

$$A_k = \sum_m \sqrt{\binom{m}{k}} \sqrt{\binom{m - k}{m - k}} (-i \sin t)^k (\cos t)^{m-k} | m - k \rangle \langle m |$$

$$= \sum_m \sqrt{\binom{m}{k}} (-i \sin t)^k (\cos t)^{m-k} | m - k \rangle \langle m |$$

$| m - k \rangle$ 항을 보면 가능한 가장 작은 항은 $m - k = 0$인 경우다. 따라서 총합은 다음과 같다.

$$A_k = \sum_{m=k}^{\infty} \sqrt{\binom{m}{k}} (-i)^k (\sin t)^k (\cos t)^{m-k} | m - k \rangle \langle m |$$

$r = 1 - \cos^2 t$라 하면 두 조화 진동자 사이의 상호작용을 나타내는 크라우스 연산자의 최종 표현식을 구할 수 있다.

$$A_k = \sum_{m=k}^{\infty} \sqrt{\binom{m}{k}} (-i)^k \sqrt{(\sin t)^{2k}} \sqrt{(\cos t)^{2(m-k)}} |m-k\rangle\langle m|$$

$$= \sum_{m=k}^{\infty} \sqrt{\binom{m}{k}} (-i)^k \sqrt{(1-\cos^2 t)^k} \sqrt{(\cos^2 t)^{(m-k)}} |m-k\rangle\langle m|$$

$$= \sum_{m=k}^{\infty} \sqrt{\binom{m}{k}} (-i)^k \sqrt{(1-\gamma)^{m-k}} \sqrt{\gamma^k} |m-k\rangle\langle m|$$

이 식에서 $|m-k\rangle$와 $\langle m|$은 (소멸 연산자가 a인) 주어진 계의 상태를 나타낸다.

위상 감쇄

위상 감쇄 역시 정보가 소실되는 양자적 변화지만, 진폭 감쇄와 달리 에너지가 소실되지 않는다. 구체적으로 보자면 위상 감쇄의 경우 양자 상태의 상대적 위상에 대한 정보가 소실된다. 위상 감쇄를 통해 중심계는 환경과 얽힘 상태로 변하게 된다. 양자 연산에 양자계를 사용하려는 입장에서는 당연히 이런 현상은 바람직하지 않다.

위상 감쇄 현상을 설명하기 위해 밀도 행렬 $\rho = \begin{pmatrix} a & b \\ c & d \end{pmatrix}$인 큐비트가 $|0_E\rangle$, $|1_E\rangle$, $|2_E\rangle$ 세 가지 상태가 가능한 환경과 상호작용한다고 하자. 연산자 U는 다음과 같은 방식으로 중심계와 환경 사이에 얽힘을 생성하는 유니타리 연산이다.

$$U|0\rangle|0_E\rangle = \sqrt{1-p}|0\rangle|0_E\rangle + \sqrt{p}|0\rangle|1_E\rangle$$
$$U|1\rangle|0_E\rangle = \sqrt{1-p}|1\rangle|0_E\rangle + \sqrt{p}|1\rangle|2_E\rangle$$

환경의 가능 상태가 세 가지이므로, 다음과 같은 세 가지 크라우스 연산자가 필요하다.

$$A_0 = \sqrt{1-p}I \qquad\qquad (12.51)$$

$$A_1 = \sqrt{p}|0\rangle\langle0| \qquad\qquad (12.52)$$

$$A_2 = \sqrt{p}|1\rangle\langle1| \qquad\qquad (12.53)$$

그렇다면 주어진 양자적 과정은 다음과 같이 쓸 수 있다.

$$\rho' = \Phi(\rho) = A_0\rho A_0^\dagger + A_1\rho A_1^\dagger + A_2\rho A_2^\dagger = \begin{pmatrix} a & (1-p)b \\ (1-p)c & d \end{pmatrix} \qquad (12.54)$$

식(12.51) ~ 식(12.53)의 행렬 표현과 주어진 밀도 행렬 $\rho = \begin{pmatrix} a & b \\ c & d \end{pmatrix}$를 함께 사용했다.

이 연산을 n번 반복하면 다음 결과를 얻는다.

$$\rho \rightarrow \begin{pmatrix} a & (1-p)^n b \\ (1-p)^n c & d \end{pmatrix}$$

확률 $p = \Gamma\Delta t$, $n = t/\Delta t$라 하면 다음 식이 성립하므로,

$$\lim_{\Delta t \rightarrow 0}(1-p)^n = \lim_{\Delta t \rightarrow 0}(1-\Gamma\Delta t)^{t/\Delta t} = e^{-\Gamma t}$$

밀도 행렬은 다음과 같이 수렴한다.

$$\rho \rightarrow \begin{pmatrix} a & e^{-\Gamma t}b \\ e^{-\Gamma t}c & d \end{pmatrix} \qquad \underset{\rightarrow}{\text{지수적으로 수렴}} \qquad \begin{pmatrix} a & 0 \\ 0 & d \end{pmatrix}$$

b, c 항은 0으로 수렴하고, 대각항만 남는다. 중심계의 초기 상태에 있던 상대적 위상 정보는 모두 사라지게 된다. 이 같은 변화를 위상 감쇄라 한다.

예제 12.5

계를 보존하면서 계의 상태가 $|1\rangle$일 때만 다음 회전 게이트를 환경에 적용하는 계와 환경 사이의 상호작용을 생각해보자.

$$R_y(\theta) = \begin{pmatrix} \cos \dfrac{\theta}{2} & -\sin \dfrac{\theta}{2} \\ \sin \dfrac{\theta}{2} & \cos \dfrac{\theta}{2} \end{pmatrix}$$

계의 상태가 $|0\rangle$일 때는 환경에도 변화가 없다. 환경의 초기 상태 $|\phi_E\rangle$는 $|0_E\rangle$이다.

풀이

문제에서 표현된 상호작용은 중심계가 제어 큐비트이고, 환경이 대상 큐비트 역할을 하는 제어 회전 큐비트다. 우선 다음 관계가 성립한다.

$$R_y(\theta)|0_E\rangle = \begin{pmatrix} \cos \dfrac{\theta}{2} & -\sin \dfrac{\theta}{2} \\ \sin \dfrac{\theta}{2} & \cos \dfrac{\theta}{2} \end{pmatrix} \begin{pmatrix} 1 \\ 0 \end{pmatrix} = \cos \dfrac{\theta}{2}|0_E\rangle + \sin \dfrac{\theta}{2}|1_E\rangle$$

중심계를 첫 번째 큐비트, 환경을 두 번째 큐비트로 입력받는 다음과 같은 유니타리 연산자라면 원하는 방식으로 동작할 것이다.

$$U = |0\rangle\langle 0| \otimes I + |1\rangle\langle 1| \otimes R_y(\theta)$$

따라서 다음 계산이 가능하다.

$$
\begin{aligned}
A_0 = \langle 0_E|U|0_E\rangle &= \langle 0_E|(|0\rangle\langle 0| \otimes I + |1\rangle\langle 1| \otimes R_y(\theta))|0_E\rangle \\
&= |0\rangle\langle 0|\langle 0_E|0_E\rangle + |1\rangle\langle 1|\langle 0_E|\left(\cos \dfrac{\theta}{2}|0_E\rangle + \sin \dfrac{\theta}{2}|1_E\rangle\right)
\end{aligned}
$$

$$= |0\rangle\langle 0| + \cos\frac{\theta}{2}|1\rangle\langle 1|$$

나머지도 계산할 수 있다.

$$A_1 = \langle 1_E|U|0_E\rangle = \langle 1_E|(|0\rangle\langle 0| \otimes I + |1\rangle\langle 1| \otimes R_y(\theta))|0_E\rangle$$

$$= |0\rangle\langle 0|\langle 1_E|0_E\rangle + |1\rangle\langle 1|\langle 1_E|\left(\cos\frac{\theta}{2}|0_E\rangle + \sin\frac{\theta}{2}|1_E\rangle\right)$$

$$= \sin\frac{\theta}{2}|1\rangle\langle 1| = |0\rangle\langle 0| + \sqrt{1 - \cos\frac{\theta}{2}}|1\rangle\langle 1|$$

확률 p를 $p = \cos\theta/2$ 형태로 정의하면 이 연산자들을 다음 행렬로 표현할 수 있다.

$$A_0 = \begin{pmatrix} 1 & 0 \\ 0 & \sqrt{p} \end{pmatrix}, \quad A_1 = \begin{pmatrix} 1 & 0 \\ 0 & \sqrt{1-p} \end{pmatrix}$$

이 예제의 양자 연산은 **위상 감쇄**의 한 사례가 된다. 임의의 밀도 행렬이 주어졌을 때

$$\rho = \begin{pmatrix} a & b \\ c & d \end{pmatrix}$$

예제의 양자 연산은 비대각항 c, d를 다음과 같이 변환한다.

$$\rho' = A_0\rho A_0^\dagger + A_1\rho A_1^\dagger$$

$$= \begin{pmatrix} 1 & 0 \\ 0 & \sqrt{p} \end{pmatrix}\begin{pmatrix} a & b \\ c & d \end{pmatrix}\begin{pmatrix} 1 & 0 \\ 0 & \sqrt{p} \end{pmatrix} + \begin{pmatrix} 1 & 0 \\ 0 & \sqrt{1-p} \end{pmatrix}\begin{pmatrix} a & b \\ c & d \end{pmatrix}\begin{pmatrix} 1 & 0 \\ 0 & \sqrt{1-p} \end{pmatrix}$$

$$= \begin{pmatrix} a & \sqrt{p}b \\ \sqrt{p}c & pd \end{pmatrix} + \begin{pmatrix} a & \sqrt{1-p}b \\ \sqrt{1-p}c & (1-p)d \end{pmatrix} = \begin{pmatrix} a & (\sqrt{p}+\sqrt{1-p})b \\ (\sqrt{p}+\sqrt{1-p})c & d \end{pmatrix}$$

이 사례가 왜 위상 감쇄에 해당하는지 살펴보자. 가능한 $\cos\theta/2$ 값 범위에서 비대각항 b, c는 무시할 정도의 작은 값이 된다. 반복적으로 연산을 적용하면

이 무시할 정도의 작은 값들은 밀도 행렬 결과에서 완전히 사라진다.

양자 오류 정정

지금까지 환경과의 상호작용으로 큐비트에 발생하는 의도치 않은 많은 효과를 살펴봤다. 이런 피할 수 없는 문제를 해결하기 위한 오류 정정 기법을 개발해야 사용할 수 있는 양자 컴퓨터를 만들 수 있다. 나중에 알아보겠지만, **복제 불가능 정리**no-cloning theorem 때문에 양자역학에서는 미지의 양자 상태를 복사할 수 없다. 따라서 단순히 여러 벌의 정보를 두는 (불가능한) 방법이 아닌 좀 더 영리한 오류 정정 방식을 살펴볼 것이다. 첫 번째로 살펴볼 오류 정정 방식은 결어긋남과 관련이 있다.

결어긋남이란 양자계가 외부 환경과의 상호작용으로 결맞음 상태를 잃어버리는 것이다. 큐비트의 경우 상대적 위상을 이용해 결어긋남을 모델링할 수 있다. $|0\rangle \to |0\rangle$, $|1\rangle \to e^{i\theta}|1\rangle$ 변환을 생각해보자.

그러면 임의의 큐비트 $|\psi\rangle = \alpha|0\rangle + \beta|1\rangle$은 다음과 같이 변환된다.

$$|\psi\rangle \to \alpha|0\rangle + e^{i\theta}\beta|1\rangle \tag{12.55}$$

큐비트의 상태가 다음과 같다면

$$|\psi\rangle = \frac{|0\rangle + |1\rangle}{\sqrt{2}}$$

밀도 행렬은 다음과 같이 변환된다.

$$\rho = \frac{1}{2}\begin{pmatrix} 1 & 1 \\ 1 & 1 \end{pmatrix} \to \frac{1}{2}\begin{pmatrix} 1 & e^{-i\theta} \\ e^{i\theta} & 1 \end{pmatrix}$$

이런 유형의 결맞음 모델을 **집단적 탈위상**collective dephasing이라고 부른다. 환경이 야기하는 이런 변화는 당연히 원하지 않는 것이다. 그러나 이 문제는 회피할 수 있다. 우선 전체적인 전역 위상(중첩된 모든 항을 증폭시키는 위상) 변화는 측정 결과 예측에 영향을 미치지 않는다는 점이 중요하다. 상대적 위상, 그러니까 중첩 상태 중 하나의 항만을 증폭시키는 위상 변화가 측정 결과 예측에 영향을 미친다. 따라서 전역 위상에 대한 영향은 피할 수 없다고 해도 식(12.55)에서 볼 수 있는 상대적 위상 변화가 문제가 된다.

작은 트릭을 써서 이 문제를 회피할 수 있는데, 바로 결어긋남 없는 선형 부분 공간decoherent free subspace이라는 것을 사용하는 방법이다. 이 방법은 $|0_L\rangle$, $|1_L\rangle$이라는 **논리**logical 큐비트를 도입한다. 지금까지 다룬 큐비트는 모두 **물리**physical 큐비트이기 때문에 원자의 에너지 준위, 전자의 스핀 상태 같은 실제 물리계의 상태를 나타냈다. 논리 큐비트는 다음과 방식으로 정의한다.

$$|0_L\rangle = \frac{|0\rangle|1\rangle - i|1\rangle|0\rangle}{\sqrt{2}}, \quad |1_L\rangle = \frac{|0\rangle|1\rangle + i|1\rangle|0\rangle}{\sqrt{2}} \tag{12.56}$$

이제 집합적 탈위상 모델을 사용해 결어긋남이 발생하면 어떻게 되는지 살펴보자.

$$|0_L\rangle \rightarrow \frac{|0\rangle e^{i\theta}|1\rangle - ie^{i\theta}|1\rangle|0\rangle}{\sqrt{2}} = e^{i\theta}\frac{|0\rangle|1\rangle - i|1\rangle|0\rangle}{\sqrt{2}} = e^{i\theta}|0_L\rangle$$

$$|1_L\rangle \rightarrow \frac{|0\rangle e^{i\theta}|1\rangle + ie^{i\theta}|1\rangle|0\rangle}{\sqrt{2}} = e^{i\theta}\frac{|0\rangle|1\rangle + i|1\rangle|0\rangle}{\sqrt{2}} = e^{i\theta}|1_L\rangle$$

각 논리 큐비트는 전체적인 전역 위상 $e^{i\theta}$만큼 바뀌었다. 여기서 가장 중요한 부분은 각 논리 큐비트가 동일한 전역 위상 변화를 겪었기 때문에 모든 논리 큐비트에는 결어긋남으로 인해 변경된 부분이 없다는 점이다.

$$|\psi_L\rangle = \alpha|0_L\rangle + \beta|1_L\rangle \rightarrow e^{i\theta}\alpha|0_L\rangle + e^{i\theta}\beta|1_L\rangle = e^{i\theta}|\psi_L\rangle$$

상태는 전혀 바뀌지 않았다.

12장에서 비트 전환, 위상 전환 오류 같은 큐비트에 영향을 미칠 수 있는 다양한 오류들을 살펴봤다. 결어긋남 없는 선형 부분 공간 도입으로 결어긋남 문제는 해결했지만, 아직 해결하지 못한 문제들이 많다. **콜더뱅크-쇼어-스틴** Calderbank- Shor-Steane 오류 정정 방식이라고 하는 CSS 코드는 비트 전환 오류와 위상 전환 오류를 처리하고자 개발됐다. 여기서는 쇼어 9비트 코드라는 특정 오류 정정 방식을 다루고자 한다. 이 방식은 실세계에서 존재할 수밖에 없는 오류를 여벌 정보를 이용해 처리하는 방법을 사용한다. 결어긋남 없는 선형 부분 공간을 만들었을 때처럼 논리 큐비트를 정의하되, 이번에는 논리 큐비트를 세 개의 물리 큐비트로 구성한다. 논리 큐비트의 정의는 다음과 같다.

$$|0_L\rangle = |000\rangle, \quad |1_L\rangle = |111\rangle \tag{12.57}$$

어떤 논리 큐비트 $|\psi\rangle = \alpha|0_L\rangle + \beta|1_L\rangle = \alpha|000\rangle + \beta|111\rangle$을 생각해보자. 이 상태에서 오류가 발생하지 않아 아무런 변화가 없을 수 있다. 이런 경우는 당연히 물리 큐비트 각각에 항등 연산자를 적용하는 것으로 표현할 수 있다.

$$(I \otimes I \otimes I)|\psi\rangle = \alpha|000\rangle + \beta|111\rangle$$

같은 방식으로 비트 전환과 위상 전환을 표현하는 방법을 생각할 수 있다.

비트 전환을 먼저 생각해보면 첫 번째 큐비트가 바뀔 수도 있고, 두 번째 큐비트나 세 번째 큐비트가 바뀔 수도 있다. 비트 전환은 파울리 X 연산자를 적용하는 것으로 표현할 수 있었다. 따라서 첫 번째 큐비트가 뒤집히는 경우라면 다음과 같이 쓸 수 있다.

$$(X \otimes I \otimes I)|\psi\rangle = \alpha(X \otimes I \otimes I)|000\rangle + \beta(X \otimes I \otimes I)|111\rangle = \alpha|100\rangle + \beta|011\rangle$$

두 번째와 세 번째 큐비트의 경우도 비슷한 방식으로, 다음과 같이 표현할 수 있다.

$$(I \otimes X \otimes I)|\psi\rangle = \alpha(I \otimes X \otimes I)|000\rangle + \beta(I \otimes X \otimes I)|111\rangle = \alpha|010\rangle + \beta|101\rangle$$
$$(I \otimes I \otimes X)|\psi\rangle = \alpha(I \otimes I \otimes X)|000\rangle + \beta(I \otimes I \otimes X)|111\rangle = \alpha|001\rangle + \beta|110\rangle$$

이런 오류가 발생하면 어떻게 보정할 수 있을까? 다음 두 단계를 처리하는 양자 회로를 이용해 보정할 수 있다.

- 어떤 오류가 발생했는지 알아낸다.
- 유니타리 변환을 사용해 오류를 수정한다.

적절한 유니타리 연산을 사용하면 논리 큐비트의 중첩 상태를 손상시키지 않으면서 첫 번째 단계를 처리하는 것이 가능하다. 예를 들어 두 번째 큐비트가 바뀌었다면 다음과 같은 상태가 된다.

$$\alpha|010\rangle + \beta|101\rangle$$

오류를 감지하고자 먼저 곱 상태를 만든다.

$$(\alpha|010\rangle + \beta|101\rangle))|00\rangle = \alpha|010\rangle|00\rangle + \beta|101\rangle|00\rangle \qquad (12.58)$$

이 식에서 추가된 큐비트들을 **보조**^ancillary 큐비트라고 한다. 전체 상태를 이어져 있는 5개의 제어 NOT 게이트에 통과시킨 다음, 끝에서 보조 큐비트들을 측정한다. 보조 큐비트는 오류가 발생한 큐비트의 위치 정보를 2진수 형태로, 첫 번째, 두 번째, 세 번째 각각에 대해 01, 10, 11 형태로 표현하게 된다. 보조 비트를 이용하는 이런 측정 방식을 **신드롬**^syndrome 측정이라고 한다.

1단계

식(12.58) 상태를 첫 번째 제어 NOT 게이트에 넣을 때 첫 번째 큐비트를 제어 비트로 하고, 두 번째 보조 큐비트를 대상 비트로 한다. 그러면 상태는 다음과 같이 변환된다.

$$\alpha|010\rangle|00\rangle + \beta|101\rangle|00\rangle \rightarrow \alpha|010\rangle|00\rangle + \beta|101\rangle|01\rangle \qquad (12.59)$$

2단계

이제 식(12.59) 상태를 제어 NOT 게이트에 넣으면서 두 번째 큐비트를 제어 비트로 하고, 두 번째 보조 큐비트를 대상 비트로 한다. 상태는 다음과 같이 변환된다.

$$\alpha|010\rangle|00\rangle + \beta|101\rangle|01\rangle \rightarrow \alpha|010\rangle|01\rangle + \beta|101\rangle|01\rangle \qquad (12.60)$$

3단계

이번에는 두 번째 큐비트를 제어 큐비트로 하고, 첫 번째 보조 큐비트를 대상 큐비트로 한다.

$$\alpha|010\rangle|01\rangle + \beta|101\rangle|01\rangle \rightarrow \alpha|010\rangle|11\rangle + \beta|101\rangle|01\rangle \qquad (12.61)$$

4단계

이제 식(12.61) 상태를 또 다른 제어 NOT 게이트로 변환한다. 이번에는 세 번째 큐비트를 제어 비트로 하고, 첫 번째 보조 큐비트를 대상 큐비트로 한다.

$$\alpha|010\rangle|11\rangle + \beta|101\rangle|01\rangle \rightarrow \alpha|010\rangle|11\rangle + \beta|101\rangle|11\rangle \qquad (12.62)$$

5단계

마지막으로 제어 NOT 게이트를 하나 더 적용하는데, 이번에는 첫 번째 보조 비트를 제어 비트로 하고, 두 번째 보조 비트를 대상 비트로 한다. 그 결과는 다음과 같다.

$$\alpha|010\rangle|11\rangle + \beta|101\rangle|11\rangle \rightarrow \alpha|010\rangle|10\rangle + \beta|101\rangle|10\rangle \qquad (12.63)$$

보조 큐비트를 측정하면 결과로 10이 나온다. 이 결과는 두 번째 큐비트에 오류가 있음을 알려준다. 상태의 중첩은 전 과정을 통해 유지가 되는데, 이는 주어진 상태의 큐비트들이 제어 NOT 게이트의 제어 큐비트로만 사용됐기 때문이다.

뒤바뀐 큐비트에 X 게이트를 적용해서 해당 큐비트를 다시 바꾸면

$$(I \otimes X \otimes I)(\alpha|010\rangle + \beta|101\rangle)) = \alpha|000\rangle + \beta|111\rangle$$

원래의 상태로 복구된다.

다음 사영 연산자들을 사용해도 단일 비트의 전환을 검출할 수 있다.

$$\begin{aligned} P_0 &= |000\rangle\langle000| + |111\rangle\langle111| \\ P_1 &= |100\rangle\langle100| + |011\rangle\langle011| \\ P_2 &= |010\rangle\langle010| + |101\rangle\langle101| \\ P_3 &= |001\rangle\langle001| + |110\rangle\langle110| \end{aligned} \qquad (12.64)$$

네 개의 사영 연산자를 측정하면 주어진 상태를 변경하지 않으면서 오류의 위치를 알아낼 수 있다. 두 번째 큐비트에 비트 전환이 발생해 주어진 상태가 $|\psi\rangle = \alpha|010\rangle + \beta|101\rangle$이 됐다고 하자. 다음 관계가 성립함은 쉽게 알 수 있다.

$$\begin{aligned} \langle\psi|P_0|\psi\rangle &= 0 \\ \langle\psi|P_1|\psi\rangle &= 0 \\ \langle\psi|P_2|\psi\rangle &= 1 \\ \langle\psi|P_3|\psi\rangle &= 0 \end{aligned} \qquad (12.65)$$

위상 전환 오류를 보정하고자 이번에도 세 개의 큐비트를 이용해 표현한 논리 상태를 이용하자. 계산 기저 대신 $|\pm\rangle$ 기저를 사용하면 된다. $\alpha|0\rangle + \beta|111\rangle$ 형태의 논리 큐비트를 생성하고, 각 큐비트에 아다마르 게이트를 적용한다.

그 결과 $\alpha|{+}{+}{+}\rangle + \beta|{-}{-}{-}\rangle$ 상태가 된다. 여기서 두 번째 큐비트에 위상 전환이 발생했다면 주어진 상태는 $\alpha|{+}{-}{+}\rangle + \beta|{-}{+}{-}\rangle$로 바뀐다. 다시 아다마르 게이트를 적용해 역변환을 하면 $\alpha|010\rangle + \beta|101\rangle$ 상태로 바뀐다. 이제 앞 절에서 유도한 방법을 이용하면 원래의 큐비트를 복구해 $\alpha|000\rangle + \beta|111\rangle$을 얻을 수 있다.

다만 이 경우에는 비트 전환 오류를 수정할 수 없다. 두 가지 오류를 모두 수정할 수 있으려면 쇼어의 9비트 코드 같은 수정된 방법을 써야 한다. 먼저 업 상태, 다운 상태를 다음과 같이 정의한다.

$$|\uparrow\rangle = \frac{|000\rangle + |111\rangle}{\sqrt{2}}, \quad |\downarrow\rangle = \frac{|000\rangle - |111\rangle}{\sqrt{2}} \tag{12.66}$$

업 상태, 다운 상태의 역할은 자세히 설명했던 비트 전환 오류 정정 방법과 $|\pm\rangle$ 기저를 사용하는 위상 전환 오류 정정 방법을 결합하는 것이다. 물리적 큐비트 $\alpha|0\rangle + \beta|1\rangle$은 다음과 같이 표현되고,

$$\alpha|\uparrow\uparrow\uparrow\rangle + \beta|\downarrow\downarrow\downarrow\rangle \tag{12.67}$$

논리 큐비트는 다음과 같이 정의한 바 있다.

$$|0_L\rangle = |\uparrow\uparrow\uparrow\rangle, \quad |1_L\rangle = |\downarrow\downarrow\downarrow\rangle \tag{12.68}$$

모두 조합하면 식(12.68) 상태를 만드는 데 9개의 물리 큐비트가 사용됐고, 각 큐비트에 대해 비트 전환 오류나 위상 전환 오류가 발생할 수 있으므로, 총 27가지 종류의 오류가 발생할 수 있다. 식(12.66)의 기저에서 위상 전환 오류 하나가 발생했을 때도 효과는 동일하다. 예를 들어 두 번째 큐비트에 오류가 발생한다면 다음과 같은 상태가 된다.

$$I \otimes Z \otimes I|\uparrow\rangle = \frac{|000\rangle - |111\rangle}{\sqrt{2}} = |\downarrow\rangle, \quad I \otimes Z \otimes I|\downarrow\rangle = \frac{|000\rangle + |111\rangle}{\sqrt{2}} = |\uparrow\rangle$$

정정 과정은 지금까지 설명한 오류 정정 방식의 일반화에 불과하다. 적절한 선형 부분 공간으로 사영하면 단일 큐비트 오류를 검출할 수 있고, 그에 해당하는 유니타리 변환을 적용하면 원래 상태로 돌아갈 수 있다.

연습문제

12.1. $C_X = P_0 \otimes I + P_1 \otimes X$의 행렬 표현이 다음과 같음을 보여라.

$$C_X = \begin{pmatrix} 1 & 0 & 0 & 0 \\ 0 & 1 & 0 & 0 \\ 0 & 0 & 0 & 1 \\ 0 & 0 & 1 & 0 \end{pmatrix}$$

12.2. 환경의 상태가 다음과 같다.

$$|\phi_E\rangle = \sqrt{\frac{2}{3}}|0\rangle + \frac{1}{\sqrt{3}}|1\rangle$$

밀도 행렬이 ρ인 중심계에서 위상 전환 오류가 발생할 확률은 얼마인가?

12.3. $\vec{n} = n_x\hat{x} + n_y\hat{y} + n_z\hat{z}$라 하자. 큐비트에 대한 밀도 연산자는 다음과 같은 형태로 쓸 수 있다.

$$\rho = \frac{I + \vec{n} \cdot \vec{\sigma}}{2}$$

다음이 성립함을 보여라.

$$X\rho X + Y\rho Y + Z\rho Z = \frac{3}{2}I$$

12.4. 계의 상태가 |1⟩이면 계는 변화시키지 않으면서 환경에 다음 회전 게이트를 적용하는 상호작용을 생각해보자.

$$R_z(\theta) = \begin{pmatrix} e^{-i\theta/2} & 0 \\ 0 & e^{i\theta/2} \end{pmatrix}$$

계의 상태가 |0⟩이라면 환경에도 변화가 없다. 환경의 초기 상태는 $|\phi_E⟩ = |0_E⟩$라 하자.

12.5. 환경의 상태가 $|0_E⟩$이고, $U = U = \sqrt{p}I \otimes I + \sqrt{1-p}X \otimes Z$라면 이는 식(12.24)의 위상 전환 채널이 됨을 보여라.

12.6. 위상 감쇄에 대해 식(12.51)에서 식(12.53)을 유도해보자.

12.7. 논리 상태의 세 번째 큐비트가 뒤집히면 상태가 $\alpha|001⟩ + \beta|110⟩$으로 바뀌고, 식(12.59)에서 식(12.63)에 걸쳐 설명한 알고리즘을 통해 보조 비트가 11로 설정돼 세 번째 큐비트가 바뀐 사실을 알아낼 수 있음을 확인하라.

12.8. 비트 전환 정정 알고리즘의 보조 비트에 대한 결과는 무엇인가?

양자 정보 이론의 도구

13장에서는 양자 컴퓨터를 제대로 이해하고자 필요한 몇 가지 중요한 양자 정보 이론을 알아본다. 첫 번째로 살펴볼 것은 미지의 양자 상태는 복사할 수 없음을 의미하는 **복제 불가능 정리**다. 다음으로는 두 상태의 가까운 정도를 측정하는 방법을 알아본다. 대각합 거리와 충실도를 이용할 것이다. 동시성을 통해 상태의 얽힘 정도를 특성화할 수 있으며, 얽힘 형성도를 계산하면 필요한 얽힘 상태를 만들고자 자원이 얼마나 필요한지 알 수 있다.

후반부에서는 상태에 담긴 정보량을 특성화하는 방법을 알아본다. '엔트로피 entropy' 계산을 이용한다.

복제 불가능 정리

정보 처리에서 데이터 복사는 일상적인 작업이다. 문서 파일이나 음악 파일 같은 것들을 원하는 만큼 복사할 수 있기 때문에 데이터 복사를 당연한 것으로 생각한다. 앞에서 살펴봤듯이 양자 컴퓨터의 놀라운 힘은 큐비트가 $|\psi\rangle$ = $\alpha|0\rangle + \beta|1\rangle$과 같은 중첩 상태로 존재할 수 있다는 데서 나온다. 이런 전제 하에서 어떤 큐비트에 대해 완벽히 동일한 사본을 만드는 것이 가능할까?

이에 대한 답은 "할 수 없다"이다. 이는 앞으로 설명할 복제 불가능 정리에 따른 결과로, 1982년 우터[Wooters]와 주렉[Zurek]에 의해 밝혀졌다.

두 순수 상태 $|\psi\rangle$, $|\phi\rangle$가 있고, 어떤 상태 $|\chi\rangle$를 대상으로 다음 관계를 만족하는 유니타리 연산자 U가 존재한다고 하자.

$$U(|\psi\rangle \otimes |\chi\rangle) = |\psi\rangle \otimes |\psi\rangle \tag{13.1}$$

$$U(|\phi\rangle \otimes |\chi\rangle) = |\phi\rangle \otimes |\phi\rangle \tag{13.2}$$

식(13.1)의 좌변과 식(13.2)의 좌변에 대한 내적을 취하고, $U^\dagger U = I$임을 이용하면 다음 결과를 얻을 수 있다.

$$((\langle\psi| \otimes \langle\chi|U^\dagger)(U|\phi\rangle \otimes |\chi\rangle)) = \langle\psi|\phi\rangle\langle\chi|\chi\rangle = \langle\psi|\phi\rangle \tag{13.3}$$

한편 식(13.1)과 식(13.2)의 우변끼리 내적을 취하면 다음 값이 나온다.

$$((\langle\psi|\phi\rangle))^2 \tag{13.4}$$

두 결과는 같아야 하므로, 다음 식을 얻을 수 있다.

$$\langle\psi|\phi\rangle = ((\langle\psi|\phi\rangle))^2 \tag{13.5}$$

이 식은 두 상태가 직교해 $\langle\psi|\phi\rangle = 0$이 되는 경우, 또는 $|\phi\rangle = |\psi\rangle$인 경우, 두 가지 경우에만 성립한다. 이 결과가 의미하는 바는 임의의 양자 상태를 복제하는 유니타리 연산자 U는 존재할 수 없다는 것이다.

이번에는 모순을 이용한 간단한 방식으로 다시 증명해보자. 양자역학에서는 선형 연산자를 사용한다. U가 선형 연산자라면 다음 식이 성립한다.

$$U(\alpha|\psi\rangle \otimes |\chi\rangle) = \alpha(U(|\psi\rangle \otimes |\chi\rangle)) = \alpha|\psi\rangle \otimes |\psi\rangle \tag{13.6}$$

그런데 $|\omega\rangle = \alpha|\psi\rangle$라고 하고, 식(13.1)에 대입하면 다음 결과를 얻을 수 있다.

$$U(|\omega\rangle \otimes |\chi\rangle) = |\omega\rangle \otimes |\omega\rangle = \alpha|\psi\rangle \otimes \alpha|\psi\rangle = \alpha^2|\psi\rangle \otimes |\psi\rangle \qquad (13.7)$$

식(13.6)과 식(13.7)을 비교해보면 서로 모순됨을 볼 수 있다. 따라서 일반적인 복제는 가능하지 않다. 양자 상태를 완벽히 복사할 수 없다는 사실을 인정한다면 어떤 양자 상태가 다른 상태와 얼마나 비슷한가라는 질문을 던져볼 수 있다. 불완전한 복제라도 가능한 것일까?

대각합 거리

미지의 양자 상태를 정확히 복제하는 것은 원론적으로 불가능하므로, 그다음 던져 볼 수 있는 질문은 **근사치**approximate 사본은 만들 수 있는가 하는 것이다. 이에 대한 답을 찾기 전에 두 상태의 유사한 정도를 판정할 만한 도구가 있는지 살펴보자.

생각해 볼 수 있는 첫 번째 기준으로 **대각합 거리**trace distance가 있다. 두 밀도 행렬 ρ와 σ가 있다. 대각합 거리 $\delta(\rho, \sigma)$는 다음과 같이 정의한다.

$$\delta(\rho, \sigma) = \frac{1}{2}Tr|\rho - \sigma| \qquad (13.8)$$

$|\rho| = \sqrt{\rho^\dagger \rho}$를 의미한다. 두 상태 ρ와 σ의 확률이 동일하고, 측정을 통해 두 상태를 구별하려고 한다. 구별에 성공할 확률은 평균적으로 다음과 같다.

$$\Pr = \frac{1}{2} + \frac{1}{2}\delta(\rho, \sigma) \qquad (13.9)$$

대각합 거리는 힐베르트 공간의 거리 함수와 비슷하다. 예를 들면 대각합 거리는 음수가 될 수 없고,

$$0 \leq \delta(\rho, \sigma) \qquad (13.10)$$

$\rho = \sigma$일 때만 등호가 성립한다. 대각합 거리는 대칭성이 있으며,

$$\delta(\rho, \sigma) = \delta(\sigma, \rho) \tag{13.11}$$

삼각 부등식이 성립한다.

$$\delta(\rho, \sigma) \leq \delta(\rho, \vartheta) + \delta(\vartheta, \sigma) \tag{13.12}$$

$\rho = |\psi\rangle\langle\psi|$인 순수 상태라면 $\delta(\rho, \sigma)$는 다음과 같다.

$$\delta(\rho, \sigma) = \sqrt{1 - \langle\psi|\sigma|\psi\rangle} \tag{13.13}$$

ρ와 σ가 교환 가능해 $[\rho, \sigma] = 0$이 성립하고, 둘 다 특정 기저 $\{|u_i\rangle\}$에 대해 대각 행렬로 표현할 수 있으며, ρ의 고윳값을 r_i, σ의 고윳값을 s_i라 하면 다음과 같이 쓸 수 있다.

$$\delta(\rho, \sigma) = \frac{1}{2}Tr\left|\sum_i (r_i - s_i)|u_i\rangle\langle u_i|\right| \tag{13.14}$$

예제 13.1

다음과 같이 주어진 상태 ρ와

$$\rho = \frac{3}{4}|0\rangle\langle0| + \frac{1}{4}|1\rangle\langle1|$$

상태 σ, π 사이의 대각합 거리를 구하라.

$$\sigma = \frac{2}{3}|0\rangle\langle0| + \frac{1}{3}|1\rangle\langle1|, \quad \pi = \frac{1}{8}|0\rangle\langle0| + \frac{7}{8}|1\rangle\langle1|$$

풀이

각 상태를 살펴보자. π가 $|1\rangle$에 좀 더 쏠려 있으므로, 직관적으로 ρ와 σ가 ρ와 π보다는 더 가까울 것으로 예상된다. 다음을 먼저 계산해보자.

$$\rho - \sigma = \frac{3}{4}|0\rangle\langle 0| + \frac{1}{4}|1\rangle\langle 1| - \left(\frac{2}{3}|0\rangle\langle 0| + \frac{1}{3}|1\rangle\langle 1|\right)$$
$$= \frac{1}{12}|0\rangle\langle 0| - \frac{1}{12}|1\rangle\langle 1|$$

대각합에 대한 성질을 떠올려보자. 대각합은 선형이므로, $Tr(\alpha A + \beta B) = \alpha Tr(A) + \beta Tr(B)$를 만족한다. 외적에 대한 대각합은 내적이 된다. 즉, $Tr(|\psi\rangle\langle\psi|) = \langle\psi|\psi\rangle$이다. 따라서 다음과 같이 계산할 수 있다.

$$\delta(\rho, \sigma) = \frac{1}{2}Tr|\rho - \sigma|$$
$$= \frac{1}{2}Tr\left|\frac{1}{12}|0\rangle\langle 0| - \frac{1}{12}|1\rangle\langle 1|\right|$$
$$= \frac{1}{2}\left(\frac{1}{12}\right)(Tr(|0\rangle\langle 0|) + Tr(|1\rangle\langle 1|)) = \frac{1}{2}\left(\frac{1}{12}\right)(\langle 0|0\rangle + \langle 1|1\rangle)$$
$$= \frac{1}{2}\left(\frac{1}{12}\right)(2) = \frac{1}{12}$$

이번에는 대각합 거리 $\delta(\rho, \pi)$를 계산해보자.

$$\rho - \pi = \frac{3}{4}|0\rangle\langle 0| + \frac{1}{4}|1\rangle\langle 1| - \left(\frac{1}{8}|0\rangle\langle 0| + \frac{7}{8}|1\rangle\langle 1|\right)$$
$$= \frac{5}{8}(|0\rangle\langle 0| - |1\rangle\langle 1|)$$

다음과 같이 계산할 수 있다.

$$\delta(\rho, \pi) = \frac{1}{2}Tr|\rho - \pi|$$

$$= \frac{1}{2} Tr \left| \frac{5}{8} (|0\rangle\langle 0| - |1\rangle\langle 1|) \right|$$

$$= \frac{1}{2} \left(\frac{5}{8} \right) (Tr(|0\rangle\langle 0|) + Tr(|1\rangle\langle 1|)) = \frac{1}{2} \left(\frac{5}{8} \right) (\langle 0|0\rangle + \langle 1|1\rangle)$$

$$= \frac{1}{2} \left(\frac{5}{8} \right) (2) = \frac{5}{8}$$

기대했던 대로 ρ와 σ가 훨씬 더 $|0\rangle$ 쪽에 가깝기 때문에 $\delta(\rho, \pi) > \delta(\rho, \sigma)$가 성립한다. 이는 상태 ρ와 σ가 상태 ρ와 π보다 더 유사하다는 뜻이 된다.

직접 해보기

$\rho = \frac{3}{4}|0\rangle\langle 0| + \frac{1}{4}|1\rangle\langle 1|$, $\sigma = \frac{2}{3}|0\rangle\langle 0| + \frac{1}{3}|1\rangle\langle 1|$, $\pi = \frac{1}{8}|0\rangle\langle 0| + \frac{7}{8}|1\rangle\langle 1|$ 각 상태의 행렬 표현을 적어보고, 식(13.8)을 계산해보자. 예제 13.1과 같은 결과가 나오는지 확인해보자.

대각합 거리를 계산하는 간단한 방법은 $\rho - \sigma$ 행렬의 고윳값을 사용하는 것이다. 이 고윳값들을 λ_i라 하면 대각합 거리는 다음과 같이 구할 수 있다.

$$\delta(\rho, \sigma) = \frac{1}{2} \sum_i |\lambda_i| = \frac{1}{2} \sum_i \sqrt{\lambda_i^* \lambda_i} \tag{13.15}$$

밀도 행렬의 블로흐 벡터를 알고 있다면 대각합 거리도 쉽게 구할 수 있다. ρ의 블로흐 벡터가 $\vec{r}$이고, σ의 블로흐 벡터가 $\vec{s}$라고 하자. 그렇다면 대각합 거리 $\delta(\rho, \sigma)$는 다음과 같이 계산할 수 있다.

$$\delta(\rho, \sigma) = \frac{1}{2} |\vec{r} - \vec{s}| \tag{13.16}$$

예제 13.2

다음 상태 사이의 대각합 거리를 구하라.

$$\rho = \begin{pmatrix} \dfrac{5}{8} & \dfrac{i}{4} \\ \dfrac{-i}{4} & \dfrac{3}{8} \end{pmatrix}, \quad \sigma = \begin{pmatrix} \dfrac{2}{5} & \dfrac{-i}{8} \\ \dfrac{i}{8} & \dfrac{3}{5} \end{pmatrix}$$

풀이

먼저 식(13.8)을 이용해 구해보자.

$$\rho - \sigma = \begin{pmatrix} \dfrac{5}{8} & \dfrac{i}{4} \\ \dfrac{-i}{4} & \dfrac{3}{8} \end{pmatrix} - \begin{pmatrix} \dfrac{2}{5} & \dfrac{-i}{8} \\ \dfrac{i}{8} & \dfrac{3}{5} \end{pmatrix} = \begin{pmatrix} \dfrac{9}{40} & \dfrac{i3}{8} \\ \dfrac{-i3}{8} & \dfrac{-9}{40} \end{pmatrix}$$

$(\rho - \sigma)^{\dagger} = \rho - \sigma$이므로,

$$(\rho - \sigma)^{\dagger} \rho - \sigma = \begin{pmatrix} \dfrac{9}{40} & \dfrac{i3}{8} \\ \dfrac{-i3}{8} & \dfrac{-9}{40} \end{pmatrix} \begin{pmatrix} \dfrac{9}{40} & \dfrac{i3}{8} \\ \dfrac{-i3}{8} & \dfrac{-9}{40} \end{pmatrix} = \begin{pmatrix} \dfrac{153}{800} & 0 \\ 0 & \dfrac{153}{800} \end{pmatrix}$$

다음 값을 계산할 수 있다.

$$|\rho - \sigma| = \sqrt{(\rho - \sigma)^{\dagger}(\rho - \sigma)} = \sqrt{\begin{pmatrix} \dfrac{153}{800} & 0 \\ 0 & \dfrac{153}{800} \end{pmatrix}} = \frac{1}{20}\begin{pmatrix} 3\sqrt{\dfrac{17}{2}} & 0 \\ 0 & 3\sqrt{\dfrac{17}{2}} \end{pmatrix}$$

따라서 대각합 거리는 다음과 같다.

$$\delta(\rho, \sigma) = \frac{1}{2} \left(\frac{1}{20} \right) (2) \left(3\sqrt{\frac{17}{2}} \right) \approx 0.437$$

ρ의 블로흐 벡터는 예제 5.12에서 구해본 적이 있다.

$$S_x = Tr(X\rho) = Tr\left[\begin{pmatrix} 0 & 1 \\ 1 & 0 \end{pmatrix} \begin{pmatrix} \frac{5}{8} & \frac{i}{4} \\ \frac{-i}{4} & \frac{3}{8} \end{pmatrix} \right] = Tr\begin{pmatrix} \frac{-i}{4} & \frac{3}{8} \\ \frac{5}{8} & \frac{i}{4} \end{pmatrix} = 0$$

$$S_y = Tr(Y\rho) = Tr\left[\begin{pmatrix} 0 & -i \\ i & 0 \end{pmatrix} \begin{pmatrix} \frac{5}{8} & \frac{i}{4} \\ \frac{-i}{4} & \frac{3}{8} \end{pmatrix} \right] = Tr\begin{pmatrix} \frac{-1}{4} & \frac{-i3}{8} \\ \frac{i5}{8} & \frac{-1}{4} \end{pmatrix} = \frac{-1}{2}$$

$$S_z = Tr(Z\rho) = Tr\left[\begin{pmatrix} 1 & 0 \\ 0 & -1 \end{pmatrix} \begin{pmatrix} \frac{5}{8} & \frac{i}{4} \\ \frac{-i}{4} & \frac{3}{8} \end{pmatrix} \right] = Tr\begin{pmatrix} \frac{5}{8} & \frac{i}{4} \\ \frac{i}{4} & \frac{-3}{8} \end{pmatrix} = \frac{1}{4}$$

$$\vec{r} = -\frac{1}{2}\hat{y} + \frac{1}{4}\hat{z}$$

연습문제 5.10에서 계산한 σ의 블로흐 벡터는 다음과 같다.

$$\vec{s} = \frac{1}{4}\hat{y} - \frac{1}{5}\hat{z}$$

따라서 다음 벡터를 구할 수 있고,

$$\vec{r} - \vec{s} = -\frac{3}{4}\hat{y} + \frac{9}{20}\hat{z}$$

이 벡터의 절댓값은 다음과 같다.

$$|\vec{r} - \vec{s}| = \sqrt{\left(-\frac{3}{4} \right)^2 + \left(\frac{9}{20} \right)^2} = \frac{\sqrt{306}}{20}$$

그러므로 대각합 거리는 다음과 같다.

$$\delta(\rho, \sigma) = \frac{1}{2}|\vec{r} - \vec{s}| = \frac{1}{2}\frac{\sqrt{306}}{20} \approx 0.437$$

예제 13.3

어떤 계가 다음과 같은 순수 상태에 있다.

$$\rho = \frac{3}{4}|+\rangle\langle+| + \frac{1}{4}|-\rangle\langle-|$$

$|\psi\rangle$가 다음과 같을 때 상태 ρ와 $\sigma = |\psi\rangle\langle\psi|$ 사이의 대각합 거리를 구하라.

$$|\psi\rangle = \frac{1}{\sqrt{5}}|0\rangle + \frac{2}{\sqrt{5}}|1\rangle$$

풀이

두 밀도 행렬을 같은 기저에 대한 표현으로 바꿔야 한다. ρ를 계산 기저에 대한 표현으로 바꿔보자. 예제 5.5에서 다음 결과를 계산해 본 적이 있다.

$$\begin{aligned}\rho &= \frac{3}{4}|+\rangle\langle+| + \frac{1}{4}|-\rangle\langle-| \\ &= \left(\frac{3}{4}\right)\left(\frac{1}{2}\right)(|0\rangle\langle0| + |0\rangle\langle1| + |1\rangle\langle0| + |1\rangle\langle1|) + \left(\frac{1}{4}\right)\left(\frac{1}{2}\right)((|0\rangle\langle0| - |0\rangle\langle1| - |1\rangle\langle0| + |1\rangle\langle1|)) \\ &= \frac{1}{2}|0\rangle\langle0| + \frac{1}{4}|0\rangle\langle1| + \frac{1}{4}|1\rangle\langle0| + \frac{1}{2}|1\rangle\langle1|\end{aligned}$$

이 밀도 연산자의 행렬 표현은 다음과 같다.

$$\rho = \frac{1}{4}\begin{pmatrix} 2 & 1 \\ 1 & 2 \end{pmatrix}$$

다음 상태의 경우

$$|\psi\rangle = \frac{1}{\sqrt{5}}|0\rangle + \frac{2}{\sqrt{5}}|1\rangle$$

예제 5.4에서 다음 값을 계산해 본 적이 있다.

$$\sigma = |\psi\rangle\langle\psi| = \left(\frac{1}{\sqrt{5}}|0\rangle + \frac{2}{\sqrt{5}}|1\rangle\right)\left(\frac{1}{\sqrt{5}}\langle0| + \frac{2}{\sqrt{5}}\langle1|\right)$$
$$= \frac{1}{5}|0\rangle\langle0| + \frac{2}{5}|0\rangle\langle1| + \frac{2}{5}|1\rangle\langle0| + \frac{4}{5}|1\rangle\langle1|$$

이는 다음과 같이 행렬로 표현할 수 있다.

$$\sigma = \begin{pmatrix} \dfrac{1}{5} & \dfrac{2}{5} \\ \dfrac{2}{5} & \dfrac{4}{5} \end{pmatrix}$$

행렬 $\rho - \sigma$는 다음과 같다.

$$\rho - \sigma = \frac{1}{20}\begin{pmatrix} 6 & -3 \\ -3 & -6 \end{pmatrix}$$

이 행렬은 다음과 같은 두 가지 고윳값을 갖는다.

$$\lambda_1 = -\frac{3}{4\sqrt{5}}, \quad \lambda_2 = \frac{3}{4\sqrt{5}}$$

식(13.15)를 사용하면 다음과 같이 대각합 거리를 계산할 수 있다.

$$\delta(\rho, \sigma) = \frac{1}{2}\sum_i |\lambda_i| = \frac{1}{2}\left(\left|-\frac{3}{4\sqrt{5}}\right| + \left|\frac{3}{4\sqrt{5}}\right|\right) = \frac{3}{4\sqrt{5}}$$

충실도

한 상태가 다른 상태와 얼마나 가까운지를 두 상태의 통계적 분포가 겹치는 정도로 결정하는 **충실도**^{fidelity}라는 측정 기준이 있다. 이번에도 두 밀도 연산자 ρ와 σ가 있다고 하자. 그렇다면 충실도 값은 다음과 같이 주어진다.

$$F(\rho, \sigma) = Tr\left(\sqrt{\sqrt{\rho}\,\sigma\,\sqrt{\rho}}\right) \tag{13.17}$$

간단히 말하자면 충실도는 두 양자 상태의 내적에서 나온 개념이다. 두 상태 $|\psi\rangle$와 $|\phi\rangle$가 있다. 내적 값 $|\langle\phi|\psi\rangle|^2$은 계의 상태가 $|\psi\rangle$였을 때 $|\phi\rangle$ 상태가 측정될 확률, 또는 그 반대의 확률을 뜻한다. 따라서 이 값을 두 상태가 얼마나 비슷한지, 혹은 두 상태 사이에 겹치는 부분이 얼마나 있는지를 나타내는 기준으로 사용할 수 있다. 두 상태가 순수 상태이고 각각의 밀도 연산자가 $\rho = |\psi\rangle\langle\psi|$, $\sigma = |\phi\rangle\langle\phi|$라고 하자. 순수 상태이므로 $\rho^2 = \rho$, $\sigma^2 = \sigma$이고, $\rho = \sqrt{\rho}$, $\sigma = \sqrt{\sigma}$다. 그러면 다음과 같이 충실도를 계산할 수 있다.

$$F(\rho, \sigma) = Tr\left(\sqrt{\sqrt{\rho}\,\sigma\,\sqrt{\rho}}\right) = Tr\sqrt{(|\psi\rangle\langle\psi|)(|\phi\rangle\langle\phi|)(|\psi\rangle\langle\psi|)}$$

$$= Tr\sqrt{(|\langle\phi|\psi\rangle|^2)(|\psi\rangle\langle\psi|)} = |\langle\phi|\psi\rangle|\sqrt{\langle\psi|\psi\rangle} = |\langle\phi|\psi\rangle| \tag{13.18}$$

식(13.18)을 통해 충실도에 대한 일반적인 속성 몇 가지를 확인할 수 있다. 첫 번째로 충실도는 0과 1 사이의 값이다.

$$0 \le F(\rho, \sigma) \le 1 \tag{13.19}$$

ρ와 σ가 같은 상태이면 1이고, 겹치는 부분이 전혀 없으면 0이 된다. 또한 식(13.18)을 통해 두 순수 상태 사이의 충실도는 대칭적임을 알 수 있다. 사실 이 관계는 일반적인 상황에서도 성립한다. 즉, 다음 식이 성립한다.

$$F(\rho, \sigma) = F(\sigma, \rho) \tag{13.20}$$

충실도는 유니타리 연산에서 불변하는 값이다. 즉, 다음 식이 성립한다.

$$F(U\rho U^\dagger, U\sigma U^\dagger) = F(\rho, \sigma) \tag{13.21}$$

ρ와 σ가 교환 가능하고, 특정 기저 $|u_i\rangle$에 대해 대각 행렬로 표현된다면 충실도는 ρ와 σ의 고윳값으로 표현할 수 있다. $\rho = \sum_i r_i |u_i\rangle\langle u_i|$이고, $\sigma = \sum_i s_i |u_i\rangle\langle u_i|$라고 한다면 충실도는 다음과 같이 쓸 수 있다.

$$F(\rho, \sigma) = \sum_i \sqrt{r_i s_i} \tag{13.22}$$

예제 13.4

다음과 같이 주어진 상태 ρ와

$$\rho = \frac{3}{4}|0\rangle\langle 0| + \frac{1}{4}|1\rangle\langle 1|$$

상태 σ와 π 사이의 충실도를 계산하라.

$$\sigma = \frac{2}{3}|0\rangle\langle 0| + \frac{1}{3}|1\rangle\langle 1|, \quad \pi = \frac{1}{8}|0\rangle\langle 0| + \frac{7}{8}|1\rangle\langle 1|$$

식(13.18) 또는 식(13.22)를 이용해 충실도를 계산할 수 있는가? 예제 13.1의 결과와 비교해보자.

풀이

먼저 다음 값을 계산한다.

$$\rho^2 = \begin{pmatrix} \frac{3}{4} & 0 \\ 0 & \frac{1}{4} \end{pmatrix} \begin{pmatrix} \frac{3}{4} & 0 \\ 0 & \frac{1}{4} \end{pmatrix} = \begin{pmatrix} \frac{9}{16} & 0 \\ 0 & \frac{1}{16} \end{pmatrix}$$

$Tr(\rho^2)$ = 10/16 < 1이므로, ρ는 순수 상태가 아니다. 같은 방식으로 계산해보면 $Tr(\sigma^2)$ = 5/9 < 1이고, $Tr(\pi^2)$ = 50/64 < 1이므로, σ와 π 역시 혼합 상태가 되기에 식(13.18)은 적용할 수 없다. 하지만 모든 밀도 연산자가 계산 기저에 대해 대각 행렬로 표현되므로 식(13.22)를 사용할 수 있다.

$$\rho\sigma = \begin{pmatrix} \frac{3}{4} & 0 \\ 0 & \frac{1}{4} \end{pmatrix} \begin{pmatrix} \frac{2}{3} & 0 \\ 0 & \frac{1}{3} \end{pmatrix} = \begin{pmatrix} \frac{1}{2} & 0 \\ 0 & \frac{1}{12} \end{pmatrix}$$

$$\sigma\rho = \begin{pmatrix} \frac{2}{3} & 0 \\ 0 & \frac{1}{3} \end{pmatrix} \begin{pmatrix} \frac{3}{4} & 0 \\ 0 & \frac{1}{4} \end{pmatrix} = \begin{pmatrix} \frac{1}{2} & 0 \\ 0 & \frac{1}{12} \end{pmatrix}$$

즉, $[\rho, \sigma]$ = 0이 성립한다. 식(13.22)을 사용해 충실도를 구할 수 있다.

$$F(\rho, \sigma) = \sum_i \sqrt{r_i s_i} = \sqrt{\left(\frac{3}{4}\right)\left(\frac{2}{3}\right)} + \sqrt{\left(\frac{1}{4}\right)\left(\frac{1}{3}\right)} = \frac{1}{\sqrt{2}} + \frac{1}{\sqrt{12}} = \frac{1 + \sqrt{6}}{\sqrt{12}} = 0.996$$

충실도가 1에 가까우므로, 두 상태는 아주 비슷하다(겹치는 부분이 많다). 예제 13.1에서 계산했던 두 상태 간의 대각합 거리는 1/12이었고, 이 숫자는 작을수록 두 상태 사이의 '거리가' 멀지 않다는 것을 의미한다. 그러므로 상태가 비슷할수록 충실도 값은 높고, 대각합 거리는 작다.

다른 상태들 간의 충실도를 계산해보자.

$$F(\rho, \pi) = \sum_i \sqrt{r_i s_i} = \sqrt{\left(\frac{3}{4}\right)\left(\frac{1}{8}\right)} + \sqrt{\left(\frac{1}{4}\right)\left(\frac{7}{8}\right)} = \sqrt{\frac{3}{32}} + \sqrt{\frac{7}{32}} = \frac{\sqrt{3} + \sqrt{7}}{\sqrt{32}} = 0.774$$

충실도가 더 작다는 것은 두 상태의 겹치는 부분이 앞의 경우보다 적다는 것을 뜻한다. 예제 13.1에서 계산했던 두 상태 사이의 대각합 거리는 5/8이었다. 따라서 덜 비슷한 상태일 때는 충실도 값이 더 작고, 대각합 거리는 더 커진다.

충실도는 전이 확률 관점으로도 볼 수 있다. 즉, 상태 ρ가 σ로 바뀔 확률을 다음과 같이 쓸 수 있다.

$$\Pr(\rho \rightarrow \sigma) = (F(\rho, \sigma))^2 \tag{13.23}$$

예제 13.5

앞의 예제에서 상태 ρ가 σ나 π로 바뀔 확률은 각각 얼마인가?

풀이

ρ에서 σ로 변할 화률은 다음과 같다.

$$\Pr(\rho \rightarrow \sigma) = (F(\rho, \sigma))^2 = (0.996)^2 = 0.992$$

ρ에서 π로 변할 화률은 다음과 같다.

$$\Pr(\rho \rightarrow \pi) = (F(\rho, \pi))^2 = (0.774)^2 = 0.599$$

뷰어즈 거리 함수$^{\text{Bures distance function}}$는 충실도를 이용해 양자 상태 사이의 거리를 측정하는 함수다. 이 함수는 다음과 같이 정의된다.

$$d_B^2(\rho, \sigma) = 2(1 - F(\rho, \sigma)) \tag{13.24}$$

뷰어즈 거리 함수나 **수정된 뷰어즈 지표**$^{\text{modified Bures metric}}$는 충실도를 이용해 양자 상태 사이의 거리를 측정하는 함수다. 이 함수는 다음과 같이 식(13.24)와 동일하다.

$$d_B^2(\rho, \sigma) = 2(1 - F(\rho, \sigma)) \tag{13.25}$$

뷰어즈 거리는 다음과 같다.

$$d_B(\rho, \sigma) = 2 - 2\sqrt{F(\rho, \sigma)} \tag{13.26}$$

예제 13.6

예제 13.4의 상태에서 ρ와 π 사이의 뷰어즈 거리가 ρ와 σ 사이의 뷰어즈 거리보다 훨씬 큼을 보여라.

풀이

첫 번째 경우의 거리를 구해보면 다음과 같다.

$$d_B^2(\rho, \sigma) = 2(1 - F(\rho, \sigma)) = 2(1 - 0.996) = 0.008$$

두 번째 경우에 대한 거리는 다음과 같다.

$$d_B^2(\rho, \pi) = 2(1 - F(\rho, \pi)) = 2(1 - 0.774) = 0.452$$

$d_B^2(\rho, \pi) \gg d_B^2(\rho, \sigma)$이므로, 이번에도 ρ와 σ가 ρ와 π보다 훨씬 비슷하다는 것을 알 수 있다.

현실적인 관심 대상은 주어진 채널에 대한 **최소**^{minimum} 충실도 구하기인 경우가 많다. 주어진 양자 상태 $|\psi\rangle$를 알 수 없기 때문에 최소 충실도를 알아야 주어진 채널에 대한 최악의 경우를 분석할 수 있다.

예제 13.7

어떤 양자 채널의 비트 전환 오류 발생 확률 p = 1/9이다. 이 경우 비트 전환 채널의 최소 충실도는 얼마인가? 주어진 계는 순수 상태 $\rho = |\psi\rangle\langle\psi|$에서 출발한다고 가정하자.

풀이

비트 전환 채널에 대해서는 식(12.22)에서 설명한 바 있다. 큐비트가 그대로 보존될 확률을 p라 하면 비트 전환 오류가 발생할 확률은 1 − p다. 이를 나타내는 양자 컴퓨테이션은 다음과 같다.

$$\rho' = \Phi(\rho) = p\rho + (1-p)X\rho X$$

이 상태와 $\rho = |\psi\rangle\langle\psi|$ 사이의 충실도는 다음과 같다.

$$F(\rho, \rho') = F(\rho', \rho) = Tr(\sqrt{\sqrt{\rho'}\rho\sqrt{\rho'}}) = tr\sqrt{\sqrt{\rho'}(|\psi\rangle\langle\psi|)\sqrt{\rho'}}$$
$$= \sqrt{\langle\psi|\sqrt{\rho'}\sqrt{\rho'}|\psi\rangle} = \sqrt{\langle\psi|\rho'|\psi\rangle}$$

식(12.22)를 이용하면 충실도를 다음과 같이 간단히 표시할 수 있다.

$$F(\rho', \rho) = \sqrt{\langle\psi|(p\rho + (1-p)X\rho X)|\psi\rangle} = \sqrt{\langle\psi|(p|\psi\rangle\langle\psi| + (1-p)X|\psi\rangle\langle\psi|X)|\psi\rangle}$$
$$= \sqrt{p + (1-p)\langle\psi|X|\psi\rangle\langle\psi|X|\psi\rangle}$$
$$= \sqrt{p + (1-p)\langle\psi|X|\psi\rangle^2}$$

이제 가장 나쁜 경우인 F 값이 최소인 상태를 구해보자. 확률 p는 항상 $0 \leq p \leq 1$ 범위에 있으므로, 1 − p $\geq$ 0이 되므로, F 값이 가장 작은 때는 (1 − p) $\langle\psi|X|\psi\rangle^2$ = 0인 경우로 볼 수 있다. 따라서 $\langle\psi|X|\psi\rangle$ = 0이 되는 상태를 구하면 된다. $|\psi\rangle$가 다음과 같다면

$$|\psi\rangle = \frac{|0\rangle + i|1\rangle}{\sqrt{2}}$$

다음과 같이 정리할 수 있다.

$$\langle\psi|X|\psi\rangle = \left(\frac{\langle 0| - i\langle 1|}{\sqrt{2}}\right) X \left(\frac{|0\rangle + i|1\rangle}{\sqrt{2}}\right) = \left(\frac{\langle 0| - i\langle 1|}{\sqrt{2}}\right)\left(\frac{|1\rangle + i|0\rangle}{\sqrt{2}}\right)$$

$$= \frac{i\langle 0|0\rangle - i\langle 1|1\rangle}{2} = 0$$

$|\psi\rangle$가 순수 상태임을 확인해보자.

$$\rho = |\psi\rangle\langle\psi| = \frac{1}{2}\begin{pmatrix} 1 & -i \\ i & 1 \end{pmatrix}$$

$$\Rightarrow \rho^2 = \frac{1}{4}\begin{pmatrix} 2 & -2i \\ 2i & 2 \end{pmatrix}$$

따라서 $Tr(\rho^2) = \frac{1}{4}(2 + 2) = 1$이 성립하므로, 순수 상태다. 최솟값을 갖는 $\langle\psi|X|\psi\rangle = 0$일 때의 충실도 값은 다음과 같다.

$$F(\rho, \rho') = \sqrt{p}$$

p = 1/9인 경우 최소 충실도 값 $F_{min} = \sqrt{1/9} \approx 0.33$이 된다.

얽힘 형성과 동시성

다시 두 큐비트의 얽힘 상태에 대해 생각해보자. 상태가 얽혀 있는 정도는 얼마인가? 얽힘 상태를 만들기 위해 필요한 비용은 얼마인가? 두 가지 질문을 던져볼 수 있다. 얽힘을 특성 값으로 표현하는 방법 중 하나로 **동시성** concurrence 계산법이 있다. 원하는 얽힘 상태를 만드는 데 필요한 자원은 **얽힘**

형성^{entanglement of formation}을 계산하면 특성 값으로 표현할 수 있다.

동시성을 먼저 생각해보자. 동시성은 기본적으로 두 상태 $|\psi\rangle$와 $|\tilde{\psi}\rangle$가 중첩되는 정도를 말한다.

$$C(\psi) = |\langle \psi | \tilde{\psi} \rangle | \qquad (13.27)$$

이 식에서 $|\psi\rangle = Y \otimes Y|\psi^*\rangle$이고, $|\psi^*\rangle$는 $|\psi\rangle$ 상태의 켤레 복소수다. 동시성은 밀도 연산자를 이용한 물리량 $\rho(Y \otimes Y)\rho^{\dagger}(Y \otimes Y)$로도 계산할 수 있다.

예제 13.8

동시성을 이용해 얽힘의 정도를 측정할 수 있다. 다음 곱 상태의 경우 동시성 값이 0임을 보여라.

$$|\psi\rangle = |0\rangle \otimes |1\rangle$$

풀이

다음 관계가 성립하므로,

$$|\tilde{\psi}\rangle = Y \otimes Y|\psi\rangle = Y|0\rangle \otimes Y|1\rangle = -i|1\rangle \otimes i|0\rangle = |1\rangle \otimes |0\rangle$$

다음 결과를 얻을 수 있다.

$$\langle \tilde{\psi} | \psi \rangle = ((\langle 1| \otimes \langle 0|)(|0\rangle \otimes |1\rangle)) = \langle 1|0\rangle\langle 0|1\rangle = 0$$

그러므로 동시성은 0이 된다. 연산자의 행렬 표현으로도 동시성 값이 0이 됨을 확인할 수 있다. 먼저 다음 행렬 표현을 구할 수 있다.

$$Y \otimes Y = \begin{pmatrix} 0 & -iY \\ iY & 0 \end{pmatrix} = \begin{pmatrix} 0 & 0 & 0 & -1 \\ 0 & 0 & 1 & 0 \\ 0 & 1 & 0 & 0 \\ -1 & 0 & 0 & 0 \end{pmatrix}$$

주어진 상태에 대한 밀도 연산자의 행렬 표현은 다음과 같다.

$$\rho = |01\rangle\langle 01| = \begin{pmatrix} 0 & 0 & 0 & 0 \\ 0 & 1 & 0 & 0 \\ 0 & 0 & 0 & 0 \\ 0 & 0 & 0 & 0 \end{pmatrix}$$

따라서 다음과 같이 계산할 수 있다.

$\rho(Y \otimes Y)\rho^{\dagger}(Y \otimes Y)$

$$= \begin{pmatrix} 0 & 0 & 0 & 0 \\ 0 & 1 & 0 & 0 \\ 0 & 0 & 0 & 0 \\ 0 & 0 & 0 & 0 \end{pmatrix} \begin{pmatrix} 0 & 0 & 0 & -1 \\ 0 & 0 & 1 & 0 \\ 0 & 1 & 0 & 0 \\ -1 & 0 & 0 & 0 \end{pmatrix} \begin{pmatrix} 0 & 0 & 0 & 0 \\ 0 & 1 & 0 & 0 \\ 0 & 0 & 0 & 0 \\ 0 & 0 & 0 & 0 \end{pmatrix} \begin{pmatrix} 0 & 0 & 0 & -1 \\ 0 & 0 & 1 & 0 \\ 0 & 1 & 0 & 0 \\ -1 & 0 & 0 & 0 \end{pmatrix}$$

$$= \begin{pmatrix} 0 & 0 & 0 & 0 \\ 0 & 1 & 0 & 0 \\ 0 & 0 & 0 & 0 \\ 0 & 0 & 0 & 0 \end{pmatrix} \begin{pmatrix} 0 & 0 & 0 & -1 \\ 0 & 0 & 1 & 0 \\ 0 & 1 & 0 & 0 \\ -1 & 0 & 0 & 0 \end{pmatrix} \begin{pmatrix} 0 & 0 & 0 & 0 \\ 0 & 0 & 1 & 0 \\ 0 & 0 & 0 & 0 \\ 0 & 0 & 0 & 0 \end{pmatrix}$$

$$= \begin{pmatrix} 0 & 0 & 0 & 0 \\ 0 & 0 & 0 & 0 \\ 0 & 0 & 0 & 0 \\ 0 & 0 & 0 & 0 \end{pmatrix}$$

이 행렬의 고윳값으로 동시성을 계산할 수 있다. 이 행렬의 고윳값은 모두 0이므로 동시성 값도 0이 된다.

동시성을 정의하는 두 번째 방법은 다음과 같이 행렬의 고윳값을 이용하는 것이다.

$$R = \sqrt{\sqrt{\rho}\,\tilde{\rho}\,\sqrt{\rho}} \qquad\qquad (13.28)$$

이 행렬의 고웃값을 λ_1, λ_2, λ_3, λ_4라 하면 동시성 값은 다음 식으로 정의할 수 있다.

$$C(\rho) = \max\{0, \lambda_1 - \lambda_2 - \lambda_3 - \lambda_4\} \tag{13.29}$$

단, $\lambda_1 \geq \lambda_2 \geq \lambda_3 \geq \lambda_4$다. 다음 두 예제를 통해 얽힘 상태의 동시성에 대해 알아보자.

예제 13.9

다음 상태에 대한 동시성 값을 구하라.

$$|S\rangle = \frac{|01\rangle - |10\rangle}{\sqrt{2}}$$

풀이

이번에도 다음 식이 성립한다.

$$Y \otimes Y = \begin{pmatrix} 0 & -iY \\ iY & 0 \end{pmatrix} = \begin{pmatrix} 0 & 0 & 0 & -1 \\ 0 & 0 & 1 & 0 \\ 0 & 1 & 0 & 0 \\ -1 & 0 & 0 & 0 \end{pmatrix}$$

밀도 연산자는 다음과 같다.

$$\rho = |S\rangle\langle S| = \left(\frac{|01\rangle - |10\rangle}{\sqrt{2}} \right) \left(\frac{\langle 01| - \langle 10|}{\sqrt{2}} \right)$$
$$= \frac{1}{2}(|01\rangle\langle 01| - |01\rangle\langle 10| - |10\rangle\langle 01| + |10\rangle\langle 10|)$$

이 연산자는 다음 행렬로 표현할 수 있다.

$$\rho = \frac{1}{2} \begin{pmatrix} 0 & 0 & 0 & 0 \\ 0 & 1 & -1 & 0 \\ 0 & -1 & 1 & 0 \\ 0 & 0 & 0 & 0 \end{pmatrix}$$

따라서 다음과 같이 계산할 수 있다.

$\rho(Y \otimes Y)\rho^{\dagger}(Y \otimes Y)$

$$= \frac{1}{4} \begin{pmatrix} 0 & 0 & 0 & 0 \\ 0 & 1 & -1 & 0 \\ 0 & -1 & 1 & 0 \\ 0 & 0 & 0 & 0 \end{pmatrix} \begin{pmatrix} 0 & 0 & 0 & -1 \\ 0 & 0 & 1 & 0 \\ 0 & 1 & 0 & 0 \\ -1 & 0 & 0 & 0 \end{pmatrix} \begin{pmatrix} 0 & 0 & 0 & 0 \\ 0 & 1 & -1 & 0 \\ 0 & -1 & 1 & 0 \\ 0 & 0 & 0 & 0 \end{pmatrix} \begin{pmatrix} 0 & 0 & 0 & -1 \\ 0 & 0 & 1 & 0 \\ 0 & 1 & 0 & 0 \\ -1 & 0 & 0 & 0 \end{pmatrix}$$

$$= \frac{1}{4} \begin{pmatrix} 0 & 0 & 0 & 0 \\ 0 & 1 & -1 & 0 \\ 0 & -1 & 1 & 0 \\ 0 & 0 & 0 & 0 \end{pmatrix} \begin{pmatrix} 0 & 0 & 0 & -1 \\ 0 & 0 & 1 & 0 \\ 0 & 1 & 0 & 0 \\ -1 & 0 & 0 & 0 \end{pmatrix} \begin{pmatrix} 0 & 0 & 0 & 0 \\ 0 & -1 & 1 & 0 \\ 0 & 1 & -1 & 0 \\ 0 & 0 & 0 & 0 \end{pmatrix}$$

$$= \frac{1}{2} \begin{pmatrix} 0 & 0 & 0 & 0 \\ 0 & 1 & -1 & 0 \\ 0 & -1 & 1 & 0 \\ 0 & 0 & 0 & 0 \end{pmatrix}$$

이 행렬의 고윳값은 다음과 같다.

$$\lambda_1 = 1, \lambda_2 = \lambda_3 = \lambda_4 = 0$$

식(13.29)를 이용하면 다음과 같이 동시성을 구할 수 있다.

$$C(\rho) = \max\{0, \lambda_1 - \lambda_2 - \lambda_3 - \lambda_4\} = \max\{0, 1\} = 1$$

예제 13.10

다음 상태에 대한 동시성 값을 구하라.

$$|\psi\rangle = \frac{|00\rangle + |11\rangle}{\sqrt{2}}$$

풀이

주어진 상태에 대한 밀도 연산자는 다음과 같다.

$$\rho = |\psi\rangle\langle\psi| = \frac{1}{2}(|00\rangle\langle00| + |00\rangle\langle11| + |11\rangle\langle00| + |11\rangle\langle11|)$$

$$= \frac{1}{2}\begin{pmatrix} 1 & 0 & 0 & 1 \\ 0 & 0 & 0 & 0 \\ 0 & 0 & 0 & 0 \\ 1 & 0 & 0 & 1 \end{pmatrix}$$

따라서 다음과 같이 계산할 수 있다.

$\rho(Y \otimes Y)\rho^{\dagger}(Y \otimes Y)$

$$= \frac{1}{4}\begin{pmatrix} 1 & 0 & 0 & 1 \\ 0 & 0 & 0 & 0 \\ 0 & 0 & 0 & 0 \\ 1 & 0 & 0 & 1 \end{pmatrix}\begin{pmatrix} 0 & 0 & 0 & -1 \\ 0 & 0 & 1 & 0 \\ 0 & 1 & 0 & 0 \\ -1 & 0 & 0 & 0 \end{pmatrix}\begin{pmatrix} 1 & 0 & 0 & 1 \\ 0 & 0 & 0 & 0 \\ 0 & 0 & 0 & 0 \\ 1 & 0 & 0 & 1 \end{pmatrix}\begin{pmatrix} 0 & 0 & 0 & -1 \\ 0 & 0 & 1 & 0 \\ 0 & 1 & 0 & 0 \\ -1 & 0 & 0 & 0 \end{pmatrix}$$

$$= \frac{1}{4}\begin{pmatrix} 1 & 0 & 0 & 1 \\ 0 & 0 & 0 & 0 \\ 0 & 0 & 0 & 0 \\ 1 & 0 & 0 & 1 \end{pmatrix}\begin{pmatrix} 0 & 0 & 0 & -1 \\ 0 & 0 & 1 & 0 \\ 0 & 1 & 0 & 0 \\ -1 & 0 & 0 & 0 \end{pmatrix}\begin{pmatrix} -1 & 0 & 0 & -1 \\ 0 & 0 & 0 & 0 \\ 0 & 0 & 0 & 0 \\ -1 & 0 & 0 & -1 \end{pmatrix}$$

$$= \frac{1}{2}\begin{pmatrix} 1 & 0 & 0 & 1 \\ 0 & 0 & 0 & 0 \\ 0 & 0 & 0 & 0 \\ 1 & 0 & 0 & 1 \end{pmatrix}$$

고윳값을 구해보면 {1, 0, 0, 0}이므로, 동시성 값은 1이 된다.

다음 절에서는 아래 식으로 표현되는 새넌의 엔트로피에 대해 살펴본다.

$$h(p) = -p\log_2 p - (1-p)\log_2(1-p) \tag{13.30}$$

얽힘 형성^{entanglement of formation}은 동시성을 이용해 다음과 같이 정의할 수 있다.

$$E(\rho) = h\left(\frac{1 + \sqrt{1 - C(\rho)^2}}{2}\right) \tag{13.31}$$

얽힘 형성은 얽힘 상태를 만드는 데 필요한 자원을 수치화해 표현한 것이다.

예제 13.11

다음 베르너 상태에 대한 얽힘 형성 값을 구하라.

$$\rho = \frac{5}{6}|\phi^+\rangle\langle\phi^+| + \frac{1}{24}I_4 = \begin{pmatrix} \frac{11}{24} & 0 & 0 & \frac{5}{12} \\ 0 & \frac{1}{24} & 0 & 0 \\ 0 & 0 & \frac{1}{24} & 0 \\ \frac{5}{12} & 0 & 0 & \frac{11}{24} \end{pmatrix}$$

풀이

먼저 다음 행렬 표현을 구한다.

$$\rho(Y \otimes Y)\rho^\dagger(Y \otimes Y) \Rightarrow \rho^2 = \begin{pmatrix} \frac{221}{576} & 0 & 0 & \frac{55}{144} \\ 0 & \frac{1}{576} & 0 & 0 \\ 0 & 0 & \frac{1}{576} & 0 \\ \frac{55}{144} & 0 & 0 & \frac{221}{576} \end{pmatrix}$$

이 행렬의 고윳값은 다음과 같다.

$$\lambda_i = \left\{ \frac{49}{64}, \frac{1}{576}, \frac{1}{576}, \frac{1}{576} \right\}$$

식(13.29)를 이용해 동시성을 계산하면 다음과 같다.

$$C(\rho) = 0.76$$

식(13.31)을 통해 얽힘 형성을 계산할 수 있다.

$$
\begin{aligned}
E(\rho) &= -\frac{1+\sqrt{1-C(\rho)^2}}{2}\log_2\frac{1+\sqrt{1-C(\rho)^2}}{2} - \frac{1-\sqrt{1-C(\rho)^2}}{2}\log_2\frac{1-\sqrt{1-C(\rho)^2}}{2} \\
&= 0.67
\end{aligned}
$$

직접 해보기

예제 13.9의 경우에는 얽힘 형성이 1이 됨을 보이고, 예제 13.10의 경우에도 얽힘 형성이 1임을 보여라.

정보량과 엔트로피

엔트로피는 신호가 담고 있는 정보량을 정량화하는 방법이다. 난수 X가 있다고 하자. 엔트로피는 난수 X를 측정하기 전에는 알지 못하는 것이 어느 정도인지를 알려준다. 다른 방식으로 표현하면 X를 측정했을 때 얻을 수 있는 정보량이 얼마인지 알려주는 것이 엔트로피다.

각 사건의 발생 확률을 이용해 엔트로피를 정의한다. 전체 n개의 결과가 가능할 때 j번째 결과에 대한 확률을 p_j라고 하자. 새넌의 엔트로피 H는 다음과 같이 정의한다.

$$
H = -\sum_{j=1}^{n} p_j \log_2 p_j \tag{13.32}
$$

그림 13.1에서 엔트로피 함수 중 하나인 **이진 엔트로피 함수**^{binary entropy function} $H_2(x) = -x\log x - (1-x)\log(1-x)$를 볼 수 있다. 그림의 엔트로피 함수는 **오목**^{concave} 함수다. 즉, $0 \leq \lambda \leq 1$ 범위에서 다음 식이 성립한다.

$$
\lambda H(p) + (1-\lambda)H(q) \leq H(\lambda p + (1-\lambda)q) \tag{13.33}
$$

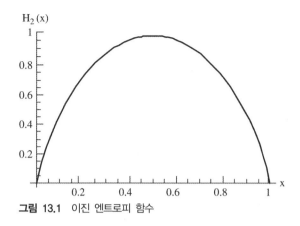

그림 13.1 이진 엔트로피 함수

엔트로피 값은 담고 있는 정보량이 가장 적을 때 가장 크다. 이산 확률 p_j의 경우에는 측정 결과들에 대한 출현 가능성이 동일할 때 결과에 대해 알고 있는 정보량이 가장 적다. 즉, 가능한 n개의 결과에 대한 각각의 확률이 다음과 같이 동일할 때다.

$$p_j = \frac{1}{n}$$

간단한 예로 이진 엔트로피 함수를 들 수 있다. 나올 수 있는 결과는 두 가지다. 두 경우에 대한 가능성이 동일하므로 $x = 1/2$이라고 하자. 이 경우 함수의 값은 다음과 같다.

$$-x \log x - (1 - x) \log(1 - x) = 1$$

(이 식의 로그 함수는 밑이 2인 이진 로그 함수다) 한쪽 결과의 발생 확률이 더 높다고 해보자. 예를 들어 $x = 0.2$라 하면 다른 쪽에 대한 확률은 $1 - x = 0.8$이 된다. 이런 상황에서는 한쪽의 발생 가능성이 더 높기 때문에 측정하기 전에도 상태에 대한 정보를 어느 정도 알고 있다고 할 수 있다. 이때의 함수 값은 다음과 같다.

$$-x \log x - (1 - x) \log(1 - x) = 0.72$$

$x = 0.05$, 즉 다른 결과가 나올 확률이 95%라면 함수 값은 다음과 같다.

$$-x \log x - (1 - x) \log(1 - x) = 0.29$$

따라서 어떤 결과가 나올지 완벽히 불확실한 상황이라면(나올 수 있는 모든 결과에 대한 확률이 동일하다면) 가능한 결과가 둘일 때의 엔트로피 값은 다음과 같다.

$$H(x) = 1$$

이때가 엔트로피 값이 최대가 되는 경우다. 그 외의 경우에는 다음 식이 성립한다.

$$H(x) < 1$$

일반적으로 엔트로피 값이 클수록 결과에 대해 알지 못하는 정도가 크다고 할 수 있다.

이제 두 개의 난수 X, Y가 있다고 하자. $X = x_i$, $Y = y_i$ 결과가 나올 확률을 $p(x, y)$라 하면 새넌 결합 엔트로피는 다음과 같다.

$$H(X, Y) = -\sum_{x, y} p(x, y) \log(p(x, y)) \tag{13.34}$$

엔트로피는 일반적으로 다음 저가산성 부등식을 만족한다.

$$H(X, Y) \leq H(X) + H(Y) \tag{13.35}$$

식(13.35)에서 등호는 X와 Y의 분포가 독립적일 때 성립한다. Y가 주어졌을 때 X에 대한 조건부 엔트로피^{conditional entropy}는 다음과 같다.

$$H(X|Y) = H(X, Y) - H(Y) \tag{13.36}$$

양자 상태에 대한 엔트로피를 정의하려면 섀넌 엔트로피의 유추 대상을 찾아야 한다. 식(13.32)의 확률 분포 부분 대신에 밀도 연산자를 사용하면 된다. 밀도 연산자가 ρ인 양자 상태의 엔트로피를 폰 노이만 엔트로피^{Von Neumann entropy}라 하며, 다음과 같이 정의한다.

$$S(\rho) = -Tr(\rho \log_2 \rho) \tag{13.37}$$

ρ와 σ 상태에 대한 폰 노이만 상대 엔트로피는 다음과 같다.

$$S(\rho\|\sigma) = Tr(\rho \log \rho) - Tr(\rho \log \sigma) \tag{13.38}$$

$S(\rho\|\sigma) \geq 0$이며, 등호는 $\rho = \sigma$일 때만 성립한다.

밀도 연산자 ρ의 고윳값이 λ_i라고 하자. 폰 노이만 엔트로피는 다음과 같이 고윳값을 이용해 표현할 수 있다.

$$S(\rho) = -\sum_i \lambda_i \log_2 \lambda_i \tag{13.39}$$

예제 13.12

큐비트의 최대 혼합 상태는 다음과 같다.

$$\rho = \begin{pmatrix} \dfrac{1}{2} & 0 \\ 0 & \dfrac{1}{2} \end{pmatrix}$$

이 상태의 폰 노이만 엔트로피는 얼마인가?

풀이

고윳값은 다음과 같다.

$$\{\lambda_1, \lambda_2\} = \left\{ \frac{1}{2}, \frac{1}{2} \right\}$$

식(13.39)를 이용해 다음과 같이 엔트로피를 구할 수 있다.

$$S(\rho) = - \sum_i \lambda_i \log_2 \lambda_i = - \frac{1}{2} \log_2 \left(\frac{1}{2} \right) - \frac{1}{2} \log_2 \left(\frac{1}{2} \right) = - \log_2 \left(\frac{1}{2} \right) = \log_2 2 = 1$$

일반적으로 n차원 힐베르트 공간의 양자계에서 완전 혼합 상태는 다음 엔트로피 값을 갖는다.

$$\log_2 n \tag{13.40}$$

예제 13.13

다음 두 상태의 엔트로피를 구하라.

$$\rho = \begin{pmatrix} \frac{3}{4} & 0 \\ 0 & \frac{1}{4} \end{pmatrix}, \quad \sigma = \begin{pmatrix} \frac{9}{10} & 0 \\ 0 & \frac{1}{10} \end{pmatrix}$$

풀이

두 상태를 살펴보자. 결과에 대한 정보가 ρ 상태 쪽이 더 작기 때문에 ρ의 엔트로피가 더 클 것으로 예상된다. ρ의 고윳값을 식(13.39)에 사용하면 다음 엔트로피를 구할 수 있다.

$$S(\rho) = -\frac{3}{4} \log_2\left(\frac{3}{4}\right) - \frac{1}{4} \log_2\left(\frac{1}{4}\right) = 0.81$$

σ에 대한 엔트로피는 다음과 같다.

$$S(\sigma) = -\frac{9}{10} \log_2\left(\frac{9}{10}\right) - \frac{1}{10} \log_2\left(\frac{1}{10}\right) = 0.47$$

직관이 옳았음이 확인됐다. σ 상태에서 결과가 $|0\rangle$가 나올 확률이 훨씬 더 높을 것이 분명하기 때문에 더 많은 정보를 알고 있다고 할 수 있다.

예제 13.14

다음 상태의 엔트로피를 구하라.

$$\rho = \begin{pmatrix} \dfrac{1}{2} & \dfrac{1}{4} \\ \dfrac{1}{4} & \dfrac{1}{2} \end{pmatrix}$$

풀이

행렬의 고윳값은 다음과 같다.

$$\lambda_{1,2} = \left\{ \frac{3}{4}, \frac{1}{4} \right\}$$

이 상태는 순수 상태일까, 혼합 상태일까? 예제 5.5에서 이 상태를 접한 적이 있으며, 다음 결과를 얻었었다.

$$\rho^2 = \begin{pmatrix} \dfrac{1}{2} & \dfrac{1}{4} \\ \dfrac{1}{4} & \dfrac{1}{2} \end{pmatrix} \begin{pmatrix} \dfrac{1}{2} & \dfrac{1}{4} \\ \dfrac{1}{4} & \dfrac{1}{2} \end{pmatrix} = \begin{pmatrix} \dfrac{5}{16} & \dfrac{1}{4} \\ \dfrac{1}{4} & \dfrac{5}{16} \end{pmatrix}$$

$$\Rightarrow Tr(\rho^2) = \frac{5}{16} + \frac{5}{16} = \frac{10}{16} = \frac{5}{8}$$

따라서 이 상태는 혼합 상태다. 형태는 매우 달라 보이지만, 엔트로피 값은 이전 예제의 행렬과 같다.

$$S(\rho) = -\frac{3}{4} \log_2 \left(\frac{3}{4} \right) - \frac{1}{4} \log_2 \left(\frac{1}{4} \right) = 0.81$$

완전 혼합 상태의 엔트로피가 가장 크고, 순수 상태의 엔트로피가 가장 작다.

예제 13.15

다음 상태의 엔트로피를 구하라.

$$|\psi\rangle = \frac{|0\rangle + |1\rangle}{\sqrt{2}}$$

풀이

밀도 연산자를 먼저 적어보자.

$$\rho = |\psi\rangle\langle\psi| = \left(\frac{|0\rangle + |1\rangle}{\sqrt{2}} \right) \left(\frac{\langle 0| + \langle 1|}{\sqrt{2}} \right)$$

$$= \frac{1}{2} (|0\rangle\langle 0| + |0\rangle\langle 1| + |1\rangle\langle 0| + |1\rangle\langle 1|)$$

이 밀도 연산자의 행렬 표현은 다음과 같다.

$$\rho = \frac{1}{2} \begin{pmatrix} 1 & 1 \\ 1 & 1 \end{pmatrix}$$

행렬의 고윳값은 다음과 같고,

$$\lambda_{1,2} = \{1, 0\}$$

다음 관계를 이용해 엔트로피를 계산하자.

$$\lim_{x \to 0} x \log x = 0$$

따라서 $\lambda = 1$인 경우만 생각하면 되므로, 다음과 같이 계산할 수 있다.

$$S(\rho) = -\log_2(1) = 0$$

이 상태는 순수 상태며, 엔트로피 값이 0이다. 측정하기 전에 상태를 확실히 알고 있다. 다시 말하면 계의 상태에 대한 무지의 정도가 없다.

n차원의 양자 상태 엔트로피는 다음 부등식을 만족한다.

$$\log_2 n \geq S(\rho) \geq 0 \tag{13.41}$$

예제를 통해 양극단을 살펴봤다. 모든 결과에 대한 확률이 $p_i = 1/n$으로 동일한 완전 혼합 상태의 엔트로피는 $\log_2 n$이다. 순수 상태에 대한 엔트로피는 식(13.41)의 하한 값인 0이다. 다음 예제를 통해 살펴보겠지만, 폰 노이만 엔트로피 값은 기저가 바뀌어도 변하지 않는다.

예제 13.16

$\rho = \frac{3}{4}|+\rangle\langle+| + \frac{1}{4}|-\rangle\langle-|$라 하자. 이 상태에 대한 엔트로피 값이 기저가 바뀌어도 변하지 않음을 보여라.

풀이

주어진 상태는 다음 행렬로 표현할 수 있다.

$$\rho = \begin{pmatrix} \dfrac{3}{4} & 0 \\ 0 & \dfrac{1}{4} \end{pmatrix}$$

이 행렬은 $\{|\pm\rangle\}$ 기저에 대한 표현이다. 고윳값 $\lambda_{1,2} = \{\frac{3}{4}, \frac{1}{4}\}$이 되며, 이 경우에 대한 엔트로피 값은 다음과 같았다.

$$S(\rho) = -\frac{3}{4} \log_2 \left(\frac{3}{4} \right) - \frac{1}{4} \log_2 \left(\frac{1}{4} \right) = 0.81$$

계산 기저에 대해 이 상태를 표현하면 어떻게 될까? 이 경우의 행렬 표현은 다음과 같다.

$$\rho = \begin{pmatrix} \dfrac{1}{2} & \dfrac{1}{4} \\ \dfrac{1}{4} & \dfrac{1}{2} \end{pmatrix}$$

이 행렬은 예제 13.14에서 이미 만나본 적이 있다. 고윳값이 동일하므로, 엔트로피를 다음과 같이 계산할 수 있다.

$$S(\rho) = -\frac{3}{4} \log_2 \left(\frac{3}{4} \right) - \frac{1}{4} \log_2 \left(\frac{1}{4} \right) = 0.81$$

이번에는 큐비트의 텐서곱 형태인 상태를 생각해보자. 구분 가능한 복합 상태라면, 즉 곱 상태의 형태가 $\rho \otimes \sigma$라면 엔트로피는 다음처럼 더해서 구할 수 있다.

$$S(\rho \otimes \sigma) = S(\rho) + S(\sigma) \tag{13.42}$$

일반적으로 엔트로피는 저가산성을 갖고 있다. ρ_A, ρ_B를 복합계 ρ의 축소 밀도 행렬이라고 하자. 저가산성 부등식에 따라 다음 관계가 성립한다.

$$S(\rho) \leq S(\rho_A) + S(\rho_B) \tag{13.43}$$

식(13.43)의 결과가 알려주는 것은 얽힌계에서 최대한 정보를 얻어내려면 전체 계를 고려해야 한다는 점이다(즉, $S(\rho)$의 값이 축소 밀도 행렬의 엔트로피 합보다 작은 이유는 전체 계를 고려할 경우 무지의 정도가 줄어들기 때문인 것이다). 각자 자신의 축소 밀도 행렬 ρ_A, ρ_B만 갖고 있는 앨리스와 밥은 자신의 하부계만을 고려하게 되므로, 상태에 대한 무지의 정도가 더 크다.

예제 13.17

앨리스와 밥이 다음 벨 상태의 EPR 쌍을 각자 하나씩 갖고 있다.

$$|\beta_{10}\rangle = \frac{|0_A\rangle|0_B\rangle - |1_A\rangle|1_B\rangle}{\sqrt{2}}$$

전체 계의 엔트로피를 구하고, 앨리스와 밥의 엔트로피를 구하라.

풀이

식(5.15)에서 이 상태에 대한 밀도 연산자가 다음과 같음을 구한 적이 있다.

$$\rho = |\beta_{10}\rangle\langle\beta_{10}|$$
$$= \left(\frac{|0_A\rangle|0_B\rangle - |1_A\rangle|1_B\rangle}{\sqrt{2}}\right)\left(\frac{\langle 0_A|\langle 0_B| - \langle 1_A|\langle 1_B|}{\sqrt{2}}\right)$$
$$= \frac{|0_A\rangle|0_B\rangle\langle 0_A|\langle 0_B| - |0_A\rangle|0_B\rangle\langle 1_A|\langle 1_B| - |1_A\rangle|1_B\rangle\langle 0_A|\langle 0_B| + |1_A\rangle|1_B\rangle\langle 1_A|\langle 1_B|}{2}$$

이 연산자는 다음 행렬로 표현할 수 있다.

$$\rho = \frac{1}{2} \begin{pmatrix} 1 & 0 & 0 & -1 \\ 0 & 0 & 0 & 0 \\ 0 & 0 & 0 & 0 \\ -1 & 0 & 0 & 1 \end{pmatrix}$$

이 행렬의 고윳값은 다음과 같다.

$$\lambda_{1,2,3,4} = \{1, 0, 0, 0\}$$

구하는 엔트로피가 $S(\rho)$ = -log 1 = 0임을 금방 알 수 있다. 앨리스와 밥 각자가 보는 상태를 구하려면 이 밀도 행렬의 부분 대각합을 구해야 한다. 5장에서 구한 밥의 축소 밀도 행렬은 다음과 같다.

$$\rho_B = \frac{1}{2} \begin{pmatrix} 1 & 0 \\ 0 & 1 \end{pmatrix}$$

완전 혼합 상태인 이 상태의 엔트로피는 다음과 같다.

$$S_B(\rho_B) = -\log_2 \left(\frac{1}{2} \right) = 1$$

앨리스에 대해서도 마찬가지 결과를 얻을 수 있으며, 식(13.43)을 만족한다는 것을 확인할 수 있다.

연습문제

13.1. 예제 13.3의 밀도 행렬을 {|±⟩} 기저로 표현하고 $\frac{1}{2} Tr \sqrt{(\rho - \sigma)^\dagger (\rho - \sigma)}$ 값을 계산해 $\delta(\rho, \sigma)$ = $3/4\sqrt{5}$임을 확인하라

13.2. $\rho = \sum_i r_i |u_i\rangle \langle u_i|$, $\sigma = \sum_i s_i |u_i\rangle \langle u_i|$라 하자. 식(13.22)를 증명하라.

13.3. 다음 상태 ρ와 σ, π 상태 사이의 대각합 거리와 충실도를 계산하라.

$$\rho = \frac{4}{7}|0\rangle\langle 0| + \frac{3}{7}|1\rangle\langle 1|$$

$$\sigma = \frac{2}{3}|0\rangle\langle 0| + \frac{1}{3}|1\rangle\langle 1|, \quad \pi = \frac{3}{5}|0\rangle\langle 0| + \frac{2}{5}|1\rangle\langle 1|$$

13.4. 위상 전환 오류가 발생할 확률 p = 1/11인 양자 채널이 있다. 이 경우 최소 충실도를 이끌어내는 순수 상태는 무엇인가? 이때 비트 전환 채널의 최소 충실도는 얼마인가? 계의 초기 상태는 순수 상태 $\rho = |\psi\rangle\langle\psi|$라고 하자.

13.5. 다음 베르너 상태에 대한 동시성 값을 구하라.

$$\rho = \begin{pmatrix} \frac{7}{16} & 0 & 0 & \frac{3}{8} \\ 0 & \frac{1}{16} & 0 & 0 \\ 0 & 0 & \frac{1}{16} & 0 \\ \frac{3}{8} & 0 & 0 & \frac{7}{16} \end{pmatrix}$$

13.6. 연습문제 13.5의 상태에 대한 얽힘 형성 값을 구하라.

13.7. 다음 상태의 엔트로피를 구하라.

$$\rho = \begin{pmatrix} \frac{5}{6} & 0 \\ 0 & \frac{1}{6} \end{pmatrix}$$

13.8. 다음 상태의 엔트로피를 구하라.

$$|\psi\rangle = \frac{2}{3}|0\rangle + \frac{\sqrt{5}}{3}|1\rangle$$

13.9. 예제 5.11에 나온 다음 상태들의 곱 상태 $|A\rangle|B\rangle$를 생각해보자.

$$|A\rangle = \frac{|0\rangle - i|1\rangle}{\sqrt{2}}, \quad |B\rangle = \sqrt{\frac{2}{3}}|0\rangle + \frac{1}{\sqrt{3}}|1\rangle$$

밀도 행렬이 다음과 같을 때

$$\rho = \begin{pmatrix} \dfrac{1}{3} & \dfrac{1}{\sqrt{18}} & \dfrac{i}{3} & \dfrac{i}{\sqrt{18}} \\[2mm] \dfrac{1}{\sqrt{18}} & \dfrac{1}{6} & \dfrac{i}{\sqrt{18}} & \dfrac{i}{6} \\[2mm] \dfrac{-i}{3} & \dfrac{-i}{\sqrt{18}} & \dfrac{1}{3} & \dfrac{1}{\sqrt{18}} \\[2mm] \dfrac{-i}{\sqrt{18}} & \dfrac{-i}{6} & \dfrac{1}{\sqrt{18}} & \dfrac{1}{6} \end{pmatrix}$$

(A) $|A\rangle|B\rangle$에 대한 밀도 연산자의 엔트로피가 0임을 보여라.

(B) 앨리스에게만 보이는 밀도 연산자 ρ_A의 엔트로피를 구하라.

13.10. 다음 상태와

$$|\psi\rangle = \sqrt{\frac{3}{7}}|0\rangle + \frac{2}{\sqrt{7}}|1\rangle$$

다음 상태에 대한 밀도 연산자를 생각해보자.

$$|\phi\rangle = \sqrt{\frac{2}{3}}|0\rangle + \frac{1}{\sqrt{3}}|1\rangle$$

어느 상태의 엔트로피가 더 높은가?

14
단열 양자 컴퓨테이션

단열 양자 컴퓨테이션^{adiabatic quantum computation}은 양자 컴퓨테이션에 대한 다른
접근 방식으로, 양자계의 시간 변화를 이용한다. 단열 과정을 설명하기 전에
양자계의 동역학을 빠르게 복습해보자. 양자 상태 $|\psi(t)\rangle$의 시간 변화는 슈뢰
딩거 방정식으로 표현할 수 있다.

$$i\hbar \frac{\partial |\psi(t)\rangle}{\partial t} = H|\psi(t)\rangle \tag{14.1}$$

H는 해밀토니안 연산자를 뜻한다. 해밀토니안 연산자는 계의 총 에너지를
나타내며, 운동 에너지와 위치 에너지 항으로 표현할 수 있다.

$$H = \frac{p^2}{2m} + V = -\frac{\hbar^2}{2m}\nabla^2 + V \tag{14.2}$$

∇^2은 라플라시안 연산자, V는 위치 에너지 함수를 뜻한다. 1차원이라면 식
(14.2)는 다음과 같이 쓸 수 있다.

$$H = \frac{p^2}{2m} + V = -\frac{\hbar^2}{2m}\frac{\partial^2}{\partial x^2} + V \tag{14.3}$$

대부분의 경우 위치 에너지 함수 V는 시간에 따라 변하지 않는다. 그렇다면 식(14.1)의 해는 공간 좌표 함수와 시간 함수의 곱으로 나타낼 수 있다. 따라서 1차원 공간의 해는 다음과 같은 형태가 된다.

$$\Psi(x, t) = \psi(x) f(t) \tag{14.4}$$

식(14.4)를 식(14.1)에 대입하고, 식(14.3)을 이용하면 그리 어렵지 않게 다음 해를 구할 수 있다.

$$\Psi(x, t) = \psi(x) e^{-iEt/\hbar} \tag{14.5}$$

슈뢰딩거 방정식의 해는 **파동 함수**^{wave function}다. 식(14.5)를 식(14.1)에 넣으면 시간 독립적인 슈뢰딩거 방정식이 되고, 공간 부분에 대한 해인 파동 방정식을 구할 수 있다.

$$-\frac{\hbar^2}{2m}\frac{d^2\psi}{dx^2} + V(x)\psi = E\psi \tag{14.6}$$

E는 계의 에너지를 뜻한다. 파동 함수의 절댓값을 제곱하면 확률 밀도 함수가 되고, $|\Psi(x, t)|^2 dx$는 입자가 dx 구간에 존재할 확률을 뜻한다. 전체 공간에 대한 확률의 합은 1이어야 하므로, 파동 함수의 정규화 조건은 다음과 같다.

$$\int_{-\infty}^{\infty} |\Psi(x, t)|^2 \, dx = 1 \tag{14.7}$$

식(14.5)와 같은 형태의 해를 **정상해**^{stationary}라고 한다. 이렇게 부르는 이유는 식(14.5)의 절댓값의 제곱을 계산해보면 확률 밀도가 시간에 따라 변하지 않는 정적인 형태이기 때문이다.

$$|\Psi(x, t)|^2 = |\psi(x)e^{-iEt/\hbar}|^2 = (\psi^*(x)e^{iEt/\hbar})(\psi(x)e^{-iEt/\hbar}) = |\psi(x)|^2 \tag{14.8}$$

해밀토니안 $\Phi_n(x, t) = \phi_n(x)f_n(t)$의 고유 상태는 계의 에너지 값 E_n을 고웃값으로 갖는다. 속박 상태의 에너지 준위는 이산적이다. 즉, 계는 사다리처럼 특정한 값의 에너지만 가질 수 있다. 속박되지 않은 계는 연속적인 에너지 값을 갖는다(어떤 에너지 값도 존재할 수 있다). 시간 의존적 슈뢰딩거 방정식의 일반해는 에너지 고유 상태의 중첩이라 할 수 있다.

$$\Psi(x, t) = \sum_n c_n \phi_n(x) \exp\left(-i\frac{E_n t}{\hbar}\right) \tag{14.9}$$

계가 가질 수 있는 가장 낮은 에너지 상태를 바닥 상태$^{\text{ground state}}$라 한다.

예제 14.1

위치 에너지 함수가 다음과 같은 비대칭 무한 사각형 우물$^{\text{infinite unsymmetric}}$ $^{\text{square well}}$에 대한 슈뢰딩거 방정식의 일반해를 구하라.

$$V(x) = \begin{cases} +\infty & x < 0 \\ 0 & 0 \leq x \leq a \\ +\infty & x \rangle a \end{cases}$$

풀이

무한 사각형 우물에 갇힌 입자는 속박계에 속한다. 따라서 이 계는 이산적 에너지 준위를 갖는다. 우물 경계의 위치 에너지는 무한이다. 파동 함수는 이 영역 밖에서는 존재하지 않으며, 경계에서 연속이어야 한다. 우물 내부의 시간 독립적 슈뢰딩거 방정식인 식(14.6)은 다음과 같이 쓸 수 있다.

$$\frac{d^2\psi}{dx^2} + k^2\psi = 0 \tag{14.10}$$

k^2은 다음과 같이 정의한다.

$$k^2 = \frac{2mE}{\hbar^2} \tag{14.11}$$

식(14.10)는 다음 해를 갖는다.

$$\psi(x) = A \sin kx + B \cos kx \tag{14.12}$$

상수 A, B는 경계 조건에 따라 정해진다. 첫 번째 경계 조건은 왼쪽 경계에서 파동 함수가 사라진다는 조건, 즉 $\psi(0) = 0$이다. 이 조건에 따라 $B = 0$이다. 또 다른 경계 조건 $\psi(a) = 0$으로 다음 결론을 얻을 수 있다.

$$k_n a = n\pi \tag{14.13}$$

$n = 1, 2, 3, \ldots$이다. 이 결과를 식(14.11)과 함께 사용하면 계가 가질 수 있는 에너지 값을 다음과 같이 구할 수 있다.

$$E_n = \frac{\hbar^2}{2m} k_n^2 = \frac{\hbar^2 \pi^2}{2ma^2} n^2, \quad n = 1, 2, 3, \ldots \tag{14.14}$$

따라서 다음과 같은 형태의 파동 함수를 얻을 수 있다.

$$\psi_n(x) = \sqrt{\frac{2}{a}} \sin\left(\frac{n\pi}{a}x\right), \quad n = 1, 2, 3, \ldots \tag{14.15}$$

상수 $\sqrt{2/a}$를 정규화 상수라 한다. 정규화 상수는 다음 식으로 계산할 수 있다.

$$1 = \int_{-\infty}^{\infty} \psi_n^*(x) \psi_n(x)\, dx \tag{14.16}$$

식(14.10)의 가장 일반적인 해는 가능한 모든 해의 중첩이라 할 수 있다.

$$\Psi(x, t) = \sum_{n=1}^{\infty} \psi_n(x) e^{-i E_n t/\hbar} = \sqrt{\frac{2}{a}} \sum_{n=1}^{\infty} \sin\left(\frac{n\pi x}{a}\right) \exp\left(-i\frac{n^2\pi^2\hbar}{2ma^2}t\right) \qquad (14.17)$$

단열 과정

단열 과정은 계의 특성 시간(즉, 계의 변화가 일어나는 시간 단위)에 비해 해밀토니안의 변화율이 느린 과정이다. 계의 특성 시간 단위를 T_c라 하고, 시간에 따른 해밀토니안의 변화를 T_H라 하면 단열 과정의 조건을 다음과 같이 쓸 수 있다.

$$T_H \gg T_c \qquad (14.18)$$

양자역학에서의 단열 과정은 해밀토니안 초깃값 H_{init}이 최종 해밀토니안 H_{final}로 T_H 시간 단위 동안 천천히 변하는 것이다.

$$H_{init} \underset{slowly}{\longrightarrow} H_{final} \qquad (14.19)$$

단열 정리에 따르면 계가 H_{init}의 n번째 에너지 고유 상태에 있었다면 단열 과정 이후에도 H_{final}의 n번째 에너지 고유 상태에 있어야 한다. 단열 변화에서 변화의 시간 단위는 바닥 상태와 첫 번째 들뜬 상태의 에너지 차이와 비례해야 한다.

$$T \propto \frac{1}{\Delta E} \qquad (14.20)$$

예제 14.2

입자의 위치 에너지가 다음과 같고 폭이 a인 비대칭 무한 사각형 우물에 갇혀 있다고 하자.

$$V(x) = \begin{cases} +\infty & x < 0 \\ 0 & 0 \leq x \leq a \\ +\infty & x \rangle a \end{cases}$$

이 입자가 바닥 상태에 있다. 우물의 폭이 아주 천천히 $3a$로 넓혀졌다면 계의 상태는 어떻게 바뀌는가?

풀이

이 문제에서 H_{init}은 예제 14.1의 해밀토니안이다. 계는 바닥 상태에서 시작하므로, 식(14.15)에 $n = 1$을 대입하면 다음 결과가 나온다.

$$\psi_{init}(x) = \sqrt{\frac{2}{a}} \sin\left(\frac{\pi}{a}x\right) \tag{14.21}$$

식(14.14)를 이용해 입자의 에너지를 구하자.

$$E_{init} = \frac{\hbar^2 \pi^2}{2ma^2}$$

식(14.15)의 $a \rightarrow 3a$로 바꾸면 H_{final}의 에너지 고유 상태를 구할 수 있다.

$$\psi_n(x) = \sqrt{\frac{2}{3a}} \sin\left(\frac{n\pi}{3a}x\right), \quad n = 1, 2, 3, \ldots \tag{14.22}$$

각 상태는 다음 에너지 값에 대응된다.

$$E_n = \frac{\hbar^2 \pi^2}{18\,ma^2} n^2, \quad n = 1, 2, 3, \ldots \tag{14.23}$$

우물을 넓히면 에너지 값이 작아지는 것을 볼 수 있다. 단열 정리에 따라 우물을 천천히 넓히면 H_{init}의 n번째 에너지 고유 상태에 있던 계는 H_{final}의 n번째 고유 상태로 바뀐다. 바닥 상태에서 출발했으므로, 식(14.22)의 새로운 해밀토니안의 바닥 상태로 바뀐다.

$$\psi_{final}(x) = \sqrt{\frac{2}{3a}} \sin\left(\frac{\pi}{3a} x\right)$$

입자의 최종 에너지는 다음과 같다.

$$E_{final} = \frac{\hbar^2 \pi^2}{18\,ma^2}$$

이런 변화를 구현하려면 어떤 종류의 시간 단위를 사용해야 할까? 식(14.5)를 보면 필요한 시간은 $e^{-iEt/\hbar}$ 형태로 표현할 수 있다. 특성 시간은 다음과 같은 방식으로 추정할 수 있다.

$$t_c = \frac{\hbar}{\Delta E} = \frac{\hbar}{(4\hbar^2\pi^2/2ma^2) - (\hbar^2\pi^2/2ma^2)} = \frac{2ma^2}{3\hbar\pi^2} \tag{14.24}$$

바닥 상태와 첫 번째 들뜬 상태의 에너지 차이를 구하고자 식(14.14)에 $n = 2$를 대입해 $E_2 = 4\hbar^2\pi^2/2ma^2$ 값을 얻어 사용했다. 따라서 위치 에너지 우물의 벽을 확장하는 시간이 다음 조건을 만족하면

$$T \gg \frac{2ma^2}{3\hbar\pi^2}$$

이 과정은 단열 과정이 된다.

단열 양자 컴퓨테이션

단열 양자 컴퓨테이션은 다음 단계로 단열 과정을 수행해 연산을 처리한다.

- 연산 결과를 얻는 데 사용할 큐비트의 초기 상태를 만든다.
- 초기 해밀토니안에서 아주 천천히(단열 과정으로) 해가 담긴 고유 상
  태가 존재하는 최종 해밀토니안으로 변환한다.

좀 더 형식을 갖춰 이 과정을 살펴보자. 단열 과정은 준비하기 쉬운 해밀토니
안에서 시작한다. 이 해밀토니안에는 만들기 쉬운 바닥 상태가 있어야 한다.
전형적인 예로 파울리 연산자로 구성된 해밀토니안이 있다.

$$H_{init} = -\sum_j X^{(j)} \tag{14.25}$$

이제 **문제 해밀토니안**$^{problem\ Hamiltonian}$을 선택하자. 문제 해밀토니안의 바닥 상
태에는 풀고자 하는 문제의 해가 담겨 있다.

$$H_{final} = \sum_x c_x |x\rangle\langle x| \tag{14.26}$$

보간 해밀토니안을 이용해 H_{init}과 H_{final}을 연결한다. 연산이 완료되는 전체
시간이 T라고 할 때 $s = t/T$이고 $0 \leq s \leq 1$이라 하면 다음과 같이 연결할
수 있다.

$$\tilde{H} = (1 - s)H_{init} + sH_{final} \tag{14.27}$$

예제 14.3

단열 양자 컴퓨테이션을 이용해 아다마르 게이트를 구현하는 방법을 설명
하라.

풀이

먼저 아다마르 게이트의 동작을 떠올려보자. 아다마르 게이트는 다음과 같이 계산 기저에서 중첩 상태를 생성한다.

$$H|0\rangle = \frac{|0\rangle + |1\rangle}{\sqrt{2}}, \quad H|1\rangle = \frac{|0\rangle - |1\rangle}{\sqrt{2}}$$

아다마르 게이트는 계산 기저에서 다음과 같이 표현된다.

$$H = \frac{1}{\sqrt{2}} \begin{pmatrix} 1 & 1 \\ 1 & -1 \end{pmatrix}$$

단열 양자 컴퓨테이션으로 아다마르 게이트를 구현하려면 계산 기저에서 중첩 상태를 생성하는 해밀토니안을 찾고, 만들기 쉬운 기저 상태를 가진 초기 해밀토니안을 찾아야 한다. 다음 해밀토니안이 이 조건을 만족한다.

$$H_{init} = -|0\rangle\langle 0| + |1\rangle\langle 1|$$

이 해밀토니안의 행렬 표현은 다음과 같다.

$$H_{init} \doteq \begin{pmatrix} \langle 0|H_{init}|0\rangle & \langle 0|H_{init}|1\rangle \\ \langle 1|H_{init}|0\rangle & \langle 1|H_{init}|1\rangle \end{pmatrix} = \begin{pmatrix} -1 & 0 \\ 0 & 1 \end{pmatrix}$$

이 행렬의 특성 방정식은 다음과 같다.

$$0 = \det|H_{init} - I| = \det\left|\begin{pmatrix} -1 & 0 \\ 0 & 1 \end{pmatrix} - \begin{pmatrix} \lambda & 0 \\ 0 & \lambda \end{pmatrix}\right| = \det\begin{vmatrix} -1-\lambda & 0 \\ 0 & 1-\lambda \end{vmatrix} = -1 + \lambda^2$$

따라서 (H_{init} 해밀토니안을 표현한) 이 행렬의 고윳값은 다음과 같다.

$$\lambda_{0.1} = \pm 1$$

해밀토니안의 고윳값이 계의 에너지 준위다. 바닥 상태의 에너지가 가장 낮으므로, 바닥 상태는 $\lambda_0 = -1$인 경우가 된다. 이 고윳값에 해당하는 고유 벡터는 다음과 같다.

$$\begin{pmatrix} -1 & 0 \\ 0 & 1 \end{pmatrix} \begin{pmatrix} a \\ b \end{pmatrix} = -\begin{pmatrix} a \\ b \end{pmatrix}$$

따라서 다음 방정식을 얻을 수 있다.

$$-a = -a, \quad \Rightarrow a = 1$$
$$b = -b, \quad \Rightarrow b = 0$$

$a = 1$을 대입하면 정규화된(노름이 1인) 고유 벡터가 나온다. $\lambda_0 = -1$에 해당하는 고유 벡터는 H_{init}의 바닥 상태다.

$$|u_0\rangle = \begin{pmatrix} 1 \\ 0 \end{pmatrix} = |0\rangle$$

$\lambda_1 = 1$을 선택하고 비슷한 과정을 거치면 H_{init}의 두 번째 고유 벡터를 구할 수 있다.

$$|u_1\rangle = \begin{pmatrix} 0 \\ 1 \end{pmatrix} = |1\rangle$$

이제 최종 해밀토니안을 살펴보자. 다음과 같이 중첩 상태를 만들 수 있다.

$$H_{final} = -|0\rangle\langle 1| - |1\rangle\langle 0| = \begin{pmatrix} 0 & -1 \\ -1 & 0 \end{pmatrix} = -X$$

결과를 알아차린 독자도 있겠지만, 고유 벡터를 직접 구해보자. 먼저 특성 방정식을 푼다.

$$0 = \det \left| H_{final} - I \right| = \det \left| \begin{pmatrix} 0 & -1 \\ -1 & 0 \end{pmatrix} - \begin{pmatrix} \lambda & 0 \\ 0 & \lambda \end{pmatrix} \right| = \det \begin{vmatrix} -\lambda & -1 \\ -1 & -\lambda \end{vmatrix} = \lambda^2 - 1$$

$$\Rightarrow \lambda_{0,1} = \pm 1$$

고윳값이 가장 작은 가장 낮은 에너지를 선택해 바닥 상태를 구할 수 있다. λ_0 = −1을 선택하면 다음 결과를 얻을 수 있다.

$$H_{final} |v_0\rangle = \begin{pmatrix} 0 & -1 \\ -1 & 0 \end{pmatrix} \begin{pmatrix} a \\ b \end{pmatrix} = - \begin{pmatrix} a \\ b \end{pmatrix}$$

그러면 다음 방정식을 얻을 수 있다.

$$-b = -a$$
$$-a = -b$$
$$\Rightarrow a = b$$

벡터 '정규화'를 통해 계수를 구할 수 있다.

$$1 = \begin{pmatrix} a^* & a^* \end{pmatrix} \begin{pmatrix} a \\ a \end{pmatrix} = 2 |a|^2$$

$$\Rightarrow a = \frac{1}{\sqrt{2}}$$

그러면 다음과 같이 고유 벡터를 구할 수 있다.

$$|v_0\rangle = \frac{1}{\sqrt{2}} \begin{pmatrix} 1 \\ 1 \end{pmatrix} = \frac{1}{\sqrt{2}} \begin{pmatrix} 1 \\ 0 \end{pmatrix} + \frac{1}{\sqrt{2}} \begin{pmatrix} 0 \\ 1 \end{pmatrix} = \frac{|0\rangle + |1\rangle}{\sqrt{2}}$$

λ_1 = 1을 선택하고 비슷한 과정을 거치면 H_{final}의 들뜬 상태에 해당하는 고유 벡터를 구할 수 있다.

$$|v_1\rangle = \frac{1}{\sqrt{2}} \begin{pmatrix} 1 \\ -1 \end{pmatrix} = \frac{1}{\sqrt{2}} \begin{pmatrix} 1 \\ 0 \end{pmatrix} - \frac{1}{\sqrt{2}} \begin{pmatrix} 0 \\ 1 \end{pmatrix} = \frac{|0\rangle - |1\rangle}{\sqrt{2}}$$

이제 초기 상태와 아다마르 게이트의 출력에 해당하는 최종 상태가 준비됐다. 단열 양자 컴퓨테이션을 이용해 아다마르 게이트 $H|0\rangle = (1/\sqrt{2})(|0\rangle + |1\rangle)$을 구현하려면 다음 과정을 진행해야 한다.

- 계를 H_{init}의 바닥 상태 $|\psi_0\rangle = |0\rangle$으로 준비한다.
- 이 해밀토니안을 $H(s) = (1 - s)H_{init} + sH_{final}$을 이용해 천천히 변화시킨다.
- 단열 정리에 따라 $t = T(s = 1)$일 때 이 계는 최종 해밀토니안의 바닥 상태가 된다.

$$|v_0\rangle = \frac{|0\rangle + |1\rangle}{\sqrt{2}}$$

따라서 아다마르 게이트가 구현됐다.

연습문제

14.1. 식(14.1)의 미분 방정식을 풀어 식(14.5)를 유도하라. 식(14.5)의 해가 식(14.4)와 같이 분리 가능한 형태며 에너지 E를 적분 상수라고 가정하자.

14.2. 식(14.24)의 a 값 단위를 미터로 두고, 단위를 분석하면 식(14.24)의 시간 단위가 초가 됨을 확인하자. 주어진 단위는 주울^{Joule}초다.

14.3. 사각형 우물의 폭이 a에서 $1/2a$로 천천히 줄어든다. 이 변화가 단열 과정이며, 계의 상태가 첫 번째 들뜬 상태의 입자에서 시작했다면 폭이 $1/2a$가 됐을 때 입자의 에너지는 얼마인가?

14.4. 단열 연산을 이용한 $CNOT$ 게이트 구현을 생각해보자. 다음 해밀토니안에 대해

$$H_0 = 3|00\rangle\langle 00| + 2|01\rangle\langle 01| + |10\rangle\langle 10|$$
$$H_1 = 3|00\rangle\langle 00| + 2|01\rangle\langle 01| + |11\rangle\langle 11|$$
$$H_{01} = |10\rangle\langle 11| + |11\rangle\langle 10|$$

$H(s)$를 다음과 같이 정의하자.

$$H(s) = (1-s)H_0 + sH_1 + s(1-s)H_{01}$$

예제 14.3에서 사용했던 과정을 따르면 이 계를 이용해 *CNOT* 게이트를 구현할 수 있음을 보여라.

15

클러스터 상태 양자 컴퓨테이션

클러스터 상태 양자 컴퓨테이션^{cluster state quantum computation}은 양자 게이트를 사용하지 않고 처리하는 모델이다. 측정에 기반을 둔 이 모델은 그 대신 양자역학의 유니타리 동역학을 흉내낸다. 양자 게이트는 유니타리 연산자로 구현되므로, 클러스터 상태 모델로 양자 컴퓨테이션을 구현할 수 있다.

클러스터 상태는 여러 번의 측정을 통해 처리하는 다중 큐비트 상태를 말한다. 측정할 때마다 측정 결과를 이용해 다음 측정에 사용할 기저를 선택하므로, 피드백 구조가 포함된 형태의 양자 컴퓨테이션이다. 클러스터 상태 양자 컴퓨테이션은 다음 두 단계로 정리할 수 있다.

- 큐비트 집합을 특정 상태로 초기화한다. 예를 들면 $|+\rangle$ 상태로 시작한 다음, 제어 위상 게이트를 적용한다.
- 특정 기저로 큐비트를 측정한다. 측정을 반복하면서 이전 측정 결과에 따라 측정 기저를 선택하는 피드백 과정을 만든다.

제어 위상 연산은 계산 기저하에서 다음 행렬로 표현되는 제어 Z 게이트다.

$$CZ = \begin{pmatrix} 1 & 0 & 0 & 0 \\ 0 & 1 & 0 & 0 \\ 0 & 0 & 1 & 0 \\ 0 & 0 & 0 & -1 \end{pmatrix} \tag{15.1}$$

제어 위상 게이트를 적용하면 상태들이 서로 얽히게 된다.

클러스터 상태

클러스터 상태는 노드와 간선으로 구성된 그래프로 표현할 수 있다. 각 노드는 큐비트를 뜻하고, 간선은 제어 위상 게이트를 뜻한다. 그래프 표현의 예를 그림 15.1에서 볼 수 있다.

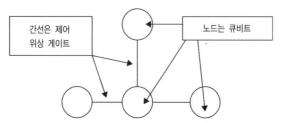

그림 15.1 그래프로 표현된 클러스터 상태 양자 컴퓨테이션

앞의 설명에 따르면 클러스터 상태 양자 컴퓨테이션을 시작하면서 먼저 큐비트들을 |+⟩ 상태로 초기화한다. 그런 다음 그래프에서 이웃한 큐비트에 제어 위상 게이트를 적용한다.

클러스터 상태 준비

클러스터 상태 준비의 첫 단계는 다음 곱 상태를 마련하는 것이다.

$$|+\rangle_c = |+\rangle^{\otimes n} \tag{15.2}$$

예를 들어 다음과 같이 두 노드로 표현된 큐비트와 간선으로 표현된 제어 위상 게이트가 두 큐비트에 적용되는 클러스터 상태를 준비한다고 하자.

그렇다면 초기 곱 상태는 다음과 같다.

$$|+\rangle_C = |+\rangle \otimes |+\rangle \tag{15.3}$$

두 번째 단계는 제어 위상 게이트를 적용하는 것이다. 예를 들어 제어 Z 게이트를 적용한다면

$$S = \frac{1}{2}(I \otimes I + Z \otimes I + I \otimes Z - Z \otimes Z) \tag{15.4}$$

다음 결과를 얻을 수 있다.

$$
\begin{aligned}
S|+\rangle \otimes |+\rangle &= \frac{1}{2}(I \otimes I + Z \otimes I + I \otimes Z - Z \otimes Z)|+\rangle \otimes |+\rangle \\
&= \frac{1}{2}\left[\left(\frac{|0\rangle + |1\rangle}{\sqrt{2}} \right) \left(\frac{|0\rangle + |1\rangle}{\sqrt{2}} \right) + (Z \otimes I) \left(\frac{|0\rangle + |1\rangle}{\sqrt{2}} \right) \left(\frac{|0\rangle + |1\rangle}{\sqrt{2}} \right) \right. \\
&\quad + I \otimes Z \left(\frac{|0\rangle + |1\rangle}{\sqrt{2}} \right) \left(\frac{|0\rangle + |1\rangle}{\sqrt{2}} \right) \\
&\quad \left. - Z \otimes Z \left(\frac{|0\rangle + |1\rangle}{\sqrt{2}} \right) \left(\frac{|0\rangle + |1\rangle}{\sqrt{2}} \right) \right] \\
&= \frac{1}{2}[|00\rangle + |01\rangle + |10\rangle - |11\rangle]
\end{aligned}
$$

이렇게 얽힌 상태를 다음과 같이 표현한다.

삼각형으로 배열된 세 큐비트가 있다. 다음 그래프를 생성하는 상태는 어떤 상태인가?

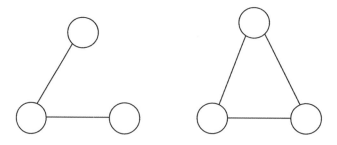

풀이

상단 큐비트를 1번, 왼쪽 아래 큐비트를 2번, 오른쪽 아래 큐비트를 3번이라 하자. 초기 상태는 다음의 곱 상태다.

$$|+\rangle = \left(\frac{|0\rangle + |1\rangle}{\sqrt{2}}\right)\left(\frac{|0\rangle + |1\rangle}{\sqrt{2}}\right)\left(\frac{|0\rangle + |1\rangle}{\sqrt{2}}\right)$$
$$= \frac{1}{\sqrt{8}}(|000\rangle + |001\rangle + |010\rangle + |011\rangle + |100\rangle + |101\rangle + |110\rangle + |111\rangle) \tag{15.5}$$

이제 제어 Z 게이트 연산을 생각해보자. 첫 번째 큐비트는 제어 큐비트로 동작하고, 두 번째 큐비트는 대상 큐비트로 동작한다. 첫 번째 큐비트가 0이면 두 번째 큐비트에는 변화가 없다. 첫 번째 큐비트가 1이면 두 번째 큐비트에 Z 게이트를 적용한다. Z 게이트 연산 결과는 다음과 같다.

$$Z|0\rangle = |0\rangle, \quad Z|1\rangle = -|1\rangle \tag{15.6}$$

첫 번째 그래프를 만들려면 1번 큐비트와 2번 큐비트, 그리고 2번 큐비트와 3번 큐비트에 제어 Z 게이트를 적용한다. 제어 Z 게이트를 1번, 2번 큐비트와 식(15.5)에 적용하면 다음 결과를 얻을 수 있다.

$$|\psi'\rangle = \frac{1}{\sqrt{8}}(|000\rangle + |001\rangle + |010\rangle + |011\rangle + |100\rangle + |101\rangle - |110\rangle - |111\rangle) \tag{15.7}$$

각 항의 첫 번째 큐비트가 제어 역할을 한다. 앞쪽 네 항의 제어 비트는 0이므로 대상을 그대로 둔다. 뒤쪽 네 항의 제어 비트는 1이지만, 대상이 변하는 경우는 마지막 두 항뿐이다.

이제 제어 Z 게이트를 2번, 3번 큐비트에 적용한다. 두 번째 큐비트가 제어 비트가 되고 세 번째 큐비트가 대상 큐비트가 된다. 그 결과는 다음과 같다.

$$|\psi_\Lambda\rangle = \frac{1}{\sqrt{8}}(|000\rangle + |001\rangle + |010\rangle - |011\rangle + |100\rangle + |101\rangle - |110\rangle + |111\rangle) \tag{15.8}$$

그래프 모양이 람다^{lambda} 알파벳이 돌아간 모양이므로, 이 상태를 람다 상태 $^{\text{lambda state}}$라고 하자.

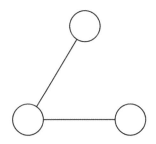

두 번째 그래프를 만들려면 1번 큐비트와 3번 큐비트 사이에 연결을 추가한다. 식(15.8)의 상태에서 두 큐비트에 제어 Z 게이트를 적용하면 된다. 그 결과는 다음과 같다.

$$|\psi_\Delta\rangle = \frac{1}{\sqrt{8}}(|000\rangle + |001\rangle + |010\rangle - |011\rangle + |100\rangle - |101\rangle - |110\rangle - |111\rangle) \tag{15.9}$$

첫 번째 큐비트가 1일 때마다 세 번째 큐비트에 Z 게이트를 적용하면 이 상태가 나온다. 이 상태가 나타내는 그래프는 다음과 같다.

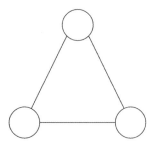

인접 행렬

인접 행렬^{adjacency matrix}은 그래프를 행렬로 표현하는 방법이다. 그래프의 꼭짓점에 따라 행과 열을 정한다. 행과 열이 가리키는 꼭짓점을 연결하는 간선이 존재하면 해당 행과 열의 원소는 1이 되고, 존재하지 않으면 0이 된다. 예를 들어 다음 그래프를 보자.

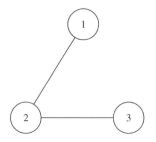

편의를 위해 각 꼭짓점에 숫자를 부여했다. 꼭짓점이 세 개이므로, 인접 행렬은 3 × 3 행렬이 된다. 1과 2, 2와 3 사이에 간선이 존재한다. 따라서 행렬의 (1, 2), (2, 1), (2, 3), (3, 2) 위치의 원소는 1이 되고, 나머지 원소는 모두 0이 된다.

$$A = \begin{pmatrix} 0 & 1 & 0 \\ 1 & 0 & 1 \\ 0 & 1 & 0 \end{pmatrix}$$

앞의 예에서 다음 모양의 그래프가 있었다.

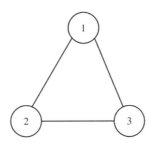

이 그래프에서는 꼭짓점 1과 3이 연결돼 있으므로, (1, 3) 및 (3, 1) 행렬 원소도 1이 된다. 따라서 인접 행렬은 다음과 같은 형태가 된다.

$$A = \begin{pmatrix} 0 & 1 & 1 \\ 1 & 0 & 1 \\ 1 & 1 & 0 \end{pmatrix}$$

안정자 상태

다음을 만족하는 연산자 A는 상태 $|\psi\rangle$의 **안정자**stabilizer다.

$$A|\psi\rangle = |\psi\rangle \tag{15.10}$$

따라서 안정자는 고윳값이 +1인 고유 벡터다. 따라서 다음 관계가 성립하는 항등 연산자는 당연히 안정자다.

$$I|\psi\rangle = |\psi\rangle$$

다음 상태를 생각해보자.

$$|+\rangle = \frac{|0\rangle + |1\rangle}{\sqrt{2}}$$

이 상태에 대해 다음 관계가 성립한다.

$$X|+\rangle = \frac{X|0\rangle + X|1\rangle}{\sqrt{2}} = \frac{|1\rangle + |0\rangle}{\sqrt{2}} = \frac{|0\rangle + |1\rangle}{\sqrt{2}} = |+\rangle$$

그러므로 연산자 X, I는 $|+\rangle$ 상태의 안정자다. 이 관계를 보통 $\{X, I\}$로 표기한다. 주어진 단일 큐비트는 안정자로 두 연산자가 존재한다. 일반적으로 어떤 상태에 n개 큐비트가 들어 있다면 안정자는 최대 2^n개의 교환 가능한 연산자로 구성된다.

이번에는 다음 벨 상태를 생각해보자.

$$|\beta_{00}\rangle = \frac{|00\rangle + |11\rangle}{\sqrt{2}}$$

이 상태에 대해 다음 관계가 성립한다.

$$(X \otimes X)|\beta_{00}\rangle = \frac{(X|0\rangle)(X|0\rangle) + (X|1\rangle)(X|1\rangle)}{\sqrt{2}} = \frac{|11\rangle + |00\rangle}{\sqrt{2}} = |\beta_{00}\rangle$$

또한 다음 관계도 성립한다.

$$(Z \otimes Z)|\beta_{00}\rangle = \frac{(Z|0\rangle)(Z|0\rangle) + (Z|1\rangle)(Z|1\rangle)}{\sqrt{2}}$$

$$= \frac{(|0\rangle)(|0\rangle) + (-|1\rangle)(-|1\rangle)}{\sqrt{2}}$$

$$= \frac{|00\rangle + |11\rangle}{\sqrt{2}} = |\beta_{00}\rangle$$

따라서 벨 상태 $|\beta_{00}\rangle$에 대한 다음 두 안정자를 구할 수 있다.

$$\pm X \otimes X, \quad \pm Z \otimes Z$$

큐비트 배열 A를 생각해보자. 이 배열의 클러스터 상태와 배열의 원소 a를 다음 형태의 안정자로 정의할 수 있다.

$$-1^k X^a \otimes Z^i \tag{15.11}$$

i는 원소 a의 이웃 원소를 뜻한다. n 큐비트 클러스터 상태의 안정자는 다음과 같이 쓸 수 있다.

$$S_1 = X^{(1)} Z^{(2)}$$
$$\vdots$$
$$S_j = Z^{(j-1)} X^j Z^{j+1} \qquad j = 2, 3, \ldots, n-1 \tag{15.12}$$
$$S_n = Z^{(n-1)} X^{(n)}$$

$A^{(j)}$는 j번째 큐비트에 연산자 A를 적용한다는 것을 표시한 것이다. 2 큐비트 클러스터 상태에 대한 안정자는 다음과 같다.

$$S_1 = X^{(1)} Z^{(2)}, \quad S_2 = Z^{(1)} X^{(2)} \tag{15.13}$$

연습 삼아 다음 상태의 안정자를 구해보자.

$$|\psi_-\rangle = \frac{1}{2} [|00\rangle + |01\rangle + |10\rangle - |11\rangle] \tag{15.14}$$

다음 관계가 성립한다.

$$|\psi_-\rangle = CZ|++\rangle = \frac{1}{2} CZ(|0\rangle + |1\rangle)(|0\rangle + |1\rangle)$$
$$= \frac{1}{2} CZ(|00\rangle + |01\rangle + |10\rangle + |11\rangle)$$
$$= \frac{1}{2} (|00\rangle + |01\rangle + |10\rangle - |11\rangle)$$

안정자를 구하고자 다음 관계를 만족하는 연산자를 찾아보자.

$$A^{(1)}B^{(2)}CZ|++\rangle = A^{(1)}B^{(2)}|\psi_-\rangle = |\psi_-\rangle$$

파울리 연산자의 제곱은 항등 연산자이므로 $CZ = CZI = CZXX$가 된다. $CZXX = YYCZ$임을 증명할 수 있으므로, 다음 관계가 성립한다.

$$|\psi_-\rangle = CZ|++\rangle = CZXX|++\rangle = (YY)CZ|++\rangle = YY|\psi_-\rangle$$

따라서 YY는 안정자다. 다음 관계도 증명할 수 있다.

$$CZ = CZXI = XZCZ$$
$$CZ = CZXI = CZIX = ZXCZ$$

이에 따르면 XZ, ZX 또한 $XZ|\psi_-\rangle$ = $|\psi_-\rangle$, $ZX|\psi_-\rangle$ = $|\psi_-\rangle$를 만족한다. 당연히 다음 관계가 성립한다.

$$CZ = CZII = IICZ$$

그러므로 $|\psi_-\rangle$ 상태에 대한 안정자는 $\{YY, XZ, ZX, II\}$다.

첨언: 얽힘 증거

클러스터 상태는 2개 이상의 n개 큐비트에 대한 얽힘을 포함하기 때문에 다중 큐비트 상태의 얽힘 여부를 어떻게 판단할 수 있는지 궁금할 수 있다. 얽힘 증거entanglement witness라는 관측 값을 이용해 이 질문에 답할 수 있다. 얽힘 증거 W를 사용하려면 주어진 상태 $|\psi\rangle$의 기댓값을 알아본다. 구분 가능 상태라면 다음 식이 성립한다.

$$\langle W\rangle = \langle\psi|W|\psi\rangle > 0 \tag{15.15}$$

얽힘 증거를 통해 상태가 얽혀 있는지 알 수 있는 경우가 있다. 바로 기댓값이 음수인 경우다.

$$\langle W \rangle = \langle \psi | W | \psi \rangle < 0 \tag{15.16}$$

두 상태를 자세히 알아보자. GHZ 상태는 세 큐비트가 얽혀 있는 상태다.

$$|GHZ\rangle = \frac{|000\rangle + |111\rangle}{\sqrt{2}} \tag{15.17}$$

얽힘 증거 값은 다음과 같다.

$$W = \frac{1}{2}I - |GHZ\rangle\langle GHZ| \tag{15.18}$$
$$= \frac{1}{2}I - \frac{1}{2}(|000\rangle\langle 000| + |000\rangle\langle 111| + |111\rangle\langle 000| + |111\rangle\langle 111|)$$

다음으로 구분 가능한 상태의 경우를 생각해보자.

$$|\psi\rangle = \left(\frac{|001\rangle + |111\rangle}{\sqrt{2}} \right) = \left(\frac{|00\rangle + |11\rangle}{\sqrt{2}} \right) |1\rangle$$

큐비트 1과 2는 얽혀 있지만, 큐비트 3은 얽혀 있지 않다. 이런 상태일 때 식(15.18)은 W 값이 어떻게 되는지가 관심 대상이다. 다음 식을 계산해야 한다.

$$\langle W \rangle = \langle \psi | W | \psi \rangle$$
$$= \left(\frac{\langle 001| + \langle 111|}{\sqrt{2}} \right) W \left(\frac{|001\rangle + |111\rangle}{\sqrt{2}} \right)$$

뒷부분의 계산 결과는 다음과 같으므로,

$$W\left(\frac{|001\rangle + |111\rangle}{\sqrt{2}}\right) = \left[\frac{1}{2}I - \frac{1}{2}(|000\rangle\langle 000| + |000\rangle\langle 111| + |111\rangle\langle 000| \right.$$

$$\left. + |111\rangle\langle 111|)\right]\left(\frac{|001\rangle + |111\rangle}{\sqrt{2}}\right)$$

$$= \left(\frac{|001\rangle + |111\rangle}{\sqrt{2}}\right) - \frac{1}{2}\left(\frac{|000\rangle + |111\rangle}{\sqrt{2}}\right)$$

기댓값을 계산할 수 있다.

$$\langle W \rangle = \left(\frac{\langle 001| + \langle 111|}{\sqrt{2}}\right)\left[\left(\frac{|001\rangle + |111\rangle}{\sqrt{2}}\right) - \frac{1}{2}\left(\frac{|000\rangle + |111\rangle}{\sqrt{2}}\right)\right]$$

$$= \frac{\langle 001|001\rangle}{\sqrt{2}} + \frac{\langle 111|111\rangle}{\sqrt{2}} - \frac{\langle 111|111\rangle}{\sqrt{2}} = \frac{\langle 001|001\rangle}{\sqrt{2}} = \frac{1}{\sqrt{2}}$$

결과가 다음을 만족하므로,

$$\langle W \rangle = \frac{1}{\sqrt{2}} > 0$$

주어진 상태는 구분 가능 상태다. *GHZ* 상태는 어떨까? *GHZ* 상태에 대한 결과는 다음과 같다.

$$\langle W \rangle = \langle GHZ|\left(\frac{1}{2}I - |GHZ\rangle\langle GHZ|\right)|GHZ\rangle = \langle GHZ|\left(\frac{1}{2}|GHZ\rangle - |GHZ\rangle\right)$$

$$= \langle GHZ|\left(-\frac{1}{2}|GHZ\rangle\right) = -\frac{1}{2}\langle GHZ \mid GHZ\rangle = -\frac{1}{2} < 0$$

이 결과를 통해 *GHZ* 상태가 얽힘 상태임을 확인할 수 있다. 따라서 *W* 값은 얽힘 증거에 유용하게 사용할 수 있다.

클러스터 상태 처리

클러스터 상태 연산 작동 방식을 이해하고자 Z 고유 기저, X 고유 기저, Z 고유 기저에 대한 측정을 생각해보자. 먼저 다음 그래프와 같은 선형 클러스터를 대상으로 생각해보자.

왼쪽에서 세 번째 동그라미에 해당하는 가운데 큐비트에 측정을 수행하는 상황을 가정한다. 먼저 Z 고유 기저로 측정을 수행한다. 그래프 노드에 연산자를 적어 표시하자.

Z 고유 기저 측정은 클러스터에 다음과 같은 두 가지 영향을 미친다.

- 해당 큐비트와 나머지 클러스터 사이의 연결(간선)을 끊는다.
- 해당 큐비트를 제거한다.

첫 번째 단계 이후 다음과 같이 되고,

두 번째 단계 이후 클러스터의 상태는 다음과 같게 된다.

이번에는 X 고유 기저의 측정을 생각해보자.

이 경우에는 다음 두 과정이 진행된다.

- 해당 큐비트를 제거한다.
- 이웃한 큐비트들을 단일 논리 큐비트로 결합한다.

1단계, 해당 큐비트를 제거한다.

2단계, 이웃한 큐비트들을 단일 논리 큐비트로 결합한다.

단일 논리 큐비트는 |++⟩로 0을 표현하고, |--⟩로 1을 표현한다.

마지막으로 Y 고유 기저의 측정을 생각해보자.

이번에는 다음 두 과정이 진행된다.

- 해당 큐비트를 클러스터에서 제거한다.
- 남겨진 이웃 큐비트들을 서로 연결한다.

첫 번째 단계는 다음과 같이 구현된다.

이제 두 이웃을 연결한다.

정리해보면 |+⟩ 상태의 여러 큐비트에 대한 곱 상태를 만들어 클러스터 상태를 준비한다. 그런 다음 이웃한 상태에 제어 위상 게이트를 적용한다. 그래프 상에서 노드는 |+⟩ 상태인 큐비트를 나타내며, 노드를 잇는 간선은 연결된 큐비트 사이에 제어 위상 게이트를 적용한다는 것을 뜻한다.

처리 과정은 Z, X, Y 기저에 대한 측정을 통해 진행된다. 각 측정이 이뤄질 때마다 클러스터에서 큐비트가 제거된다. Z 기저로 측정하면 해당 큐비트와 클러스터 사이에 존재하던 연결이 끊어진다. X 기저로 측정하면 이웃 큐비트를 하나로 묶어 |++⟩, |--⟩ 기저를 사용하는 논리 큐비트를 만든다. 마지막으로 Y 기저로 측정하면 남겨진 이웃 큐비트를 그냥 연결한다.

따라서 클러스터 상태 양자 컴퓨테이션은 단일 큐비트 측정을 이용한다. 측정으로 인해 클러스터 상태에 존재하던 얽힘이 사라지기 때문에 클러스터 상태는 한 번만 사용할 수 있다. 이런 이유로 클러스터 상태 컴퓨터를 **단방향**one-way 양자 컴퓨터라고 부르기도 한다.

예제 15.2

다섯 개의 큐비트로 구성된 클러스터 상태 모델로 아다마르 게이트를 구현할 수 있다. 다음 입력 상태로 시작한다.

$$|\psi_{in}\rangle = |+\rangle^{\otimes 5} = |+ + + + +\rangle$$

유니타리 연산을 적용해 다섯 큐비트를 얽힘 상태로 만든다.

$$S^{(5)} = \prod S$$

S는 식(15.4)의 값을 뜻한다. 마지막으로 다음 순서에 따라 처음 네 큐비트에 대한 측정을 수행한다.

$$X \otimes Y \otimes Y \otimes Y$$

연습문제

15.1. 식(15.8)의 $|\psi_A\rangle$ 상태에서 큐비트 1과 3에 아다마르 게이트를 적용하고, 그 결과가 다음 GHZ 상태가 됨을 보여라.

$$|\psi\rangle = \frac{1}{\sqrt{2}}(|000\rangle + |111\rangle)$$

15.2. 다음 그래프의 인접 행렬은 어떻게 되는가?

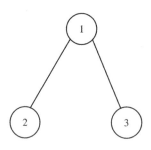

15.3. S의 동작으로 $|0\rangle \otimes |0\rangle$, $|0\rangle \otimes |1\rangle$, $|1\rangle \otimes |0\rangle$은 위상 변화가 없지만, $|1\rangle \otimes |1\rangle$은 π 위상 변화를 겪음을 보여라.

15.4. 예제 15.2의 방식으로 $\pi/2$ 위상 게이트를 구현하는 방법을 설명하라.

15.5. $\pm X \otimes X$, $\pm Z \otimes Z$는 모든 벨 상태에 대한 안정자인가?

15.6. 다음 *GHZ* 상태에 대한 안정자를 구하라.

$$|GHZ\rangle = \frac{|000\rangle + |111\rangle}{\sqrt{2}}$$

참고 문헌

서적

Bouwmeester, D., A. Ekert, A. Zeilinger (eds.) *The Physics of Quantum information*, Springer, Berlin (2001).

Brown, J., *The Quest for the Quantum Computer*, Simon and Schuster, New York (2000).

Cohen-Tannoudji, C., B. Dui, F. Laloë, *Quantum Mechanics*, Vol I, Wiley, New York, (1977).

McMahon, D., *Quantum Mechanics Demystified*, McGraw Hill, New York (2005).

Nielsen, M., and I. L. Chuang, *Quantum Computation and Quantum Information*, Cambridge University Press, Cambridge (2000).

Steeb, W. H. and Y. Hardy, *Problems and solutions in Quantum Computing and Quantum Information*, World Scientific, New Jersey (2004).

Zettili, N., *Quantum Mechanics: Concepts and Applications*, Wiley New York, (2001).

온라인 리소스

Quantum Information Course notes by David Bacon

http://www.cs.washington.edu/education/courses/cse599d/06wi/

Quantum Information Lecture notes by John Watrous

http://www.cs.uwaterloo.ca/~watrous/lecture-notes.html

Wikipedia contributors. POVM. Wikipedia, The Free Encyclopedia. November 16, 2006, 19:30 UTC. Available at:

http://en.wikipedia.org/w/index.php?title=POVM&oldid=88260272. Accessed December 29, 2006.

Wikipedia contributors. Quantum entanglement. Wikipedia, The Free Encyclopedia. December 10, 2006, 08:58 UTC. Available at:

http://en.wikipedia.org/w/index.php?title=Quantum_entanglement&oldid=93333870. Accessed December 31, 2006.

Z. Meglicki, Introduction to Quantum Computing

http://beige.ovpit.indiana.edu/M743/

논문

Agrawal, P., and Arun Pati, e-print quant-ph/0610001

Aharonov, Y., J. Anandan, G. J. Maclay, J. Suzuki, Phys. Rev. A 70: 052114 (2004).

Aharonov, D., W. van Dam, J. Kempe, Z. Landau, S. Lloyd, O. Regev, Adiabatic quantum computation is equivalent to standard quantum computation, e-print quant-ph/0405098.

Andrecut, M., and M. K. Ali, Adiabatic quantum gates and boolean functions, *J. Phys. A: Math. Gen.* 37 (2004) L267–L273.

Cereceda, J. L., Generalization of the Deutsch algorithm using two qudits. quant-ph/0407253, (2004).

Fujii, K., Coherent states and some topics in quantum information theory: Review, 2002, e-print quant-ph/0207178.

Wang, M.-Y., and Feng-Li Yan, e-print quant-ph/0612019.

Nielsen, M. A., Cluster-state quantum computation, e-print quant-ph/ 0504097.

Raussendorf, R., H. J. Briegel, A one-way quantum computer, *Phys Rev Lett* 86 (22): 5188-5191 (2001).

Sarandy, M. S., and D. A. Lidar, Adiabatic quantum computation in open systems, *Phys. Rev. Lett.* 95, 250503 (2005).

Shannon, C., A mathematical theory of communication, *Bell. Syst. Tech. J.* (1948).

Tessier, T. E., Complimentary relations for multi-qubit systems, *Found. Phys. Lett.* 18(2): 107 (2005).

Uhlmann, A., The "transition probability" in the state space of a C*-algebra. *Rep. Mathem. Phys.*, 9: 273-279, 1976.

Wootters, W. K., and W. H. Zurek, *A Single Quantum Cannot be Cloned*, Nature 299 (1982), pp. 802-803.

Wootters, W. K., Entanglement of formation and concurrence, *Quan. Info. Comput.* 1: 27 (2001).

Wang, J., Q. Zhang, and C.-j. Tang, quant-ph/0603236.

| 찾아보기 |

양자 컴퓨팅 이론 해설
양자역학으로 알고리즘 구현하기

발 행 | 2020년 3월 23일

지은이 | 데이비드 맥마혼
옮긴이 | 황 정 동

펴낸이 | 권 성 준
편집장 | 황 영 주
편 집 | 조 유 나
디자인 | 박 주 란

에이콘출판주식회사
서울특별시 양천구 국회대로 287 (목동)
전화 02-2653-7600, 팩스 02-2653-0433
www.acornpub.co.kr / editor@acornpub.co.kr